박 인 성 의

중국
현대사

일러두기

① 지명, 인명, 용어 등은 해당 단어가 처음 나올 때 괄호 안에 중국식 한자를 병기하는 것을 원칙으로 했다. 단, 의미를 분명히 해야 할 경우에는 반복되더라도 한자를 병기했다.

② 외래어나 외국어의 표기는 외래어표기법을 기준으로 하되, 현지 중국어 발음과 차이가 클 경우에는 현지 발음에 따랐다.

　• 예: 마오쩌둥, 선양, 양츠성, 융딩허, 준이, 쥐첸 등

③ '陝西省'은 '山西省'과 중국어 독음이 같으므로, 혼란 방지를 위해 山西省은 산시성으로 陝西省은 섬서성으로 표기했다.

④ 대화문은 주로 따옴표를 붙여 표기했으나, 문장이 길 경우에는 별행의 인용문으로 표기했다.

박인성 의

중국
현대사

박인성 지음

한울

차례

머리말

　필자가 저장성(浙江省) 항저우 소재 저장(浙江)대학에 근무하던 시절 (2004~2014년), 학교에서 자전거로 10여 분 정도 거리에 가끔 가던 중고책 서점이 있었다. 어느 하루 그 서점에 간 날, 서가 한쪽에 꽂혀 있던『펑더 화이 자술(彭德怀自述)』이란 책이 눈에 잡혔고, 순간 "왜 '자술(自述)'이라 했 을까?" 의문과 호기심에 뽑아 들고 선 채로 대강 훑어보았다. 곧 그 책의 내용이 일반적인 회고록이나 자서전류와 다르다는 걸 알았다.

　펑더화이가 누구인가? 1950년 6월에 발발한 한국전쟁 당시에 중공 지 원군 총사령관으로서, 압록강 변까지 밀고 올라온 미군과 국방군을 다시 서울 남쪽으로 밀어붙이고 결국 정전협정을 이끌어낸 후 개선장군으로 베이징으로 귀국한 사람이다. 그 후 국방부 부장과 중앙정치국 상무위원, 국무원 부총리 등을 역임하면서 승승장구했다. 그러나 1959년 장시성(江 西省) 루산(卢山)에서 마오쩌둥(毛泽东)에게 '대약진운동' 중에 발생한 문제 점을 직언한 후 '우파 반혁명 집단 두목', '소련 첩자'로 몰려서 숙청당했 다. 그리고 1966년, 이른바 '문화대혁명' 발발 후에는 전담 조사조(专案组) 와 홍위병들에게 심문과 학대, 폭행을 당하다 1974년 11월 29일, 구금 상 태로 베이징의 군병원에서 대장암 수술을 받은 후 심신이 파괴된 상태로 죽었다.

　그 책『펑더화이 자술』은, 이른바 '문화대혁명'이 발발한 후에 펑더화이가 한편으로는 홍위병들에 의해 공개 비판대회에 끌려 나가 학대와 폭행을 당하면서, 또 한편으로는 짜 맞추기 의도를 갖고 심문을 진행한 전담 조사조의 강압적 요구에 따라 백지 위에 수차례 작성했던 진술서 내용을 '문혁'이 끝난 후 펑더화이의 명예가 회복된 후에 출간한 책이었다. 따라서 (대부분 전기류 책의 내용과는 달리) 그 내용에 한 치의 미화나 과장 같은 게 있을 수 없을 것이니 중공 내부의 실제 상황을 올바로 이해하기 위한 매우 좋은 자료일 것이었다.

책값을 지불하고, 서점 문 앞에 세워둔 자전거를 타고 숙소인 저장대학 화자츠(华家池) 캠퍼스 내 교직원 아파트까지 오는 중에도 기대감에 마음이 설레었다. 숙소에 도착한 즉시 그 책을 꺼내 들고 읽기 시작했다. 읽을수록 펑더화이의 성장과정과 군인 시절, 인간적 자질과 성품에 끌려들어 갔다.

그날 이후, 틈나는 대로 펑더화이와 중공 역사 흐름 속의 주요 인물과 사건 관련 문헌들을 수집·정리했다. 연구실과 숙소가 있던 저장대학 화자츠 캠퍼스 내 도서관부터 시작하여 위췐(玉泉), 시시(西溪), 쯔진강(紫金港) 등 항저우 시내에 분산 소재한 저장대학 각 캠퍼스 내의 도서관, 그리고 저장성 성 도서관, 항저우 시내 문2로(文二路)에 있는 보쿠서점(博库书店: 구 신화서점)과 중고서점들, 그리고 상하이, 베이징 등 중국 내 각 도시의 대형 서점과 중고서점, 거리 책장사의 책 더미 속 등에서 ……. 그렇게 펑더화이에 대한 관심이 중공 당사(党史) 전반에 대한 관심으로 확대되었고, 또 그렇게 정리·축적한 내용을 책으로 출간하자고 구상했다.

필자는 2014년 9월에 저장대학 생활을 마치고 항저우에서 귀국했고, 귀국 후 충남연구원과 한성대학교에 근무하던 시기에도 틈틈이 원고 내용을 보완하고 수정했다. 또 2021년 5월부터는 초고 내용을 기초로 유튜브 강좌 '북연TV'를 개설하고 '중국현대사'라는 제목으로 강의 형식으로 47회까지 제작·연재하면서 원고 내용을 다시 다듬었다.

1921년 창당, 출범한 중국공산당은 2021년에 이른바 '두 개의 백 년(兩个一百年)' 중 '첫 번째 백 년'인 창당 100주년을 맞았고, 이제 '두 번째 백 년'으로 설정한 2049년(중화인민공화국 출범 100주년)을 향해 가고 있다. 소련 공산당(苏共) 코민테른의 지도하에 창당한 후, 초기에는 도시 노동운동에 의지한 혁명 전략을 추진했으나 실패했다. 그 후 마오쩌동이 징강산(井冈山) 근거지에서 토비의 싸움법을 기초로 창안한 실사구시(实事求是) 유격전술에 '군중노선'을 결합한 실천을 통해서 승리할 수 있었다. 그러나 권력을 잡은 후에는 오만해진 마오가 '대약진'을 추진했으나 대실패했고, 결국 '문화대혁명' 음모를 기획·연출하여 '사회주의 신중국'을 야만의 소용돌이 속에 밀어 넣었다.

중국 현대사의 흐름 속에는 혁명을 위해 열정, 헌신, 희생을 바친 이들이 많았지만, 또 다른 한편에는 그 같은 역사 격랑 속에서 권력의 단맛만 빨고 좇으면서 동지들의 열정과 희생의 결과를 독차지한 이들, 동물적인 권력 본능과 감각으로 부화뇌동, 심지어 배신, 모함까지 한 부류들까지 함께 뒤얽혀 있다. 역사 기록은 끝까지 살아남은 승자의 입장과 관점에서 기록될 수밖에 없다는 점은 중공 당사(党史)에서도 진하게 감지된다. 필자는 중국 내 자료들 안에서 혁명과 권력투쟁과 얽히고설킨 인간들과 사건들에 관한 이야기, 자기 검열에 길들여진 듯한 이야기들을 냉정하게 보고자 노력했다. 그 내용 범위와 대상 시기는 1921년 중공 창당 이후 1949년 중화인민공화국 출범, 그리고 1978년 개혁·개방 이후 최근 시기까지로 했다.

필자는 마오쩌동이 이른바 '문화대혁명'이라 작명한 음모를 기획·발동한 이유와 동기를, 자신이 밀어붙인 '대약진운동'이 대실패하면서 초래된 경제 파탄과 대기근의 책임으로 인해 자신의 당내 권력 기반을 위협받게 되었기 때문이라 보았다. 그리고 '문혁' 발동을 위한 사전공작으로 린뱌오

(林彪)와 연합하여 군부의 실력자인 국방부장 펑더화이를 제거했다고 본다. 이후 마오는 '문혁'을 발동하고, 홍위병을 선동하여 자신의 독재체제 구축에 장애가 될 인물들을 차례대로 숙청·제거한 후 당을 자신의 사당(私党)으로 전락시켰다. 또한, 1949년 정권 출범 당시에 마오가 스스로 채택했고 폐기했던 소위 '신민주주의 단계'가 마오가 죽은 후, 개혁·개방 정책으로 전환하면서 '사회주의 초급 단계', '시장 사회주의' 등의 명칭으로 부활되었다고 본다.

이 책은 머리말과 맺음말 외에 18개 장으로 구성했고, 각 장의 키워드와 주요 내용은 다음과 같다.

1장에서는 중공 창당과 토지혁명전쟁, 그리고 국민당과의 전쟁에서 승리하기까지의 과정 중심으로 정리했다. 특히, '도시혁명 전략'의 좌절, 징강산 농촌혁명 근거지 건설, 장정(长征), 시안(西安)사변, 토지혁명투쟁의 진행 과정과 그 실상 등을 정리했다.

2장에서는 일제 패망 후에, 중공이 국민당과 대륙의 정권을 놓고 벌인 제2차 국공내전, 즉 '해방전쟁(解放战争)'의 승세를 결정한 '3대 전투', 즉 랴오닝·선양 전투(辽沈战役), 화이하이 전투(淮海战役), 베이핑·톈진 전투(平津战役)에 대해 고찰·정리했다.

3장에서는 '해방전쟁'에서 연이은 승리와 함께 대두된 도시접관(城市接管) 과정과 그에 따른 중공의 도시정책의 변화, 그리고 그 과정에서 진행된 '쑤쿠(诉苦)'운동과 토지혁명투쟁에 대해 정리했다.

4장에서는 '사회주의 신중국', 중화인민공화국 출범과 토지혁명투쟁의 실상 등을 정리했다.

5장에서는 소위 '항미원조전쟁(抗美援朝战争: 한국전쟁)' 발발 후 마오쩌둥이 조선 출병을 결정하기까지 고뇌하는 과정과 펑더화이가 지원군 총사령관으로 결정되는 과정, 그리고 마오쩌둥의 아들 마오안잉(毛岸英)의 참전과 전사를 포함한 전쟁의 경과 등에 대해 정리했다.

6장에서는 '대약진' 추진 배경과 대실패의 이유와 그것이 초래한 결과로서 대기근 참상 관련 내용 등을 정리했다.

7장에서는 1959년 루산회의에서 마오쩌둥이 펑더화이를 '반혁명', '우파분자 두목', '소련 첩자' 등으로 몰아서 숙청하는 과정을 정리했다.

8장에서는 펑더화이와 린뱌오의 대조되는 성품과 개성, 인생행로를 정리했다.

9장에서는 1962년에 개최된 이른바 '7000인 대회'의 개최 배경과 이 대회에서 린뱌오가 마오쩌둥의 환심을 사기 위해 시도한 행동과 그 후 린뱌오의 권력 획득 과정 등을 '문혁' 추진 전 단계에서 마오와 린뱌오 간의 합작이라는 관점에서 정리했다.

10장에서는 마오쩌둥이 기획·연출한 이른바 '문화대혁명' 10년 대동란의 발동 배경과 진행 상황 등을 정리했다.

11장에서는 홍위병 용도 폐기에 이어 자신도 토사구팽 당할 기미를 눈치챈 린뱌오의 쿠데타 기도 경과와 실패 후 국외 탈출 과정에서 아내 예췬(叶群)과 아들 린리궈(林立果)와 함께 타고 가던 비행기가 몽골 초원에 추락하는 사고로 탑승자 전원이 사망한 1971년 '9·13 사건'의 경위를 중심으로 정리했다.

12장에서는 린뱌오의 쿠데타 기도에 충격을 받은 마오쩌둥의 심경 변화로 인해 장시성(江西省)에 하방되어 노동개조 생활을 하던 덩샤오핑(邓小平)이 복권된 후, 대약진과 문혁으로 인해 형성·누적된 문제들에 대해 활발하게 조정 작업을 추진했으나, 다시 숙청·가택연금 당하게 되는 과정을 정리했다.

13장에서는 '공군정치가무단' 단원 출신 멍진윈(孟锦云)의 회고를 통해서 그녀가 14세 때에 중난하이(中南海) 댄스파티에서 마오를 만난 후 1975년

5월부터 마오의 생활비서가 되어 마오가 죽기까지 489일간 말년의 마오의 일상생활을 신변에서 지켜본 이야기를 정리했다.

14장에서는 마오쩌둥이 죽은 후에 화궈펑(华国锋)과 왕둥싱(汪东兴), 예 젠잉(叶剑英)의 합작으로 진행된 '4인방' 제압 과정과 덩샤오핑을 중심으로 하는 실용주의 개혁파가 '진리표준 논쟁'을 진행하고 이를 통해서 화궈펑 과 왕둥싱을 중심으로 하는 '범시파(凡是派)'를 제압·축출하는 사상투쟁 과 정을 정리했다.

15장에서는 덩샤오핑과 후야오방(胡耀邦)을 중심으로 하는 실용주의 개혁파가 권력투쟁에서 승리한 후, 중공 11기 3중전회(1978년)에서 대내 개혁과 대외 개방을 선언하고 후속 조치를 진행하는 과정을 '신민주주의 노선의 부활'이라는 관점에서 정리하고, 안후이성 샤오강촌(小岗村) 생산대 에서 '농촌 농업개혁'의 시작이 된 '호별 도급생산'을 추진한 배경과 과정을 정리했다.

16장에서는 개혁·개방이 농촌과 농업에서 도시와 상공업 부문으로 확 대되는 과정을 경제특구로 대표되는 하향식(top down) 모델과 쑤난지구의 '집체 향진기업'과 원저우의 사영기업 발전모델로 대표되는 상향식(bottom up) 모델의 추진 과정을 정리했다.

17장에서는 중공과 중국정부가 '중국특색 모델' 또는 '베이징 컨센서 스'를 탐색 및 형성해 온 맥락과 '신특구(新特区)'인 '종합연계개혁시험구', 신형도시화, 신상태(新常态: New Normal), 그리고 일대일로(一带一路) 등 최 근에 중국정부가 추진 중인 주요 정책의 흐름과 주요 내용을 정리했다.

18장에서는 이른바 '문화대혁명' 시기에 중학생이었던 노(老)홍위병들 이 50대, 60대 나이가 된 이후 언론매체와 인터넷 등을 통해서 자신들이 과거 '문혁' 시기에 저지른 행동에 대해 공개적으로 고백하고 사죄한 이야 기 중심으로 정리했다.

끝으로 감사를 표한다. 우선, 『중국경제지리론』, 『중국의 도시화와 발전축』, 『중국의 토지정책과 북한』에 이어서 출간 작업을 맡아준 한울엠플러스(주) 편집진에게 진심으로 감사드린다. 또한, 필자의 중국 연구를 지원 및 격려해 준 동북아도시부동산연구원(北硏)의 김영준 대표와 중국인민대학 교우 강희정, 서운석, 조성찬 박사, 그리고 매월 '북연'에서 함께 중국 공부를 하며 조언과 격려를 해준 고교 동기 중국연구모임 '용27 중국광장'의 벗들에게 감사드린다. 또, 최근 3년간 '중국 문화지리' 수업을 통해서 다양한 통찰을 준 경희사이버대학교 중국학과 학생들에게 고마운 마음을 전한다.

그 누구보다도 필자가 중국 연구자의 길을 갈 수 있도록 한결같은 사랑으로 격려해 준 아내 변정연에게 지극한 사랑의 마음을 전한다.

제기동 북연(北硏) 연구실에서

중국공산당 창당, 토지혁명전쟁[1]

중국공산당 창당과 농촌혁명 근거지 건설

중국공산당의 조직 및 창당 과정에서 특기할 점은, 소련공산당의 하부 조직인 코민테른(Communist International)의 지도와 지원이 결정적으로 작용했다는 점이다. 1917년 볼셰비키혁명 성공 이후 소련공산당은 중국 등 아시아 지역의 창당 사업을 지원하기 위해 1920년 극동 시베리아에 코민테른 극동서기처를 설치했다. 서기처에서는 황푸(黃埔)군관학교 설립을 돕고 군사고문단 파견 및 무기 제공 등을 통해 쑨원(孫文)이 창당한 국민당을 지원했다. 또한, 모스크바에 정치 간부를 양성하는 대학을 설립하고 쑨원의 호를 따 중산(中山)대학이라고 명명했다. 쑨원의 후계자인 장제스(蔣介石)도 1927년 4·12 반공쿠데타 이전에는 자신의 아들 장징귀(蔣经国)를 모스크바 중산대학으로 유학 보낼 정도로 소련공산당과의 협력을 중시했다.

5·4 운동 직후 코민테른 극동서기처 책임자 수밀츠키(Sumiltsky)와 부책임자 보이틴스키(Grigori Voitinsky)가 마르크스주의에 경도된 천두슈(陈独秀)

---

[1]   유튜브 북연TV, 〈박인성의 중국현대사〉, 3~11회분 참고.

등과 함께 중국공산당 건설을 추진했다. 수밀츠키가 1921년 6월 극동서기처 중국 지부를 설립하자는 계획서를 코민테른에 제출했고, 같은 해 7월 23일 극동서기처 소속 니콜스키(Nikolsky)와 마링(Maring)의 지원을 받아 상하이와 저장성 자싱(嘉興)에서 중국공산당 창당대회인 '중공 제1차 전국대표대회'가 개최되었다.

이 대회는 1921년 7월 23~31일(창당대회 개최 시기에 대해서는 확신할 만한 근거 자료가 없어, 회의에 참석한 소수 참가자의 기억과 관련 자료 등에 근거해 1921년 7월 23일부터 31일경으로 추정할 따름이다) 상하이 프랑스 조계지에서 열렸는데, 니콜스키와 마링이 코민테른 대표로 참석해 축사를 했다.

창당대회를 시작한 장소는 상하이 시내의 프랑스 조계지에 자리한 사립 여학교인 보원여교(博文女校) 교정 안 건물이었으나, 회의 도중에 국민당 밀정들의 움직임을 탐지하고 상하이에서 서쪽으로 약 100킬로미터 떨어진 자싱의 난후(南湖)호수로 가서 배를 띄우고 선상에서 회의를 계속했다.

이때 참석자는 후난성(湖南省) 대표 마오쩌둥(毛泽东)을 비롯해 베이징, 상하이, 후베이성(湖北省) 우한(武汉), 후난성 창사(长沙), 산동성 지난(济南), 광동성 광저우(广州) 등지에서 온 지역대표 모두 13명이었다.[2] 당시 중국 전국의 공산당 당원 수는 모두 50여 명에 불과했다.[3] 당원 대부분은 신해혁명(1911년)과 5·4운동(1919년)에 참여했거나 러시아의 10월혁명(1917년) 성공 이후 중국 내에 확산되고 있던 사회주의사상의 세례를 받은 지식인

---

2 당시 마오의 나이는 13명 참석자의 평균 연령인 28세였고, 허수헝(何叔衡)은 45세로 회의 참석자 중 최고령자였다. 회의에 참석한 이들 지역대표 13명의 그 후 행적을 살펴보면 절반 이상인 7명이 스스로 탈당했거나 출당되었고, 4명은 국민당에 체포되어 처형당했다. 천수를 다할 때까지 당원 자격을 유지한 사람은 마오쩌둥과 후베이성 대표로 참석했던 동비우(董必武, 1886~1975년) 둘뿐이다.

3 2021년 말 중공 당원 수는 9671만 2000명, 기층 당 조직 493만 6000개이다.

들이었다.[4]

1921년 7월 창당대회에서는 당시 정치 상황을 분석하면서 당의 기본 임무와 조직 원칙, 당 지도 기관 등에 대해 토론했다. 그들은 당 강령에 "노동자계급 혁명 군대로서 자본가계급을 타도해 계급 구분과 자본가의 사유제를 없애고 공장 등 생산수단을 몰수해 사회 공유로 귀속시키고, 당의 최종 투쟁 목표는 노동자계급의 폭력혁명을 통한 공산주의국가 건설이다"라고 명기했다. 이와 함께 당의 중앙지도기관인 중앙국이 당의 모든 사업을 책임지도록 결정하고, 천두슈를 중앙국 서기로 임명했다. 중국공산당은 1922년 1월 21일부터 2월 2일까지 코민테른이 모스크바에서 개최한 극동 각국 공산당 및 민족혁명단체 제1차 대표대회에 14명의 대표를 파견했다. 이 회의에서 레닌(Vladimir Il'Ich Lenin)은 중국 노동자계급은 기타 혁명 역량과 단결해 중국혁명을 전진시키라고 독려했다.

중공 창당 후 상당 기간 동안은 당의 지휘를 소련 유학파들이 주도하

4 신해혁명과 5·4 운동 이후 중국 지식인 사회에 사회주의 좌파 이론을 소개하고 개척·선도해 온 대표적 인물인 베이징대학 교수 리따자오(李大钊, 1889~1927년)와 천두슈(陈独秀, 1879~1942년)는 각각 베이징과 광저우에서 처리해야 할 일이 있어 참석하지 못했다. 이 두 사람은 1915년 당시 중국의 청년 지식인들에게 사회주의사상을 전파하는 데 중요한 통로가 된 잡지 ≪신청년≫을 창간했다.

<그림 1-2> 중국공산당 제1차 당 대표대회 참석자

毛泽东　董必武　李达　刘任静　王尽美　陈公博

何叔衡　陈潭秋　李汉俊　张国焘　邓恩铭　周佛海

면서 혁명 추진 전략의 중점을 도시 노동자계급에 두었으나, 이후 마오쩌 둥의 주도하에 근거지 구축과 혁명 동력 확보를 위해서 전략 중점을 도시· 노동자에서 농촌·농민으로 옮기고, 농촌에 근거지를 구축하고 유격 전술 과 토지개혁 투쟁 노선을 강화했다. 이 같은 전략이 성공적으로 추진되고 그 효과가 갈수록 강력해지면서 장제스의 국민당 세력을 타이완섬으로 몰 아내고, 1949년 10월에 중화인민공화국이 성립·출범했다. 1921년 상하이 조계지에서 초라하고 작은 규모로 당을 창당한 중국공산당이 그 후 불과 28년 만에 중국 대륙의 정권을 장악한 것이다.

북벌전쟁 승리와 4·12 반공쿠데타

창당 초기에 중공은 소련과 코민테른의 지도와 지원을 받았다. 그리고 이 시기는 '제1차 국공합작' 시기였으므로 주요 당원과 활동가들이 국민당 군대 소속 장교로, 그리고 도시의 노동조합과 농촌의 농회(農會) 지도자 등으로 활동했다. 1926년 7월에 국민당이 '국민혁명군'을 조직하고 지방 군벌을 상대로 북벌(北伐) 전쟁을 개시했고 중공도 국민혁명군의 일원으로 참여했다.

장제스의 국민당이 북벌전쟁을 발동한 명분과 목적은 1911년 신해혁명(辛亥革命) 이후 각지에 할거한 지방 군벌들의 폐해가 갈수록 커지고 극심해져서 이를 척결하기 위한 것이었다. 신해혁명은 청(淸) 왕조를 무너뜨리긴 했으나, 서구의 부르주아혁명과는 달리 민주적 정치체제와 자본주의적 시장경제체제를 만들어내지는 못했다. 초대 총통인 위안스카이(袁世凱, 1859~1916년)는 스스로를 황제라 칭하는 등 역주행을 하면서 혁명 후 초보적으로 구축되었던 공화정과 헌정 질서를 붕괴시켰다. 그 후 중국 전국은 군벌이 할거하는 혼란·암흑시대가 되었다. 당시 중국의 주요 3대 군벌 세력은 다음과 같다.

- 우페이푸(吳佩孚, 1874~1939년) 직계(直系) 군벌: 약 20만의 병력을 보유했으며, 후베이, 후난, 허난 3개 성과 허베이의 바오딩(保定) 일대를 장악
- 쑨촨팡(孫传芳, 1885~1935년): 원래 직계 군벌에 속했으나 독립하여 약 20만의 병력으로 장쑤, 저장, 안후이, 장시, 푸젠 5개 성 지구를 장악
- 장쭤린(張作霖)의 봉계(奉系) 군벌: 약 30만의 병력으로 동북 3성과 러허(熱河)[5], 차하얼(察哈尔)[6], 그리고 베이징, 톈진 지구 등을 장악

이 3대 군벌 외에도 산서성(山西省)의 옌시산(阎锡山, 1883~1960년), 섬서성(陝西省)의 기독교도 펑위샹(冯玉祥, 1882~1948년), 그리고 기타 각 성 지역에 산재한 수많은 소군벌들이 있었다.

1921년 당시 중국 각지에서 군벌들이 거느린 무장병력의 숫자가 약 150만 명에 달했고, 각 지방에 세력을 굳히고 할거하는 군벌 간의 전쟁과 착취로 인한 폐해와 인민들의 고통이 갈수록 커지고 있었다. 1926년 7월에 국공(国共)합작 국민혁명군이 광동성 광저우에서 거병하여 북벌전쟁을 시작했고, 약 1년 만에 우페이푸와 쑨촨팡 등의 군벌과의 전쟁에서 승리하여 장강(长江) 유역의 상하이, 우한, 난징(南京) 등 주요 도시를 장악했다.

북벌전쟁 승리 후, 대지주 및 자산계급의 후원을 받고 있던 북벌군 총사령관 장제스는 공산당에 대한 적대감을 노골적으로 드러내기 시작했고, 결국 1927년 상하이에서 '4·12 반공쿠데타'를 일으켜 권력을 장악하고 국민당 내의 좌파분자를 소탕하는 청당(清党)을 추진하여 그해 말까지 (8개월 정도 기간에) 당시 중공 당원과 조직의 약 80%를 살해하고 와해시켰다. 도시 노동자 조직과 농촌의 농회(农会) 등을 겨냥한 체포와 학살은 장제스가 주도하는 국민당 우파가 장악한 지역을 넘어서 군벌들이 장악하고 있

5   러허성(热河省)은 민국 시기 성급 행정구역, 약칭은 '热', 성회(省会)는 청더시(承德市)이다. 민국 3년(1914년) 1월 러허특별구로 설치, 민국 17년(1928년) 9월 성이 되었고, 1955년 7월 30일에 철폐되었다. 관할구역은 현재의 네이멍구(內蒙古)자치구, 허베이성, 랴오닝성 일대를 포함하고 있었다.

6   차하얼성(察哈尔省)은 1912년에 건립된 중국의 옛 성급 행정구이다. 현재의 허베이성 북부와 네이멍구자치구 일대를 포함했고, 약칭은 '察'이고, 성회는 초기에는 즈리성(直隶省) 장베이현(张北县)이었으나, 민국 17년(1932년)에 부(部)에서 성으로 되고, 성회는 완첸현(万全县)이 되었다. 민국 36년(1947년) 6월에 완첸현 현성(县城)이 장위엔시(张垣市)에 설치되었고, 성회가 되었다. 장위엔시 위치는 현재의 허베이성 장자커우(张家口市) 차오시구(桥西区)이다.

는 북부 지역으로까지 확대되었고, 그 결과 북벌전쟁 기간 중 유지되어 온 제1차 국공합작은 철저하게 깨졌다.

마오쩌둥의 징강산 입산, 근거지 구축[7]

1927년 장제스가 일으킨 4·12 반공쿠데타로 심각한 타격을 받은 후 중공이 얻은 중요한 교훈은 주체적 무장 역량을 건립해야 한다는 것이었다. 중공은 그해 8월 7일 후베이성 우한(武汉) 3진(镇) 중의 하나인 한커우(汉口)에서 긴급회의인 8·7회의를 개최하고, 향후 혁명 전략의 중점을 무장투쟁과 토지혁명 추진에 둔다고 결정했다. 즉, 국민당과의 합작을 위해 다음 단계로 미뤄두었던 강경노선인 토지혁명 실행을 결정했다.

4·12 반공쿠데타 후, 같은 해(1927년) 8월 1일에 주더(朱德)와 저우언라

7 유튜브 북연TV, 〈중국현대사〉, 3회 '중공 창당', 4회 '징강산 산두령과 혁명' 참고.

이(周恩来) 등이 1927년 8월 1일 장시성 난창(南昌)에서 중공 최초의 무장투쟁이자 군사정변으로 기록된 '난창봉기(南昌起仪)'를 일으켰다. 이어서 9월에는 마오쩌둥이 1만여 명의 '노동자농민무력'(공농혁명군)을 이끌고 후난 '추수봉기'를, 12월에는 평파이(彭湃: 1896~1929년), 장타이레이(张太雷: 1898~1927년), 예팅(叶挺: 1896~1946년), 윈다이잉(恽代英: 1895~1931년), 니에룽전(聂荣臻: 1899~1992년), 예젠잉(叶剑英: 1897~1986년) 등 난창봉기에 참여했던 지휘관들 대다수가 1927년 12월에 주도한 '광저우봉기(广州起义)', 그리고 그다음 해(1928년) 7월에는 평더화이(彭德怀, 1898~1974년)와 텅다이위안(滕代远, 1904~1974년)이 조직 지휘하여 1928년 7월 22일에 일으킨 후난 '핑장봉기(平江起义)'가 발발했다. 그러나 결국에는 모두 봉기군보다 우세한 조직과 화력을 지닌 국민당 군대에 진압되었다.

　　당시 중공중앙 지도부의 권력과 주요 정책 결정은 소련이 파견한 코민테른 간부와 소련 유학을 마치고 귀국한 유학파들이 주도하고 있었다. 이들의 중국혁명 전략은 도시 무산자·노동자 계급을 중심으로 하는 도시 노동자 운동과 무장봉기를 통한 도시 점령전에 중점을 두고 있었다. 그러나 마오쩌둥은 후난성 창샤 공격 실패 후, 아군의 객관적 병력이 열세인 상황에서 당 중앙의 도시 점령전 전략은 계란으로 바위 치기와 다를 바 없는 군사적 모험주의라는 점을 절감했다. 혁명 역량을 보존하고 키워나가기 위해서는 전략의 중점을 농촌과 토지혁명투쟁에 두어야 하고, 그러한 활동 수행을 위한 혁명 근거지를 국민당군과 군벌의 세력이 취약한 산간 오지 농촌지역에 설립해야 한다는 자신의 구상을 실행에 옮겼다. 마오는 후난성 농촌에서의 활동 경험을 기초로 줄곧 당의 혁명 전략은 농촌에 초점을 맞춰야 한다고 주장해 왔다.

4·12 반공쿠데타 직후 중공이 개최한 '8·7 긴급회의'에서 마오는 더욱 확고한 어조로 "혁명은 손님들을 초대해 식사 대접하는 것이 아니다"라고 풍자를 섞어서 설파했다. 왜 이렇게 표현한 것일까? 이는 마오가 8·7회의에서 무장 역량의 중요성을 강조하면서 함께 주장한 "정권은 총구로부터 나온다"라는 말과 함께 농촌 토지혁명투쟁 전략의 핵심이라 할 수 있다. 즉, 농촌에서 토지혁명투쟁을 실행하기 위한 동력을 확보하기 위해서, 소수인 지주와 부농의 토지를 무상몰수해서 다수인 빈농과 고농(雇農)들에게 무상분배해 주어야 한다는 것이고, 그 과정에서 농촌인구의 절대다수를 점하는 빈농과 고농의 지지를 얻기 위해서는 농촌 마을의 깡패와 불량배 건달들까지도 포섭, 동원하여 지주와 부농에게 폭력을 행사하는 것을 주저할 필요가 없다는 것을 풍자적으로 표현한 것이다. 이 같은 마오의 발상과 구상은 1927년에 발표한 「후난 농민운동 고찰보고」[8]의 내용을 통해서도 확인할 수 있다.

1927년 9월 9일, 마오쩌동의 지휘하에 후난성 안위안(安源)과 퉁구(銅鼓) 일대의 탄광과 철도 노동자, 농민 무장 조직 위주로 조직, 구성한 1만

---

8 「후난 농민운동 고찰보고」는 마오가 후난성 농촌에서 농민운동을 지휘하면서 농민협회(農会) 활동 상황 등을 조사·기록한 것이다.

여 명의 무장봉기군 대오가 후난성과 장시성 경계 지역의 핑장(平江)에서 출발하여 후난성 수도인 창사(長沙) 점령을 목표로 3개 노선으로 분산 진군했으나, 도중의 각 행로에서 국민당 후난 군벌 부대의 공격을 받고 참담한 손실을 입었다. 이것이 추수봉기이다. 마오쩌둥은 봉기 발동 후 닷새 만인 9월 14일에 1000여 명으로 줄어든 패잔병 무리를 이끌고 장시성과 접하고 있는 후난성 류양(瀏陽)현으로 퇴각하여 그곳에서 긴급회의를 개최하고 창사 점령을 포기하기로 결정한다. 이어서 9월 19일에 잔여 병력을 류양현 남부 원자스(文家市)에 집중시키고 전적(前敵)위원회 회의를 개최하고 후난성과 장시성 경계에 있는 남쪽 산간 지역으로 이동한다고 결정한다. 국민당 군대는 전투력이 월등하고 주요 역량이 도시에 집중해 있고, 반면에 전투에서 패배하여 좌절을 겪은 농민 봉기군 병력은 혁명 열기마저 떨어진 상태였다. 도시 공격은 도저히 승산이 없고 감행할 경우엔 남은 전투력마저 상실하게 될 것이라 판단했기 때문이다.

마오가 특히 충격을 받고 실망한 점은 1927년 1월에 자신이 작성하여 당 중앙에 제출한 「후난 농민운동 고찰보고」에서 "혁명 열기가 질풍노도와 같이 폭발하고 있다"라고 표현한 농민들이 무장봉기에 대해 예상외로 냉담하게 반응한 것이었다. 이는 1927년 장제스의 4·12 반공쿠데타 이후 도시뿐만 아니라 농촌지역에서도 많은 농민운동 지도자들이 살해되고 농민협회(農會)가 궤멸되는 것을 목도한 농민들의 심리가 극도로 위축되었기 때문이었다. 따라서 마오쩌둥은 창사를 무력으로 점령한다는 계획을 포기하고 적의 통치 역량이 취약한 산간 오지 농촌지역으로 이동해서 농촌 근거지를 건설하고 토지혁명투쟁을 통해서 지주와 부농의 토지와 재산을 강탈하여 한편으로는 보급 문제를 해결하고, 또 한편으로는 토지 무상몰수 무상분배를 통해서 농민 군중의 지지를 획득하고 이를 기반으로 토지혁명 전쟁을 진행해 나간다는 구상을 한 것이었다.

그렇다면 어디로 갈 것인가? 마오는 지도를 펼쳐 놓고 후난성과 장시성 경계를 가르는 뤄샤오(羅霄)산맥에 주목했다. 뤄샤오산맥은 후베이, 후난, 장시, 광동 4개 성을 가로지르고 있으며 북에서 남으로 장시성과 후난성의 경계를 가르고 있는 산맥이다. 마오는 이 산맥 중단(中段)의 산세가 가장 넓게 펼쳐진 지대를 선정했다.

마오쩌둥의 이 같은 주장과 제안에 대해 "그렇다면, 결국 토비(土匪)와 뭐가 다르냐? 사회주의혁명에 헌신하기로 결심하고 여기까지 왔는데 이제 와서 토비가 될 수는 없다"라며 강력히 반대하는 의견도 적지 않았다. 특히, 사단장이었던 위사두(余洒度)는 '먼저 류양(瀏陽) 현성(縣城)을 점령한 뒤 창샤를 다시 공격하자'고 주장했다. 마오는 위사두의 주장을 군사모험주의라 비판하며 설득했으나 여의치 않았고 찬반 의견이 팽팽했다. 총지휘를 맡고 있던 루더밍(盧德銘)과 그의 참모들이 잇따라 마오의 의견을 지지해 주어서 다수결로 겨우 의견을 모을 수 있었다.

그렇게 선정한 목적지로 가는 노정도 매우 험난했다. 장시성 핑샹(萍鄕)현 루시(盧溪)에서는 매복한 국민당군에게 기습 공격을 당해 다시 한번 심한 타격을 입었고, 총지휘 루더밍마저 전사했다. 이제 마오가 지휘하는 패잔병 무리는 1000명도 채 안 되었고 이들의 몰골과 행색이 부랑자 무리와 별 차이가 없었다.

1927년 9월 29일에는, 장시성 용신(永新)현 산완촌(三灣村)에 도착 후 부대를 개편했다. 주요 개편 내용은, 원래의 1개 사(師)를 1개 단으로 축소 개편하고 연대에 당 지부(黨支部)를 건립했다. 또한 각급 사병(士兵)위원회를 건립하고 민주적 관리 제도를 실행하여 정치적으로 장교와 사병의 평등을 실현하고자 했다. 중공 당사(黨史)에서는 이를 '산완개편(三灣改編)'이라 부르고 있다.

목적지인 후난성과 장시성 경계인 뤄샤오산맥 중간지점에 위치한 징강산에 도착한 때는 1927년 10월이었다. 징강산을 품고 있는 뤄샤오산맥은 광동성 북부의 후난·장시 두 성의 경계에 접한 지역부터 후베이성 남부까지 뻗어 있다. 각 지구별로 지리적 특성을 비교해 보면, 닝강(宁冈)을 중심으로 하는 산맥 중간 지구 부분이 군대 주둔지로서 가장 유리했다. 북부는 그 지세가 진공과 수비 등 군사행동에 불리했고, 또한 정치중심도시(政治都会)들과 너무 가까워서 매우 위험했다. 뤄샤오산맥 남부지구의 지세는 북부보다는 좋으나 군중 기초가 중부보다 못하고 후난·장시 양 성(省) 하류 지역에 대한 영향력도 중부만 못했다. 중부지구에는 1년 이상 경영한 군중 기초와 공산당 조직 기초, 그리고 투쟁 경험을 쌓은 지방 무장 세력이 있었다. 징강산 지구는 후난성 링(酃)현과 장시성 닝강, 쑤이촨(遂川), 융신 4개 현(县)이 만나는 지점에 있고 총면적은 약 4000㎢이다.

마오는 이곳이 중심 도시로부터 거리가 비교적 멀고 교통이 불편해 국민당 통치 역량이 미약하고, 높고 험준한 산, 울창한 삼림, 몇 개의 좁은 산길을 통해서만 진출입이 가능한 위치 조건을 파악하고 전진·공격과 후퇴·방어에 유리한 조건을 갖추었다고 판단했다. 이는 산적이나 녹림당 패거리의 입지 선정 기준이기도 했다. 이 같은 지리·지형 조건과 함께 이들 현 모두에는 이미 '대혁명시기(1924~1927년)'[9]에 공산당 조직과 농민 자위대가 건립되어 있어서 군중 기초가 비교적 좋고 츠핑(茨坪), 따샤오우징(大小

---

9 중공의 시기 구분 방식으로, '대혁명시기'(1924~1927년)는 제국주의 반대와 북양 군벌과의 전쟁 시기를 가리키며, '제1차 국내혁명전쟁시기'라고도 부른다. 이 시기는 장제스가 1927년에 일으킨 4·12 반공쿠데타로 인해 실패로 끝났고, 이후 '토지혁명시기' 또는 '제2차 국내혁명전쟁시기'(1927~1937년)로 이어진다. 그 이후 시기는 1936년 12월 12일 '시안사변(西安事变)' 발발 후 항일 민족통일전선을 형성한 '제2차 국공합작시기'(1937~1945년), 그리고 1945년 일제 패망 이후부터 시작된 '제2차 국공내전시기'(1946~1949년)로 구분한다.

五井) 등지에 모두 논과 촌락이 있어서 주위 각 현 농촌을 대상으로 보급투쟁을 하기에 유리하다는 점도 고려했다.

따샤오우징이란 지명은 크고 작은 다섯 개의 우물이란 뜻으로, 징강산 위의 5개 촌락인 따징(大井), 샤오징(小井), 중징(中井), 상징(上井), 샤징(下井)을 가리킨다. 이는 산봉우리에 층층겹겹 둘러싸인 5개 촌락의 형상이 하나하나 모두 우물(井) 같다고 해서 붙여진 이름이다. 1927년 10월 하순, 마오쩌둥이 인솔한 무리가 징강산에 올라 도착한 곳이 바로 이곳이다. 당시에 마오가 거주했던 따징은 5개 취락 중 가장 크고, 츠핑 현성(縣城)으로부터 약 7km 거리이며, 마오쩌둥보다 늦게 징강산에 온 주더, 천이(陈毅, 1901~1972년), 펑더화이 등도 모두 이곳에 거주했다. 현재 따징의 혁명 유적은 이미 중국의 '국가중점문물보호단위'로 지정되었고, 홍군 병원과 군복 공장 등 따샤오우징의 5개 작은 산촌 안에 있는 혁명 유적들과 함께 '홍색 관광상품'이 되었다.

징강산 지구에는 원래 오랜 기간 동안 산적패를 거느린 패거리와 산두

령이 있었다. 당시에는 위안원차이(袁文才)와 왕쥐(王佐)를 수령으로 하는 두 개 파의 녹림당 무장 세력이 각각 150~160여 명 병력과 60정 내외의 총을 가지고 있었다. 왕쥐의 무리는 산 위의 츠핑과 따샤오우징 등에 주둔하고 있었고, 위안원차이의 무리는 징강산 북쪽 산기슭의 닝강 마오핑(茅坪)에 주둔하고 있었다. 이들은 북벌전쟁에도 참가했었고 위안원차이는 공산당 당원이었다. 마오의 부대가 징강산에 안착하려면 이들 토박이 녹림당 무리의 동의와 협조가 필요했다. 그러나 이들은 밖에서 굴러온 무리들이 자신들보다 병력 수와 역량이 강해 보여서 공격을 못하고 긴장 속에 경계의 눈으로 주시하고 있었다.

이 두 무리의 붙박이 무장 녹림당을 어떻게 설복하고 쟁취할 것인가? 마오는 우선 공산당원인 위안원차이에 대한 공작부터 시작하고, 다시 그를 통해서 왕쥐에 대한 작업을 진행했다. 마오는 위안원차이 휘하의 병력 수는 160여 명인데 총은 60자루뿐이라는 걸 파악하고, 전적위원회 회의에서 위안원차이에게 100자루의 총을 주자고 제안했다. 그들이 가장 절실하게 필요로 하는 것을 주어야 감동시킬 수 있다는 계산이었다. 마오의 대담한 제안에 전적위원회 위원들은 우려를 표시했으나 마오는 이번에도 끈질

긴 설득 끝에 다수결로 결정을 이끌어냈다.

1927년 12월 6일, 마오는 닝강 따창촌(大仓村)에 가서 위안원차이를 만났다. 위안원차이는 원래 회의 장소인 린자사당(林家祠堂) 안에 총을 지닌 20여 명을 매복시켜 놓았었다. 그러나 몇 명의 수행원만을 데리고 온 마오의 일행을 본 순간 안심했다. 마오는 회의 중에 "부자의 재물을 빼앗아 가난한 사람들을 구제(劫富济贫)한다"라는 위안원차이 일당의 활동이 혁명성을 지녔다고 치켜세우면서 자신들이 당면한 문제에 대해 말하고 그 자리에서 그들에게 100자루의 총을 주겠다는 뜻을 밝혔다. 위안원차이는 크게 감동했다. "최선을 다해 도울 것이며 600은위안(银元)을 지원하겠다"라고 약속했다. 또한 마오의 부대가 60여 호 규모의 촌락인 마오핑에 후방 의원과 주둔지를 건립하는 것에 동의하고 이웃 녹림당 두목인 왕줘도 설득해 보겠다고 화답했다.

한편, 위안원차이는 마오에게 "이왕에 왔으니 우리와 복은 같이 누리고 곤란이 있으면 같이 마주해야(有福同享, 有难同当) 할 것이다. 부상자와 부대의 양식은 내가 관리하겠다. 단, 당신들은 우리 영역인 닝강 밖의 링현, 차링(茶陵), 쑤이촨(遂川) 일대로 나가서 토호들의 재물을 털라"라고 제안했다.

이에 마오가 부상병과 잔류자들을 마오핑에 잔류시키고, 자신은 부대를 이끌고 후난성 남부의 링현으로 가서 그곳의 국민당 무장 세력을 제압한 후, 현성에 계속 주둔하면서 지주와 토호들의 재산을 강탈하고 주변 지형과 환경을 익혔다. 이어서 (위안원차이의 요청에 따라) 유쉐청(游雪程), 쉬옌강(徐彦剛), 천보둬(陈伯多) 등 당원을 군사간부로 위안원차이 부대로 파견하여 정치와 군사훈련을 돕도록 했다.

위안원차이를 설복한 후에 마오는 다시 수차례 산으로 올라가 또 다른 한 패거리의 토박이 녹림당 두목인 왕줘를 대상으로 작업을 시작했다. 문화 수준이 낮고 단순한 성격의 왕줘는 마오의 말솜씨와 술수에 설복되었고, 주변 사람들에게 "마오는 정말 학문이 높은 사람이다. 그와 한 차례 대화하면 10년간 책을 읽은 것 같다"라고 말했다.

마오쩌둥은 위안원차이와 왕쭤를 자신의 휘하로 끌어들이기 위해 이 두 사람과 지속적으로 접촉하면서 이들이 봉건적 민간 결사(封建帮会) 관례를 따르고 있을 뿐 정치 목표가 명확치 않고 계급 경계선이 명확치 않은 점 등을 지적하면서 설복했다.

1928년 1월 상순에는 왕쭤의 요구에 따라 프랑스 유학 후 돌아온 허장공(何长工)을 왕쭤 부대의 당대표로 파견하고 부대 개조 업무를 추진토록 했고 부대 안에도 공산당의 기층 조직과 사병위원회를 조직토록 했다. 또한 20여 명의 당원 간부를 파견하여 위안원차이와 왕쭤의 부대 내에서 연대장(连长), 대대장(排长), 당대표 등 역할을 분담하게 했고 부대의 정치적·군사적 교양을 제고시켰다. 얼마 후에 왕쭤도 중국공산당에 가입했다. 이어서 2월 중순에는 위안원차이와 왕쭤의 부대를 공농혁명군 제1사단 제2단으로 정식 편제하고 위안원차이를 단장, 왕쭤를 부단장, 허장공을 단 당대표에 임명했다.

마오쩌둥이 징강산 근거지 건설을 추진하면서 가장 중시한 일은 군대와 지방에 공산당 조직을 건립하는 것과 정치교육이었다. '산완개편(三湾改编)'(1927.9) 때부터 군대를 당의 영도하에 두고 각 연대 내에 공산당 지부 건립을 추진했다. 당 지부는 당원에게 3가지 과업을 요구했다. 첫째, 당면한 형세 공부, 둘째, 군중의 상황 이해, 셋째, 신당원의 배양 및 발전이었다. 이후 마오는 자기 부대원들에게 군중 속으로 깊이 들어가 군중을 향해 선전 활동과 조직, 무장, 생산노동 지원을 하면서, 실제 곤란한 문제를 해결해 주도록 했다. 또 의료시설인 '홍군의무소'를 설립하고 홍군 주둔지 내 농민들을 무료로 치료해 주도록 했다. 이것이 '실사구시(实事求是)'와 함께 마오쩌둥 전략의 핵심이라 할 수 있는 '군중노선'이다.

마오쩌둥은 군대 내부의 공산당 조직 건립과 동시에 지방 당 조직의 회복과 발전에도 집중했다. '대혁명시기'에 징강산 부근 각 현에 모두 당 조직이 건립되었고 대부분의 당 조직 책임자는 외지에서 돌아온 학생과 당지 농민협회의 핵심 인물이었으나 '대혁명' 실패 후 당 조직의 많은 부분이 흩어져 있던 상태였다. 마오핑에 진입한 날 저녁부터 닝강, 용신, 롄화 등 현의 당원들을 모아서 좌담회를 개최했고, 1927년 11월 상순에 다시 마오핑에서 각 현의 원(原) 당 조직 책임자 회의를 개최했다. 다음 해(1928년) 1월 장시성 쑤이촨현 현성 점령 후에는 전적위원회와 완안, 쑤이촨현의 현위원회 연석회의를 개최했다. 또한, 군대 내의 일부 정치공작 경험이 있는 간부들을 각 현 농촌 기층으로 파견해서 당 조직 건립 업무를 추진토록 했다. 2월에는, 각 현에 현위원회, 또는 특별구위원회(酆县), 특별지부(蓮花县)를 건립했다.

마오쩌둥이 혁명 동력 창출을 위해 착안한 또 하나의 중요한 조치는 군대의 임무에 '군중(群众) 공작'을 추가한 것이다. 즉, 군대는 전투뿐만이 아니라 군중 공작을 중시해야 한다고 강조했다. 또한, 마오쩌둥은 예로부터 이어져 온 구관념의 속박을 거부하고 신개념의 이론을 제출했다. 즉, 풍부한 군중 공작 경험과 독립적인 견해를 바탕으로 실천 과정 중에 만난 새로운 상황과 문제들을 중시하고, 실제에서 출발하여 대담하게 탐색했다.

1927년 11월, 공농혁명군이 차링에서 닝강으로 철수하기 전에, 완안현의 농민 봉기군이 쑤이촨과 연접한 장시성 서남부의 완안 현성을 점령했다. 마오쩌둥은 이들을 지원하기 위해 공농혁명군 제1단을 인솔하고 남하하여 1928년 1월 4일에 쑤이촨 현성을 공격·점령했고, 이곳에 병력을 분산하여 군중 공작을 진행했다. 그리고 중공 쑤이촨 현위원회와 현 '공농병(工农兵)정부'를 건립했다. 본래 토비나 산적들은 마을 또는 현성을 점령할 경우, 약탈에 집중한 후 다시 그들의 근거지로 돌아갔으나, 중공 홍군

〈그림 1-7〉 6항주의	〈그림 1-8〉 중국공농 홍군 제4군 군기

저자 촬영.

은 점령지에 '공농병정부' 또는 '중화 소비에트 정부'를 건립하고, 당지 인민위원회를 조직했다. 마오는 쑤이촨 현성을 점령한 후 공농혁명군의 '3대 임무'와 '3대 기율(紀律)' 그리고 '6항주의(六項注意)'를 발표했다. 그 내용은 다음과 같다.

'3대 임무'는 첫째, 싸워서 적을 섬멸하고, 둘째, 토호 타도와 자금 마련, 셋째, 군중 공작을 하면서 군중을 도와 혁명정권을 건립한다.

'3대 기율'은 첫째, 지휘에 따라 행동할 것, 둘째, 노동자·농민의 물건을 빼앗지 말 것, 셋째, 토호를 타도하고 그 재산을 공유로 할 것.

'6항주의'는 ① (잠자리로 사용한) 문짝은 다시 달아주고, ② 깔고 잔 볏짚은 묶어주고, ③ 말투는 온화하게, ④ 매매 거래는 공평하게, ⑤ 빌린 물건은 돌려주고, ⑥ 손상한 물건은 배상하라.

마오가 이처럼 군대 내부의 민주화와 정치교육의 중요성을 강조한 것은 홍군 내부에 지방 군벌의 군인이나 비적(匪賊), 떠돌이 불량배 출신이 많았기 때문이었다.

〈그림 1-9〉 마오쩌둥의 16자 유격 전술

1928년 1월에는 장시성 쑤이촨현을 점령하고, 공산당 현위원회와 현 공농병정부, 그리고 폭동대, 적위대, 농민협회, 노동조합(工会) 등 군중 조직을 건립했다. 마오쩌둥은 쑤이촨 현성 점령 후 그곳에서 전적위원회와 완안현과 쑤이촨현 당위원회 연석회의를 열고 공농혁명군과 완안 농민군의 경험을 총결하는 자리에서 농촌 산악지구 유격전 전술 방침을 4구(句) 16자로 요약했다. 즉, "적이 공격해 오면 후퇴한다(敵进我退), 적이 주둔하면 교란시킨다(敵驻我扰), 적이 피로할 때 공격한다(敵疲我打), 적이 후퇴하면 추격한다(敵退我追)"이다. 이 4구의 유격 전술을 '마오쩌둥 전술'이라고도 부른다. 이는 마오가 위안원차이와 왕줘가 경험으로 축적한 녹림당식 유격전 전투 방식과 주더와 펑더화이의 군사 지식과 전투 경험을 기초로 대부분 문화 수준이 낮은 농민 출신 홍군 사병들이 쉽게 이해할 수 있게 총결·정리한 것이다.

마오쩌둥의 징강산 입산은 농촌과 농민 중심의 새로운 혁명 전략 방향을 제시한 발명이고 실천이었다. 이는 중공 창당 초기에 당 중앙의 권력을 장악하고 주도하던 소련 유학파가 당연시, 견지해 온 도시 노동자 운동 중심의 혁명 전략에 대한 거부이자 도전이었다.[10] 당시에 코민테른과 소련 유학파가 주도하던 중공중앙의 주류파는 (도시에서의 노동운동을 중시했으므로) 농촌 산간 지구에 근거지를 건설하고 농민을 혁명 역량으로 하자는 마오의 구상과 혁명 전략을 '비적 전술' 또는 '산상(山上) 사회주의'라 부르며 조롱했다.

그러나 장제스의 4·12 반공쿠데타로 당 조직이 궤멸적 타격을 받고, 난창봉기와 후난성 창샤 점령을 목표로 했던 추수봉기, 광저우봉기 등 대도시 점령을 목표로 했던 무장투쟁이 연이어 패배, 좌절된 후에는 마오의 혁명 전략을 수용하지 않을 수 없었다. 1930년 4월에 징강산 지구와 인접한 루이진(瑞金)에서 농민 폭동이 발발하여 국민당정부를 몰아낸 후, 6월에 중공중앙이 루이진에 '현 혁명위원회'를 건립했다. 그 후 이곳이 중공 공농혁명군의 중심지 역할을 담당하기 시작했다. 다음 해인 1931년 11월에는 중공중앙 지휘부가 상하이에서 루이진으로 옮겨와서 '중화소비에트공화국 임시중앙정부'를 건립했다.

주더와 펑더화이 부대의 합류[11]

1927년 8월 1일, 난창봉기를 주동한 무리 중 예팅, 허룽(贺龙, 1896~1969년), 주더의 부대가 차오저우(潮州), 산터우(汕头) 일대에서 벌였던 도시 점령을 목표로 한 전투에서 국민당군에 패배한 후, 봉기군 중 일부는 하이루펑(海陆丰) 지구로 가서 계속 광동 지구에서 투쟁했고, 주더와 천이가 지휘하는 부대는 광저우 봉기 실패 후 광동을 출발하여 푸젠, 장시를 거쳐서

---

10 마오쩌동은 장정 초기 구이저우성(贵州省) 준이회의(遵义会议, 1935.1.15~17) 이전까지는 당의 주류파 지도자 대열에 끼지 못했다.

11 유튜브 북연TV, 〈중국현대사〉, 6회 '주더-펑더화이 징강산 합류' 참고.

후난 남부로 잠입한 후 당지 농민을 선동·조직하여 후난성 남부(湘南) 지구 봉기를 일으키고 소비에트 운동을 추진했으나, 실패한 후에 1928년 4월에 징강산에 도착했다.

마오쩌둥은 4월 24일 전후에 홍군 제1단을 인솔하고 닝강 롱스(茗市)에 와서 이틀 먼저 롱스에 도착한 주더와 천이의 부대와 합류했다. 마오쩌둥과 주더는 합류한 후 홍군 제4군을 건립하고 주더를 총사령관으로 선출하고 마오는 정치위원을 맡았다. 이때 주더는 42세, 마오쩌둥은 34세였다. 이때부터 '주-마오(朱毛) 합작'이라 불리는 주더와 마오의 장기간의 합작 전투 생애가 시작되었다. 두 사람은 롱장서원(龙江书院)에서 두 부대의 영(营) 이상 간부회의를 개최하여 두 부대를 중공 공농홍군(工农红军) 제4군으로 합병하기 위한 각 항 결정을 확정하고 주더를 군장(军长), 마오쩌둥을 당대표, 천이를 교도대 대장으로 선출한 후 전체 병력을 6개 단으로 구분·편성했다. 이어서 5월에는 마오쩌둥을 서기로 하는 '중공 후난·장시(湘赣) 변계(边界) 특별위원회'를 구성하고 위안원차이를 주석으로 하는 '후난·장시 변계 소비에트 정부'를 건립했다.

주마오 홍군의 합류는 중국 공농홍군 발전 역사상 획기적인 사건이었다. 주더가 인솔해 온 난창봉기군 잔여 부대는 북벌전쟁 때부터 매우 강한 전투력을 축적한 부대로서 병력 2000여 명과 1000여 정의 총을 보유한, 훈련이 엄격하고 전투 및 작전 경험이 풍부한 부대였다. 또한 주더와 천이는 정통 군사교육을 받고 풍부한 실전 경험을 쌓은 지휘관이었으므로 이들의 합류는 징강산 혁명 근거지의 무력 역량을 대폭 증강시켰다. 이후 홍군은 인민 군중의 지지를 받으며 장시성 국민당군의 포위 토벌 공격을 물리쳤다. 그 결과, 1928년 6월에는 '징강산 혁명 근거지'의 세력 범위가 닝강·용신·롄화 3개 현을 직접 통치하고, 쑤이촨·링·차링·지안(吉安)·안푸(安福) 현 등의 부분 지구로까지 세력권을 확대했다.

〈그림 1-10〉 핑장봉기 당시 펑더화이와 후난성 핑장현 핑장봉기 기념관 앞 펑더화이 동상

저자 촬영.

 1928년 12월에는 후난 군벌군 단장 출신으로 1928년 7월 22일 핑장봉기(平江起义)를 일으켜 핑장 현성을 점령하고, 후난·장시·광둥 경계 지역에서 유격전을 지휘하던 펑더화이와 텅다이위안(滕代远)이 봉기 중에 창건한 홍5군 주력 제1·제3 종대(纵队) 700여 명을 인솔하고 징강산에 도착하여, 닝강 신청(新城)에서 주더와 마오쩌둥이 지휘하는 홍4군과 합류했다. 마오쩌둥과 주더는 우선 허장공을 롄화현에 보내 펑더화이와 텅다이위안을 영접하게 했고, 12월 11일에 닝강 신청에서 홍4군과 홍5군 합류 경축 대회를 개최했다.

 주더와 천이가 인솔해 온 병력과 펑더화이와 텅다이위안이 인솔해 온 두 개 부대 병력이 합류한 후 징강산의 무장투쟁 역량이 대폭 강화되었고, 중국 전국의 홍군 근거지 중 병력 수가 가장 많고 전투력이 가장 강한 홍군 지부가 되었다. 이후 홍군은 수차례 국민당 장시성 군대의 포위 토벌 공격에 유격전으로 대응하면서 근거지 무장과 세력 범위를 확대했다. 그

러나 이 같은 징강산 홍군의 세력 확대는 이를 소탕하려는 국민당 토벌군도 증대시키는 결과를 초래했다. 또 한편, 지주와 부농들이 도피하면서, 중공의 입장에서는 생존 기반 자원이 갈수록 줄어들어서 경제문제 특히 양식이나 의복 조달에 비해 현금 조달이 곤란해졌다.

국민당군의 포위 토벌 공격

국민당 측은 공산당이 일으킨 1927년 8월 1일 난창봉기(南昌起义), 9월 9일 추수봉기(秋收起义), 12월 광저우봉기(广州起义)를 모두 진압한 후 이제 공산당의 무장 역량을 거의 대부분 소탕했고, 잔여 세력만이 잠복했다. 여기고 있었다. 그러나 1927년 11월 완안봉기(万安起义)가 발발하고 마오쩌둥이 지휘하는 징강산지구 '공비(共匪)'들이 연이어 차링과 쑤이촨 현성을 공격·점령하면서 세력을 키워나가자 크게 놀라서 징강산 공비 근거지 섬멸을 위한 토벌 공격을 시작했다.

1930년 10월, 국민당 장시군(赣军) 제27사의 1개 단과 1개 영이 완안현(万安县)으로 진공해 왔고 1개 영이 닝강 동부의 신청으로 들어왔다. 이곳은 닝강 현성과 징강산 북쪽으로 나가는 출구였으므로 징강산 혁명 근거지에 심각한 위협이 되었다.

마오는 국민당 장시군 1개 영이 닝강 신청에 진주했다는 첩보를 파악한 후에 휘하 병력 제1단을 인솔하고 쑤이촨으로부터 징강산으로 돌아왔고, 전적위원회 토론을 거쳐서, '적(국민당군)은 아군(홍군) 주력이 아직도 쑤이촨에 있고 경비에 소홀할 거라고 잘못 알고 있으니 이 점을 이용해서 새벽에 기습하자'고 결정했다. 기습 공격을 시작한 후 몇 시간의 격전 끝에 닝강 현성을 점령하고 국민당 방어군 1개 영을 섬멸하고 300여 명의 포로와 무기, 장비, 군수품을 노획했다. 징강산 입산 후 공농혁명군이 국민당 정규군과 겨룬 최초의 전투에서 승리한 것이다.

한편, 홍군은 300여 명이나 되는 국민당군 포로에 대한 관리 문제에 직면했다. 이는 이제까지 경험해 보지 못한 새로운 문제였다. 홍군 병사들이 포로를 압송하면서 때리고 욕하고 허리춤 지갑을 뒤지는 등의 행위를 본 마오쩌둥은 포로 학대 금지를 지시했다. 즉, "때리거나 욕하지 말고 설득하고 교육해서 창끝을 반대로 돌리게 하라"라는 행동 방침을 발표하고 집행했다. 이는 포로에 대한 전향 교육은 물론 국민당이 "공비는 사람을 보는 대로 죽인다"라고 선전하는 전술에 효과적으로 대응한 것이었다.

전투에서 승리가 거듭되면서 포로의 전향과 농민 군중의 참여가 증가하여 1개 단 규모에도 못 미치던 징강산 주둔 홍군 규모가 1928년 2월에는 1개 사단(师), 2개 단 규모로 늘었다. 또한 당지 농민운동과 밀접하게 결합하여 차링, 쑤이촨, 닝강 3개 현의 구(旧) 지방정권을 무너뜨리고 새로운 공농 소비에트 정권과 적위대(赤卫队), 유격대를 건립했다.

2차 전투

이 같은 '공비'들의 동향을 보고 받고 불안과 경계심이 더욱 커진 장제스가 1931년 4월에 '제2차 공비 토벌 공격'을 시작했다. 국민당 장시성 군대(赣军) 제27사 사단장 양루쉬안(杨如轩)이 5개 단을 이끌고 와서 용신을 점령하고 닝강으로 공격해 왔다. 주더와 왕얼저우(王尔琢)가 지휘한 공농혁명군 제4군 주력은 범을 산에서 분리시키는 계책(调虎离山之计)을 채택하여 차오시아오(草市坳)에서 장시성 군대 제79단을 섬멸하고 승세를 타고 기습하여 그날 정오에 두 번째로 용신 현성을 수복했다. 양루쉬안은 부상을 입고 장시성 지안으로 돌아갔다. 홍군은 박격포 7개, 산포(山炮) 2개, 은화 2000여 근을 노획했다.

3차 전투

그해(1931년) 5월에 다시 시작된 3차 포위 토벌군의 규모는 훨씬 더 커졌다. 국민당 장시성 군대 제9사단장 양츠성(杨池生) 부대를 주력으로 하고 양루쉬안이 최전선 총지휘를 맡고 5개 단이 용신을 점령했다. 국민당 후난성 우상(吳尚)의 부대도 3개 단이 링현을 향해 출동하고 차링에 근접하면서 장시성 부대와 협공해 왔다.

홍4군은 소부대로 후난성 부대를 견제하면서 주력을 집중하여 장시성 부대를 타격했다. 주더와 천이, 왕얼저우가 각자의 지휘하에 6월 23일 신치시령(新七溪岭), 라오치시령(老七溪岭)과 룽위안커우(龙源口)에서 장시성 부대 1개 단을 섬멸하고 2개 단에 치명적 손실을 입히고 총기 300여 정, 산포 2개, 박격포 7개와 대량의 탄약과 약품, 피복을 노획하고 세 번째로 용신 현성을 점령했다. 이는 주-마오 부대가 합류한 이후 처음으로 쟁취한 대규모 승리였다.

마오쩌동은 국민당 장시성 군대의 3차 공격을 제압하고 난 후, 1928년 5월 20일, 닝강 마오핑에서 후난·장시 변계 당(党) 제1차 대표대회를 개최하고 전략과 임무를 총결했다. 주요 내용은 징강산 근거지 창건 경험, 우경 비관 사상 비판, 도망주의(逃跑主义) 반대, 뤄샤오산맥 중간 지역에 신정권 건립, 심도 있는 토지혁명투쟁 전략 제출, 혁명 근거지 정권 건설 강화, 군대 건설과 당 조직 건설 임무 등이다. 이는 중국혁명 근거지와 홍군이 존재, 발전할 수 있는가라는 기본 문제와 징강산 혁명 근거지 건설 결심에 대

한 믿음과 연결되는 내용이었다. 또한 중공 후난·장시 변계 특위를 구성하고 자신을 서기로 선출토록 했다. 중공 홍4군 군위원회 서기는 천이가 연임하도록 했다. 한편, 변계 각 현 공농병정부를 통일적으로 지휘하기 위해 닝강 마오핑에 '후난·장시 변계 공농병 소비에트 정부'를 건립했다. 공농병정부는 위안원차이를 주석으로 하고 토지·군사·재정·사법 4개 부(部)와 공농운동위원회, 청년위원회, 부녀위원회 등 3개 위원회를 설치했다.

징강산을 근거지로 한 중공 주도 무장투쟁의 회복과 급속한 발전은 장시성과 후난성의 국민당 당국을 놀라게 했을 뿐만 아니라 국민당 중앙정부에도 이것이 이미 심각한 내부의 화근이 되었음을 감지하게 했다. 따라서 '징강산 공비' 섬멸이 후난성과 장시성의 공동 과제가 되었다.

4차 전투

1932년 12월, 국민당 장시·광동·푸젠(贛粤閩) 변구(边区) 공비 소탕총사령부(剿匪总司令部)가 중공의 중앙 소비에트 지구(中央苏区)에 대한 제4차 포위 소탕(围剿) 공격을 위해 약 40만 명 규모의 병력을 조직하고, 천청(陈诚)이 지휘하는 장제스 직계 부대 12개 사단 16만 병력의 중로군(中路军)을 3개 종대로 나누어 주공격 임무를 맡겼다. 중로군은 약 70개 단 16만 병력을 3개 종대로 편성했다.[12] 또한 차이팅카이(蔡廷锴)가 지휘하는 제19로군과 푸젠성(福建省) 주둔 부대를 좌로군(左路军), 광동군벌 위한모(余汉谟)가 지휘하는 광동군대를 우로군(右路军)으로 편성했다. 1933년 1월 1일에 장제스가 난창에 와서 직접 공비 토벌군의 총사령(总司令)을 겸임하고, '분리, 진공, 합작 타격'으로 공비 주력을 리촨(黎川)과 젠닝(建宁) 지구에서 섬멸한다는 작전계획을 결정했다. 제23사단은 총예비대 외에 4개 사단과 2개 여단이 난청(南城)·난펑(南丰)·러안(乐安)·충런(崇仁)·용펑(永丰) 등지에서 수비 임무를 맡았고, 제3, 제4 공군력인 항공대는 난창을 기지로 하여 작전을 지원했다. 국민당 측이 징강산으로 진공하는 병력 규모로는 역대급이었다.

이같이 급박한 국면을 맞아 마오쩌둥은 1929년 1월 4~7일 닝강현 바이루(柏路)촌에서 전적위원회, 후난·장시변계특위, 홍4군 및 홍5군 군사위원회 연석회의를 주재하고 '공세적 방어' 방침을 채택하기로 결정한다. 홍5군에서 개편된 홍4군 제30단과 위안원차이와 왕쭤의 32단은 펑더화이와 텅다이위안의 통일 지휘하에 징강산을 지키고 마오쩌둥과 주더가 통솔하는 홍4군 주력 제28단, 제31단 그리고 직속부대는 국민당군의 경제봉쇄를 뚫고 보급 문제를 해결하기 위해 장시성 남부(赣南)로 출격했다. 징강산으로 진공하

---

12 중로군 제1종대는 제11·제52·제59사단을 지휘하여, 이황(宜黄), 탕인(棠阴) 지구를 향해 집중했고, 제2종대는 제10·제14·제27·제90사단을 지휘하여 린촨(临川, 현 抚州), 룽구두(龙骨渡) 지구를 향해 집중했다. 제3종대는 제5·제6·제9·제79사단을 지휘하여 진시(金溪), 쉬완(浒湾) 지구를 향해 집중했고, 일부는 즈시(资溪)로 갔다. 제43사단은 예비대였다.

는 국민당 군대의 상당수를 유인
해 내기 위한 계략이었다.

〈그림 1-12〉 홍군 반(反)포위 토벌 전투 장면

마오쩌동과 주더가 인솔한 홍
4군 주력 3600명이 징강산 츠핑
등지에서 출발하여 쑤이촨을 거
쳐서 장시성 남부로 진군할 때 거
리 요처에 마오쩌동이 작성한 '홍
군 제4군 사령부 포고'를 붙였다.
포고문의 요지는 "지주의 토지를 농민이 접수하여 경작한다. 채무(債)는
갚을 필요 없고 세금(租)은 낼 필요 없다. 임금인상은 고용주가 책임진다.
8시간 근무를 보장한다. 적의 장교나 사병이 투항하면 이전의 행위는 묻
지 않는다" 등이었다. 포고문에는 홍4군 군장 주더와 당위원회 대표 마오
쩌동이 공동 서명했다.

이 4차 전투의 결과, 홍1방면군이 국민당군 3개 사단을 매복 공격하여
섬멸했고, 1만여 명을 포로로 잡고, 각종 총기류 1만여 정을 획득했다. 중
공 당사(党史)는 이 전투를 홍군 전쟁사상 매복 공격으로 적을 섬멸한 모범
사례로 기록하고 있다.

장제스의 국민당 군대가 공비 세력을 소탕하기 위해 벌인 네 차례의
포위 토벌 전투에서 패배한 원인은, 현지 농민들이 이 '공비'들을 적극적으
로 지원했고 현지 지형지세를 이용한 홍군의 유격전술이 주효했기 때문이
었다. 바로 이 점이 징강산 홍군이 이제까지 국민당 군대가 상대해 왔던
군벌 군대와 다른 점이었다.

마오쩌동은 1년여 기간 동안 실행한 후난·장시 변계에서의 할거 무장
투쟁의 경험과 교훈을 1928년 10월~11월에 『중국의 홍색 정권 왜 존재하
는가?』와 『징강산 투쟁』이라는 두 편의 저작을 통해 체계적, 이론적으로

정리했다. 중공이 영도한 군사 투쟁은 장기간 적이 강하고 아군이 약한 조건하에 진행되었으므로 전투력에만 의지할 수 없었고 지략의 대결이 중요했다. '지략'의 핵심은 적은 강하고 아군은 약한 상황에서 출발해, 유리한 곳으로 향하고 해로운 곳은 피하고(趨利避害), 적의 주력은 피하고 약점을 공격하고(避实击虚), 융통성 있는 전략 전술을 운용하고(灵活机动), 자기를 보호하고 적을 섬멸한다(护己歼敌)는 목적을 달성하면서 점진적으로 적과 아군의 비교우위 역량을 변화시켜 나가야 한다는 것이었다.

'16자 전술'이라 불리는 농촌 유격 전술은 적을 유인하고 분산시킨 후에 아군의 역량을 집중해서 '운동전'으로 섬멸하는 공격 전술이다. 마오의 지침에 따르면 "10개의 손가락 모두에 상처를 내는 것보다 손가락 하나를 확실하게 절단하라", "10개 사단을 흠집 내기보다는 1개 사단을 몰살시켜라"이다. 이것이 일제 패망 후 중국 대륙에서 본격화된 2차 국공내전(해방전쟁)과 중공 정권 출범 직후 발발한 '한국전쟁(抗美援朝战争)' 그리고 현재까지도 중국 인민해방군 전략 전술의 기초가 되었다.

5차 전투 패배

국민당 장제스는 네 차례 징강산 공비 소탕 작전과 전투에서 패배한 이후 다시 50만 병력을 조직, 준비한 후 5차 공비 토벌 공격을 발동했다. 당시 중국의 정세는 일제가 1931년 9·18 만주사변을 일으켜 만주를 강점한 후 식민지 만주국을 세우고, 다시 1933년 초에는 중국의 화북 지구에 대한 공세와 침략전쟁을 시작한 상황이었으나 장제스는 "외적을 물리치려면 필히 우선 내부를 안정시켜야 한다(攘外必先安内)"라는 정책을 견지했다.

국민당 군대의 5차 토벌 공격은 1933년 9월25일에 시작되어 1934년

10월까지 약 1년 이상 진행되었고, 이번에는 국민당 군대가 승리했다. 중공중앙 홍군 제1방면군은 장시성 남부와 푸젠성 서부 지구 전투에서 패배한 후, 당 중앙의 근거지인 루이진을 포기하고 포위망을 뚫고 퇴각 도주하는 이른바 '장정(長征)'을 떠나게 된다. 국민당군은 '요새(堡壘) 구축주의'라 불리는 신전략을 채택하고 포위 소탕 전투 방식으로 공격해 왔으나, 이에 맞선 중공중앙 홍군 지휘부는 마오쩌둥이 주장한 "적을 근거지 깊숙이 끌어들인 후 격퇴한다"라는 유격전술을 '패배주의', '도망주의'라 비판하고, 적을 성문 밖에서 막아내고 모든 전선에서 진지전 대 진지전으로 맞서는 전술을 밀어붙였고 그 결과는 참담한 패배였다.

당시 중공중앙 지휘부는 소련 모스크바에서 당 중앙을 지휘하던 왕밍(王明)과 루이진에서 당 중앙 최고 지휘권을 행사한 소련 유학파 보구(博古), 그리고 코민테른 추천으로 중공에 파견된 독일인 군사고문 오토 브라운 [Otto Braun, 1900~1974년, 중국명 리더(李德)] 등이었다. 이들은 마오쩌둥이 건의한 유격전과 운동전을 진지전으로, 그리고 유격 전술 위주의 인민전쟁을 이른바 정규전으로 대체했고, 이것이 결정적 패인이 되었다는 게 중공 측의 분석이다. 일리는 있겠지만, 마오가 제안한 전략대로 진행했다고 해도 이전 네 차례 공세 때와는 전혀 다른 방식으로 진행된 국민당군의 공세를 막아내기는 쉽지 않았을 것이라 판단된다.

〈그림 1-13〉 장제스의 책사 양용타이

5차 포위 토벌 공격에서 장제스는 50만 군대를 동원·조직하는 한편, 책사 양용타이(杨永泰, 1880~1936년)가 제출한 '군사 3, 정치 7(三分軍事, 七分政治)' 방침을 채택했다. 양용타이는 '구시(求是) 통신사'를 조직하여 언론보도를 독점했고, 극단과 공연단(文艺社)을 조직하여 전선의 농민들을 대상으로 선무공작을 하고, 보갑(保

전투 시기	지휘자	결과
1차 전투(1928.1)	마오쩌둥	홍군 승리
2차 전투(1928.4)	국민당: 양루쉬안 중공: 주더, 천이, 왕얼저우	홍군 승리
3차 전투(1928.5)	국민당: 양루쉬안, 우상, 양츠성 중공: 주더, 천이, 왕얼저우	홍군 승리
4차 전투(1933.1)	국민당: 장제스, 천청 중공: 저우언라이, 주더	홍군 승리
5차 전투 (1933.9.25~1934.10.10)	국민당: 장제스, 구주퉁, 중공: 보구, 리더, 저우언라이	국민당군 승리

甲) 조직을 강화하고, 엄격한 연좌제(蓮坐制)를 실시하는 등 소비에트 지구 민중에 대해 선심을 베풀고(軟化), 분리하고(分化), 감동시키는(感化) 정책을 시행했다. 가장 치명적인 것은 소비에트 지구에 가혹한 경제봉쇄를 시행한 것이었다. 결국 중공 홍군은 양용타이가 주도한 이 같은 정치·경제 양 방향의 입체 전술 공세에 버티지 못하고, 전투 개시 후 약 1년 만에 패퇴하면서 '장정'을 떠나게 된다.

장정[13]

1934년 10월에 중공중앙 홍군 약 8만 6000여 명이 중공중앙 근거지였던 장시성 루이진(瑞金)에서 국민당군의 포위망을 돌파하고 1년여 기간 동안 국민당군의 추격을 피해 퇴각을 시작했다. 이 과정에서 추격해 오는 국

---

13 유튜브 북연TV, 〈중국현대사〉, 7~8회 '장정 1, 2' 참고.

민당 및 지방 군벌 군대와의 전투, 험난한 지형과 기후 등에 시달리면서 11개 성, 18개 산맥과 17개 큰 강을 건너 1만 2500km(2만 5000리)를 행군하여 1935년 10월에 섬서성 북부 산악지구인 우치진(吳起鎭)에 도달했다. 퇴각할 당시에 8만 6000명 규모였던 병력이 1/10인 8000여 명으로 줄어 있었다.

한편, 중공중앙 홍군이 국민당군의 5차 포위 토벌 공격을 격퇴하지 못한 원인으로, 국민당 장제스의 소극적 항일 방침에 항거해 1933년 11월에 푸젠성을 근거지로 반란을 일으킨 차이팅카이(蔡廷鍇, 1892~1968년)의 국민당 19로군과 통일전선을 구축하여 대응하지 못했다는 지적도 있다. 차이팅카이는 상하이사변 당시 국민당 19로군을 지휘하여 일본군과 맞서 용감히 싸운 후 '항일 영웅'으로 부상한 인물이다. 차이팅카이는 장제스가 일본과 굴욕적인 협정을 맺은 데에 반발해 '항일구국'을 기치로 내걸고 푸젠성에 인민혁명정부를 수립했다. 이는 중공 입장에서 반(反)장제스 통일전선을 구축할 수 있는 절호의 기회였다. 중공 당사에서는, 당시에 마오쩌둥이 홍군 주력을 차이팅카이의 혁명군이 장악하고 있던 푸젠성을 둘러싼 저장·안후이·장시 지구로 진군시켜 전선 외곽에서 차이팅카이의 푸젠 정부

를 지원하자는 전략을 제안했으나 당시 코민테른에서 파견한 독일인 군사 고문 오토 브라운(李德)이 반대해서 무산되었다고 기록하고 있다.

1934년 1월에 장제스는 차이팅카이의 푸젠 혁명정부를 진압한 후 100만 군대를 조직·동원하고 현장에서 직접 지휘하면서 중공중앙의 근거지인 장시성 루이진을 겨냥한 제5차 공비 토벌의 포위망을 좁혀왔고, 국민당군의 공세를 감당하지 못한 홍군은 결국 퇴각 장정을 시작해야 했다.

장정 과정에서 발생한 중요한 사건은 초기인 1935년 1월에 홍군이 구이저우성 준이(遵义)를 점령한 후 개최한 중공중앙위원회 정치국 확대회의에서 마오쩌동이 중공중앙의 주요 지도자 중 1인으로 선출된 것이다. 마오쩌동이 중공중앙의 지휘권과 권력기반을 강화하면서 중국혁명을 주도해 나갈 수 있는 권력기반을 획득한 때가 바로 이때부터였다. 마오는 이후 전투지휘 능력과 권력투쟁 술수를 통해서 점차로 중공중앙의 최고 권력을 장악했고, 1976년 9월에 죽을 때까지 그 권력을 놓지 않았다.

마오는 1935년 10월, 섬서성 북부 우치진(吳起镇)에 도달한 후 장정의 의미를 다음과 같이 정리했다.

…… 약 1년 반 기간 중 중공의 3개 홍군 주력이 모두 진지를 바꾸는 대이동을 했고, 이 과정에서 매우 큰 군사적 손실이 발생했다. 이러한 측면에서 잠시 부분적으로 적이 승리했고 우리는 실패했다고 하면 그것은 맞는 말이다. 그러나 이를 '중앙 홍군이 실패했다'고 말한다면 그것은 틀린 말이다. 마르크스주의자는 문제를 볼 때 부분만 보지 말고 전체를 봐야 한다. 이는 개구리가 우물 안에서 하늘에 대해 '하늘의 일부분은 우물만 하다'고 말하면 맞지만 '하늘이 우물만 하다'고 말하면 틀린 말이 되는 것과 같다. 장정에 대해서도 우리가 원래의 진지를 고수하지 못했다는 측면에서 말하면 실패이지만 또 다른 측면, 즉 장정을 완성했다는 측면에서는 승리한 것이다. 국민당군은 우리의 진지를 점령했다는 측면에서는 승리했으나 포위 토벌 계획의 실현이라는 측면에서는 실패했다. …… 장정은 혁명의 씨를 뿌린 선언서이고 선전대였다. 12개월 내내 낮과 밤 구분 없이 매일 수십 대의 국민당 공군 비행기가 정찰과 폭격을 해댔고, 땅에서는 수십만 적군이 포위·추격하며 앞길을 막았다. 말로 다 할 수 없는 어려움과 위험을 겪었다. 우리는 각자의 두 다리로 2만 5000리, 11개 성 지구를 횡단했다. 역사상 이 같은 장정이 있었는가? 없었다. 장정은 또한 선언서이다. 제국주의와 그 주구인 국민당 장제스의 포위 추격이 파산했음을 선언했다. 장정은 또한 선전대이다. 우리가 거쳐 간 11개 성의 농촌과 산간 오지의 주민 2억 군중에게 홍군이 가는 길만이 해방으로 가는 길이라고 선전하고 실천으로 보여주었다. 만일, 장정이 없었다면 광대한 민중에게 홍군의 큰 도리(道里)를 그토록 신속하게 선전할 수 있었겠는가? 장정은 또한 파종기(播种机)였다. 우리는 수많은 혁명의 종자

들을 11개 성 지역 내에 퍼뜨렸다. 그 종자들이 싹트고 꽃피우고 열매를 맺어서 장래에 수확할 때가 올 것이다. 종합하면, 장정은 우리의 승리, 적의 실패로 끝났다. 중국공산당이 아니었다면 이 같은 장정은 상상조차 못했을 것이다. 이제 혁명전쟁을 영도하는 우리의 능력을 누구도 의심할 수 없고 누구도 기회주의의 진흙탕 속으로 들어가지 않을 것이다.

장정에 대한 마오의 이 같은 해몽은 일리가 있기는 하지만, 또 한편으로는 사회주의혁명에 대한 선전과 자부심 고취를 목적으로 복무하는 '사회주의적 리얼리즘'의 전형을 보여준다고 할 수 있다.

시안사변[14]

'시안사변(西安事变)'(1936.12.12)은 국민당 동북군 총사령관 장쉐량(张学良, 1901~2001년)과 서북군(제17로군) 총사령관 양후청(杨虎城, 1893~1949년)이 당시 국민당정부 최고 지도자인 국방위원장 장제스를 무력으로 구금하고, 당시 장제스가 강고하게 밀어붙이던 '외적을 물리치기 전에 필히 우선 내부를 안정시켜야 한다(攘外必先安内)'는 정책을 '내전 중지, 일치 항일'로 전환할 것을 요구한 병간(兵谏) 사건이다. 이 사건 발생 일자가 1936년 12월 12일이어서 '쌍12사변(双十二事变)'이라고도 부른다.

당시에 중공은 '장정'을 마친 직후여서 서북 지구에 근거지를 구축하며 전력을 보충·재정비하기 위한 시간이 필요했으므로 국민당과 장쉐량의 동북군과 양후청의 서북군을 포함한 지방 군벌들에게 '내전 중지, 일치 항일'을

---

14 유튜브 북연TV, 〈중국현대사〉, 9회 '시안사변─중공의 기사회생' 참고.

설득하는 공작을 진행하던 중이었
다. 따라서 시안사변의 발생은 중
공에게 기사회생할 수 있는 시간과
기회를 주었다.

〈그림 1-17〉 장제스

　1936년 12월 12일 새벽 3시
반, '양귀비 목욕탕'으로 유명한
섬서성 시안(西安)시 교외 화칭츠
(华清池) 별장에서 자고 있던 장제
스는 방 밖에서 나는 총성과 소란한 소리에 잠에서 깼다. 건물 밖에서는
장쉐량(张学良) 휘하의 동북군 기병사 사단장 바이펑샹(白凤翔)이 지휘하
는 부대원들이 장제스의 경비대와 경호원을 제압하고 있었다. 변란이
일어났음을 직감한 장제스는 옷도 제대로 챙겨 입지 못한 채로 침실 창
문으로 나와 화칭츠 별장 뒤의 리산(驴山)으로 올라가서 산 중턱의 바위
뒤에 숨었으나 뒤쫓아 온 동북군 소속 군인들에게 체포되어 시안 시내 장쉐
량 휘하의 동북군 경호 부대 내에 구금되었다. 장쉐량을 포함한 동북군
장병들은 일제의 만주 침략으로 고향인 만주에서 쫓겨나 서북 지구에 와
서 타향살이를 하고 있었던 연유로 일본에 대한 적개심이 컸고, 그래서
일본군보다 내부의 공산당부터 소탕하겠다고 주장하는 장제스에 대한 반
감이 매우 컸다.

　한편, 시안 시내에서는 양후청(杨虎城) 휘하의 서북군(제17로군)이 국민당
중앙 헌병단, 별동대 등 시안 시내 국민당 중앙군 세력과 섬서성 공안국 등의
무장을 해제했다. 공항과 열차역, 우체국 등 요충 시설을 장악하고 당시 섬
서성 주석 사오리쯔(邵力子)를 포함하여 난징에서부터 장제스를 수행하고 시
안에 와 있던 천청(陈诚), 장딩원(蒋鼎文), 천댜오위안(陈调元), 웨이리황(卫立
煌), 주사오량(朱绍良) 등 10여 명의 국민당 군부 및 정부 내 주요 요원들을 체

〈그림 1-19〉 장쉐량(왼쪽)과
양후청(오른쪽)

포했다. 이 중 장제스와 의형제 관계이고 국민당 중앙집행위원인 샤오위안충(邵元冲)은 창문으로 탈출한 후 서북군 사병의 정지 경고를 무시하고 도망하다가 저격당해서 죽었다.

장쉐량과 양후청은 1936년 12월 12일 초기 행동을 완료한 당일에 전국을 향해 "거사 동기는 항일 구국이다. 장제스의 반성을 촉구한다"라고 밝히고 '구국 8항 주장(救国八项主张)'을 발표했다. 주요 내용은 다음과 같다.

• 난징 정부를 개편하고 각 당 각파를 모두 수용하고 공동으로 구국의 책임을 진다.
• 모든 내전 중지
• 상하이에서 체포한 애국 지도자 즉각 석방

- 전국의 모든 정치범 석방
- 민중 애국 운동 개방
- 인민 집회결사와 일체의 정치 자유 보장
- 쑨원 총리의 유지(遺志) 실천
- 구국회의(救国会议) 즉각 개최

시안사변의 발생은 중국 국내는 물론이고 전 세계에 톱뉴스로 보도되었다. 단, 세계 주요 국가와 중국 국내의 각 파벌과 세력은 각자 서로 다른 반응을 보였다. 일본은 이 기회를 이용해 중국 내에서 내전을 확대시키면서 국민당정부 내의 친일파를 지원하고자 했다. 따라서 난징 정부에게 시안에 토벌군을 보내고 군사원조를 제공하겠다고 제안했다. 동시에 독일에서 신병 치료차 요양 중이던 친일파 왕징웨이(汪精卫)를 귀국시켜 국민당정부 내에 친일파들을 조직하도록 했다. 영국과 미국은, 만일 장제스가 살해된다면 친일파가 국민당정부를 주도하게 될 것이고 그렇게 되면 중국 내에서 자신들의 이익이 침해받을 것을 우려했으므로, 시안 측과 난징 국민당정부 측 쌍방이 타협을 통해서 장제스를 석방해야 한다고 주장했다. 소련은 갈팡질팡했다. 처음에는 중국정부의 항일을 지지하고 평화적 해결을 희망한다고 발표했다가 스탈린의 지시를 받은 후에는 장쉐량과 양후청이 일본의 선동에 의해 시안사변을 일으켰다고 비난했다.[15]

시안사변에 대한 각국의 서로 다른 대응 태도가 난징의 국민당정부 내부

---

15 그해(1936년) 8월 15일에 소련공산당이 주도하는 국제공산당(共产国际: 코민테른)이 중공중앙에 보낸 전문을 통해서 "장제스와 일본 침략자를 동등하게 보는 것은 맞지 않다", "일본 침략자에 반대하면서, 또한 동시에 장제스에 반대할 수 없다", "우리는 중공의 서남부 조직과 무장 역량의 반(反)장제스 행동과 성명은 착오라고 생각한다"라고 지적했다.

에도 반영되어 친일파와 영미파가 대립했다. 군정부장 허잉친(何应钦)을 대표로 하는 친일파는 시안을 폭격하고 무력 토벌하자고 주장했다. 대규모 내전으로 확대시키면서 장제스를 제거하고 자신이 권력을 장악하려는 의도였다. 1936년 12월 16일, 즉 사변이 발생한 지 4일 후에 국민당 중앙정치회의는 허잉친을 반란군 토벌 총사령관으로 임명했다.

그러나 장제스의 아내인 쏭메이링(宋美龄, 1898~2003년)과 그녀의 오빠 쏭즈원(宋子文, 1894~1971년) 남매를 대표로 하는 영미파는 장제스의 난징 정부를 지키기 위해 장제스 구출과 평화적 해결을 주장했다. 평

〈그림 1-20〉 시안공항에 도착한 쏭메이링

위상 등도 내전에 반대하고 평화적 해결 주장에 동조했다. 기타 지방의 실세 파벌 중 대다수도 평화적 해결을 지지했으나 소수는 무력으로 시안을 토벌하자고 주장했다.

한편, 정변을 일으킨 장쉐량 휘하의 동북군과 양후청 휘하의 서북군 내의 장교 다수는 장제스 총살을 요구했다. 국민당 중앙 정치회의가 개최된 12월 16일에는 시안 시내 각계 인민 10만여 명이 모여 '장쉐량, 양후청 구국 선언 지지' 성명을 발표하고 장제스 총살을 요구했다. 당시 섬서성 북부에 근거지를 두고 있던 중공 홍군의 간부들과 병사들 그리고 중공 관할 근거지의 인민 대다수도 장제스 총살을 주장했다. 한편, 다시 내전이 발발할 것을 우려하는 사람들도 적지 않았다.

시안사변의 배경과 연관된 주요 사건과 진행 상황을 정리해 보면 다음과 같다.

• 1935년 9월 20일, 장제스가 시안에 '서북 공비 토벌 총사령부'를 설립하고 동북군을 섬서성과 간쑤성(甘肅省)에 배치하고 공비 토벌 임무를 부여했으나 동북군은 수차례 홍군과의 전투에서 연이어 패배했다. 1935년 10월 1일, 라오산(勞山) 전투에서 왕이저(王以哲) 휘하의 동북군 67군 110사단 2개 단과 사단 부대가 전멸했다. 사단장 허리중(何立中)은 전사하고 단장 페이환차이(裴煥彩)는 생포되었다. 이어서 1935년 11월 22일, 즈뤄진(直罗镇) 전투에서는 중공 홍군이 국민당 동북군 정예 109사단 6000여 명을 섬멸 또는 생포했다. 이 전투의 패배가 장제스의 경계심을 더욱 증폭시켰고 그가 직접 공비 토벌 전쟁을 독려하러 시안에 오게 된 계기가 되었다. 그러나 소수의 문관과 무관만 대동하고 온 것이 실수였다.

• 중공과 장쉐량 간에 비밀 접촉이 있었다. 1936년 4월 9일에 장쉐량이 비행기를 조종하여 옌안(延安)에 가서 저우언라이를 만났고, 1936년 9월에는 동북군과 중공중앙 간에 정식으로 '항일구국협정'을 체결했다. 이후 중공은 저우언라이, 예젠잉(叶劍英) 등을 통해 동북군과 접촉 통로를 유지해 왔다.

• 항일전쟁 수행을 둘러싼 장제스와 장쉐량의 언쟁이 있었다. 1936년 10월 22일, 장제스가 난징에서 시안으로 와서 장쉐량에게 공비 토벌을 명했으나 장쉐량은 반대 의사를 밝히고 내전 중지와 일치 항일을 건의했다. 장제스가 이를 단호하게 거절하면서 두 사람은 언쟁을 벌였다. 이어서 10월 29일, 뤄양(洛陽)에서 개최된 장제스의 생일 축하연에서도 장쉐량이 장제스에게 공산당과 연합 항일을 권했으나 장제스는 장쉐량의 항일 주장을 단호히 거절했을 뿐만 아니라 장쉐량에게 공비 토벌을 강력하게 명령하고 그러지 않을 것이면 부대를 이끌고 다시 만주로 돌아가라고 했다. 11월 27일에 장쉐량이 장제스에게 다시 항일전쟁을 청하는 글을 상소했으나 또 다시 거절당했다. 1936년 12월 2일, 장쉐량이 뤄양에 온

장제스를 찾아가서 '항일구국회 7군자'를 석방하라고 요청했다. 또, 그 자리에서 자신의 부하들이 불안정한 상태이니 국방위원장인 장제스가 시안에 와서 훈화해 달라고 요청했고 장제스가 이에 동의했다.

- 1936년 12월 4일, 장제스가 공비 토벌 독려차 시안에 왔고, 12월 7일에 장쉐량이 화칭츠에 묵고 있는 장제스를 찾아가 또 다시 '내전 중지, 일치 항일'을 간언했으나 장제스는 단호하게 거절하고 장쉐량을 심하게 꾸짖었다.

- 12월 9일에는 장제스가 섬서성 정부 주석 사오리쯔에게 서신을 보내 장쉐량, 양후청에게 부여한 공비 토벌 병권을 장딩원(蔣鼎文)에게 넘기기로 했다고 ≪대공보(大公報)≫를 통해 발표할 것을 지시했다.

- 12월 10일, 장쉐량이 바이펑샹(白凤翔)을 데리고 장제스를 만났다. 장제스는 회의를 개최하고 제6차 포위 토벌 계획을 정식 통과시키고 12월 12일 동원령을 선포한다고 결정했다.

- 12월 11일 저녁, 장제스가 장쉐량, 양후청, 장딩원, 천청, 주샤오량 등과 만찬 중에 장딩원을 서북 공비 토벌군 전방 총사령관으로, 웨이리황(卫立煌)을 서북 변방 지구 4개 성 지휘관으로 교체한다는 임명장을 수여하고, 중앙군에게 동북군과 서북군의 공비 토벌 임무를 접수하라고 명령했다. 이날(12.11) 저녁 만찬장에서 나온 장쉐량과 양후청이 각각 동북군과 서북군(十七路軍) 고급장교들을 소집하고 다음 날(12.12) 새벽에 병간(兵諫)을 진행한다고 결의했다.

난징의 국민당 중앙은 사변이 발생한 당일, 1936년 12월 12일, 23시 30분에 중앙 상무 위원회와 중앙 정치회의 연석회의를 개최하고, 토벌과 협상을 병행 추진하기로 결정했다. 또 한편으로는 허잉친을 토벌군 총사령관으로 임명하고 위여우런(于右任)을 섬서·간쑤(陝甘) 선무대사(宣抚大使)

로 임명했다.

장제스의 아내 쑹메이링은 당일 상하이에서 장제스 체포 소식을 들었다. 그녀는 이전에 장쉐량의 고문이었고 당시에는 장제스의 정치 고문이었던 영국 국적의 호주 기자 출신 도널드(Donald William Henry, 1875~1946년)와 쿵샹시(孔祥熙, 1880~1967년)와 대책을 의논하고 그날 밤에 도널드와 함께 시안으로 가기 위해 상하이에서 난징으로 왔다.

국민당정부는 장쉐량의 투항을 권고했으나 효과가 없자 중국 각계에 전보를 보내 토벌을 요구하고 허잉친을 토벌군 총사령관으로 파견하기로 결정하고, 류즈(刘峙)를 토벌군 '동로집단군(东路集团军)' 총사령관으로, 구주퉁(顾祝同)을 '서로집단군(西路集团军)' 총사령관으로 임명하고 동서 양방향에서 동시에 시안으로 압력을 가했다. 이와 함께 공군은 시안 부근 도시들을 폭격하면서 점차 시안 쪽으로 압박해 왔다.

장쉐량은 충돌이 격화되는 것을 피하기 위해 구금 중이던 장딩원을 석방하고 뤄양의 국민당군에게 보내서 잠시 군사행동을 중지해 달라는 뜻을 전하게 했다. 한편, 도널드의 노력으로, 12월 22일에 쑹메이링과 쑹즈원 등이 장쉐량의 허가를 받아 시안으로 출발했다. 쑹메이링은 시안으로 가는 비행기 안에서 도널드에게 권총을 주면서 말했다.

"만일 반군이 나에게 어떠한 무례한 행동을 하면 이 총으로 즉각 나를 쏘아라."

쑹메이링, 쑹즈원 남매와 도널드 일행이 시안공항에 도착하자 장쉐량과 양후청이 이들을 공항에서 영접했다. 비행기에서 내린 쑹메이링이 장쉐량에게 "장군, 이것이 내 물건인데 검사 안 해도 되겠죠?"라고 물었고, 장쉐량은 즉각 "부인, 어찌 감히, 어찌 감히!"라고 답했다. 이 장면은 이 두 사람이 젊은 시절에 상하이의 사교계에서 서로 교류하고 사귀었다는 일화를 떠올리게 한다. 즉, 장쉐량은 당시에 만주와 화북 지구 일대를 장악하

〈그림 1-21〉 시안사변 담판 회의 장면

중국인민혁명군사박물관, 저자 촬영.

고 있던 군벌 장쭤린(張作霖, 1875~1928년)의 아들이었고, 쑹메이링은 당시
중국 최고 거부인 쑹씨 집안 세 자매 중 셋째로 미국 유학을 마치고 귀국
한 직후였다.

장쉐량은 양후청과 함께 쑹메이링, 쑹즈원 남매와 회담을 마친 후에
쑹메이링과 도널드를 장제스가 감금된 방으로 데리고 가서 만나게 해주었
다. 그다음 날(1936년 12월 23일), 장쉐량의 공관인 서루(西楼) 2층에서 담판
회의를 했다. 쑹즈원이 국민당정부 대표로 참석했고, 시안 측 대표는 장쉐
량, 양후청, 그리고 중공이 파견한 저우언라이였다. 시안 측은 6개 항의 주
장을 제시했고 다음 날(12월 24일)에 장제스가 다음과 같은 6항 협의에 서
명하고 '내전 중지와 연합 항일' 주장을 수용했다.

- 내전 중지, 국민당군 통관(潼关)[16] 밖으로 철수
- 난징 정부 개각, 친일파 축출, 항일 인사 추가 영입

16 통관은 현재의 섬서성 웨이난시(渭南市) 통관현(潼关县)을 가리키며, 역사 이래 관
중(关中)의 동대문(东大门)이라 불리는 군사적 요충지(兵家必争之地)이다.

- 정치범 석방, 민주 권리 보장
- 공산당 토벌 중지, 홍군과 연합 항일
- 각 당파 각계 각 군이 참여하는 구국 회의 개최
- 항일을 지지하는 국가와 연합 항일

12월 25일 오후에 저우언라이가 다시 장쉐량에게 중공의 장제스 석방 조건을 설득하려 했으나 장쉐량은 이미 장제스와 비행기를 타고 뤄양으로 떠난 뒤였다. 시안을 떠나기 전에 장쉐량은 동북군을 양후청의 지휘에 맡긴다는 친필 명령을 남겼고, 그다음 날(1936년 12월 26일), 장제스와 함께 난징에 도착했다. 이로써 시안사변이 평화적으로 종결되었다.

시안사변 이후 동북군과 서북군은 와해되었다. 장제스와 같이 난징으로 간 장쉐량은 난징공항에 내리자마자 체포되었다. 그 후 장제스에게 연금된 상태로 대륙에서 타이완으로 끌려갔고, 90세 생일을 맞은 1990년에야 장제스의 아들 장징궈 총통에 의해 석방되어 1995년에 하와이로 가서 살다가 2001년 10월 14일, 101세로 생을 마쳤다.

양후청은 시안사변 해결 후 국외로 도피하여 미국·영국·프랑스·독일 등을 전전했고, 다시 홍콩을 통해 대륙에 들어오다가 국민당 특무들에게 체포되어 구금 생활을 하던 중 1949년 9월 17일, 장제스와 국민당 잔여 세력이 타이완으로 퇴각할 때에 충칭(重庆)에서 살해되었다. 당시 56세였다.

시안사변 발생과 평화적 해결은 10여 년간 지속된 국민당과 공산당의 내전을 끝내고 제2차 국공합작과 일치 항일 단계에 진입하면서 항일 민족 통일전선 형성을 촉진했다. 이는 중공에게 합법적으로 생존하고 한숨 돌리면서 전력을 보강할 수 있는 시간을 제공해 준 것이었다. 시안사변을 평화적으로 해결한 후 마오쩌둥은 중공중앙정치국 회의에서 다음과 같이 말했다.

시안사변은 우리를 감옥에서 해방시켜 주었다. 바로 이 때문에 우리는 이 사변의 영도자인 장쉐량과 양후청 두 장군에게 특별한 존중과 감격의 정을 품고 있다.

반면에 국민당의 시안사변에 대한 평가는 다음과 같다.

9·18 사변 후 장쉐량이 근거지인 만주에서 일본에 저항하지 않아서 전국 인민의 비판을 받고 있던 상황에서 장제스의 '선(先)공비토벌, 후(后)항일' 방침을 정치 선동 수단으로 이용한 중공의 대(对)동북군 공작에 말려들어서 저지른 우발적 행동이었다. 더구나 국민당정부가 준비해 온 전면 항일 행동 개시 이전에 시안사변이 발발하여 국민당의 항일 전략을 중단시켰다. 또 한편으로는 중공에게 한숨 돌리고 기사회생할 수 있는 기회를 주었고 항일전쟁 승리 후 중공이 전면적인 반란을 일으킬 수 있는 역량을 기를 수 있게 해주었다.

한편, 시안사변 이후 조성된 국공합작 통일전선 국면은, 중국 땅에서 독립운동을 하던 재중 조선 혁명가와 독립운동 단체의 활동 반경을 대폭 넓혀주었다. 당시 중국에 있던 조선인 독립운동 단체 중에는 1919년 의열단 결성 이후 활동을 전개하면서 무장투쟁 병력을 보유한 민족혁명당(주석: 김원봉)의 활동이 가장 강력했고, 이 외에 보수 민족주의 진영에 한국국민당(김구), 한국독립당(조소앙), 조선혁명당(지청천) 3개 당이 있었다. 이들 재중 조선인 혁명가와 독립운동 단체들은 원래 국민당정부의 대일 타협 노선과 반공 정책 등으로 인한 제약을 받고 있었으나 제2차 국공합작으로 중국 내 항일 민족통일전선이 구축되고 그러한 제약들이 폐지되면서 이들의 활동 반경이 대폭 확대되었다(염인호, 1992: 198~201, 206~207).

중일전쟁 발발과 제2차 국공합작[17]

'중일전쟁'은 1931년 9·18 사변 발발 이후 일제가 패망하면서 전쟁이 끝난 1945년 9월 2일까지 14년간 중국이 일본의 침략에 항거한 전쟁을 가리킨다. 1931년 9월 18일, 일본군이 랴오닝성 선양(沈阳)을 공격하면서 9·18 사변이 발발했으나, 당지 군벌인 장쉐량의 동북군은 장제스와 협의를 진행한 후 일본군에 대항하지 않고 거점을 서북 지구인 시안으로 옮겼다. 따라서 일본군은 손쉽게 만주지구를 점령, 식민지로 만들고 괴뢰 국가 만주국(伪满洲国)을 건립했다. 1932년 1월 28일에는 일본군이 상하이를 공격하면서 쑹후항전(淞沪抗战)이 발발했고, 중국과 일본의 군대가 처음으로 전투를 치렀다. 이때까지 장제스는 '외적에 대항하려면 필히 우선 내부 안정(攘外必先安內)' 방침을 견지하면서 일본의 침략행위에 대한 항전보다는 우선 내부의 공비 토벌을 강조하고 있었다. 그러나 1937년 7월 7일, 일본군이 베이핑(北平) 부근에서 '루거우차오(卢沟桥) 사변'을 일으키자 공산당과 항일 통일전선에 합의하고 일본 침략군에 대한 전면전쟁을 선포했다.

1937년 7월 7일 새벽 4시에 베이징 서남쪽 펑타이(丰台)에 주둔하고 있던 일본군이 용딩허(永定河) 루거우차오 부근의 완핑현(宛平县) 현성에 포격을 가했다. 일본군은 자기 사병이 다리 위에서 사라진 게 중국 측의 소행이라 주장하며 구실을 잡았으나 그것은 그 이전의 1931년 9·18 만주사변, 1932년 1·28 상하이사변 때와 같이 일본군 측이 기획·조작한 것이었다. 이때는 시안사변이 평화적으로 종결된 후 국공 양방 간에 항일 통일전선 구축을 위한 협의가 진행 중이었으므로, 장제스가 7월 15일에 장시성의

---

17   유튜브 북연TV, 〈중국현대사〉, 10회 '노구교 사변─중일전쟁 폭발: 중공의 기회' 참고.

루산(庐山)에서 중공 대표로 저우언라이 등이 참석한 긴급 대책회의를 열고 일본에 대한 항전 의지를 담은 '루산담화'를 발표했다.

1936년 12월, 시안사변이 평화적으로 끝난 후, 중공은 1937년 2월 10일에 국민당 측에 국공합작의 실현을 위해 '5개 항의 요구'와 '4개 항의 보증 공약'을 제안하고 국민당 측이 이에 동의·수용하면서 국공 양측이 항일 통일전선 구축을 위한 제2차 국공합작을 위한 협의를 진행했다. '5개 항'의 주요 내용은 다음과 같다.

① 내전 정지, 일치 집중해서 외적에 대항
② 언론·집회·결사의 자유 보장, 모든 정치범 석방
③ 각 당, 각파, 각계, 각 군의 대표자 회의 소집, 대일 항전 준비 공작 신속 완성

이 요구 수용을 조건으로 중공 측이 보증하겠다는 '4개 항'의 요지는 다음과 같다.

① 국민당정부에 대한 무력 전복 투쟁 정지
② 노농홍군 소비에트 정부를 중화민국 특구 정부로 개칭, 홍군을 '국민혁명군'으로 개칭하고, 난징 혁명정부와 군사위원회의 조언을 받는다.
③ 특구 정부 관할 지구에서 보통선거 실시와 민주제도 실시
④ 지주와 부농에 대한 토지혁명투쟁 중지

국민당 측은 5기3중전회에서 위의 '5개 요구'와 '4개 공약'을 수용한 후, 1937년 9월 23일에 장제스가 중공의 합법적 지위를 인정한다는 담화를 발표했다. 최종 협정안의 주요 내용은 다음과 같다.

중국인민혁명군사박물관 소장. 저자 촬영.

첫째, 양당은 쑨원의 삼민주의의 완전한 실현을 위해 분투한다.

둘째, 공산당은 국민당을 폭력에 의해 타도하고 지주의 토지를 몰수하는 일체의 정책을 포기한다.

셋째, 홍색 지구의 정부를 전선 지구 민주 정부로 개편한다.

넷째, 홍군의 명칭을 국민혁명군으로 바꾸고, 국민혁명군 인사위원회가 통제한다.

중공은 위의 네 번째 협정 내용에 따라 홍군을 팔로군(八路军)과 신사군(新四军)으로 개편했다. 즉, 1937년 8월 25일, '중공중앙 혁명군사위원회'가 홍군을 '국민혁명군 제8로군'으로 개편했다. 주더를 총사령, 펑더화이를 부총사령으로, 예젠잉과 쥐첸(左权, 1905~1942년)을 정·부 참모장으로, 런비스(任弼时, 1904~1950년)와 덩샤오핑(邓小平, 1904~1997년)을 정치부 정·부 주임으로 임명했다. 개편 당시 팔로군 병력 수는 3개 사단 4만 5000명이었다.

한편 신사군이란, 1937년 10월 2일, 국공 양당 담판을 통한 협의에 근거하여 중공이 후난·후베이·장시·허난·안후이·광둥·푸젠·저장 8개 성 변계에 있는 13개 지구의 홍군 유격대를 집중시키고, '국민혁명군 육군 신

편 제4군(약칭 新四軍)'으로 신규 편제한 것을 가리킨다.[18]

핑싱관 전투와 백단대전

제2차 국공합작 국면에서 팔로군이 일본군과 치른 첫 전투는, 1937년 9월 25일 오전 7시경부터 화북 지구 핑싱관(平型关)에서 시작된 '핑싱관 전투'였다. 이 전투에서 팔로군 115사단장 린뱌오(林彪, 1907~1971년)는 지형 지세를 이용한 매복 공격으로 일본군 1000여 명을 전멸시켰다. 핑싱관 전투는 화북 지구에서 중국 군대가 일본 정규군을 섬멸한 최초의 승리였으므로 중국 전국에 엄청난 영향을 미쳤다. 당시 30세의 나이로 이 전투를 지휘한 팔로군 115사단장 린뱌오는 '일본군 불패' 신화를 깨뜨리면서 중국

〈그림 1-23〉 핑싱관

18 항일전쟁 기간 중 국민혁명군에 편재되었던 중공의 팔로군과 신사군은 1945년 8월 15일, 일제가 패퇴한 후 국민혁명군 편제로부터 나와서 '인민해방군'으로 개명되었다.

〈그림 1-24〉 백단대전을 다룬 기사

항일전쟁의 영웅으로 부상했다.

한편, 펑더화이와 줘췐이 지휘한 '백단대전(百团大战)'은 1940년 8월부터 12월 초까지 4개월여 기간에 팔로군 129사와 진차지(晋察冀: 山西省, 察哈尔省, 河北省) 군구 등 모두 105개 연대(团) 20만여 명의 팔로군 병력이 화북지구 허베이, 산시(山西) 일대의 일본군을 공격한 전투이다. 1939년 겨울 이래, 일본군은 철도와 도로를 축으로 팔로군의 '항일유격 근거지' 소탕 작전을 전개하면서, 타이항(太行) 근거지와 진차지 등 전략 지구 간 연결을 단절하여 팔로군의 작전 공간을 압축하는 이른바 '수롱정책(囚笼政策)'[19]을 추진했다.

이에 대응하여 펑더화이와 줘췐이 지휘하던 팔로군 총부는 정타이(正太) 철도와 통푸로(同蒲路) 북단을 중점 공격·파괴하기로 결정하고 '정타이로 전투(正太路战役)'를 개시했다.[20] 그런데, 병력동원이 진행되고 전투가

---

19 '수롱(囚笼)'은 '철도를 기둥(柱)으로 하고, 도로를 사슬(链)로 엮고, 토치카(碉堡)를 자물쇠로 해서 잠궈서' 만든다는 의미이다.

20 정타이 철도는 현 스자좡~타이위안(石太) 철도의 원래 이름으로 스자좡(石家庄)~타이위안(太原) 간을 연결하는 간선철도이고 총연장 243km이고, 베이징~광저우(京广) 철도와 따통(大同)~타이위안 등지를 관통하는 통푸(同蒲) 철도와 연결된다. 스

시작되자 일본군의 수롱정책으로 피해를 입고, 통한을 품은 팔로군 지휘관과 항일 근거지 민중이 당초 예상보다 더 적극적으로 참여하여 그 참여 규모가 총 105개 단, 20만여 명에 달했다. 당시에 펑더화이와 줘췐이 팔로군 총부 작전실에서 이 같은 상황 보고를 듣고, "좋다, 그러면 이번 전투는 '100단 대전(百团大战)이다"라고 한 후 원래의 '정타이로 전투'라는 전투명을 '백단대전'이라 부르게 되었다.

팔로군은 이 전투에서 일본군을 상대로 모두 1800여 회의 전투를 치렀고 2900여 개 거점을 공격, 점령했으며 일본군 4만 5000여 명을 섬멸했다. 그러나 이에 놀란 일본이 대규모 병력을 동원하여 화북과 화중 지역에서 중공 근거지 소탕 작전을 추진했고 그 결과 팔로군은 1940년 40만 명에서 1941년 30만 명으로, 신사군 병력은 13만 5000명에서 11만 명으로 감소했다. 또한 중공이 장악하고 있던 근거지 및 해방구 면적과 인구도 절반 정도로 줄었다. 당시 중공 내부에서는 백단대전 전투로 인해 팔로군의 전력이 노출되어 일본군과 국민당의 경계심을 유발함으로써 중공이 항일전쟁 기간 중 가장 곤란한 시기(1941~1942년)를 맞았다고 비판적으로 평가했다. 마오쩌둥은 이 전투를 "아군의 전력 감소를 초래한 모험주의 행동이었다"라고 평가했다. 이 때문에 펑더화이는 약 20년 후인 1959년 루산에서 숙청당한 후 격리 심사를 받던 기간과 문화대혁명 기간 중에 전담 조사팀과 홍위병으로부터 백단대전 결정 경위에 대해 집요한 심문과 추궁을 당하게 된다.

자창·타이위안 철도는 태항산맥을 관통하므로 지형지세 기복과 경사도가 비교적 크고 터널과 교량, 곡선 구간이 많다. 이 철도는 1904년 중국과 프랑스 합작으로 착공, 1907년 준공·개통 후 1951~1982년 기간 중 다섯 차례 선로(线路) 개조를 했고, 협궤(窄轨)에서 관궤(宽轨)로, 다시 전기화 복선으로, 증기기관에서 내연기관을 거쳐서 전력 기동 열차로 개조되었다. 현재 이 노선은 연간 석탄 4000만 톤을 대외 수송하고 있다.

타이항산 팔로군과 조선의용군

이 백단대전과 뒤이어 산시 타이항산(太行山) 일대에서 벌어졌던 수많은 전투 중에 우리 민족의 독립운동 투쟁과 연관된 전투와 가슴 아픈 사연이 있다. 팔로군과 함께 항일전쟁에 참여했던 '조선의용군' 이야기이다.

1919년 3·1 만세 운동이 좌절된 후 그해 11월 9일 만주 지린성(吉林省) 파호문 밖의 한 중국인 농가에 김원봉, 이성우, 곽경, 이종암, 서상락 등 조선 청년 13인이 모여서 '의열단'을 결성했다. 밤을 새우고 토론한 그 이튿날인 11월 10일 새벽에 '공약 10조'와 '7개 살해 대상(七可殺)'과 '5개 파괴 대상'을 결의했다(염인호, 1992: 38~41). 이후 의열단은 조선과 중국 내 만주·상하이·우한·충칭·구이린(桂林) 등지에서 살해 대상인 일본군 장성과 고급관료, 일제 통치기관에 대한 암살과 파괴, 즉 의열활동을 활발히 벌이면서 강경과 항일투쟁 조직으로 명성을 드높였다.

의열단 창단 후 약 19년 뒤인 1937년 7월 7일에 '루거우차오 사변'이 발발했고, 그 1주년이 되는 1938년 7월 7일에 의열단 단장과 조선민족혁명당(朝鮮民族革命黨) 총서기 약산 김원봉이 국민당정부에 조선의용군 창립을 제안했다. 그 목적과 명분은 양 민족의 공통의 적 일본제국주의 타도, 중국의 항일전쟁 승리 촉진, 그리고 조선 민족의 해방과 독립 실현이었다.

이때 장제스 국민당정부는 1936년 12월 시안사건 이후 중공과 항일전쟁을 위한 민족통일전선 구축에 합의한 후였으므로 그 이전까지 고수했던 대일 타협 노선과 반공 정책으로 인한 제약으로부터 자유로워진 상태였으므로, 조선 의열단의 제안에 동의했고, 이에 의해 의열단 단원과 조선민족혁명당 당원들이 '조선의용대' 깃발을 들고 제2차 국공합작 국면의 중국 항일전쟁에 참가하게 된다.[21]

조선의용대 창건 대회는 1938년 10월 10일(국민당 국경절, 창당 기념일)에

〈그림 1-25〉 조선의용대 창립 대회 기념사진(1938.10.10)

후베이성 한커우[22]에서 개최되었다. 이 대회에는 (국민당 측 주요 인사는 물론이고) 당시 국공합작 정부의 군사위원회 정치부 부부장직에 있던 중공 측의 저우언라이도 참석하여, '동방의 압박받는 민족의 해방투쟁(东方被压迫民族与解放斗争)'이라는 제목의 축사 겸 강연을 했다.

조선의용대 건립 초기 대원 수는 100여 명이었고, 이들 대부분이 군사학교 등에서 교육·훈련을 받아서 전투 능력과 문화 수준이 매우 높았다. 가령 김원봉과 박효삼(朴孝三)은 황푸군관학교 제4기 졸업생[23]으로 중국군 장교 출신이었고, 평북 정주 출신인 이원은 미국 사관학교 출신이었다. 김원봉의 비서였던 중국인 쓰마루(司马璐)는 다음과 같이 회고했다.

---

21 단, 자국 영토 내에 군대 주둔이란 형식을 꺼려한 국민당정부의 입장 때문에 군대의 명칭을 '조선의용군'이 아닌 '조선의용대'로 했다.

22 한커우는 우창(武昌), 한양(汉阳)과 함께 '우한삼진(武汉三镇)' 중 하나였다.

23 중공의 팔로군 소속 사단장 린뱌오가 황푸군관학교 4기 졸업생이다.

이들 혁명 청년들은 모두 25세 전후 나이로, 대부분이 혁명가의 집안에서 자라났고, 나라가 망한 후 아버지를 따라 여기저기 떠돌아다니는 사이에 부단히 혁명적 훈도(薰陶)를 받아왔고 튼튼한 신체에다 장대(壯大)한 체력을 갖췄으며, 삶의 어려움을 극복해 왔다. 또한 희생을 두려워하지 않았고, 굳센 의지와 순결한 사상을 품고 있었으며 사회관계는 단순했다. 게다가 그들은 모두 적어도 중국어, 한국어, 일본어 세 가지 언어 문자 해독 능력을 보유했다.

조선의용대 대원들은 건립 즉시 우한(武汉) 보위 전투에 참가했고, 그 후 1938~1940년 2년간 6개 전투 지구(战区)와 13개 성 지역에서 수차례 전투에 참가하며 조선 민족 특유의 용맹과 기민성을 발휘하며 전공을 쌓았다. 그러나 항일전쟁이 상호 대치 국면으로 전환된 후, 국민당정부는 조선의용대와 조선민족혁명당 대원들의 사회주의사상 경향에 대한 경계심을 드러내며 상하이 대한민국임시정부가 창설한 한국광복군을 지원하자, 의용대 단원들이 이에 불만을 품었고 다시 중공 측 포섭 공작의 영향 등으로 인해 1941년 3월에 조선의용대 대원 대부분이 충칭을 떠나 뤄양(洛阳)에서 황하를 건넜고, 그해(1941년) 여름에는 팔로군 총부 소재지인 산시성 랴오현(辽县) 퉁위진(桐峪镇)[24]에서 조선의용군 화북 지대(华北支队)로 개편·합작하여 팔로군 소속으로 항일전쟁에 참여했다. 지대장은 현역 중국군 대좌인 박효삼(김원봉과 황푸군관학교 4기 동기), 정치지도원은 김학무(金学武), 부지대장 이익성(李益星)이었고, 당시 병력은 100여 명이었다. 그 후 팔로군 포병장교인 무정(武亭)이 조선의용군 사령관을 맡았다. 원래 국민당은 중국 영토 내에 외국인 군대가 주둔하는 형식을 불허해서 '조선의용대'라는 명칭을 사용했으나, 중공 팔로군 측은 이들을 포섭하기 위해 '조선의용군'

---

24 현 산시성(山西省) 진중시(晋中市) 쭤취안현(左权县) 동난부(东南部).

이란 명칭 사용에 동의했다. 조선의용군은 이미 팔로군 내에서 활동하고 있던 조선인들까지 규합해서 정치조직인 '조선독립동맹'을 결성했다.

1942년 11월에는, 조선독립동맹이 허베이 남부와 산시의 접경 지구인 섭현(涉县) 중원촌(中原村) 보정사(普定寺) 내에 '조선청년혁명간부학교(교장: 武亭)'를 건립했다. 이후 옌안에도 조선청년혁명간부학교를 설립하고, 수백 명의 조선족 간부들을 양성했다. 1943년 9월에는, 옌안 난쫭(南庄)현에서 '조선혁명군정학교'를 설립·운영했다.[25]

그러나 전술한 바와 같이 팔로군이 발동한 백단대전(1940년 8~12월)과 이어진 일본군의 보복 토벌 공격으로 인해 벌어진 전투에서 손일봉, 한청적, 박철동, 윤세주, 진광화, 호유백 등 조선의용군 대원들이 희생되었다. 그중 대표적인 전투가 후자쫭(胡家庄) 전투와 스즈링(十字岭) 전투이다.[26]

1941년 12월, 김세광(金世光)이 인솔한 조선의용군 화북 지대의 무장선전대 28인이 적에게 함락된 싱타이(邢台) 후자쫭촌에서 팔로군을 지원하는 선전 공작을 진행하던 중, 새벽에 500여 명 일본군이 이 마을을 포위했고 포위망을 돌파하는 과정에서 분대장 손일봉과 대원 박철동, 주동욱, 최철호 등이 엄호 임무를 수행하다 희생되었다. 이들은 수십 배인 적군과의 전투에서 전혀 두려워하지 않고 싸웠고, 장렬하게 전사했다. 이 전투에서 적 100여 명을 사살하고 조선의용대 화북 지대 대원 대부분이 포위선을 돌파했다. 당시 중공의 혁명 수도였던 옌안의 ≪해방일보(解放日报)≫와 충칭의

---

25 조선혁명군정학교(朝鮮革命軍政学校) 출신(학습 또는 근무) 중 이후 북한 정권 수립 후 주요 직책을 맡은 인물로, 내각 부수상 최려의(崔呂义), 조선인민군 부총사령 무정(武亭), 최고인민회의 의장 김두봉(金枓奉), 인민군 부총참모장 박정덕(朴政德) 상장, 박금파(朴金波) 중장 등이 있다.

26 유튜브 북연TV, 〈중국현대사〉, 45회 '중국 땅의 의열단(2)─국민당에서 팔로군으로' 참고.

〈그림 1-26〉 산시·허베이·산동·허난 지구 인민해방군 열사 공묘

〈그림 1-27〉 인민해방군 열사공묘 내 윤세주와 진광화 열사의 묘

≪신화일보(新華日報)≫, ≪대공보≫ 등 매체들이 이 전투를 보도했고, 조선의용군과 그들의 항일투쟁 활동을 중국 전역에 알렸다.

1942년 2월 27일, 충칭에서 거행된 손일봉 등 4인 열사의 추도식에서 저우언라이, 덩잉차오(邓颖超) 부부와 동비우는 "조선 민족 네 분의 전사를 어떻게 추도해야 하나, 필히 하나의 적 일본 강도를 타도하자(怎样追悼朝鲜民族四位战士 必须打倒日本强盗一个敌人)!"라는 추도사를 헌정했다.

이어서 1942년 5월에는 일본군 2만여 명 병력이 타이항산 팔로군 총부, 중공중앙 북방국 등 근거지에 대한 소탕 작전을 펼쳐, 조선의용군 등 팔로군 1만여 명이 있는 편청(偏城)과 랴오현 경계 지구의 난아이푸(南艾

제1장 중국공산당 창당, 토지혁명전쟁 69

〈그림 1-28〉 조선의용군열사기념관

조선의용군 사령부 자리에 기념관을 세웠다.

铺), 스즈링 일대를 포위했다. 긴급 상황에서 조선의용군이 포위 돌파 엄호 임무를 맡고, 지대장 박효삼의 지휘하에 완강하게 진지를 사수했고, 팔로군 증원부대가 온 후에야 적의 포위망에서 탈출했다. 그러나 이 전투에서 '조선민족혁명당의 영혼'이라 불리던 윤세주, 타이항산지구(太行区) 당위원회 당교(党校) 부교장 진광화, 조선의용군 간부 호유백 등이 희생되었다. 중공은 이들 조선 청년들의 시신을 이 전투에서 함께 희생된 팔로군 부총참모장 줘췐의 묘 옆에 안장했다.

중공중앙 북방국과 18집단군(十八集团军) 정치부는 '조선의용군 제 열사 기념을 위한 규정판법'을 발표하고, 열사들의 영웅적 투쟁 경력과 사적(事迹)을 중공 통치 지구 내 학교 교재와 교과서에 실어서 광범위하게 선전해 줄 것을 요청했다. 중공과 인민군대 역사상 외국 국적 열사를 위해 별도로 공문을 발표한 것은 처음이었다.

1942년 9월 20일에는 화북조선청년연합회 섬서·간쑤·닝샤 변구(陕甘宁边区) 지회가 옌안에서 개최한 조선의용군 열사 추도대회에 팔로군 총사령 주더가 참석하여 "자유를 위해 희생한 생명 영원하리라"라는 제목의 추도사를 했고, ≪해방일보≫가 윤세주, 진광화 등 열사의 약력과 주더와 예젠잉

〈그림 1-29〉 옌안시

의 추도사, 그리고 유명 시인 샤오산(肖三)과 아이칭(艾青)의 헌시 「항전 중
중국에서 죽음을 맞은 조선 동지들」, 「반파시스트 투쟁, 순국한 조선 열사
들」이란 추도시를 게재 보도했다. 같은 해(1942년) 10월, 중공은 이들 '국제
주의 전사'들의 공적을 영원히 기념하기 위해 조선의용군 타이항산지구 항
일전쟁 순국선열 전적비를 허베이성 섭현 칭장하(淸漳河) 변에 세웠다.

조선의용군은 1945년 8월 일제의 무조건항복 후에는 팔로군과 함께
동북 지구(만주)로 이동하여 7개 지대(支队)로 확대 개편했고, 원래 만주지
구에서 활동하고 있던 동북항일연군과 합류하여 제2차 국공내전(해방전쟁)
에 참가하여 국민당과 싸웠다. 이 싸움, 즉 3대 전투 승리 후에는, 선양 주
둔 166사단과 장춘(长春) 주둔 164사단, 그리고 린뱌오가 남방 전투를 위
해 인솔·지휘해 간 156사단 소속 장병으로 활동했다.

1949년, 북한 김일성 정권은 중공 측에 인민해방군 내의 조선족 장병
들을 넘겨달라고 요청했고, 중공 측이 이에 동의하고 1200명의 조선족 장
병을 북조선으로 보냈다. 이어서 린뱌오가 중공중앙에 전보 보고를 보내
다음과 같이 제안했다.

〈그림 1-30〉 옌안 시기, 마오쩌둥(왼쪽)과 지구전론(오른쪽)

위키미디어, © Cangminzho

156사단 1만여 명의 조선국적 장병들이 화남(华南) 지구에 진군한 후 정서상
으로 파동이 돌출되고 있다. 수많은 조선족 장병들이 조선으로 귀국을 강력하
게 요구하고 있다. 국민당과의 내전이 거의 끝나가는 상황이므로 기타 부대의
조선 국적 장병들과 함께 조선으로 돌려보내는 게 좋겠다.

당시에 중공은 이미 승세를 굳혔고 남방의 국민당 잔당 저항세력에 대
한 소탕 작전도 마무리 단계에 진입한 상태에서, 방대한 규모의 인민해방
군 장병들의 제대와 일자리 안배 문제가 매우 중요한 과제로 대두되어 있
었다. 또한 랴오닝·선양 전투 시 린뱌오가 지휘한 인민해방군의 승리를 위
해 결정적 지원을 제공해 준 북조선 김일성 정권의 요청이었으므로 중공
측이 동의하고, 1949년 7월 20일, 조선족으로 구성된 인민해방군 164사단
병력 1만 821명과 166사단 병력 1만 320명을 무기와 장비를 지닌 채로 북
조선으로 보냈다. 이 두 개 사단 병력 모두 중국의 내전 중 산전수전을 겪
으며 실전 경험을 쌓고 단련된 병사들이었다. 따라서 이들이 북조선 무장
역량의 절대 주력이 되었다. 이어서 1950년 2월, 남방 전투에 참여 중이던
인민해방군 조선족 부대 156사단과 기타 부대 내의 조선족 장병 총 1만
6452명을 장시성 난창(南昌)에 집결시켜 열차편으로 북조선으로 보냈다.

따라서 이미 그전에 보낸 조선족 장병 1200명과 3개 야전사(野战师) 총 3만 8000명, 그리고 연변(延边)의 각 현 지구에서 징집한 4200명까지 더해서 총 4만 4000명 병력을 북조선 김일성의 수중으로 넘겨주었다. 이들이 그해 6월 25일에 발발한 한국전쟁에서 북한의 주력군 역할을 하게 된다.[27]

혁명수도 옌안과 산간닝 특구[28]

1935년 10월, 중공중앙 홍군이 장정 끝에 도달한 곳이 중국 대륙 서북부인 황하 중류 지구인 섬서성 우치진(吳起镇)이었다. 1936년 12월 시안사건이 평화적으로 해결된 후의 국공 간 평화 분위기 속에 1937년 9월에는 섬서(陝)·간쑤(甘)·닝샤(宁) 변구 정부인 '산간닝변구(陝甘宁边区)' 정부를 건립했고, 이어서 10월에는 중공중앙 본부를 섬서성 수도인 시안에서 북쪽으로 371km 거리에 있는 옌안(延安)으로 이전했다.

옌안은, 중공중앙이 이곳에 자리를 잡은 후 13년간 제2차 국공합작·항일 통일전선 상황과 조건 속에서 혁명과 항일전쟁을 지휘한 중심 거점도시로 발전했다. 2020년 11월 현재 옌안시는 지급시(地级市)이고 행정구역 면적 3만 7000㎢이며 상주인구 약 228만 명이다. 중국 전국 혁명 근거지 도시 중 혁명 유적 보존 규모가 가장 크고 수량도 가장 많은 '홍색관광도시(红色旅游城市)'이고, 전국 차원의 애국주의, 혁명 전통, '옌안정신(延安精神)'의 교육 기지이다. 이른바 옌안정신의 주요 내용은, 이론과 실제의

27   유튜브 북연TV, 〈중국현대사〉, 46회 '중국땅의 의열단(3): 국민당과 전쟁, 북조선 송환' 참고.
28   유튜브 북연TV, 〈중국현대사〉, 11회 '옌안─혁명문화의 자궁' 참고.

연계, 인민을 위한 복무 그리고 자력갱생·각고 분투의 정신을 포함하고, 본질은 사상해방과 실사구시(实事求是)이다. 1935년부터 1948년까지 약 13년의 기간 동안 중공중앙과 마오쩌동이 이곳 옌안에서 항일전쟁과 그 후의 제2차 국공내전(해방전쟁)을 지휘하고, 마르크스레닌주의를 실제와 결합시켜 마오쩌동사상을 만들어냈다. 이 기간 중 옌안은 중국 서북부 섬서성 북부의 조그만 농촌지구에서 중국 사회주의혁명 활동의 행정·교육·문화 중심지이자 혁명 수도 역할을 했다.

마오쩌동사상

항일전쟁 발발 후 전쟁의 재난을 겪고 있던 모든 중국인들의 관심은 항일전쟁의 향배였다. 지구전이냐 속결전이냐? 중국이 과연 승리할 수 있겠느냐? 이에 대해 마오쩌동은 양극단의 관점인 '망국론(亡国论)'과 '속승론(速胜论)'을 모두 비판하면서 '지구전론'을 제기했다.

〈그림 1-31〉 옌안 시기, 강연하는 마오쩌동

망국론은 국민당 내의 친일파 왕징웨이(汪精卫) 집단이 주도한 주장이다. 이들은 항일전쟁 발발 이전부터, 현재 중국의 객관적 전투 능력과 역량을 볼 때 일본과 전쟁을 하면 필패이므로 (일본에) 투항해야 한다고 주장했다. 한편, 속승론자들은 영국·미국·소련에 의지하여 속승(速胜)을 거두자는 주장이었으나 이들도 대부분 항일전쟁 이전에는 망국론을 주장하던 자들이었다.

마오쩌둥은 1936년 7월 16일, 옌안에서 미국 기자 에드거 스노(Edgar Snow)와의 대화 중에, 그리고 다음 해에 섬서성 뤄촨(洛川)에서 개최된 중공중앙정치국 회의(1937년 8월)에서 항일전쟁의 형세와 전도에 대한 분석과 예측을 한 바 있고, 이를 바탕으로 망국론은 투항주의, 속승론은 폐쇄주의라고 비판하면서 항일전쟁은 전략적으로 버티는 '험난한 지구전'의 단계이므로 이에 맞는 전쟁 방식으로 승리를 쟁취해야 한다고 주장했다.

이어서 1938년 5월에는 10개월간의 항일전쟁 경험을 총결하고 "항일유격 전쟁의 전략 문제"와 "지구전을 논한다(论持久战)"라는 제목의 강연을 통해 지구전에 의한 항일전쟁 전략 방침을 체계적으로 밝혔다. 마오는 다음과 같은 3개 문제에 중점을 두었다.

첫째, 이 전쟁은 반(半)식민지·반봉건 상태의 중국과 제국주의 일본 간의 20세기 30년대에 진행되고 있는 결사적 전쟁이다. 이 같은 시대적 조건의 기초 위에서 전쟁 당사국 양방 간에 상호 모순되는 4개의 기본적 특징이 있다. 즉, ① 적은 강하지만 우리는 약하다(敌强我弱), ② 적은 퇴보하지만 우리는 진보한다(敌退步我进步), ③ 적은 작지만 우리는 크다(敌小我大), ④ 적은 도움이 부족하지만 우리는 많다(敌寡助我多助). 이러한 특징이 전쟁의 진행 과정과 결과를 결정할 것이고 지구전을 통해서 우리가 승리한다.

둘째, 일본제국주의를 타도하고, 자유 평등한 신중국을 건립하기 위해서는 필히 인민전쟁 노선을 견지하고, 군중을 동원하고 군중에 의지하여 전쟁을 진행해야 한다. 전 민중을 동원해 낼 수 있다면 무기의 약세 등 일체의 곤란을 극복하고 적을 멸망의 망망대해 속에 묻어버릴 수 있다. 군대는 필히 민중과 한 덩어리가 되어야 한다. 민중이 자신의 편이라 인정하는 군대는 천하무적이다. 망국론자와 속승론자는 물질만 보고 사람을 보지 않는 '유무기론자(唯武器论

者)'이다. 무기가 전쟁의 중요한 요소이긴 하지만 보다 결정적 요소는 사람이다. 군사력과 경제력도 사람이 장악하는 것이다.

셋째, 전쟁의 제1, 제2단계에서 팔로군과 신사군의 전쟁 방침은 기본적으로 유격전이다. 단 유리한 조건하에서는 운동전도 고려해야 한다. 전쟁의 형식은 적과 아군 쌍방의 서로 다른 구체적인 상황에 따라 달라져야 한다. 중국의 항일 유격 전쟁은 크지만 약한 중국이 작지만 강한 일본의 공격을 받고 있는 전쟁에서의 전략이다. 한편, 크지만 약한 중국은 진보하는 시대 상황에 처해 있다. 따라서 필히 주동적으로 융통성 있게 '방어 중 진공, 지구전 중 속결전, 내선(內线) 중 외선(外线)'을 골간으로 하는 전략 방침에 따라 행동해야 한다. 이 같은 방침을 통해서만 작은 승리를 축적하여 큰 승리로 만들고, 적과 아군의 우위를 변화시키고 최후의 승리를 획득할 수 있다.

일본의 중국 침략이 중공에게는 기사회생의 기회를 주었을 뿐만 아니라, 일본군의 점령으로 인해 국민당의 통치 시스템이 붕괴된 농촌지역에 게릴라 유격전 근거지를 확장하면서 세력을 키울 수 있는 절호의 기회를 제공해 주었다. 마오는 이 시기에 옌안의 항일군정대학 등에서의 강연 준비 등을 통해서 이른바 '마오쩌둥사상'을 구성하는 주요 이론들을 완성했다. 이와 함께 옌안 지구를 중심으로 '사회주의 특색'의 문화예술 활동도 활발하게 전개되었고, 이것이 중공에 대한 지지층을 민주 당파와 민족주의 진영 등으로까지 확대할 수 있는 유리한 환경과 조건을 만들어주었다. 한편, 국민당 정권의 지지기반이었던 지주와 신사층은 일본군이 자신들 소유 토지 소재지를 관할하는 도시를 점령하면 도망·피신하거나 일본군 통치에 순응할 수밖에 없었다. 반면에 홍군 시절부터 유격전·게릴라전과 근거지 구축에 익숙한 중공의 팔로군과 신사군은 일본군에게 점령당한 도시의 배후지인 광활한 농촌지역에서 세력을 보존할 수 있었다. 이것이 일제 패망 후 1946년부터 시작된 국민당군과의 제2차 국공내전, 이른바 '해방전쟁'에서 중공이 승리할 수 있는 결정적 요인이 된다.

토지혁명투쟁

중공의 핵심 전략은 토지혁명투쟁이었다. 즉, 해방구(解放区)에 소비에트 정권을 건립하고 토지혁명투쟁을 본격적, 적극적으로 추진했다. 마오쩌둥은 장시와 후난의 경계 지구 산간 오지인 징강산 지구에 근거지를 구축한 후 토착 지주와 토호(土豪), 향신(乡绅) 등의 재산과 토지를 강탈·몰수해서 보급 문제를 해결하고, 몰수한 토지는 빈농(贫农)에게 분배해 주는 방식을 통해서 농민들의 지지를 끌어냈다. 핵심 수법은 변계 각 현, 구(区), 향(乡)에 공농병정부와 토지위원회 소조(小组)를 건립하고 빈농과 고농이 주도하는 농회(农会)가 토지 무상몰수, 무상분배를 주도하게 하는 것이었다.

단, 중일전쟁 시기에는 국민당과의 항일 통일전선 구축을 위한 국공합작 실현을 위해 (국민당의 지지기반인) 지주와 부농(富农)의 토지에 대한 무상몰수, 무상분배보다는 '소작료와 이자 감면(减租减息)' 정도로 완화했다. 그러나 일제가 패망·퇴각하고 (중공은 해방전쟁이라 부르는) 제2차 국공내전이 발발한 후에는 농촌 토지혁명투쟁을 더욱 공격적으로 추진했다. 즉, 소작료와 이자 감면 정도로는 광대한 농민 군중의 절실한 요구를 더 이상 만족시킬 수 없고, 토지 소유를 원하는 농민 군중을 동원하려면 대지주와 부농의 토지를 무상몰수 하여 빈농과 고농으로 대표되는 농민 군중에게 무상분배해 주어야 했던 것이다. 바로 이것이 제2차 국공내전에서 중공의 승리를 보장해 준 결정적인 동력이 되었다.

한편, 토지 무상몰수, 무상분배를 추진하는 과정에서 지주와 부농을

구분하는 기준 제정과 처리 문제 등에 대해 수차례 시행착오와 전략 조정
이 있었다. 이와 관련한 초창기 사례로 마오쩌동이 징강산 지구에서 근거
지를 구축하던 시기인 1928년에, 후난·장시(湘赣) 변계 토지법에 "일체의
토지를 몰수한다(没收一切土地)"라고 명시했으나, 토지투쟁 경험을 축적한
후, 1929년 4월 싱궈현(兴国县) 토지법에서는 "일체의 공공 토지 및 지주의
토지를 몰수한다(没收一切公共土地及地主阶级的土地)"라고 개정한 바 있다. 즉,
몰수 대상을 (모든 토지에서) 국민당정부 소유 토지와 지주 소유 토지로 제
한한 것이다.

　1947년 7월에서 9월까지 허베이성 시바이포[29]에서 류샤오치의 주도
하에 '중공중앙공작위원회'가 '전국토지회의'를 개최하고 토지혁명 강령인
'중국토지법 대강'을 제정하고 봉건 및 반봉건적 착취성 토지제도의 철폐
를 명확하게 규정했다. 이는 광대한 빈농과 고농의 지지를 확보한다는 전
략 틀 안에서 진행되었다. 이 같은 정책기조는 국민당과의 내전에서 승리
하고 사회주의 정권 출범 초기에 사유제 토지개혁을 추진할 때까지 이어
졌다.[30]

29　허베이성 핑산현(平山县) 시바이포촌(西柏坡村).

〈그림 1-33〉 1947년 중공 전국토지회의에서 보고하는 류샤오치

중공의 토지혁명투쟁 추진 과정은 1946년 5월 4일에 발표한 '5·4 지시', 즉 '임대료 감면 청산 및 토지문제에 관한 지시(关于淸算减租及土地问题的指示)' 이전과 이후로 구분할 수 있다. 즉, '5·4 지시' 이전까지는 '소작료와 이자 감면' 정책을 시행했으나 '5·4 지시' 이후에는 경자유전(耕者有其田) 슬로건을 내건 무상몰수, 무상분배 정책으로 전환했다. 이어서 1947년 7~9월 기간에 허베이성 시바이포(西柏坡)에서 개최된 '전국토지회의'에서는 토지혁명투쟁 강령인 '중국토지법 대강(中国土地法大纲)'을 제정하고 무상몰수 및 무상분배를 통한 토지 평균 분배정책을 시행했다. 주요 내용은 다음과 같다.

• 지주의 토지 및 기타 재산을 몰수한다.
• 부농의 과다한 토지와 재산을 징수한다.

30 1953년 이후에는 사회주의 개조와 건설을 추진하면서 무상분배, 사유화해 준 토지에 대해 다시 합작화와 집체화를 추진했다.

- 토지제도 개혁 이전의 일체의 채무를 폐지한다.
- 경자유전의 토지제도를 시행한다.

1949년 9월 29일, '중국인민정치협상회의' 제1기 전체회의에서는 '공동강령'을 통과시키고 봉건·반봉건 토지소유제를 점진적으로 농민의 토지소유제로 개변(改變)한다고 밝혔다. 이와 동시에 "이미 토지혁명투쟁을 실행한 모든 지구에서는 농민이 이미 획득한 토지소유권을 반드시 보호해야 한다"라고 규정했다. 주목해야 할 점은 이때까지는 농민 지지 기반을 확보하기 위해 토지사유제를 견지했다는 점이다. 중공은 근거지와 해방구에서 빈농과 고농 위주의 농민 토지사유제 중심으로 토지혁명투쟁을 추진했고, 이것이 국민당과의 내전에서 승리를 보장해 준 결정적인 동력이 되었다. 즉, 토지혁명은 수천 년간 이어져 온 중국의 봉건 토지소유제를 갈아엎으면서 농촌사회의 대변동을 촉진했고, 꿈속에서나 바라던 토지 소유를 보장받게 된 광대한 빈농과 고농의 헌신적 지지와 동원을 끌어낼 수 있었다.

제2장

제2차 국공내전, 3대 전투 승리[1]

장제스는 일제가 패망하여 투항한 뒤 미국의 지원하에 중공을 제압하기 위한 내전을 적극적으로 준비했으나, 중공의 요구와 선전전 그리고 국내외 여론 압력에 눌려 중공 측에 충칭(重庆)에서 평화담판을 하자고 제안했다. 마오쩌둥이 이에 응하여, 1945년 8월 28일, 저우언라이, 왕뤄페이(王若飞) 등 중공 대표단과 국민당 대표 장즈중(张治中), 주중 미국 대사 등의 수행하에, 비행기로 옌안을 출발하여 충칭에 도착했고 이후 10월 10일 옌안으로 돌아올 때까지 43일간 쌍방 간에 수차례 담판을 진행했다. 이것을 '충칭 평화담판'(1945.8.29~10.10)이라 부른다. 이 회담에서 쌍방 간에 핵심 쟁점은 중공이 해방구 내에서 자신의 군대와 정권을 계속 유지하는 것에 대한 의견 차이였다. 중공은 담판 기간 중에도 담판의 주도권을 장악하고 유리한 분위기를 조성하기 위해 국내 각계 민주 당파와 민주 인사들에 대한 선전 및 여론전을 전개했고, 국민당과 중공 측의 군대는 서로 공격하면서 각종 전투를 계속했다.

---

1   유튜브 북연TV, 〈중국현대사〉, 12회 '2차국공내전', 13회 '3대전투 승리와 베이징-난징 점령' 참고.

1945년 10월 10일, 43일간 담판의 결과로 쌍방 대표가 이른바 '쌍십협정(双十协定)', 즉 '정부와 중공 대표 회담기요(会谈纪要)'에 서명했다. 즉, "쌍방은 평화·민주·단결·통일을 위해 노력하고, 이를 기초로 장기 합작하고, 필히 내전을 피하고, 독립·자유·부강한 신중국을 건립하자", 그리고 "민주당파와 각 당파의 대표와 무당파(无党派) 인사가 참여하는 정치협상회의를 조직하고 평화로운 건국 방안을 공동 의논하자"라는 데에 합의했다. 담판 중 합의에 도달하지 못한 문제는 해방구 정권 문제와 국민대회(国民大会) 문제, 그리고 군대의 정비 개편(整編) 문제였다.

중공 입장에서 '충칭담판'의 의미는, 국민당 측이 중공의 지위와 각 당파를 회의 상대로 인정했다는 것, 그리고 중공의 정치적 주장을 전국 인민에게 알리고 그에 대한 이해와 지지의 폭을 넓힌 데에 있었다. 마오쩌둥은 '회담기요'에 서명한 후 10월 11일에 옌안으로 돌아왔고, 저우언라이 등은 충칭에 남아서 미해결 안건에 대해서 국민당 측과 협상을 계속했으나 별다른 성과 없이 11월 25일에 옌안으로 돌아왔다. 각자 모두 승리를 자신하고, 대륙의 정권을 차지하려는 쌍방이 평화적으로 공존할 방법을 찾는 것은 불가능했다. 결국 1946년 6월 26일, 국민당 군대가 공산당의 중원 해방구를 공격하면서 중공 측이 이른바 '해방전쟁'이라 부르는 제2차 국공내전이 시작되었다.

중공은 내전이 시작된 그다음 해(1947년) 2월에 군대의 명칭을 국민군 편제하의 팔로군과 신사군에서 '인민해방군'으로 바꿨고, 그해 12월에 섬서성 북부 미즈현(米脂县) 양자거우(杨家沟)에서 중앙 회의를 열고 국민당 정권에 대한 무력투쟁 전략을, 창당 이후 유지해 온 유격전 위주의 전투에서 운동전 위주의 공세적 전략으로 전환한다고 결정했다. 이는 중공이 항일전쟁을 위한 국공합작 기간 중에 힘을 기른 결과 이제 국민당군에 대한 전면전도 해볼 만하다는 자신감을 기초로 한 것이었다.

　그 후 1년도 안 된 1948년 7월 초에 국민당과 공산당 쌍방의 병력 차이가 내전 발발 당시 3.14 : 1에서 1.3 : 1로 대폭 축소되었다. 또한, 중공이 지휘하는 남방 유격대의 세력도 급속히 증강되어 1948년 가을에는 그 병력 수가 4만여 명에 달했고, 푸젠·광동·장시성 변경, 광동·장시·후난성 변경, 하이난다오(海南島), 광동·광시성(广西省) 변경, 광시·윈난(云南)·구이저우성 변경, 안후이·저장·장시성 변경, 저장성 동부와 남부, 장쑤성(江苏省) 남부 등 곳곳에 유격 근거지를 구축하고, 국민당 통치 지구 후방을 위협했다.

　당시에 중공이 장악, 통치하고 있던 해방구의 면적은 중국 대륙의 1/4에 달하는 235만 km², 인구는 1억 7000만 명에 달했다. 이 중 약 1억 인구를 점하는 해방구에서는 이미 토지혁명투쟁을 완료하여 토지를 분배받은 농민 대중의 공산당에 대한 지지와 생산 적극성이 거의 절정에 달한 상태였다. 농민들은 만일 인민해방군이 국민당군과의 전투에서 패퇴하게 되면 국민당 군대와 정부와 함께 옛날 지주가 다시 돌아올 것이고, 그렇게 되면 분배받은 토지를 다시 빼앗기게 될 것이라는 걸 명확하게 알고 있었다. 따라서 인민해방군의 승리를 위해 적극적으로 국민당군의 동태 관련 정보를

중공 측에 알려주고 나아가 스스로 인민해방군에 자원입대하기도 했다. 늙은 농민이 자신의 아들에게 "나는 나이가 많으니 네가 애비 대신 싸워서 우리 땅을 지켜라"라고 하는 경우도 드물지 않았다.

또 한편으로는, 항일전쟁 말기에 국민당 군대와 본부는 대부분이 일본 군의 공세에 쫓겨서 쓰촨성(四川省) 충칭을 비롯한 오지에 있었지만, 중공 의 팔로군과 신사군은 일본군과 가까운 곳의 산간 지역을 거점으로 삼고 유격전 방식으로 전투를 지속해 왔기 때문에 일본군이 물러간 직후 국민 당군에 비해 지리적으로 유리한 위치를 선점하고 있었다.

1947년 가을까지 국민당군은 (정규군과 비정규군 모두 포함) 약 152만 명 이 중공의 인민해방군에 의해 섬멸되었으나, 다시 대량의 보충 과정을 거 쳐서 약 365만 명 병력 규모(이 중 정규군은 285개 여단, 198만 명 정도)를 유지 하고 있었다. 그러나 국민당군 대다수는 사기가 매우 낮은 상태였고 상당 수가 당장 실전에 배치할 수 없는 신규 보충병들이었다.

반면에, 중공의 군대는 2년간의 전쟁을 거치면서 총병력 수가 127만 명에서 280만 명으로 늘었고 이 중 정규군(野战军) 병력이 149만 명이었다. 총병력 수로는 국민당군이 1.3배 정도였지만 인민해방군은 후방을 장기간 안정되게 굳히고 있었기에 병력을 전선에 집중할 수 있었다. 또한, 도처에

1946년 제2차 국공내전 발발 시에 국민당 총병력은 430만 명이었고 이 중 정규군은 356만 명으로 육군 86개 사단, 248개 여단 약 200만 명, 특종병 36만 명, 공군 16만 명, 해군 3만 명, 기타 군사 기관 총 101만 명을 포함하고 이 외에 비정규군이 74만 명이었다. 86개 사단 중 미국제 또는 반(半)미국제 무기와 장비로 무장한 부대는 22개에 불과했다. 더구나 중국 전장에서는 미제 무기나 장비가 실용적이지 못했다. 천이가 전쟁 지휘 경험을 총결하면서 말한 바 있다. "미제 무기는 화력은 강하지만 익숙지 않아서 기민하고 융통성 있게 움직일 수 없었고, 또 소모되는 탄약은 매우 많은데 운송수단이 부족해서 공급할 수가 없었다. 미제 장비는 이(利)보다 해(害)가 많았거나 긍정적으로 평가한다 해도 이와 해가 대등했다."

같은 시기, 중공 인민해방군은 약 127만 명이었고, 이 중 야전군 61만 명, 사단급 22개, 여단급 94개, 그 외에 지방 부대와 후방 기관이 약 66만 명이었다. 인민해방군의 장비는 국민당군과 비교하면 낙후했다. 단, 그렇다고 중국 내 온라인상에서 흔히 접할 수 있는 글들에서 볼 수 있듯이 구식 소총만 보유하고 있었던 것은 아니다. 2차 국공내전 발발 시에만 해도 인민해방군은 포병 14개 단, 17개 영과 38개 연(连)을 보유하고 있었고 기병 소총, 자동소총, 경기관총 등 각종 총기 수량도 적지 않았다. 병력 수는 국민당군에 비해 대략 3.4 : 1 정도로 열세였다. 더구나 국민당군은 일본군으로부터 대량으로 획득한 무기를 갖고 있었고, 무기, 기동성 면에서 절대 우세였다.

내전 발발 1년 후인 1947년 7월에 중공의 군사력은 작전 부대 90만 명, 지방 부대 60만 명 그리고 군사 기관 인원 40만 명으로 총 190만 명에 달하여 국민당군과의 비율 차가 약 2 : 1 수준으로 좁혀졌다. 다시 1년 후인 1948년 6월경에는 국공 쌍방의 군사력 차이가 더욱 줄어서 1.3 : 1 정도로 기본적으로 평형상태에 도달했다. 그 2년간 국민당군 손실 병력은 약 264만 명이었고 보충을 거쳐서 365만 명으로 회복했다. 그러나 그중 일선의 작전에 배치할 수 있는 병력은 174만 명에 불과했다. 중공 인민해방군은 2년간의 내전 중 손실 병력이 약 80만 명이었으나 신규 징집병 110만 명, 복귀한 부상병 45만 명, 사상개조 포로 80만 명, 그리고 투항한 국민당 부대 등을 합하면 총 280만 명에 달했다. 1949년 2월에는 인민해방군 병력 수가 국민당군을 압도적으로 추월했다. 국민당군 총병력은 204만 명으로 줄었고 이 중 작전에 동원할 수 있는 육군 정규군은 약 146만 명 정도였으나 인민해방군 총병력은 358만 명을 넘어섰다.

이상의 수치를 통해서 알 수 있듯이 싸움이 계속될수록 인민해방군은 늘었고 국민당군은 줄었다. 또한, 국민당이 미국 원조를 제한적으로 받았지만 인민해방군은 노획을 통해서 대량의 자동무기, 대구경 화포, 탱크, 자동차 등 현대 장비를 획득했다. 야전군 병종(兵种)도 보병, 포병, 탱크병, 기병을 모두 완비했고 장비 면에서도 더 이상 명확한 차이는 없어졌다.

중공 측이 1950년 7월에 발표한 '해방전쟁 4년 종합 전적'에 의하면 1946년 7월부터 1950년 6월 기간 중 인민해방군이 섬멸한 국민당군은 정규군 554만 2470명, 비정규군 252만 8880명으로 총 807만 1350명이다. 이 중 포로 458만 6750명, 부상자 171만 1110명, 투항자 63만 3510명, 봉기자 84만 6950명, 접수 개편자 29만 3030명이다.

산재한 유격대가 국민당군의 후방을 교란하고 있었으므로, 최전선에서 기동 가능한 병력 수는 오히려 국민당군을 압도했다.

군사 형세가 이처럼 갈수록 악화되고 불리해지자 국민당 통치 지구 내의 중간계층이 동요하기 시작했고, 국민당 내부의 모순과 갈등도 더욱 심화, 돌출되었다. 부총통 리종런(李宗仁)은 장제스의 총통 직위 탈취를 기도했고, 일부 지방의 실력파들은 공산당과의 연결을 강화하면서 투항할 기회를 엿보기 시작했다. 또한, 국민당 통치 지구의 경제도 붕괴 상태가 되면서 장제스의 국민당 세력은 사면초가(四面楚歌) 상황이 되었다.

중공은 이 같은 국면에서 1948년 9월 8일에 최후의 농촌 소재 중공중앙 본부였던 허베이성 시바이포(西柏坡)에서 정치국 확대회의를 개최한다. 중공중앙이 1947년 3월 국민당군의 공세를 피해 옌안에서 퇴각한 이후 처음 개최한 정치국 확대회의이고 회의 참석자가 역대 가장 많은 중앙 회의였다. 이 회의에서 국민당과의 전쟁을 전면 공격 위주로 전환한다는 '전략적 결전(決战)'과 '3대 전투(三大战役)' 발동을 결정했다. '3대 전투'란 1948년 9월부터 1949년 1월까지 중공 인민해방군이 약 5개월간 국민당 군대를 공격한 랴오닝·선양 전투(辽沈战役), 화이하이 전투(淮海战役), 베이핑·톈진 전투(平津战役)를 가리킨다. 중공은 이 '3대 전투'에서 모두 승리하고 중국 대륙의 정권을 장악하게 된다.

3대 전투 승리[2]

1948년 9월 12일부터 1949년 1월까지 5개월간 진행된 '3대 전투(三大

---

2   유튜브 북연TV, 〈중국현대사〉, 13회 '3대 전투 승리, 베이징-난징 접관' 참고.

战役)', 즉 랴오닝·선양 전투, 화이하이 전투, 베이핑·톈진 전투가 모두 중공의 승리로 끝나면서 국민당군 주력은 대부분 괴멸되고 장강 이북 전 지역을 중공이 장악했다. 이어서 인민해방군이 장강 도강(渡江) 전투를 통해 국민당정부의 수도 난징을 점령하고, 상하이, 항저우(杭州), 허페이(合肥), 우한(武汉), 창샤 등 장강 이남 주요 도시들을 연이어 점령, 접수하고 전국 대부분 지구를 장악하게 된다. '3대 전투'의 개요를 요약하면 다음과 같다.

랴오닝·선양 전투

1948년 9월, 허베이성 시바이포에서 개최된 중공중앙정치국 확대회의 결의에서, 국민당군에 대한 전략적 결전의 시작을 형세가 유리한 동북 지구에서 시작하기로 결정하고, 9월 12일에 린뱌오가 지휘하는 '동북야전군'이 랴오닝성(辽宁省) 이현(义县)에서 허베이성 롼현(滦县)까지 약 300km 전선에서 국민당군을 향한 진격을 시작했다. 당시 중국 동북부 만주(满洲) 지구는 전체 중국 대륙을 통틀어 군사력 면에서 인민해방군이 국민당 군대를 능가하고 있던 유일한 지구이고 중국 내 최고의 중공업 발달 지역이면서 동시에 최대 식량 생산 지구였다. 또한 1948년 9월 9일, 소련의 지원을 받으면서 갓 출범한 북조선 김일성 정권의 후방 지원도 받을 수 있었다.

1948년 10월 1일에 중공 동북야전군이 베이징과 선양(沈阳) 간을 연결하는 베이닝(北宁) 철도를 절단하고 장춘, 선양에서 산하이 관내(山海关内)로 통하는 육상교통을 단절하고 진저우(锦州)를 고립시켰다. 따라서 국민당군은 모든 보급을 항공 운수에 의존할 수밖에 없게 되어 심각한 물자 부족 상황에 빠졌다. 당시 국민당은 만주지구에 4개 병단(兵团), 14개 군, 44개 사단 그리고 여단과 지방 보안단대 합해서 약 55만 명의 병력을 보유하고 있었고, 선양, 장춘, 진저우 3개 지구에 분산되어 있었다. 장제스는 진저우의 위험 상황을 풀기 위해 진저우 서쪽의 후루다오(葫芦岛)와 동쪽의 선양 지구에 주둔하고 있던 부대에게 동시에 마주 보고 진저우로 진격하며 지원하라고 명령했다.

중공 측 동북야전군은 1948년 10월 14일에 진저우로 총공격을 시작했고 31시간의 격전을 거친 후 국민당군 수비군 10만여 명을 섬멸하고 하루 만인 10월 15일에 진저우를 점령했다. 이로써 동북 지구 내에 분산 주둔하고 있는 국민당군의 육상 퇴각로가 완전하게 봉쇄되었다. 진저우 점령 후 10월 17일에는 장춘 주둔 국민당군 제60군 군단장 청저성(曾澤生)이 2만 6000여 명 부대원을 거느리고 투항했고, 10월 21일에는 장춘이 동북야전군에게 점령되었다.

1948년 10월 18일, 장제스가 선양으로 와서 총퇴각 작전을 짜고 서진(西进) 병단에게 계속 전진하여 동진 병단과 협력하여 다시 진저우를 탈환하라고 명령했다. 그러나 린뱌오의 동북야전군 지휘부는 적을 깊이 유인한 후, 랴오닝 서부(辽西) 약 120km² 지구에서 국민당군 총 10만여 명을 대규모 포위공격으로 섬멸했다. 이 중 국민당군 5대 주력에 속하는 신1군(新1軍)과 신6군이 포함되어 있었고, 국민당군 사령관 랴오야오샹(廖耀湘) 중장은 포로가 되었다.

동북야전군은 승세를 타고 그다음 날(10월 29일)부터 동쪽으로 전진하면서, 신민(新民), 푸순(抚顺), 랴오양(辽阳), 안산(鞍山), 하이청(海城) 등 선양 외곽 거점도시들을 점령했다. 이어서 1948년 11월 2일에는 만주지구 최대의 중공업 도시인 선양의 수비군 13만여 명을 섬멸했다. 같은 날, 잉커우(营口)도 점령하면서 랴오닝·선양 전투가 끝났고, 만주지구 전체가 중공의 통치하에 들어갔다. 진시(锦西), 후루다오 지구의 국민당군은 11월 9일, 해상으로 산해관 서쪽 관내로 후퇴했다.

52일간 진행된 랴오닝·선양 전투에서 동북야전군은 국민당군 총 47만 2000명을 섬멸했고 소장 이상 군관 186명을 생포했다. 동북야전군 측 사상자는 6만 9000여 명이었다. 랴오닝·선양 전투 승리 이후 인민해방군은 포로와 점령 지역 장정 보충 등을 통해서 병력 수에서 최초로 국민당 군대를 추월했다. 이후 중공은 견고한 전략 후방이 된 만주지구의 지원하에 연이어 진행된 화이하이 전투와 베이핑·톈진 전투에서 전략적 우세를 확보할 수 있었다. 당시에 마오쩌둥은 이 같은 형세 진전에 고무되어서 다음과 같이 말했다. "원래는 국민당을 타도하는 데 대략 5년여의 시간이 필요할 것이라 예상했었으나 현재로서는 1년 정도면 될 것 같다."

화이하이 전투

랴오닝·선양 전투에 이어서 진행된 화이하이 전투(1948.11.6~1949.1.10)의 주요 지휘관은 류보청(劉伯承), 천이(陳毅), 덩샤오핑, 쑤위(粟裕, 1907~1984년), 탄전린(譚震林) 등이었고, 쉬저우(徐州)를 중심으로 동쪽에서는 하이저우(海州)에서 서쪽의 상추(商丘)까지, 북쪽에서는 린청(臨城: 현재의 薛城)에서 남쪽의 화이하(淮河)까지 광대한 지구에서 전투가 벌어졌다. 중공은 정규 야전군 66만 명과 지방 무장군 40만 명을 투입했고, 국민당군 병력은 50만여 명이었다.

화이하이 전투의 제1단계는 1948년 11월 6일부터 22일까지 진행되었다. 이 단계에서 중공 '화동야전군'은 넨쫭(碾庄) 지구에서 국민당군 황바이타오(黃百韜) 병단 10만 명을 섬멸했다. 제2단계 전투는 1948년 11월 23일부터 12월 15일까지로 '중원야전군'과 화동야전군 일부가 쑤현(宿縣) 서남부의 솽두이지(双堆集) 지구에서 국민당군 황웨이(黃维) 병단 11만 명을 포위 섬멸했다. 두위밍(杜聿明)이 지휘하는 쉬저우 국민당군 3개 병단 25만 명이 서쪽으로 포위망을 돌파할 때 중공의 화동야전군 주력이 융청(永城) 동북부의 천관쫭(陳官庄) 지구에서 포위하여 그중 쑨위안량(孫元良) 병단 약 4만 명을 섬멸했다. 제3단계 전투는 1948년 12월 15일부터 1949년 1월 10일까지로, 화동야전군이 국민당 두위밍 부대에 총공격을 시작하여 약 20만 명을 섬멸했다.

66일간의 화이하이 전투는 '3대 전투' 중 인민해방군의 희생이 가장 컸으나 섬멸한 국민당군 수도 가장 많았다. 인민해방군은 13만여 명의 사상자를 냈지만 55만 5000여 명의 국민당 군대를 섬멸하고 장강 이북의 화동 및 중원 지구를 기본적으로 장악함으로써, 장강 이북 지구의 국민당 통치 근거지를 와해시켰다. 화이하이 전투는 그만큼 정치적 영향도 컸고 전쟁 양상도 가장 복잡했던 전투였다.

베이핑·톈진 전투

3대 전투 중 최후에 진행된 베이핑·톈진 전투는 린뱌오, 뤄룽환(罗荣桓), 니에룽전의 지휘하에 시작되었다. 인민해방군은 중공중앙 군사위원회의 "우선 양쪽 머리를 치고 후에 중간을 취한다(先打两头, 后取中间)"라는 원칙에 따라 1948년 12월 22일부터 서부전선(西线)의 신바오안(新保安)과 장자커우(张家口)를 선제공격했다. 이어서 1949년 1월 15일, 동부전선(东线)에서 톈진(天津) 국민당 수비군 13만여 명을 모두 섬멸하고 톈진을 점령했다.

이미 랴오닝·선양 전투와 화이하이 전투를 통해서 만주지구와 화북 지구 대부분을 점령한 인민해방군이 베이징의 관문 항구도시인 톈진마저 점령하자, 국민당군 베이핑 지구 사령관 푸쭤이(傅作义) 지휘하의 베이핑 주둔 국민당군 부대 25만 장병은 공황 상태에 빠졌다. 중공은 인민해방군 90만 대군을 베이핑 성벽 인근에 배치하고, 한편으로는 국민당군을 위협하면서 또 한편으로는 중공 베이핑 지하당의 공작을 통해 베이핑 내 유력한 사회 인사들과 접촉하면서 "역사·문화 고도 베이핑이 전쟁으로 파괴되는 것을 막아야 한다"라는 여론을 조성하며 심리전을 전개했다. 결국 국민당군 사령관 푸쭤이가 중공이 제시한 평화 조건을 수락·투항했고, 1949년

〈그림 2-3〉 베이핑·톈진 전투 지휘관 단체 사진

〈표 2-1〉 3대 전투 현황

명칭	시기	위치	지휘자	작전 부대	전과	작전 방침	영향
辽沈	1948.9~11	만주	린뱌오, 뤄룽한	동북야전군	47만 명 섬멸	봉쇄 후 각개 섬멸	만주 전역 해방
淮海	1948.11~1949.1	쉬저우 중심, 룽하이* 철도와 진푸선(津浦线)** 철도	류보청, 천이, 덩샤오핑, 쑤위, 탄전린	화동야전군, 중원야전군	55만 5000명 섬멸	전력 작전, 소수로 다수 제압	규모 최대 결전, 장강 이북의 화동과 중원 지구 기본적으로 장악
平津	1948.11~1949.1	베이핑(平), 톈진(津)	린뱌오, 뤄룽한, 니에룽전	동북야전군, 화북해방군	52만 명 섬멸	포위하나 공격은 자제. 격리하나 포위하지 않고, 먼저 양쪽 머리를 공격하고, 후에 중간을 취함	기본적으로 화북 전역 장악

* 룽하이(陇海)의 '陇'은 간쑤의 약칭이고 '海'는 하이저우를 가리킨다. 하이저우는 현재의 장수성 렌윈강(连云港) 시의 1개 구이다. 단, 1961년 이전에는 렌윈강 시가 신푸(新浦), 하이저우, 렌윈(连云) 3개 구로 구성되어 있었고 신하이렌(新海连) 시라 불렀다. 1953년 개통된 룽하이 철도는 동쪽의 하이저우에서 서쪽으로 란저우(兰州)까지 연결하므로 '룽하이 철로(陇海铁路)'라고 부른다.
** 톈진~난징 푸커우(浦口) 간 간선철도, 1908년 착공, 1912년 개통했다. 쉬저우에서 룽하이 철도선과 만나고, 난징 푸커우에서 베이징~상하이 철도(京沪线, 현재의 沪宁线)와 강을 사이에 두고 마주 보고 있는 남북간선 철도이다.

1월 31일에 인민해방군이 베이핑에 무혈입성 했다. 64일간 진행된 전투에서 인민해방군 사상자는 3만 9000명이었고, 국민당 군대는 52만여 명이 섬멸되거나 투항했다. 이로써 타이위안(太原), 따통(大同), 신샹(新乡) 등 일부 지구를 제외한 화북 지구를 중공이 점령했다.

한편, 장제스는 패색이 짙어지는 전세를 자력으로는 뒤바꿀 수 없다고 판단하고 1949년 1월 1일, 미국에게는 원조 증액, 소련에게는 평화회담 중재를 요청했으나 아무 성과도 얻어내지 못했다. 단, 소련의 스탈린은 중공이건 국민당이건 간에 중국의 세력이 커지는 것을 원치 않아서 중공에게 장강 이남의 국민당 수도 난징을 공격하지 말라는 의견을 보냈다. 이에 마오쩌동은 스탈린이 중국을 두 개의 국가로 나누려 한다며 크게 분노했다.

결국 장제스는 국민당 총통직에서 물러났고 광시(广西) 군벌 리종런이 후임 총통에 취임했다. 국민당이 평화협상을 제의한 것은 장강 이남 지구의 통치권만이라도 유지해 보려고 시간을 벌기 위한 것이었으나 마오쩌동은 장제스와 국민당이 도저히 수용할 수 없는 다음과 같은 요구 조건을 포함한 최후통첩을 보냈다.

- 장제스를 포함한 모든 전쟁 범죄자 처벌
- 1947년 국민당 헌법 및 국민당 법제 폐지
- 모든 반동 군대의 재편성
- 모든 관료자본 몰수
- 토지소유제도 개혁
- 모든 매국적 조약 폐기

마오쩌동은 장제스의 후임으로 국민당 총통 직위에 있던 리종런으로부터 최후통첩에 대한 거부 회신을 받은 후 1949년 4월 21일에 인민해방군에게 '전국으로 진군 명령(向全国进军的命令)'을 내렸다. 이 명령에 따라 장강 연안 각 전략 지역에서 대기 중이던 인민해방군이 '장강 도하(渡河)작전'을 시작했다. '전국으로 진군 명령'은 중국 인민혁명군사위원회 주석 마오 중공 군부 내 장군들의 전쟁 지휘 능력에 대한 평가는 각 시기마다 다르다. 가령, 쑤위는 제1차 국공내전 홍군 시기와 항일전쟁 시기에는 그다지 두각을 나타내지 못했으나, 제2차 국공내전, 즉 '해방전쟁' 시기에는 연전연승하면서 린뱌오와 함께 인민해방군 내 대규모 병단 지휘를 맡길 수 있는 장군 중 한 사람으로 인정받았다. 쑤위가 지휘 능력을 최고 수준으로 발휘한 때는 화이하이 전투에서였다. 총괄적으로 평가한다면, 홍군 시기에는 쉬샹첸(徐向前), 항일전쟁 시기에는 펑더화이, 해방전쟁 시기에는 린뱌오와 쑤위가 가장 걸출했다고 할 수 있다.

쉬샹첸은 매우 긴 기간 '홍4방면군' 총지휘 요직을 맡았고, 후베이 지구에서 후베이·허난변구(鄂豫边区) 근거지를 개척했다. 장정 전에는, 도시를 포위하고 지원 공격을 하여 황안(黄安), 상황(商潢), 쑤자부(苏家埠), 황광(潢光) 지구에서 4대 전투 승리를 거두었고, 적군 6만 명을 섬멸했다. 장정 중에는 '반3로 포위공격(反三路围攻)', '반6로포위공격(反六路围攻)' 승리와 쓰촨·싼시(川陕) 근거지를 새로 개척하여 부대 규모를 8만 명으로 키웠다(당시 중앙 홍군은 8000명 규모였다). 항일전쟁 시기에는 항일대학 교장 등을 맡았고 전투 지휘는 하지 않았다. 해방전쟁 시기에는 건강이 안 좋았으나, 척박한 조건하에서 '산시작전'을 지휘하여, 류보청과 덩샤오핑이 지휘하는 류덩대군(刘邓大军)이 남겨놓은 6만 명의 지방부대로 국민당 옌시산(阎锡山)의 30만 대군을 섬멸했다. 쉬샹첸의 군사 능력에 대해서는 군신(軍神)이라 불리는 류보청이 군사학원 원장 시절에 "우리 군 중 전쟁 능력이 가장 강한 두 사람은 쉬샹첸과 쑤위이다"라고 말한 바 있다.

펑더화이는 홍군 시기부터 맹장으로 명성이 높았고, 장정 시기에는 린뱌오가 마오쩌둥의 지휘 실책을 비판하면서 홍군의 지휘권을 펑더화이에게 넘기자고 제안한 적도 있었다. 항일전쟁 시기에 펑더화이는 당시로서는 중공 역대 최대 규모의 전투인 '백단대전'을 발동하고 승리로 이끌었다. 또한, 전쟁 규모와 국제정치적 의미가 가장 컸던 '조선전쟁'에서 백만 대군의 총지휘를 맡아서 당시 세계 최강 미군과 국제연합군을 상대로 한 전쟁에서 승리로 인정받는 결과를 끌어냈다.

린뱌오는 홍군 내에서 펑더화이, 황공뤠(黄公略), 주더와 함께 마오 휘하의 4대 장군으로 불렸다. 항일전쟁 시기에는 '핑싱관 전투'를 승리로 이끌었으나, 그 직후에 총상을 당해서 치료를 위해 소련에 가야 했다. 제2차 국공내전 시기에는 동북 지구에서 '랴오닝·선양 전투'를 승리로 이끌고 만주지구를 중공 세력권 내의 배후 지원 및 보급기지로 만들어냄으로써 전체 전쟁 승리의 기초를 쌓았고, 휘하의 '4야전군'을 지휘하며 동북에서 남쪽 하이난섬(海南岛)까지 평정했다. 린뱌오는 중공 고급 장교 중 마오의 신임을 가장 두텁게 받았다.

쑤위는 후난성의 소수민족인 동족(侗族) 출신이고, 1927년 중국공산당에 가입, 난창봉기 참여 후, 징강산에 합류하여 다섯 차례에 걸친 국민당 군대와의 전쟁을 치렀다. 장정 기간에는 남방 지구에서 유격전을 조직·투쟁했다. 항일전쟁 시기에는 신사군 제2지대 부사령관, 강남 지휘부와 쑤베이(苏北) 지휘부 부지휘를 역임했고, 1941년 신사군 사단장을 역임했다. 제2차 국공내전 시기에는 화중야전군 사령관, 화동야전군 부사령관, 정치위원 등을 역임하면서 지난(济南) 전투, 화이하이 전투, 장강 도강 전투, 상하이 전투 등을 지휘해서 결정적 공을 세웠다. 중화인민공화국 출범 후에 인민해방군 총참모장, 중앙군사위원회 상무위원 등을 역임했다.

〈그림 2-4〉 '전국으로 진군 명령' 수고(手稿)

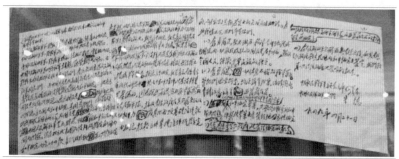

쩌둥, 그리고 중국 인민해방군 총사령 주더의 명의로 인민해방군에게 하달되었다.

1949년 4월 21일, '장강 도하작전'을 개시한 인민해방군은 이틀 만인 4월 23일 전투 없이 국민당 수도 난징을 점령했고 다음 날(4.24)에는 산시성 타이위안을 점령했다. 이어서 1949년 5월에는 항저우, 난창, 우한, 시안, 그리고 중국 최대 도시인 상하이를 차례로 점령했다.

이 무렵부터 중공중앙이 도시로 진격하는 인민해방군에게 도시 내 시가전에서는 중화기를 사용한 폭격과 화약을 사용한 파괴를 최대한 자제하라는 지침을 하달했다. 즉, 이제는 도시를 점령한 후에 관리해야 하는 도시접관(城市接管) 이후의 문제도 고려해야 하게 된 것이었다. 중공은 대도시 공략 시에는 우선 그 도시 교외 지구를 공격하면서 시내에 주둔하고 있는 수비 병력을 교외 농촌지구로 유인해 내고, 시가지 점령 전투 시에는 포격으로 인한 피해를 최소화하라고 지시했다. 예를 들면, 상하이 점령을

각 야전군 전체 지휘원 전투원 동지들, 남방 각 유격구 인민해방군 동지들:

중국공산당 대표단과 난징 국민당정부 대표단이 장시간 담판을 거쳐 잠정 합의한 국내 평화협정이 난징 국민당정부에 의해 거절되었다. 난징 국민당정부의 책임자들이 이 국내 평화협정을 거절한 것은 미 제국주의와 국민당 비적 두목 장제스의 명령 때문이다. 이는 중국 인민해방 사업의 추진을 저지하고 평화적인 방법으로 국내문제를 해결하는 것을 저지하려는 기도이다.

……

이 협정을 거절하는 것은 국민당 반동파가 그들이 일으킨 반(反)혁명 전쟁을 끝까지 해보겠다는 표시이다.

이 협정을 거절하는 것은 국민당 반동파가 금년 1월 1일 제의한 평화 담판이 인민해방군의 전진을 저지하고 반동파가 숨 돌릴 시간을 얻은 후 권토중래(卷土重来)하여 혁명 세력을 멸하려는 기도이다.

이 협정을 거절하는 것은 난징 리종런 정부가 중공의 8개 평화조건을 담판 기초로 인정한다는 말이 완전 허위임을 드러냈다.

이미 전쟁범죄의 처벌을 승인했고 민주 원칙에 의거 국민당 반동 군대 일체를 개편하고, 난징 정부 및 그 관할 각급 정부의 일체 권력과 기타 각 항 기초 조건을 접수했고, 이 같은 기초 조건을 근거로 입안했으므로 지극히 관대한 각 항 구체적 방법을 거절할 이유가 있을 수 없다. 이같은 정황하에 우리는 동지들에게 명령한다.

―. 용감하게 전진하여 감히 저항하는 중국 경내의 일체의 국민당 반동파를 단호, 철저, 깨끗하게 섬멸하고 전국 인민을 해방하고 중국 영토주권의 독립과 완정(完整)을 보위하라.

二. 잘못을 뉘우치지 않는 전범 일체를 체포하라. 그들이 어디까지 도망가건 간에 기필코 체포하여 재판에 회부하고 법에 의거해 징벌하라. 특히 주의하여 비적 두목 장제스를 체포하라.

三. 모든 국민당 지방정부와 지방 군사 집단을 향해 국내 평화협정의 최후 수정안을 선포한다. 동지들은 전쟁 중지와 평화적 방법으로 문제해결을 원하는 모든 자들에 대해 최후 수정안의 대의에 따라 그들과 지방성 협정을 맺을 수 있다.

四. 인민해방군이 난징을 포위한 후에 만일 난징 리종런 정부가 도망가지 않고 국내 평화협정 체결을 원한다면 우리는 한 번 더 기회를 줄 수 있다.

중국 인민혁명군사위원회 주석 마오쩌둥

중국 인민해방군 총사령 주더

1949년 4월 21일

〈그림 2-5〉 인민해방군 난징 점령

위한 시가지 전투를 "도자기 상점 안의 쥐새끼 때려잡기(瓷器店里打老鼠)"라
비유했다. 즉, 값비싼 도자기를 최대한 깨뜨리지 않고 쥐새끼를 때려잡아
야 한다는 것이었다. 그러나 이 같은 전략전술에 따른 전투 수행으로 인해
인민해방군 병사들의 희생이 매우 컸다. 특히 황푸강(黃浦江) 서쪽에서 상
하이 시가지를 남북으로 가르는 도시하천 쑤저우하(苏州河)를 장애물 방어
진지로 삼고 기관총과 대포를 쏘아대는 국민당군의 저항으로 인한 희생이
매우 컸다.

그러나 결국 5월 27일에 국민당 상하이 수비군이 투항했고, 7월 상순
에는 저장성 전역을, 8월에는 푸저우(福州), 란저우(兰州), 후난성을 평화적
으로 접수했다. 장제스는 국민당 본부를 난징에서 충칭으로 옮긴 후 산발
적으로 저항했으나 결국 1949년 12월 7일에 타이완으로 퇴각했다.

1949년 3월, 중공은 허베이성 시바이포에서 중공 제7기 2중전회를 개
최하고 마오쩌둥의 보고에 근거하여 전국적인 혁명 승리와 이 승리를 조
직하는 방침을 제정하고 혁명 승리 후 건설할 '신민주주의' 단계 정권의 청
사진을 확정했다. 이 회의를 마치고 중공중앙은 지휘 본부를 최후의 농촌
소재 근거지였던 시바이포에서 베이징으로 이전했다.

마오쩌둥은 베이징의 중난하이(中南海) 시설 정비 기간 중에 베이징 서
쪽 향산(香山)의 별장에 임시 거주하면서 4월 21일에 인민해방군에게 장강

도하와 전국으로 진격 명령을 하달하고 이후 중국 대륙을 통치해 나가기 위한 다음과 같은 과제에 대한 구상을 했다.

- 전국적 승리 획득 이후 당이 정치, 경제, 외교 방면에서 채택해야 할 기본 정책
- 중국이 농업국에서 공업국으로, '신민주주의' 사회에서 사회주의사회로 전변(轉變)하는 노선과 총체적 임무
- 당의 공작 중심을 향촌에서 도시로 이전하기 위한 실행 전략과 이를 실행하기 위한 생산력 회복과 발전 임무를 담당해야 할 도시 관리와 도시 건설 전략
- 도시 업무 추진 중에 노동자계급과 노동 군중을 단결시키고 당 밖의 민주 인사와 지식인을 아군으로 포용하는 전략

중공의 정보전쟁

중공이 국민당과의 전쟁에서 승리하고 대륙의 정권을 차지할 수 있었던 주요 동력 중 하나는 저우언라이가 총지휘한 중공의 선전 및 정보 전쟁이었다. 그 시작은 1927년 장제스가 발동한 4·12 반공쿠데타 이후 당 조직이 궤멸 상태에 가까운 피해를 당한 후, 당 중앙이 지하로 잠입한 그해 5월부터였다. 중공중앙군사부장인 저우언라이가 정보 보위 조직인 특무공작과(特務工作科), 즉 '특과(特科)'를 설치하고 리커농(李克農, 1899~1962년)이 실무 책임자로 활동하면서부터였다. '특과'의 최우선 임무는 당시 상하이에 있었던 중공중앙 비밀 아지트와 관련 인사의 안전 보위였다. 저우언라이는 항일통일전선이 구축된 2차 국공합작 시기에 시안, 우한, 충칭 등 국민당 통치 지역에 팔로군 사무실을 설치하고 이를 기반으로 정보기관을

조직, 운영하면서 국민당의 당과 군 고위 관계자들을 포섭하고 곳곳에 정보 요원들을 심고 비선 조직을 넓혔다.

저우언라이와 리커농(李克农)이 포섭하거나 심어놓은 국민당 주요 부대 내 스파이의 대표적 사례를 보면, 서북군 집단사령부 후종난(胡宗南, 1896~1962년)의 부관 송샹후이(熊向晖, 1919~2005년), 중원 집단사령부 바이총시(白崇禧, 1893~1966년)의 측근 시에허겅(谢和庚, 1932년~) 등이 있다. 칭화(清华)대학 졸업생인 송샹후이는 글을 잘 썼고, 시에허겅도 문체가 뛰어난 작가로 그의 부인은 당시 유명 영화배우였던 왕잉(王莹, 1913~1974년)이었다. 이들은 모두 국민당 고위 장령으로 국민당 권력층의 두터운 신임을 받으면서 고급 정보와 군사기밀 등 핵심 정보를 소상하게 알고 있었다. 서북군의 경우, 후종난 사령관 외에 군단장이나 사단장도 모르는 정보를 옌안 팔로군 본부의 총사령인 펑더화이는 알고 있는 경우가 많았다.

정보를 얻기 위한 중공의 지하공작이 수단 방법을 가리지 않았음을 보여주는 사례로 '미남계(美男计)'가 있다. 예를 들면 시난연합대학(西南联合大学) 학생운동 지도자 출신의 미남 청년 공작단원 위안용시(袁永熙)를 장제스의 신임을 받던 측근 천부레이(陈布雷)의 막내딸 천롄(陈琏)에게 접근시켜 결혼하게 한 후 이 부부에게 국민당 내의 기밀 사항을 빼내는 공작을 수행하게 하다 국민당 정보 당국에 발각되기도 했다(김명호, 2012: 213~217).

중공의 정보 요원 중 국민당 통치 구역과 핵심 조직 내에서 스파이 역할로 결정적인 공을 세운 3인을 '용담 3걸(龙潭三杰)'이라 부른다. 이는 '용담호혈(龙潭虎穴)', 즉 용의 연못(龙潭)과 호랑이 굴(虎穴)처럼 위험한 적진에서 스파이 역할로 공을 세운 리커농, 첸장페이(钱壮飞, 1895~1935년), 후디(胡底, 1905~1935년) 3인을 가리킨다. 리커농은 상하이에서 중공의 정보 업무를 지휘했고, 첸장페이는 난징에서 국민당 요직을 담당하며 활약했고, 후디는 톈진에서 장성통신사(长城通讯社) 사장으로 재직하면서 활동했다. 저

왼쪽부터 천장페이, 리커농, 후디.

우언라이가 일찍이 이들 3인의 활약을 회고하면서 '용의 연못과 호랑이 굴에 깊이 들어간 용담 3걸'이라고 회고한 바 있다.

이 외에도, '롱탄 후3걸(龙潭后三杰)'로 불리는 숑샹후이(熊向晖), 선젠(申健, 1915~1992년), 천종징(陈忠经, 1915~2014년)이 있고, 타이완 지하당 3걸로 우스(吳石, 1894~1950년), 주펑(朱枫, 1905~1950년), 천바오창(陈宝仓, 1900~1950년)이 있다. 대륙에서 타이완으로 쫓겨 간 장제스가 "군사(军事)가 아니라 정보에서 졌다"라고 탄식할 만했다.

제3장

도시접관(接管)과 쑤쿠(诉苦)[1]

1947년 이후 국민당군과의 전투에서 연전연승하며 도시들을 점령, 접수하면서 중공의 전략 중심이 농촌에서 도시로 바뀌었다. 이 도시들에 대한 접수와 관리, 즉 접관(接管) 문제가 대두되었기 때문이다. 중공은 원래 마오쩌둥이 징강산 지구에 들어가서 자리 잡고 '토비 혁명 노선'을 추진하면서부터 산간 오지와 농촌지구를 근거지로 하는 유격전 위주 전투 전술에 의존해 왔다. 그러나, 항일전쟁 기간에 옌안과 섬서-간수-닝샤(陝甘宁) 지구 근거지를 중심으로 종합적 실력을 강화한 후에는 국민당군과의 전투 전략과 전술을 종래의 유격전 위주에서 운동전 위주의 전면 공세로 바꾸었다. 또한, 실제 전투 수행을 위한 보급 추진 등 전투 전략 측면에서도 도시를 중시해야 한다는 야전군의 요구가 갈수록 강력하게 대두되었다. 이에 따라 중공의 군사전략도 도시를 주(主)로 하고 농촌을 보(輔)로 하는 전략으로 바뀌었다.

마오쩌둥은 1948년 10월, "도시와 공업에 대한 관리 공작을 강화하고 당의 공작(工作) 중심을 점진적으로 향촌에서 도시로 이전해야 한다"라는

---

1   유튜브 북연TV, 〈중국현대사〉, 14~16회 '도시전략 전환-스자좡시 접관' 참고.

방침을 제시했다. 1949년 2월에는 한 걸음 더 나아가 "금후에는 과거 20여 년간 견지해 온 '선향촌 후도시(先乡村后城市)' 전략을 '선도시 후향촌(先城市 后乡村)'으로 개변(改变)해야 한다"라고 했다.

이러한 개변에 적응하기 위해서 마오쩌둥은 다음과 같이 지시했다.

군대 간부는 응당 도시접관에 관한 모든 것을 학습, 습득해야 하고 필히 도시에서 제국주의와 국민당 반동파에 능숙하게 대처하고 자산계급에 대한 대응, 노동자와 노동조합의 지도, 청년 동원과 조직, 신구(新旧) 간부의 단결과 훈련, 공업과 상업의 관리, 학교·신문·통신사와 방송국 관리, 외교 사무 처리, 각 민주 당파 및 인민 단체의 문제 처리, 도시와 향촌의 관계 조절, 양식·석탄·기타 필수품 문제의 해결, 금융과 재정문제 등을 능숙하게 처리하는 것을 이해하고 숙지해야 한다.

그와 함께 마오는 "만일 우리 간부가 도시 관리 방법을 신속하게 습득하지 못하면 우리는 심각한 곤란에 직면하게 될 것이다"라고 지적했다.

1949년 3월, 중공중앙 7기 2중전회에서는 '당의 공작 중심을 향촌에서 도시로 이전한다'는 전략을 정식으로 확정했다. 마오쩌둥은 회의 정치보고에서 "당이 즉각 건설사업에 착수해야 하고 한 걸음 한 걸음 도시 관리를 학습·습득해야 하고 도시의 중심 임무를 회복·발전시켜야 한다"라고 했다. 이어서 "현재 직면한 도시 관리는 창당 이후 최대의 난제라 할 수 있다. 필히 도시의 관리와 건설을 학습·습득하기 위해 지대한 노력을 해나가야 한다"라고 강조했다. 마오쩌둥의 이 같은 지시가 중공 정권 출범 전후 도시 공작 업무의 사상적 기초가 되었다.

그러나 적지 않은 도시들에서 접관 이후 상공업 파괴와 군중에 의한 집단 물자 약탈 등의 현상이 발생했다. 장기간 농촌에서 생활 및 전투해

온 중공의 수많은 간부, 장병들은 도시에 대해 잘 모르는 상태였다. 이들은 여전히 부지불식간에 농촌에서 군중을 발동하여 토지혁명투쟁을 추진하던 방식을 도시에도 기계적으로 적용하는 일이 많았다. 또한, 도시에서 지하공작을 담당했던 중공 간부들은 도시에 대한 파괴 공작에만 익숙했고 '건설'이란 용어부터 낯설고 익숙하지 않은 상태였다. 그 결과 초기 도시접관 시기에 수많은 시행착오가 발생했다.

1948년 4월 19일, 중공 허베이국(局)이 이러한 상황을 서면으로 마오에게 보고했다. 마오는 이 보고서에 "도시 또는 향진(鄕鎭)에서 상공업 파괴는 일종의 농업사회주의 사상이고 그 성격은 반동적이고 낙후적이고 도퇴(倒退)적이다. 필히 단호하게 반대해야 한다"라고 메모로 지시했다. 이후 화북 지구에서 중국 전국에 이르기까지 중공은 이 정신에 의거해서 간부 교육을 진행했다. 이러한 문제에 대응하기 위해 중공은 두 가지 시책을 채택했다.

첫째, 도시 진입(入城) 전에 도시에 대한 건설·보호 방침을 명확하게 하고 이와 함께 비교적 경험이 있고 정책 관념이 강한 간부를 선발하여 각종 직무에 배치하고 골간(骨干) 및 핵심 역할을 담당케 했다.

둘째, 도시 진입 전에 이러한 간부들에 대한 집중 훈련을 진행했다. 지속적으로 사상·정책 교육을 실시하고 접관할 도시에 대한 사회 정황, 국민당 정권의 정황, 군중의 동태와 도시 생활습관, 상공업 보호 발전, 군중 발동을 통한 민주 질서 건립 방법 등에 대한 교육을 진행했다. 또한, 출신이 서로 다른 각종 간부들의 사상적 특성을 고려한 구체적 교육도 강화했다. 예를 들면 농촌에서 온 간부에 대해서는 농촌과 농민 관점을 철저히 극복할 것을 요구했고 도시 지하공작자들에 대해서는 익숙해진 파괴 관념과 사고를 극복하고 건설 사상으로 바꾸도록 교육했다. 동시에 도시 진입 인원에 대해 다음 네 가지를 불허한다는 기율을 정했다.

- 국가, 공공단체와 군중의 사소한 물건도 취하는 것을 불허한다.
- 혼란한 기회를 이용해 물건을 싸게 사는 것을 불허한다.
- 새 옷으로 갈아입는 것을 불허한다.
- 연극, 영화 관람을 불허한다.

스자좡시 접관

1947년 11월 12일, 인민해방군 화북야전군이 허베이성 스먼(石门 ,현 石家庄)시² 공략에 성공하면서 중공이 최초로 중대형 도시에 입성했다. 원래 중공은 농촌에 근거지를 두고 '농촌으로 도시를 포위한다'는 전략을 기초로 하고 있었으므로, 전투 승리 후 도시를 점령했다 해도 단지 며칠 정도 짧은 기간 머무르면서 휴식과 보급 문제 해결하고, 반혁명 기구 파괴, 반동분자 처벌 등을 마치고 떠났으나, 이번에는 점령한 도시에 계속 주둔하면서 그 도시의 각종 기능 부문을 접관해야 하는 과제에 직면했다.

화북 지구의 중심 도시 스자좡은 화북 평원의 중부에 위치하고 베이징~우한(京汉) 철도, 스자좡(石家庄)~타이위안(石太) 철도, 스자좡~청더(石德) 철도가 통과하는 교통 결절이고 지리적 요충지여서 허베이성(冀)과 산시성(晋)의 목구멍(咽喉)이라 불린다. 1947년 11월 12일, 인민해방군 화북야전군이 이 도시에 입성할 당시에 도시 인구는 20만에 못 미쳤으나 상황은 매우 복잡했다. 도시 경제는 전쟁 직후의 붕괴 상태에 직면해 있었고 대규모 실업, 물자 부족, 물가 폭등 상황 속에 굶주린 시민이 도처에 널려 있었다. 이 같은 상황에서 중공이 당면한 과제는 이 도시에 대한 접수와 관리를 어

---

2   스자좡시의 옛 명칭이 스먼(石门)시이다.

떻게 진행할 것인가라는 것과 함께 그것이 중공의 도시 집정(执政) 능력에 대한 시험대가 될 것이고 향후 중공이 지속적으로 접수 및 관리하게 될 도시 공작에 중요한 영향을 미치게 될 것이란 점이었다.

1947년 11월, 인민해방군이 스자좡시를 점령한 후, 중공중앙은 최우선 중대 과제를 이 도시의 전쟁 상처를 조속히 회복하는 것과 인민의 기본생활 보장이라 설정했다. 당시 '중앙공작위원회' 서기 류샤오치는 이 도시의 접수 및 관리 업무를 매우 중시하여, 스자좡시로 파견 보내는 책임 간부들을 모두 접견하고, 상공업 보호, 도시 경제발전 방침 등 구체적 정책과 주의 사항 등 도시 공작 정책과 군중 발동 문제 등에 대해 대화하고 지시했다. 동시에, 중앙공작위원회는 이후의 도시 공작을 중시하여, 계속 각종 업무팀(工作组)을 파견하고, 업무 지시를 하달했다.

한편, 중공 산시·차하얼·허베이(晋察冀) 중앙국은 스자좡시에 진입하기 전에 중앙 기관과 각 근거지에서 대량으로 간부들을 선발하고 도시 공작 업무 담당 준비를 했다. 스자좡시와 약 280km 거리에 있는 당시 허베이성 수도였던 바오딩시 푸핑(阜平)현에서 시 위원회 주요 구성원을 임명하고, 이들이 인민해방군과 함께 스자좡시에 입성토록 했다. 1947년 11월 17일에는 스자좡시에 입성한 간부 수가 모두 800여 명에 달했다.

'중공중앙공작위원회'가 스자좡시 위원회와 시정부를 조직·설립하고 도시접관을 진행하는 과정에서 우선 과제는 질서와 안정을 회복하고 공작 업무 중의 착오를 적시에 바로잡고 간부 당원의 사상을 정돈하고 접관 업무 공작 방향을 바로잡는 일이었다.

각급 당정 기구를 건립하고 정상적 업무 추진을 시작한 후에 시 위원회와 시정부는 적시에 국민당 잔여분자 숙청, 도망간 지주의 토지와 재산 처리 등 공작을 추진하면서 동시에 시민의 정서를 안정시키고 경제, 과학 교육, 위생 공작 등을 추진했다. 신생 스자좡시 정권이 중공중앙공작위원회(工委)와 산시·차하얼·허베이 중앙국의 지도하에 처리한 수많은 당면 난제 처리 경험은 이후 중공이 접수한 대·중 도시의 도시접관 공작의 모델이 되었고, 스자좡시에서 경험을 축적한 관리 간부 대다수가 연이어 점령·접수한 기타 대·중 도시의 접관 요원으로 파견되었다.

1947년 11월 12일, 중공이 파견한 간부들이 스먼시 입성 당일에 중공 스먼시 위원회를 조직하고 공작 업무를 시작했다. 11월 14일, '산시·차하얼·허베이 변구(晉察冀边区) 행정위원회 명령'에 의거하여 산시·차하얼·허베이 변구 스먼시 정부를 건립했다. 구(旧) 국민당 제3군 군부 건물(正太 철로국 업무 건물)에 시정부 대외 판공처를 설립하고 간판을 걸고 포고문을 선포했다.

11월 17일에는 황징(黄敬)을 주임으로 하는 '스먼시 괴뢰물자관리위원회(石门市敌伪物资管理委员会)'를 설립했다. 그러나 구 국민당정부 통치하의 각 기관들의 소유 물자를 압류하는 과정에서 각 단위와 작업조별로 무질서와 혼란이 돌출되었다.

스먼시 초대 시장에는 커칭스(柯庆施)[3]가 취임하고 업무를 시작했다.

3   커칭스(柯庆施, 1902~1965년)는 안후이 서현(歙县) 출신이다. 1922년 중국공산당

시정부 내 조직으로 비서처, 사회국, 공상국(工商局), 재정국, 교육국, 위생국, 공안국 그리고 인민 법원을 설치했다. 1947년 11월 21일, 중공 스먼시 위원회(石门市委)가 첫 번째 회의를 개최하고 "현재 우선 요구되는 공작은 군중 발동(发动)과 당 방침과 정책의 선전"이라 확정하고 신속하게 공작조를 파견하여 스먼시의 각급 당정 조직을 건립했다.

정부 건립 초기에 국민당의 보갑제도(保甲制度)를 폐지하고 이전의 6구제는 유지하면서 구 밑에 가(街)를 설립했다. 각 구에는 통일 지휘하는 공작위원회를 설립하고 매 구별로 6개 공작조(工作组)를 편성하여 각 가에 파견 배치하고 빈민, 업종별 노동조합 및 공작위원회를 지휘하는 무장(武装)으로 빈민 규찰대와 업종별 노동자 규찰대를 조직했다. 1947년 11월 16일부터 각 가에서 빈민회(贫民会)를 조직하기 시작했다. 주로 보갑장(保甲长)에 의지해서 가도(街道)의 사회 정황을 이해하고 빈민과 대화하고 회의를 개최한 후 이들을 연계해 회원으로 가입시키고 조를 편성하고 빈민 대표를 선출하여 정식으로 빈민회를 조직·구성했다.

때로는 간부가 빈민 내부로 깊이 들어가 빈민 가정을 직접 방문하여 고생담을 묻기도 했다. 영향력 있는 인사를 찾은 후에는 그를 통해서 기타 빈민들과 연합했다. 빈민회는 정식 등기를 통해서 성립되었고 또한 각 업종을 단위로 하는 서로 다른 유형의 소조를 조직하여 공동으로 가(街) 대표를 만들어낸 후에 빈민갱생회(贫民翻身会)를 조직했다. 군중을 조직한 후에는 노동자 빈민이 주도한다는 구호를 내걸었다. 빈민회가 피해와 고난 경

에 가입했고 항일전쟁 시기에 중앙당교 부교장, 통일전선 공작부 부부장을, 해방전쟁 시기에는 산시·차하얼·허베이 변구 민정처(民政处) 처장, 스자좡시(石家庄市) 시장을 역임했다. 중공정권 출범 후 난징시(南京市) 시장, 장쑤성(江苏省) 위원회 서기, 상하이시 위원회 제1서기 겸 난징군구(南京军区) 정치위원, 화둥국(华东局) 제1서기, 국무원 부총리를 역임했고, 1965년 4월 9일 청두(成都)에서 사망했다.

험을 고발하게 하는 쑤쿠(訴苦) 투쟁을 연속 5~7일 정도 기간에 걸쳐서 진행하기도 했고 11월 20일에는 청산 투쟁(淸算斗爭)으로 고조시켰다. 우선 소조 회의를 개최하여 쑤쿠 투쟁을 진행하면서 목표를 조준해서 투쟁 대회를 개최했다. 일반적으로 7인 단위로 구성되는 '투쟁주석단'을 조직·구성하고 회의를 진행했다. 투쟁회가 일체를 조직했고 함성과 구호 속에서 반동, 반혁명분자로 적발된 사람을 묶고 때리고 죽이고 재산을 압수하고 나눠 가졌다. 규찰대는 매일 모여서 같이 숙식하면서 투쟁 과실을 나누거나 먹어치웠다. 그 결과 혼란이 야기되었고 임의로 사람을 때리고 체포하는 현상이 연이어 출현했고 점차 상공업 파괴가 초래되었다.

베이핑시 접관

베이핑(北平: 현 北京)의 접관은 그 이전의 각 대·중 도시에 대한 접관 과정과는 달랐다. 국민당 베이핑 지구 사령관 푸쭤이가 중공이 제시한 평화 협상 조건을 수락하고 투항했기 때문이다. 이에 따라, 1949년 1월 21일, 쌍방 간에 '베이핑 문제의 평화적 해결에 관한 협의'를 체결하고 31일에 인민해방군이 베이핑에 무혈입성 했다. 이와 같이 진행된 평화적 접관은 고도(古都) 베이핑이 폭격과 전투로 인한 대규모 파괴·훼손을 피하고 정치사회 질서와 생산활동을 빠르게 회복하는 데에 공헌했다.

중공은 군사 통제하의 평화적 접관 방식을 채택했다. 1948년 12월 21일, 중공 베이핑시 위원회와 군사접관위원회가 공포한 '베이핑 접관 업무를 어떻게 진행할 것인가에 관한 통고'에 의하면 "베이핑 진입 후 옛 국민당의 행정, 경제기구 및 그 계통에 대해 즉시 군사 통제를 시행하고 우선 위에서 아래로(自上而下) 체계적으로 원(原)상태대로 접수 및 통제하고 접수

〈그림 3-2〉 인민해방군 베이핑시 입성 장면

를 완료한 후에 연구를 거쳐 통일적으로 구분하고 단계별·계획적으로 처리한다"라고 공포했다.

당시 중공의 총체적 접관 사상은 "혁명 수행상 필수적으로 파괴가 요구되는 것 외에는 유용한 물건들을 최대한 보호한다"라는 것이었다. 그렇게 해야 경제회복과 생산력 발전, 나아가 국가의 장기적 통치와 안전에 유리하다고 판단했기 때문이다.

1949년 3월 20일 베이핑시 군사관리위원회(軍管會)가 인사처리위원회를 설립했고 이 위원회가 인민해방군과 구(舊) 국민당 푸쭤이 부대로 조성된 연합판사처의 지휘하에 5월까지 구(舊) 정부 인원에 대한 처리를 진행했다.

중공중앙은 도시접관 정책 제정 과정 중에 정권 기구와 경제조직을 명확하게 구별한다는 방침을 채택했다. 관료자본 기업 접관 시에는 "필히 엄격하게 주의하여 원래의 기업조직 기구를 훼손하지 않도록 하라"라는 방침을 하달했다. 반면에 국민당 통치 정치기구, 예를 들어서 국민당 군대, 경찰, 법정, 감옥 및 각급 정부기구에 대해서는 다음과 같이 강조했다.

철저히 파괴하고 재이용 불가능하게 하고 필히 새로운 정치기구를 다시 건립
하여 통치해야 하고, 구(舊) 정치기관에서 복무한 인원도 개조 과정을 거친 후

분리, 구별한 후에만 임용할 수 있다. 개조 과정을 거치지 않은 채 통째로 임용하는 건 원칙적 착오를 범하는 것이다.

전술한 바와 같이 중공중앙은 1948년 12월 21일 '통고'에서 "우리는 국민당 반동파의 국가기구(정권, 군대, 경찰, 법정, 감옥 등)에 대해 필히 철저하게 분쇄하고 인민 자신의 정부를 새로이 건립해야 한다. 이것이 바로 혁명이다"라고 제시했다. '통고'는 또 다음과 같이 제시했다.

그러나 일체의 사상을 모두 분쇄하는 것은 착오이다. 응당 국가기구와 기업기구를 구별해야 하고 다른 대책을 채택해야 한다. 적(敵)이 경영하는 모든 기업은 우선 접수하고 원래의 기구와 경영관리 방법을 보호, 유지해야 하고 정황을 이해할 때까지 기다리고 다시 절차를 밟아서 연구, 개량해야 한다. 완전 분쇄 방침을 채택해선 안 된다. 더구나 비교적 진보한 상태를 낙후한 방법으로 대체해서는 더욱 안 된다.

1949년 1월 6일, 당시 중공 베이핑시 당위원회 서기 펑전(彭真)이 '당의 기본정책 장악, 도시 진입 후 공작의 양호한 추진'이란 담화에서 다음과 같이 강조했다.

도시 진입 이후 우리의 총체적 임무는 구정권을 뒤집어엎는 것과 신정권을 건립하는 것이므로 반동 세력의 잔재를 철저히 때려 부수고 숙청해야 한다. 그러나 필히 국가기구와 기업 기구를 구별해야 한다. 국가기구, 즉 정권기관·군사기관·경찰·법원 등 이런 종류의 적의 기구는 필히 철저히 분쇄해야 한다. 단, 공장·상점 등 기업 기구는 접관과 동시에 개량해야 한다.

2월 19일, 펑전이 다시 다음과 같이 지시했다.

접관의 대상은 3개 종류가 있다. 첫째는 국민당정부 관련 기구이다. 이는 철저히 분쇄한다. 예를 들면, 군대, 시정부(市府), 법원 등은 과거에 모두 인민을 압제했다. 만일 이들을 철저하게 분쇄하지 않으면 우리가 들어간 후 군중으로부터 단절될 수 있다. 둘째, 공장은 접관 대상이다. 접관 시에 공장 대부분을 원래의 상태대로 유지하고 분쇄를 금하고 다시 연구하면서 개량해야 한다. 셋째, 학교도 접관 대상이다. 학교에서도 반동분자만 제거하고 대부분 동요하지 않게 해야 한다.

3월 25일에는, 베이핑시 사회국이 접관 공작 총결(总结)에서 구(旧)기구에 대한 인식을 강조했다.

일부 기술성 문제에 대해 ……, 우리는 도시 관리를 배우고 익혀야 하고 그 본질상 낙후하고 반인민적인 성분만 제거해야 한다. 반면에 비교적 양호한 일면은 흡수하는 것이 공작 수립상 여전히 필요하다. 따라서 우리는 구기구는 필히 분쇄해야 한다. 그것은 반인민, 반혁명의 기초상에 건축된 것이기 때문이다. 단 일부분은 아직 비판적으로 보류할 가치가 있다.

이어서 5월 1일에는 '베이핑시 정부 접관 공작 총결' 중에 정권 계통의 접관에는 두 종류의 방식이 있다고 정식 확정했다.

첫째, 권력기관으로, 시정부 수뇌부(首脑部), 경비 사령부, 경찰, 법원은 즉각 인원을 파견하여 접관한다. 둘째, 기업 부문과 기술 부문에는 우선 대표를 파견해 정황을 이해하고 업무를 숙지한 후에 선후에 따라 인원을 파견하여 접관한다. 접관 과정 중 군사관리위원회의 접관은 주된 것과 부차적인 것의 선후를 구분한다. 즉 권력기관·행정부 수뇌, 공안국 계통, 사법 부문, 외교 부문 내지 세수 부문은 필히 즉시 접관해야 하고 기타 업무 및 기술 성격이 강한 각 부문에는 응당 대표제를 시행하고 심지어 비교적 긴 시간 동안 필요한 각종 준비를 위한 시간을 벌어야 한다.

이 같은 지시에 따라 접관 인원이 베이핑에 진입한 이후에 성격이 다른 구(旧) 정권·인원·판법·제도에 각각 구분 대응하고 혁명 진행 과정 중 불가피한 파괴도 최소 범위로 통제하고 보존할 수 있는 것은 최대한 보존하고 이용 가능한 것은 최대한 이용하고자 했다.

1949년 2월 3일, 신임 베이핑시 시장 예젠잉과 부시장 쉬빙(徐冰)과 기타 신임 간부들이 국민당 베이핑시 정부 정문(현 국무원 위치)에 와서 베이핑시 정부를 접관했다. 국민당 베이핑시 정부 소속의 각급 업무 인원을 대면한 예젠잉이 구(旧)인원에 대해 포용하고 가겠다는 방침을 다음과 같이 밝혔다.

각 국(局)과 처(处)는 모두 군 대표 명의로 접관을 실행하고 구(旧)기관 인원을 이용한다. 모두들 실업을 걱정할 필요는 없다. 우리는 모든 인원을 포용하겠다. 인민정부는 해야 할 일이 매우 많고 많은 간부가 필요하다. 당신들은 공작 경험이 있고 그것은 매우 귀한 것이다. 단, 입장을 바꿔야 한다. 반동파를 위한 복무에서 인민을 위한 복무로 전향(转向)해야 한다.

이어서 사회국의 기업 부문, 공장, 위생국 소속 각 부속 단위와 '베이핑 민식배분위원회(北平民食调配委员会)' 등을 접관했다.

두 번째로, 베이핑시 경찰국을 접관했다. 그 준비를 위해서 1948년 12월

17일 허베이성 바오딩시(保定市)에서 베이핑시 공안국을 설립, 출범시키고, 1949년 1월 31일에 시 공안국 전체 인원이 군대와 함께 입성했다. 2월 2일에 베이핑시 경찰국을 접관하고 새 공안국장을 임명했다. 당시에 접관 인원의 역량이 부족했으므로 군(軍) 대표제를 채택하고 '공안군사대표판사처(公安軍事代表辦事處)'를 설립했다. 군 대표가 공안국장을 대표하여 지도감독하고 구(舊)기구와 구인원을 잠시 이용하여 국(局) 내 업무와 사회질서를 유지했다. 2월 17일 베이핑시 공안국 소속 각 단위(單位)와 각 분국(分局)을 정식 접관했다. 즉, 군 대표제를 중지하고 시 공안국의 새로운 조직 기구와 주요 간부 명단을 발표했다.

세 번째로, 구(舊)사법기관 접관 공작은 2월 6일부터 시작했다. 총체적 접수 절차는, 우선 구 베이핑 지방법원 및 검찰처, 허베이 고등법원 및 그 검찰처, 구치소(看守所)를 접관했고 그다음에 '최고민형분청(最高民刑分庭)'과 검찰 분서를 접관했다. 마지막으로 제1·제2 감옥을 접관했다. 시 군관 대표가 상술한 9개 단위 인원을 소집하고 설명한 후 당일부터 베이핑시 인민 법원부터 접수했다. 사법기관의 접관 업무는 3월 말에 대체로 완성되었다.

한편, 우정(郵政)·전신·교통 등 다양한 사회 관리 직능과 생산성 단위에 대해서는 구(舊)보유인원의 관리 경험과 업무 능력을 최대로 이용하여 그들이 관리 업무에 계속 종사하게 했다. 군사대표는 정치적 지도와 감독만 책임졌으나 업무를 숙지한 후에 이러한 기구에 대해서 다시 개조와 정돈을 진행했다.

당시 베이핑 접관 과정 중 대표제를 실행한 객관적인 이유가 있었다. 평화적 접관은 계통적 접관이므로 구 기구의 원상태를 건드리거나 동요시키지 않기 위해서였다. 한편으로는 새로 건립한 인민정권 내에 접관 간부가 부족해서 시정부 각 단위의 업무 성격과 내용을 숙지하기 위한 과정이 필요했고, 또 한편으로는 접관 기간 중 시정부 각 국(局), 처(处)의 업무가 중단되지 않게 보호하기 위해서였다. 당시 접관 역량이 미약했고 인원이 부족해서 오직 이러한 방법을 채택할 수밖에 없었다. 조사 연구 진행을 위한 비교적 충분한 시간을 확보했기에 비로소 구(旧)인원에 대한 처리를 구분하여 합리적으로 할 수 있었다. 특히 대표제의 운용은 접관 공작에 매우 큰 도움이 되었다.

베이핑의 접관 과정 중 '연합판사처'를 충분히 이용해서 신·구 교체과정 중 시간적·공간적 무정부상태를 단축했다. 이러한 과정을 통해서 과거에는 전혀 몰랐던 접관 대상을 이해할 수 있었고 접관 공작도 상당히 편리하게 진행할 수 있었다. 기업과 기술 부문에 대해 채택한 선(先)군사대표 파견 방법은 업무와 생산을 중단시키지 않게 보장해 주었고 사회질서와 민생에 발생할 수 있는 큰 혼란을 방지해 주었다.

베이핑시 군사관리위원회가 국민당 정권 기구 및 기업, 사업 단위를 접관하는 과정 중에, '과거 국민당 정권에 복무한 각 종류의 구인원을 어떻게 처리할 것인가?'가 접관 업무상의 매우 중요한 문제 중 하나로 대두되었다. 만일 처리를 잘못하면 인민정부에 대한 대립각과 사회불안 요소를 확대시킬 수 있었다.

접관 초기에 '포용 방침'은 각계 민심의 지지를 받으면서 사회 안정을 확보했고 베이핑 정권의 순조로운 인수인계를 위한 연착륙을 도왔다. 군사관리위원회는 초보적으로 입안한 구인원에 대한 포용 방침에 의거해 베이핑시 각 단위의 근무 인원을 전면 접수했다.

3월 1일, 예젠잉이 마오쩌둥에게 보낸 보고에 베이핑시의 구인원에 대한 접관 공작을 상세하게 소개했다. 그중 '물자접관위원회(物资接管委员会)'가 2월 3~15일 기간 중 이미 604개 단위(주요 단위 및 수뇌 기관 전체 포함)를 접관했고, 접관된 인원이 모두 약 8만 3100명이었다. '문화기관위원회'가

〈그림 3-3〉 베이핑시 교통부 철도처 접관 장면

2월 19일까지 31개 단위를 접관했고 인원은 약 1만 3756명이었다. 이 시기에 이미 접수한 각 단위의 대부분의 인원들은 여전히 원래의 직위에서 근무하게 하고 필요한 생활 유지비를 지급하고 공산당에 대한 공포 심리를 기본적으로 극복할 수 있게 했다.

9월에 중공중앙이 다시 포용 정책에 대한 새로운 해석과 지시를 하달했다. 즉, 이미 접관한 베이징·상하이·우한·창샤·란저우(兰州) 등 도시와 곧 접관될 광저우·충칭·디화(迪化: 현 우루무치) 등에서 접수할 국민당 공작인원에 대해서 악행이 복잡·다양하고 엄중하거나 부정부패 및 고관대작에 의지해 먹고 살아온 분자, 또 군중의 여론이 안 좋은 자는 파면하고 의법 처리하는 외에 일반적으로 모두 유용(留用)하겠다고 발표했다. 단, 이들 유용인원에게 인민과 정부의 곤란을 설명하고 적당히 대우를 낮추었다. 즉, 세 사람 분의 밥을 다섯 사람이 같이 먹고 주택도 더 좁게 거주하게 했다.

이러한 정책 실시의 정치적 의의에 대해 당시 중공중앙 화북국 서기였던 보이보(薄一波, 1908~2007년)가 다음과 같이 총결했다.

문제를 볼 때 좁은 안목으로 보지 말고 정치 영향을 보아야 한다. 물론 정치도 모든 걸 대체할 수 없고 경제를 고려하지 않을 수 없다. 그러나 만일 정치적 문제에 주의하지 않고 오직 눈앞만 보면 한 측면만 보게 되고 전체를 보지 못하게 된다. …… 인간은 늘 밥을 먹어야 하므로 포용하고 교육을 진행하면서 다시 생산에 투입시키는 게 보다 좋은 방법이다. 질서 있게 밥을 주는 것이 사회를 엉망진창으로 만드는 것보다 좋은 것이다. 사회가 안정되어야 경제회복과 발전도 보다 쉬워진다(薄一波, 1993: 15~16).

중공의 도시접관 이후, 대부분의 구(旧) 정부 소속 직원들은 여전히 자신의 앞날에 대한 불안감을 지니고 있었다. 또한 인민정부 내의 일반 직원들과 군중도 원활하고 효율적 업무 수행을 위해 구(旧) 정부 인원에 대해 진일보한 조치가 있어야 한다고 요구했다. 따라서 이들 구(旧) 정부 인원을 각자의 정치 조건, 업무 능력 및 인민정부의 공작 수요에 근거하여 적절하게 처리해야 했다.

1949년 1월 20일, 예젠잉이 허베이성 량향(良乡)에서 개최된 베이핑 간부회의 보고에서 다음과 같이 지시했다.

우리가 장래에 이러한 구(旧)인원을 이용해야 할 필요가 있는가? 그렇다. 문제가 없으면 이용해야 한다. 중앙의 지시와 선양에서의 경험에 근거하면 접수과정 중에 일부 구(旧)인원을 사용해 본 바 이들이 우리를 돕고자 매우 노력했고 업무 능력이 뛰어났다. 우리의 공농 간부도 좋으나 도시에 대해 잘 모르고 업무 수행 능력에도 차이가 있다. 따라서 우리는 이들을 이용해야 한다. 구(旧) 지식분자, 직원을 대규모로 훈련, 개조하는 것이 현재 우리 당의 중요한 임무가 되었다. 이 문제에서 우리는 '좌(左)'의 관문주의(关门主义)에 반대하고 지식과 능력이 있는 사람을 대담하게 사용해야 한다. 다른 방면에서는 '우(右)' 또한 방지해야 한다. 오직 단결만 하고 교육하지 않고 개조하지 않으면 입장을 상실하고 투항주의가 된다.

2월 19일, 당시 베이핑시 서기 펑전이 시(市) 치안 회의에서 지시를 통해서 국가기관 접수 시 그 기구의 인원을 다음과 같이 구분했다.

- 첫째, 특무(特務) 즉 스파이류는 원칙적으로 이용할 수 없다.
- 둘째, 반동적 정치 대표, 예를 들면 국민당의 책임자, 보장(保長) 등은 일시적으로 이용할 수는 있으나 일반적으로 우리 내부 업무에 사용할 수는 없고 또한 주의해야 한다.
- 셋째, 정부 안의 기술 인원은 대부분 이용할 수 있다. 단, 이런 종류의 사람은 피고용자 성격으로만 이용하고 주도자가 되게 해서는 안 된다. 악행을 범한 적이 있는 자라도 필히 개조 후에 이용할 수 있고, 성실하게 근무하는 자에 대해서 우리는 응당 인내심을 갖고 교육하고 장래에 기관 간부로 이용할 수도 있다.
- 넷째, 기관 내의 잡역부는 특무가 아니라면 이용할 수 있다.

구(舊)인원의 과거 행적과 사상 동태가 극히 복잡하여 필히 전면적으로 심사, 구분하여 신중하게 처리해야 했다. 한 건의 처리 결과에 따라 기관 전체 인원의 사상 동요와 정서불안을 야기할 수도 있고, 감동시킬 수도 있었다. 인사처리위원회가 각 개인을 구체적으로 심사·처리할 때 실사구시와 병을 치료해 사람을 구하는(治病救人) 방식으로 구분 대응하고 책임진다는 정신에 의거하여 다음과 같이 제시했다.

본 기관이 유용 또는 대기시키는 인원에 대해 보편적으로 본인의 의사, 즉 근무, 학습 또는 전향 의사 등을 듣고 교육하고, 공작 능력이 있는 귀향 희망자들은 학습을 통해서 전향토록 유도하고 개조의 길을 선택토록 한다.

엄격한 심사를 거친 후 베이핑시 시 위원회가 구(舊)인원에 대해 분류·처리하기 위한 지침을 다음과 같이 정했다.

- 업무(工作) 능력이 있고 사상이 반동적이지 않은 자는 유용한다.
- 사상이 낙후하고 심지어 반동이었더라도 정치상 아직 반혁명 활동 전력이 없고 공작 능력이 있는 자는 본 기관 내에서 단기 훈련을 실시한 후 다시 분별해서 임용할 수 있다.
- 사상이 낙후하고 특수 능력도 없고, 본 기관도 필요로 하지 않는 자는 선별하여 화북대학(華北大學)에 보내 장기간 학습토록 한다.
- 국민당 특무분자 및 당무분자, 그리고 그 행정상 대표(보갑대 대장, 인사과장, 인사간사, 처장, 국장류)는 원칙상 모두 이용하지 않는다. 특무분자 중 중대한 자는 공안국에 보내 조사, 처리한다. 일반 특무 또는 당단(黨團) 공작 인원은 등기를 취소하고 처리 지시를 기다린다. 실제 근거가 있는 횡령 분자는 파면하고 중대 안건은 법원으로 보내 의법 처리한다.
- 노령으로 업무 능력이 없는 자, 사상이 완고하고 생활이 타락한 자, 기타 퇴직을 원하는 자는 귀가시킨다.
- 소수 고급 직원으로 상당한 기술과 능력을 보유했으나 적합한 업무 위치에 있지 않은 자 또는 매우 오랜 기간 본 기관에 근무했고 나이는 많으나 사퇴시키면 영향이 좋지 않은 자는 연구실 배치 또는 기타 방법으로 임시 배치한다.

1949년 6월, 베이핑시 군관회(軍管會)가 작성 발표한 '각 단위가 처리한 구(舊) 국민당 기관 인원에 대한 공작총결'에 의하면, 구 정부 인원 처리 결과는 다음과 같다.

베이핑시 군사관리위원회가 시정부, '문화기관접관위원회(文管會)', '물자접관위원회(物管会)', 공안국 등 4대 단위를 포함해 구 정부 인원 3만 9135명을 처리했고 유용자(留用者)가 대다수를 점했다. 각 단위가 처리한 총인원 수 중 유용 인원이 3만 570명으로 78.9%에 달했다. 여기에 남하 공작단에 참여했거나 화북대학에 입학 알선해 준 사람까지 더하면 80% 이상에 이른다.

쑤쿠운동

1953년, 중공 정권이 출범한 지 4년 만에 헌법 초안에 대한 회의에서 당시 국무원 부총리 겸 '정치법률위원회' 주임이었던 동비우와 같은 위원회 부주임 겸 베이징시 시장이었던 펑전이 "우리들은 지금까지 운동으로 밥을 먹어왔는데, 이제 헌법이 제정되면 우리는 법령에 의하여 일을 해야 하는 처지가 된다"라고 다소 아쉬운 듯이 말했다. 그러나 중공은 헌법을 공포한 이후에도 수차례 대규모 '운동'을 추진했다. 이는 윤곽이 뚜렷하지 않고 범위가 모호한 운동 방식으로 추진하는 것이 자신들의 의도대로 인민을 통치하고, 특히 토지개혁을 '청산 투쟁' 방식으로 추진하기에 편리했기 때문이었다. 마오쩌둥은 1957년 러시아혁명 40주년 기념회 석상에서 중공의 성적을 자랑하면서 "중국은 앞으로도 1, 2년에 한 번은 운동을 할 것이다"라고 말한 바 있다(저우징원, 1963: 121~123).

혁명이건 통치이건 중공을 포함한 공산당의 핵심 수법은 '노동 해방'이니 '착취 계급 절멸', 또는 '능력에 따라 일하고 필요에 따라 분배받는 사회' 등 장밋빛의 그러나 매우 추상적인 청사진을 제시하고, 그것을 실현하고 건설하기 위해 분투하는 게 바로 공산당이므로 당에 대한 일체의 비판적 발언을 모두 '반동', '반혁명'으로 매도하고 봉쇄해 버린다. 그리고 사회주의사회 실현을 위해서 광대한 대중의 헌신과 희생이 필요하다고 선전선동한다. 그러나 그러한 장밋빛의 추상적·이상적 목표들이 실현되는 시기 또는 실제로 실현 가능한 것인지는 아무도 모르고 알 수도 없다. 그럼에도 그들은 이 과정을 오직 공산당 일당독재체제가 영도(領導)해야 한다고 당연하다는 듯이 주장하며 절대로 양보할 수 없는 핵심 원칙이라 한다. 자신들의 집권을 위해 이처럼 비과학적인 주장을 하면서 그 근거로 '마르크스가 이미 과학성을 입증'했다는 사회주의 이론과 공산당 일당독재체제 도그마를 주장한다. 그리고 그러한 주장을 혁명 도구화하기 위해 단순, 추상화한 장밋빛 청사진을 인민들 앞에 내세우고 현혹하면서 이의 실현을 위해 "필히 공산당 일당독재체제를 유지해야 한다"라고 주장한다. 이에 저항하거나 반대하는 세력은 반동과 반혁명으로 규정하고 운동 방식으로 제압하고 청산한다.

이 같은 운동 방식 중 가장 탁월한 효과를 발휘한 것이 쑤쿠(訴苦)운동이었다. 쑤쿠란 과거에 당한 고통(苦)을 호소 또는 고소(訴)한다는 뜻으로, 지주로 대표되는 구사회의 반동파 지배계급이 노동 인민에게 준 고통을 고소한다는 의미이다. 쑤쿠운동은 제2차 국공내전 당시에 인민해방군 장병에 대한 계급 교육과 토지혁명투쟁 추진을 위한 군중 발동의 주요 수단으로 광범위하게 운용되었다. 이는 다수를 점하고 있는 피착취 계급에게 과거에 당한 고통을 회고하면서 현재의 행복을 소중하게 생각하게 하는 '억고사첨(忆苦思甜)' 전략의 일환이었다.

1947년 6월, 중공이 전국 범위의 전략적 진공을 결정한 후 동북 지구의 '동북민주연군(东北民主联军)'[4]이 1947년 9월부터 추계공세(秋季攻勢)와

---

4   국공합작 항일전쟁 시기에 팔로군 편제하에 만주지구에서 활동하던 동북항일연군을 일제 패망 후 국공내전 시기에 인민해방군 소속 동북민주연군으로 개편했다.

동계공세(冬季攻势)를 통해서 그다음 해인 1948년 3월까지 국민당 군대 20만 여 명을 섬멸하고 지린성 쓰핑(四平)과 안산 지구 내의 33개 도시를 접관했 다. 중공은 추계공세와 동계공세 기간 중 서만주(西满)와 남만주(南满) 지구 에서 전쟁 수행을 위한 동력 확보를 위해 쑤쿠운동과 토지혁명투쟁을 전 개했다. 인민해방군 지휘관과 전투원 대부분은 빈농, 고농 가정 출신이었 기에 그들은 모두 지주계급으로부터 참혹한 수탈을 당한 경험과 감정을 지니고 있었다. 이러한 감정을 토지혁명투쟁과 결합하여 장병들의 각오를 제고하는 방식으로 추진한 것이 쑤쿠운동이다.

1947년 당시 동북 지구 대병단(大兵团)의 작전 중 정치공작을 책임지고 있던 뤼룽환(罗荣桓)이 자신의 휘하 부대에서 시도한 쑤쿠운동 경험을 부대 전체로 확산 보급하여 장병들의 전투의지를 증강시켰고 이후 이 경험을 보고받은 마오쩌둥의 지시에 의해 인민해방군 전군으로 확대되었다.

쑤쿠운동의 전형적 모습을 예로 들면, 모 사단 내의 한 종대(纵队)에서 토지혁명투쟁교육과 결합하여 고생 경험이 많고 원한이 깊은 병사, 그리 고 원래 국민당 병사였으나 포로로 잡힌 후 전향한 병사들을 선정하고 이 들이 대오에 참가하기 전에 당한 고난을 동료 병사들 앞에서 발표하게 하 고, 다른 병사들도 각자 자신의 고난을 회고하고 털어놓도록 부추겼다. 이 어서, 분반 토론을 통해서 병사들 모두가 자신의 고생 경험을 털어놓고 그

고생의 원인을 따지도록 지도했다. 병사들은 한편으로 고생 경험을 털어
놓으면서 또 한편으로는 장제스와 국민당에게 진 원한과 빚을 갚겠다는
각오를 다지도록 지도했다. 쑤쿠운동은 연이은 승전에 따라 증가하는 국
민당군 포로의 전향 교육에 특히 효과적이었다. 예를 들면, 쑤쿠를 통해서
자신이 "국민당 군대에서 복무할 때에 조상과 부모가 당한 수많은 고난과
가난한 인민들의 고난을 잊었다. 따라서 금후에는 필히 공산당과 함께 혁
명을 하고 전쟁에서 적을 사살하여 공을 세우겠다"라고 말하며 전의를 다
지도록 지도했다.

이 부대는 농촌의 토지혁명투쟁 현장에서도 쑤쿠운동을 이용했다. 예
를 들자면, 부대 주둔지에 장씨 성을 가진 한 소작농이 십 년 넘게 입은 누
더기 솜옷을 입고 있었다. 솜옷에 솜은 몇 겹 남아 있지 않았고, 기운 자리
위에 또 덧대어 기운 누더기 옷이었다. 지도원이 그 누더기 솜옷을 들고
강습소에 와서 군중과 문답 형식의 대화를 진행한다.

지도원   이런 누더기 옷은 누가 입는가? 지주가 입는가?
군중   지주는 밑씻개용으로도 더럽다고 사용하지 않을 것이다. 그런 누더기
        옷은 소작농이 입는다.
지도원   국민당이 가난한 소작농의 이런 누더기 옷을 바꿔줄 수 있을까?
군중   해줄 리 없다. 국민당은 지주와 부자들의 당이다.
지도원   그렇다면 누가 가난한 사람들의 누더기 옷을 바꿔줄 수 있을까?
군중   …….

이때, 군중 대오 중에 배치해 놓은 적극분자가 일어나서 자신의 아버
지도 이런 누더기를 입었었고, 지주 또는 보갑대 대원에게 맞아서 눈이 멀
었다고 말하며 설움이 복받친다는 듯이 목이 메고 눈물을 흘리면서 말을

잇지 못하고 땅바닥을 두드리며 대성통곡한다. 지도원은 그를 불러내고 군중 앞에서 더욱 실감 나고 구체적으로 쑤쿠(诉苦)하게 연출한다.

뤄룽환은 이 같은 쑤쿠운동 경험을 1947년 8월 26일 자 ≪동북일보(东北日报)≫에 '부대 교육의 방향'이라는 제목의 사설로 발표하고 "쑤쿠운동은 군대 교육 공작 분야에서 극히 중대한 의의를 지닌 창조"라고 제시하고 "이 같은 군중성 쑤쿠운동을 통해 죄악은 절대로 단독으로 또는 우연히 발생하지 않는다는 것을 증명해야 한다"라고 주장했다. 즉 모든 죄악의 근원은 지주의 착취라고 강조하면서, 주저하고 머뭇거리는 소극적인 병사와 순박한 농민들에게 한편으로는 토지를 분배해 준다는 당근으로 선동하면서, 또 한편으로는 "너도 지주 편이고 반혁명이냐?"라고 협박했다.

이 같은 중공의 토지혁명투쟁과 쑤쿠운동의 잔인성 등의 문제를 고발하고 비판한 대표적인 인물이 민주동맹 건립 시 주요 발기인이었고, 동북대학 부총장, 그리고 중공정권 출범 후 정치협상회의 위원과 지린성 부주석을 역임한 바 있는 저우징원(周鲸文)이다. 저우징원은 랴오닝성 진현(锦县) 출신으로 본인 스스로 사회주의자라 자처하는 민족, 민주주의 진영 인사였으나 공산당의 노선과 행동에는 회의하고 의심했기에 원래는 중공 측에 가담하지 않았고, 친국민당 민주 당파 발기 위원으로 활동하던 중, 장제스가 (국민당에 대한 비판을 거듭하는) 민주 당파 운동 본부를 해산하자, 충칭(重庆)에서 홍콩으로 활동 무대를 옮기고 민족, 민주주의 운동을 했다. 그러나 중공이 정권 출범 준비를 하던 1949년 8월에 저우언라이의 포섭 활동에 설득당하여 홍콩에서 대륙으로 들어와서 약 8년간 지린성 부주석 등 중공 내 요인으로 활동했다. 그러나 중공의 실체를 직접 경험하고 확인하면서 환멸을 느끼고, 1957년에 다시 홍콩으로 탈출했다. 그 후 1959년, 홍콩에서 자신이 중공 치하 중국 대륙에서 직접 겪은 경험과 자신의 견해를 담아 기록 정리한 『폭풍우 십 년(风暴十年)』이라는 제목의 책을 출간했다. 이 책에서 저우징원은 공산당의 청산 투쟁과 토지개혁운동이 실제로 진행되는 과정에서 직접 목격한 참혹한 장면들을 자신의 의견과 평가를 곁들이면서 폭로했다(저우징원, 1963: 126~156). 역사의 증인으로서 이 기록을 현 시대에 살고 있는 자유인과 우리들 후세의 자손들에게 남길 책임이 있다고 말하면서 …….

중공의 토지개혁 투쟁은, 닭을 죽여서 원숭이에게 보여주는 방식으로 공포 분위기를 조성하여 반항 또는 비판하는 자들을 제압하고 청산하는 방식으로 진행되었다. 이 같은 방식을 혁명전쟁 과정에서 군중 동원을 위한 전략 전술 수단의 일환으로 채택한 것이라면 그 불가피성을 이해할 수도 있겠으나, 정권을 잡고 중화인민공화국을 출범시킨 후에도 (법에 의한 통치보다) 이 같은 운동 수단을 채택한 점에 대해서는 비판을 면하기 어렵다.

저우징원은 중공이 시행한 토지개혁의 방법과 작풍의 잔인성에 대한 폭로, 비판을 자신의 고향인 서만주지구에서 지주와 농민의 역사적 형성 과정을 설명하는 것으로 시작한다. 즉, 그가 태어나고 자란 서만주 랴오닝의 농민 대부분은 2~3세대 전에 산동·허베이·허난 일대에서 이주해 온 자들의 후손이고, 이들은 어린애를 등에 업고 기근을 면하려고 만주족의 봉금령으로 인적이 끊겨 있던 드넓은 만주 벌판으로 와서 자기 손으로 황무지를 개간하여 자기 소유로 만들었고, 그렇게 2대나 3대를 거치면서 지주가 된 경우가 대부분이었다. 저우징원이 태어나고 자란 그 촌락에는 당시 270여 호의 농가가 있었고, 마을 전체에서 세 집 빼고는 어느 집이나 생계를 꾸려나가는 데 필요한 만큼의 농지를 가지고 있었다. 그가 40여 년간 자라면서 보아온 바에 의하면 그 마을에서 지주라 할 만한 대표적인 유형이 세 집 있었는데 모두 근검절약하며 열심히 농사짓고, 농한기에 부업을 하는 방식으로 지주가 되었지, 결코 타인의 노동을 착취하거나 타인의 재산을 빼앗거나 했던 자들이 아니었다. 하지만 이런 사람들도 공산 정권하에서는 모두 이른바 '악패(惡霸)'로 지목받아 집과 땅, 전 재산을 몰수당하고 대부분 생명까지 잃었다.

1950년 6월 30일, 중공은 '토지개혁법'을 공포하고, 지주계급을 없애고 봉건적 착취의 토지소유제를 농민을 위한 토지제도로 바꾼다면서 '이것이야말로 수천 년 중국 역사상 가장 철저하고 위대한 개혁'이라며 자화자찬식 의미 부여를 했다. 이 토지개혁은 1952년 말에는 소수민족 지구를 제외한 중국 대륙 대부분의 지구에서 진행·완료되었다. 그러나 그로부터 다시 3년 후인 1955년 말경에는 무상분배 된 토지가 집체소유로, 그리고 다시 '인민공사' 소유가 되었다.

그렇다면, 중공이 토지개혁 투쟁을 추진한 목적과 의도, 그리고 이 운동을 통해서 얻은 성과는 무엇일까? 이에 대해 저우징원은 "계급투쟁을 전개하여 지주계급을 소멸시키고, 다수의 빈민 중심의 군중을 공산당 편으로 끌어오기 위한 것이고, 이것이 공산당의 전형적인 운동 수법이다"라고 분석했다. 즉, 공산당이 무슨 일을 벌이고자 할 때는 우선 그 일의 지향 방향과 목적 등을 멋지게 치장한, 그러나 매우 추상적이고 장기적인 청사진을 제시하면서 군중을 선동한다. 단, 그 목표를 실현하기 위해 가는 과정은 반드시 공산당 일당독재체제가 영도해야 한다면서, 그런 주장이 마르크스레닌주의에 의해 과학적 논거도 갖추고 있다고 선전한다.

그렇다면, 만주지구에서 토지개혁 투쟁은 어떻게 진행되었는가? 중공이 만주의 토지개혁 전략을 중시한 배경에는 일본의 패퇴로 항일전쟁이 끝난 후 다시 시작된 국민당과의 내전 국면에서 우선 만주지구의 전투에서 승리해야 한다는 절박함이 있었다. 그러기 위해서는 농민 군중을 자기 편으로 만들고 동원해야 하는데, 가장 효과적인 수단이 '무상몰수, 무상분배' 구호를 내건 토지개혁 투쟁이었다.

중공의 청산 투쟁은 향촌에서는 토지개혁운동을 통해서, 그리고 도시에서는 반혁명 진압 운동을 통해서 추진되었다. 즉, 토지개혁운동은 1927년 9월, 마오쩌동의 지휘하에 후난성 창샤를 공격하러 가던 추수봉기군이 국민당군의 매복에 걸려서 참패를 당한 후 패잔병 무리를 이끌고 징강산에 들어가서 지역의 토호와 지주들의 재물을 약탈하는 토비 혁명 활동을 전개해 온 이래 지속적으로 발전시켜 온 수법이고, 중공의 실력이 강해진 후 점령, 접관한 도시에서는 반혁명 진압 운동을 추진했다. 저우징원은 중공이 농촌과 도시 지구에서 추진한 이 '운동'들의 잔인성을 폭로했다. 그중 농촌지구에서 지주와 부농을 대상으로 행해진 토지개혁 투쟁 과정과 그 과정에서 발생한 참혹한 몇 장면을 보자(저우징원, 1963: 132~139).

토지개혁 투쟁 운동의 진행은 어느 촌락에나 있게 마련인 정업(正业)이 없는 무뢰배, 깡패들, 또는 만주국과 국민당 출신 경찰, 관리, 밀정들, 이런 부류 위주로 '토지개혁기간대(土改基干队)'를 조직하고, 공산당의 무력과 위력을 배경으로 이들에게 향장, 촌장, 또는 토개대(土改队) 대장 등의 완장을 채워주고, 투쟁 대상으로 선정된 향촌, 부락에 파견하는 작업으로부터 시작된다. 토개대와 열성분자는 그 마을의 빈농과 고농의 집에 분산 배치되어 숙식을 함께하면서 그 집의 가족들에게 왜 지주를 미워하고 타도해야 하는지를 열심히 설득하며 부추긴다. 그러나 만주지구의 대부분의 순박한 농민들은 그런 선동에 선뜻 동의하지 않는다. 오히려 그 지주는 좋은 사람이고 자기들에게 아무런 나쁜 행위를 한 적 없다고 말하는 경우가 많았다. 이렇게 되면 공산당이 원하는 분위기를 조성할 수가 없다. 그래서 쑤쿠대회를 열고 대열 내에 이른바 '기본군중'을 배치하고 각본대로 바람을 잡는 것이다.

대회 주석이 대회장에 모인 군중을 향해 "이런 악질 지주는 죽여야 마땅하다고 생각하는데, 여러분의 의견은 어떻습니까?"라고 물으면, 군중 속에 배치해 놓은 이른바 기본군중이 "죽여라, 죽여라" 소리치고 호응하며 분위기를 고조시킨다. 그러나 그렇게 분위기를 잡으려고 노력해도 대다수 군중은 입을 다물고 단상의 지주를 동정하는 표정으로 바라보고만 있는 경우도 있다. 공산당의 의도대로 분위기가 고조되지 않는 것이다. 그러면 주저하고 머뭇거리는 농민들에게 "너도 지주 편이냐?"라고 윽박지르고 협박하기도 하고, 지주를 다른 마을로 보내서 쑤쿠 대회를 다시 열거나 다른 마을의 기본군중을 데리고 와서 다시 바람을 잡으며 분위기를 조성하고 시범 케이스로 지주 몇 명을 현장에서 즉결 처분으로 총살하거나 때려죽인다. 이렇게 공포심과 군중심리로 조성된 광란의 흥분상태 분위기에 휩쓸려서 잔인한 행동에 가담하게 된 농민들은 이제 공산당과 한배를 탄 운명이라 여기게 되고, 이후에는 마치 볼모나 포로처럼 공산당의 의도대로 동원되고 따라다닐 수밖에 없는 처지가 된다. 이 같은 방식으로 진행된 토지개혁 투쟁 과정에서 지주들에게 가해진 잔인한 폭행과 학살 상황은 매우 참혹했다. 그중 몇 가지 사례를 보면 다음과 같다.

어떤 마을에서는 지주의 온몸을 밧줄로 묶어서 망향대(望乡台)라 불리는 큰 나무 가지 위로 끌어올리고, "네가 착취하고 괴롭혀 온 마을 사람들을 바라보라"라며 조롱하며 매달아 놓고 희롱하다가 밧줄을 늦추어 땅바닥으로 떨어뜨려 죽였다. 만일 한 번에 죽지 않으면 죽을 때까지 끌어올리고 떨어뜨리기를 되풀이했다. 지주 스스로 구덩이를 파게 하고, 바로 그 구덩이에 생매장하기도 했다. 어느 겨울철에 저우징원이 한 촌락의 토개대를 방문했을 때에는 그 마을 토개대 간부가 영하 수십 도의 만주 겨울 날씨에 발가벗기고 소 외양간에 가두어둔 지주를 보여주었다. 그의 알몸 피부가 마치 털 뽑힌 돼지 피부와 같은 흑색이 되어 있었다. 토개대 간부가 자신들의 운동 적극성을 보여주겠다는 듯이 그 지주를 끌어내서 마당 앞뜰 나무에 묶고 몽둥이로 때렸다. 그러자 마치 소가 울듯이 '음머엉, 머엉' 하더라는 것이다.

제4장

중화인민공화국 출범, 토지혁명투쟁의 실상[1]

마오쩌둥을 포함한 중공중앙의 서기 5인(마오쩌둥, 주더, 류사오치, 저우언라이, 런비스)과 영도 간부들이 중공 최후의 농촌 소재 중앙사령부가 있었던 허베이성 핑산현(平山县) 시바이포촌(西柏坡村)을 떠나 베이징으로 출발한 날은 1949년 3월 23일이었다. 그해 1월 31일에, 인민해방군이 베이핑(北平, 현 베이징)에 입성한 후, 중공중앙은 3월 5일에서 13일까지 시바이포에서 중공 7기2중전회(中共七届二中全会)[2]를 개최하고, "당의 공작 중심을 향촌(乡村)에서 도시로 이전한다"라고 선포하고, 중앙 사령부와 정부의 베이징 이전을 결정했다. 불과 27년여 전인 1921년 7월에 상하이와 저장성 자싱의 난후호수상의 배 안에서 국민당 밀정의 감시 눈길을 피하면서 창당대회를 했던 중공이 이제 대륙의 정권을 장악하고 원(元), 명(明), 청(清) 왕조의 수도였던 베이징에 입성하게 된 것이다.

1949년 3월 21일 새벽, 이전 작업 지원을 위해 인민해방군 제4야전군 정치부 보위부장 첸이민(钱益民)과 사령부 작전과장 인젠(尹健)이 100대의

---

1   유튜브 북연TV, 〈중국현대사〉, 17회 '베이징 입성—중공정권 출범' 참고.
2   中国共产党第七届中央委员会第二次全体会议.

대형 트럭, 20대의 중소형 지프차와 함께 각각 베이징과 톈진에서 출발하여 시바이포에 도착했다. 이틀 후인 3월 23일 오전에 11대의 지프차와 10대의 트럭으로 구성된 차대(车队)의 행렬이 시바이포를 출발하여 산간 도로로 베이징을 향해 동북 방향으로 향했다. 차대의 선두에 길 안내 소형 지프차, 그 뒤에 마오쩌둥이 탄 중형 지프차와 그 뒤로 마오의 가족이 탄 지프차, 이어서 류샤오치가 탄 작은 침대차(小卧车)와 류샤오치 가족이 탄 중형 지프차, 이어서 저우언라이가 탄 중형 지프차, 주더, 런비스, 루딩이 (陆定一), 후차오무(胡乔木, 1912~1992년), 예즈룽(叶子龙) 등이 탄 지프차, 그리고 그 뒤로 5대의 트럭에 소수의 기관 공작 인원과 화물, 그리고 또 다른 5대의 트럭에 중앙 경위단의 권총 연대와 1개 보병 소대가 타고 그 뒤를 따랐다. 그날 새벽에 일부 기관 공작 인원들이 연도 준비 공작을 위해 선발대로 출발했다.

이렇게 시바이포를 출발한 중공중앙의 차량 대열은 당시 허베이성 정부 소재지였던 바오딩(保定)에서 중공 허베이성 위원회 서기 린톄(林铁)에게 중공이 새로 접관하게 된 도시 공작 관련 문제점에 관한 보고를 듣고, 쥐저우(涿州), 펑타이를 거쳐서 베이징 서북부 교외 이허위안(颐和园)에 도착해 하룻밤을 묵고, 3월 25일 오후 5시에 시자오(西郊)공항에서 베이징 입성 열병식에 참석한 후에, 노동자·농민·청년 대표와 각계 민주 인사들을 만나 함께 기념사진을 찍고, 임시 주둔지로 정한 향산(香山)으로 향했다.

시바이포에서 베이징으로 출발하는 그날 아침에 마오쩌둥이 감회에 젖어서 경호대장 리인차오(李银桥), 그리고 경위병들과 함께 이렇게 대화를 주고받았다.

마오   언젠가는 승리하고 베이징에 가기는 꼭 갈 것이라 생각했다. 단, 이
       렇게 빨리 갈 줄은 예상하지 못했다. 너희들은 예상했나?

리인차오   옌안에서 철수할 당시 주석께서 장제스를 깨부수는 데 앞으로 3년에
서 5년은 걸릴 것이고, 5년 안에 그렇게 할 수만 있어도 꽤 괜찮은 것
이라 말씀하셨습니다. 그런데 불과 2년 만에 베이징에 들어가리라
고는 상상도 못했습니다.

마오   (담배에 불을 붙인 후 감개무량한 어투로) 나도 승리가 이렇게 빨리
오리라고는 예상하지 못했다. 아마도 장제스는 더 그랬을 것이다.
일제가 패망하고 물러간 후에 그는 그의 미국 상전에게 돈과 물자,
신식 무기, 그리고 군함, 자동차, 열차, 비행기를 요청했고, 3개월
에서 6개월 안에 중국 대륙에서 공산당과 팔로군을 소멸시키겠다
고 장담했다. 그 후 그는 내전을 발동하고 매일 우리를 소멸시킬
궁리만 했으나 오히려 우리에게 소멸되었다. (잠시 말을 멈춘 후 더
욱 감격에 겨운 어투로) 그들은 우리보다 병력도 많았고 무기도 보
급도 좋았다. 우리는 먹을 것과 입을 것조차도 부족했고, 보장받은
것은 아무것도 없었다. 그러나 장제스는 우리를 멸하지 못했고, 오
히려 우리에게 패배했다. 이것의 원인이 무엇일까? 어떤 오묘한 이
유라도 있는가? 사실 도리는 매우 간단하다. 장제스가 일으킨 전쟁
에 인민이 반대했기 때문이다. 계속 잔혹하게 인민을 착취하고, 핍
박하는 것에 인민들이 반대하고 반항했다. 결국 인심의 향배가 우
리의 승리와 장제스의 패배를 결정했다.

시바이포를 떠나서 베이징으로 출발 준비를 하는 사이에 마오쩌둥은
수차례 리즈청(李自成)이 실패한 교훈을 거론했다. 즉, 베이징에 진입한 후
에 절대로 리즈청의 실패를 되풀이하지 않도록, 겸손·신중해야 하고 결코
오만해선 안 된다고 거듭 강조했다. 리즈청은 명말청초(明末淸初)의 농민
봉기군 우두머리로 봉기군을 이끌고 베이징성을 점령하고 명 왕조를 뒤엎

〈그림 4-1〉 시바이포 혁명 유적지 입구

필자 촬영(2019.11.9).

〈그림 4-2〉 시바이포 시절 중공중앙 통전부

필자 촬영(2019.11.9).

었다. 그의 농민 봉기군은 베이징성 입성 전에는 기율(紀律)이 매우 엄정하고 분명했다. 리즈청은 봉기군 장병들이 군영(軍營) 내에 백금을 숨기는 걸 금했고, 도읍지를 지날 때는 민가에 기거하지 못하게 했다. 부녀자 겁탈을 군령으로 금지했고 아내 외에는 부녀자를 데리고 다니지 못하게 했고, 군율을 어길 시에는 참수했다. 그러나 베이징 입성 후에는 승리 후의 환락에 빠져들어서 추상같던 기율이 해이해졌다. 장군들은 약탈을 위해 명조의 고관과 부호들에게 폭행·고문·살인을 빈번히 자행했고, 병졸들도 백성들의 재물을 약탈했다. 그 결과 베이징 입성 한 달여 만에 민심이 변하고, 군대는 향락과 색욕에 빠져서 다시 전쟁을 감당하지 못할 지경이 되었다. 청군(淸軍)이 산하이관(山海關)으로 공격해 왔을 때 리즈청이 친히 지휘하여 대항했으나 패배하고 베이징성에서 퇴각해야 했다.[3]

---

3   리즈청의 대순군(大順軍)은 1644년 4월 26일에 베이징성에서 퇴각한 이후 청군에 연패하면서 허베이, 산시, 산동, 섬서(陝西), 허난, 후베이까지 밀려났다. 결정적으로 후베이 양신(陽新)과 장시 저우장(九江)에서 패한 뒤 마침내 주력군이 와해되었다. 그 후 리즈청은 1645년 5월 초, 28명의 병력과 함께 후베이의 통현(通县) 저우공산(九宮山)에서 머물다가 현지 정찰 중 그곳 농민군에게 살해되었다.

상황이 이렇게 진행된 결정적 요인 중에는 당시 명왕조의 장수로서 산하이관을 지키고 있던 우싼구이(吴三桂)의 역할이 결정적이었다. 우싼구이는 명왕조가 멸망하고 베이징을 점령한 리즈청의 농민 봉기군 세력이 자신의 아버지와 가족을 인질로 잡고 있는 상황에서 봉기군 세력에게 투항할 것인지를 고민하던 중에, 리즈청의 심복 장수인 류종민(刘宗敏)이 자신의 애첩 천위안위안(陈圆圆)을 취했다는 말을 듣고 분노하여 산하이관 성문을 열어 장성 밖에 진치고 있던 청나라 군대를 성안으로 끌어들이고 만주족인 이들과 연합해 리즈청의 봉기군을 격파함으로써 베이징과 한족 왕조를 만주족 청조에 넘겨주었던 것이다.

마오쩌동은 중공 7기2중전회 보고에서 당내의 기고만장하고, 공을 다투고, 다시 간난한 생활을 원하지 않는 정서를 방지해야 한다고 강조했다. 자산계급 부패 사상에 의한 부식을 방지하기 위해, 당의 영도 간부에게 아부하지 말고, 선물 보내지 말고, 술잔 올리고(敬酒) 박수 치는 것조차도 자제하고, 지명이나 도로, 기업의 이름에 당의 영도 간부 이름을 넣지 말고, 또한 그들을 마르크스, 엥겔스, 레닌, 스탈린과 같은 줄에 세우지 말라고 지시했다. 이 같은 마오쩌동의 지시는 6개조의 규정으로 작성되었다. 마

〈그림 4-4〉 시바이포 인민해방군 총부와 중공중앙 회의실

필자 촬영(2019.11.9).

〈그림 4-5〉 시바이포 중앙군사위원회 작전실과 마오쩌둥 숙소

필자 촬영(2019.11.9).

오는 "우리는 베이징에 시험 치러 간다. 이 시험에 기필코 합격해야 한다"라고 되풀이 강조했다.

중화인민공화국 출범

중공이 국민당과의 내전에서 승세를 굳힌 후 1949년 3월, 당시 중앙 근거지 총사령부 소재지인 허베이성 시바이포에서 제7기 2중전회를 개최

〈그림 4-6〉 향산에서 난징 점령 소식을 보고 있는
마오쩌둥(1949.4.23)

했다. 주요 안건은 '신중국' 건
국 기념행사 일시를 정하고 준
비 계획 수립에 관한 것이었다.
당분간 계속 적지 않은 역량을
지역 토호 등 국민당 지지 세력
잔당 처리와 화남(华南) 지구 각
성의 문제 해결 등을 위해 집중
투입해야 한다는 점을 고려하
여, 원래는 건국 기념행사를 이
듬해(1950년) 1월경에 개최하기로 정했었다. 그러나 타이완으로 퇴각한 장
제스와 국민당의 기를 꺾고 이들이 서방 국가에 지원 요청하는 것을 막기
위해서 되도록 건국 기념행사를 앞당기는 것이 좋겠다는 스탈린의 의견을
수용하여 정권 출범 시기를 (1949년 10월 1일로) 앞당겼다.

'신중국'은 중공이 목표로 했던 사회주의 국가체제가 아닌 전시체제하
에서 민주 당파 등 각 정당 및 지구, 인민 단체 등과 연합한 '신민주주의'
통일전선 정부로 출범했다. '전시체제'라 함은 당시까지도 광시 군벌 바이
충시(白崇禧)와 광동 군벌 위한모(余汉谟) 세력을 중심으로 하는 국민당 잔
여 세력이 후난성 남부와 광동, 광시 등 중남 및 화남 지구에서 저항하고
있었고, 또한 후종난과 쑹시롄(宋希濂) 집단군을 주력군으로 하는 세력이
쓰촨, 윈난, 시캉(西康), 구이저우(贵州), 시장(西藏: 티베트) 지구 등에서 버티
고 있었기 때문이다.

중화인민공화국 건국 기념식은 1949년 10월 1일 오후 3시 베이징 톈
안문 성루(城楼)에서 광장에 모인 약 30만 명의 군중과 함께 거행되었다.
바로 1시간 전인 오후 2시에 중난하이 근정전(勤政殿)에서 개최된 중화인
민공화국 중앙인민정부위원회 제1차 회의에서 중앙인민정부 비서장으로

선출된 린보취(林伯渠, 1886~1960년)가 개회를 선포한 후 (인민혁명군사위원회 주석) 마오쩌둥이 "중화인민공화국 중앙인민정부가 오늘 성립되었다. 중국 인민이 일어섰다"라고 선포했고, "인민공화국 만세"와 "마오 주석 만세" 등 의 환호 소리 속에 혁명을 상징하는 붉은 바탕에 공산당을 상징하는 큰 별 과 그 별을 둘러싼 노동자(工), 농민(農), 지식인(士), 민족 자산계급(商)을 의미하는 네 개의 작은 별이 노란색으로 그려진 오성홍기(五星紅旗)가 게양 되고 국가로 지정된 「의용행진곡」이 연주되고 28발의 예포가 터졌다.

예포 28발은 1921년 7월에 상하이에서 개최된 중공 제1차 전국대회에 서 중국공산당이 창당된 후 이날까지 28년의 기간을 상징하는 것이었다.

중화인민공화국 출범 당시 명목상 최고 정치권력 기구는 '중국인민정 치협상회의'였다. 이 기구는 중공과 각 민주당파, 인민단체, 인민해방군, 지역, 민족, 해외 화교 등 각 분야 대표 65명으로 조직하고 1949년 9월 29 일에 베이징에서 1차 회의를 개최했다. 1차 회의에서는 중화인민공화국 건국의 정치적 토대는 (사회주의가 아닌) '신민주주의', 즉 '인민민주주의'라 는 점을 만장일치로 합의하고, '중국인민정치협상회의 공동강령'(이하 '공동 강령')을 통과시켰다. '공동강령'의 주요 내용은 다음과 같다.

중국인민정치협상회의는 '신민주주의' 즉 인민민주주의가 중화인민공화국 건국의 정치적 토대라는 점에 만장일치로 합의한다.

…… 노동자계급이 지도하고 노농연맹을 토대로 각 민주적 계급과 국내 각 민족의 인민민주주의 독재를 실행한다.

신생 정권의 기본 이념과 정책은 마오쩌동이 제기한 '신민주주의론'과 '연합정부론'을 주축으로 했다. '공동강령' 전문에, "인민정치협상회의는 '신민주주의'를 중화인민공화국의 정치적 기초로 삼을 것에 일치 동의한다"라는 것과, "중화인민공화국은 독립, 민주, 평화, 통일 및 부강(富强)을 목표로 분투하고, 농업국을 공업국으로 변모시킨다"라고 명시했다. '공동강령'은 경제제도에 대해서, "공적 소유와 사적 소유의 병행, 노동과 자본의 공동 이익, 도시와 농촌의 상호부조, 국내와 국외의 교류"라는 원칙을 제시했다. '사적 소유'와 '자본과의 공동 이익'을 명시한 '원칙'에서 알 수 있듯이 '공동강령'에 사회주의는 포함되지 않았다.

그 이전에 개최된 중공중앙 회의에서 일부 참석자들이 공동강령에 '사회주의' 전망을 포함시켜야 한다는 주장도 제기했으나 그에 대해 마오쩌동은 이렇게 말했다.

이는 조급증이다. 1917년 러시아 10월혁명은 15~16년이 걸렸다. 1932년에야 비로소 정식으로 사회주의를 시행했다. 중국에 사회주의는 아직 이르다.

그러나 마오는 그 말을 한 후, 채 몇 년도 지나지 않아서 스스로 '조급증'을 드러낸다. 즉 합작화, 대약진, 인민공사 운동 등 극좌 노선을 조급하게 밀어붙였고, 결국 처절하게 실패한다. 이 '신민주주의' 노선이 '중국특색의 사회주의' 노선으로 부활된 것은 마오쩌둥이 죽은 후 덩샤오핑(邓小平)이 권력을 잡고 개혁·개방을 추진하면서부터라 하겠다.

이후 '공동강령'이 헌법의 역할을 했으나, 1954년 중화인민공화국 헌법 제정 시에 정치협상회의 성격을 유사 권력 기구에서 자문 기구로 바꾸고 민주 당파는 명목상으로만 최고 권력기관인 전국인민대표대회에 배치했다. 또한 국민당정부하의 정무원(政务院)이 국무원(国务院)으로 대체됐으나 국무원 총리나 부총리 가운데 민주 당파는 한 명도 없었다. 이에 대해 민주 당파의 불만이 없을 수 없었고, 이것이 훗날 '우파 운동'과 그에 대한 중공의 '반우파 투쟁'의 원인이 된다.

토지혁명투쟁의 실상[4]

1949년 10월에 출범한 중공 정권은 외부 세계의 봉쇄에 의한 어려움뿐만 아니라 국내에서도 극도로 곤란한 경제 상황에 처해 있었다. 정권을 공고히 하고 경제문제를 해결하기 위해서 시행한 것이 정치, 경제 등 각 방면에서 추진한 '사회주의 개조운동'이었다. 이 '운동'이 농촌에서는 바로 '토지

4   유튜브 북연TV, 〈중국현대사〉, 15~16회 '토지혁명투쟁—쑤쿠 1, 2' 참고.

혁명투쟁'이었고, 그 목적은 홍색정권의 공고화를 위한 지주계급 박멸과 지주와 부농의 재산을 탈취하는 것이었다. 중공이 '토지혁명투쟁' 시기에 향촌 농민들을 선동하여 지주와 부농, 향신에게 가한 폭력은 매우 잔인했다. 이와 관련된 기록과 기술은 중국 국내에 문장, 서적, 당안(档案) 등 다양한 형태로 남아 있다.

1950년 2월 24일, 중공은 '신해방구 토지개혁 및 공량(公粮) 징수에 관한 지시'를 통과시켰다. 이어서 6월 28일에는 '토지개혁법'을 통과시키고 전국에서 '토지혁명투쟁'을 전면적으로 발동했다. 당시에 중공 중앙은 다음과 같은 정책적 지시를 하달했다.

평화적으로 은혜를 베푸는 식으로는 안 된다. 농민을 조직하고 투쟁을 통해서 토지를 탈취해야 하고 지주계급과 직접 면대면(面对面) 투쟁을 진행해야 한다.

중공중앙은 수 개의 '공작소조(工作小组)'를 구성하고 전국 각지 농촌으로 지령을 하달했다. 공작소조가 농촌 현지에 도착해서 가장 먼저 하는 일은 토지가 없는 빈농, 고농, 소작농들을 선동하는 것이었다. 특히, 농촌 내의 깡패, 건달들에게 완장을 달아주고 그들이 앞장서서 지주들을 공격하며 투쟁하도록 지시하고 부추겼다.

또 한편으로는 계급·사상·작풍(作风) 세 가지를 조사(三查), 분류, 정리했다. 중국 전국적으로 2000만여 명이 지주, 부농, 반혁명 악질분자로 분류되어 모자가 씌워졌다. 이들은 중공 통치하의 '신중국'에서 공민(公民)권리가 없는 '천민(贱民)' 신분이 되었고, 특히, '패(霸)'로 분류된 지주 200만여 명은 대부분 죽음을 면치 못했다.

'토지혁명투쟁' 당시 사형 처분 비준 권한이 지구 1급 간부에게 있었다. 중공 당원 중에서 임명된 불과 20~30대의 젊은 구장(区长) 또는 구위원회 서기들이 자신이 담당한 지구 내 10만여 명의 생사여탈권을 가지고 있었다. 매일 구와 향에서 각종 회의가 끝난 후 깊은 밤에 이들 젊은 서기(혹은 구장)들이 남포등 아래 앉아서 각 향에서 올라온 보고 자료를 근거로 그다음 날 사형시킬 사람을 정하고 표시했다. 결정 권한은 구 1급 당 간부에게 있었지만 실제는 어느 향 간부가 누구를 죽여야 한다거나 심지어 어느 빈농 또는 고농이 개인적 원한으로 누군가를 죽여야 한다고 구위원회 서기에게 요청하면 대개 그대로 비준이 되었다. 지주의 생사를 결정하는 과정이나 절차와 관련한 기준 같은 것도 없었다. 모든 촌에서 중앙에서 할당한 처형 인원 비율 기준을 이행해야 했다. 심지어는, 어느 촌 안에 지주라 할 만한 사람이 없을 경우에는 부농을 지주로 격상시키기도 했다. 부농조차 없을 경우에는 난쟁이 중에서 장군을 뽑듯이 상대적으로 부유한 중농 한 사람을 지주로 격상시켜 처형한 경우도 있었다. 반동파의 기를 꺾기 위한 본보기로, 필히 할당받은 수만큼 사형 집행을 해야 한다는 것이 당 중앙의 지령이었다.

'군중투쟁대회'에서 지주에게 가한 행위는 처참하고 야만적이었다. 주먹, 발, 구두창, 곤봉, 가죽 채찍 등으로 폭행해 피부가 찢기고, 살이 터지고, 피를 토하고, 인대가 끊어지고, 뼈가 부러지고, 비명이 그치지 않았다. 대회장 단상에 꿇어앉은 지주가 강요된 죄상에 대해 전전긍긍하며 해명하려고 하면 단 아래에서 '적극분자'의 선창에 따라 귀청이 터질 듯한 비난과 구호 소리가 터지면서 지주의 음성은 묻혀버렸다. '인민의 적'이 감히 입을 열려고 하면 단상의 적극분자들이 주먹질과 발길질을 혹독하게 해댔다. 지주를 총살할 때는 뒤에서 총을 뒤통수에 위를 향해 대고 방아쇠를 당겼다. 총성이 울리면 선혈과 백색의 뇌수가 땅을 적시며 흘렀다. 목격자는 온몸이 전율하는 공포를 느끼며 며칠 동안 악몽에 시달리기도 했다.

토지혁명투쟁 후 전리품을 챙기는 상황은 어떠했을까? 지주의 주택과 토지 분배를 끝낸 후에는 죽거나 도주 또는 실종된 지주의 아내와 딸 등

여인들은 농민협회(農會) 간부들에게 불려 와서 그 마을의 장가들지 못한 남자들에게 재산처럼 재분배되기도 했다. 전시 상황과 다름없는 토지혁명투쟁 과정에서 만들어낸 적개심과 증오는 우량한 도덕 전통을 훼손했고 깊은 상처와 후유증을 남겼다. 문명과 예의를 중시해 온 전통 도덕관념이 극심하게 훼손된 것이다.

농촌 생산력에도 영향을 끼쳤다. 지주와 부농 중에는 부지런하고 검소하고 경영 수완이 있어서 부농과 지주가 된 후 당시 농촌의 선진 생산력을 대표하고 지역사회에서 덕망 있는 인사들도 많았다. 그러나 이런 인사들 대다수가 토지혁명투쟁 광풍 속에 군중대회에 끌려 나가서 처형된 경우가 부지기수였다. 사람들의 능력은 천차만별이다. 다른 사람의 지휘를 받아야만 간단한 노동을 할 수 있다거나 독립적으로 생산활동을 영위할 수 없을 정도로 능력이 부족한 사람도 있는 법이다. 이런 사람들에게는 가장 비옥한 토지를 분배해 주어도 자금, 농기구, 심지어 종자조차 구하지 못해 양식을 생산하지 못하는 경우도 있었다. 일부 게으른 이들 중에는 분배받은 물건과 사유 농지마저 팔아버리는 경우도 종종 있었다.

한편, 고난 많고 한이 깊은 적극분자나 농촌의 건달, 깡패, 좀도둑, 유랑민 등을 선두에 세우고 토지혁명투쟁을 진행하는 과정에서 향촌 지방 간부들의 자질 저하 문제도 빈발했다. 지주와 부농을 타도한 후에 이들 적극분자들이 줄줄이 공산당에 입당하고 '위원', '주임', '향장(鄕長)', '촌장(村長)' 등 벼락감투를 받으면서 득의양양하게 완장을 차고 으스대며 다녔다.

이들은 대부분 문화 수준이 낮았다. 대중 앞에서 보고나 연설할 때, "나는 대무식꾼이다. 아는 거라곤 소똥 여섯 광주리까지 셀 수 있을 뿐이다……"라는 식으로 당당하게 떠벌이는 이들도 적지 않았다. 이런 이들이 패거리 지어 위에는 맹목적으로 복종하고 아래는 억누르면서 허위과장 보고를 해대, 막대한 경제적 손실을 초래하기도 했다.

제5장

항미원조전쟁(한국전쟁)[1]

최근에 공개된 자료와 밝혀진 정황들에 의하면, 1950년 6월 25일에 발발한 한국전쟁은 북측의 김일성 정권이 상당 기간 준비 작업을 하고 기획·발동했다는 점이 명확하다. 이 전쟁은 미국이 주도한 국제연합(UN)군과 중공군이 제1선에서 맞대결한 전쟁이다. 그러나 최근(2018년)에 소설가 한강이 ≪뉴욕타임스(The New York Times)≫에 기고한 칼럼에서 "대리전"이라고 표현하여 논란이 되었을 정도로 한국전쟁은 전쟁의 성격과 세부적인 전투 상황에 대한 해석에 대해서는 남한과 북한, 중국, 미국, 연합국(UN) 소속 참전국과 소련, 일본 그리고 기타 제삼국 등 각자의 입장과 관점에 따라 차이가 크다. 심지어 상반되는 민감한 쟁점들도 많다.[2]

김일성은 일제가 한반도에서 물러간 후에 소련군의 비호하에 북위 38도선 이북 한반도 북부 지구로 들어와서 권력을 장악한 후, 소련의 스탈린과

1   유튜브 북연TV, 〈중국현대사〉, 18~19회 '항미원조전쟁 1, 2' 참고.
2   전쟁 당시 중공 지원군 총사령관 펑더화이의 군사 비서였고 그 후에는 중국 군사과학원 전투 전술 연구부 연구원으로 근무한 양평안(杨凤安)과 그의 군사과학원 동료 왕톈청(王天成)이 출간한 『彭德怀与朝鲜战争』(中央文献出版社, 2009)를 중심으로 정리했다.

140   박인성의 중국 현대사

중공의 마오쩌동에게 허락과 지원을 간청하며 꾸준히 전쟁 준비를 해왔다. 이는 최근에 구소련과 중국의 관련 자료가 공개되면서 더욱 명확하게 밝혀졌다. 특히, 소련 붕괴 후 김영삼 대통령이 1994년 6월 2일 러시아를 방문했을 때 러시아로부터 넘겨받은 6·25전쟁 관련 문건 216점(548쪽 분량)이 결정적인 근거가 되었다.

김일성은 1949년 3월 3일부터 20일까지 부수상 박헌영 등 6명의 각료와 함께 모스크바를 방문했고, 3월 7일에 스탈린을 찾아가 무기와 장비 지원 등 군사원조를 요청하면서 남침을 허가해 줄 것을 간청했다. 김영삼 대통령 러시아 방문을 계기로 1994년에 공개된 '구소련 비밀외교문서' 중 1949년 3월 7일 스탈린·김일성 회담 기록에 의하면, 당시 김일성은 스탈린에게 다음과 같이 말했다.

상황으로 볼 때 지금 우리가 전체 한반도를 군사적 수단으로 해방하는 것이 필요하고 가능하다고 믿습니다. 우리 군대는 남조선 군대보다 강합니다. 게다가 우리는 남조선 내에서 강력히 일고 있는 게릴라 운동의 지지를 받고 있습니다. 남조선의 인민 대중들은 친미 정권을 증오하고 우리를 도울 것이 확실합니다.

이때는 스탈린이 김일성의 요청을 다음과 같은 세 가지 이유로 거부했다.

첫째, 북한 인민군이 남조선 군대보다 압도적으로 우월하지 못하다.
둘째, 미군이 아직 남조선에 주둔하고 있다.
셋째, 미·소 간의 38선 협정이 아직 유효하다. 미국이 전쟁에 개입할 수 있는 이유가 되서는 안 된다.

그러나 결정적 이유는 당시까지 소련이 핵폭탄을 보유하지 못했다는 것이었다.

단, 스탈린은 북한과 경제·문화 협정 등을 체결했다. 3월 17일에 '조·소 군사비밀협정'을 체결하고, 이 협정에 의해 북한에 6개 보병사단, 3개 기계화부대, 8개의 국경 수비대대에 필요한 무기와 장비, 정찰기 20대, 전투기 100대, 폭격기 30대를 제공하고, 1949년 5월 20일까지 120명의 특별 군사고문단을 파견하기로 약속했다.

북한이 소련과 '군사비밀협정'을 체결한 다음 날인 3월 18일, 모스크바에서 소련 당국의 주재로 중국과 북한이 '조·중 상호방위협정'을 체결했다. 주요 내용은 다음과 같다.

양측은 여하한 성격의 침략에 대해서도 공동방위를 한다. 어떠한 제국주의 세력이든 조선 또는 중국의 일방을 공격하는 경우, 양국은 그 제국주의 세력에 대한 공동 전쟁에 필요한 공동 행동을 취한다.

협정 체결 후 김일성 정권은 중공 정권으로부터 중국 인민해방군 소속 조선족 장병 약 4만 4000명을 인도받았다. 이후 김일성은 인민군 10개 사단 병력 13만 명을 전방인 38선에 배치했고, 10만 명의 예비군을 조직하여 후방에 배치했다.

한편, 1949년 8월, 소련의 원자핵 폭탄 실험 성공에 따라 스탈린은 세계 전략을 전반적으로 재조정하게 된다. 이 같은 분위기를 파악한 김일성은 1950년 3월에 다시 모스크바로 가서 스탈린에게 남침 허가를 간청하고 결국 허락을 받아낸다. 소련공산당 중앙위 국제국이 작성한 「1950.3.30~4.25, 김일성의 소련 방문건」이라는 문서에 의하면 그 기간 중인 4월 10일 회담에서 스탈린이 김일성의 남침을 허락했다는 기록이 있다. 이때 스탈린이 김일성의 간청을 수락한 이유는 다음과 같다.

첫째, 인민군대 군사력이 남조선의 군사력보다 절대적으로 우세하게 육성되었다. 반면에 남조선 군대는 무기, 장비가 미약하고 전투 병력은 전투 경험이 없다.

둘째, 국제정세가 유리하게 변했다. 1948년 9월부터 미군이 남조선에서 철군을 시작했고, 1949년 6월 말에 군사고문단 495명을 제외하고 남조선에서 철수했다. 또한 1950년 1월 12일에는 미국 국무장관 애치슨이 한국과 타이완을 미국의 극동 방위선에서 제외한다는 애치슨라인(Acheson line)을 발표했다.

셋째, 1949년 10월 1일, 중국 대륙에 공산당 정권이 수립되어서 중국이 북조선의 남침 전쟁을 도와줄 수 있게 됐다.

그리고 가장 중요한 이유는 '이제 소련도 핵무기를 보유했다'는 것이었다. 남침을 허가한 스탈린은 바실리에프 중장에게 전쟁 작전계획을 작성토록 지시했다. 바실리에프가 작성한 김일성의 전쟁 계획은 3단계로 짜였다.

제1단계는 38선을 돌파해 2일 만에 서울을 점령한 후 수원-원주-삼척을 잇는 선까지 5일 안에 진격한다. 제2단계는 그로부터 14일 안에 군산-전주-대구-포항을 잇는 선까지 진격한다. 제3단계는 그 후 10여 일 안에 목포-여수-사천-마산-부산을 잇는 남해안 지구를 점령하고 전쟁을 종결한다.

1950년 6월 25일 북한의 조선인민군 군대가 먼저 남한 군대를 향해 발포하면서 한국전쟁이 시작되었다. 개전 초기에는 북한군이 파죽지세로 남진을 계속하여 부산 부근 낙동강 방어선까지 쳐내려왔다. 항일전쟁과 국공내전 당시 팔로군과 동북항일연군, 그리고 인민해방군 소속으로 수많은

〈그림 5-1〉단동시 항미원조기념관

필자 촬영(2008.11.29).

〈그림 5-2〉김일성과 박헌영의 구원 요청 친필 편지

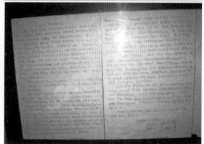

필자 촬영(2008.11.29).

실전 경험을 쌓은 조선족 부대 중심으로 구성된 북한군은 3일 만에 수도 서울을 점령했다. 그러나 개전 3일 후인 6월 27일에 미국이 출병해 제7함 대를 타이완해협에 배치했고, 9월 15일에는 미군 1만 8000명이 인천상륙 작전에 성공해 9월 27일에 미군이 출병해 제7함대를 타이완해협에 배치했 고, 9월 15일에는 (미군 1만 8000명이) 인천상륙작전에 성공해 9월 27일 서울 을 탈환했다. 이후 미군과 남한 국방군이 북진을 계속하면서 38선을 넘고 평양을 점령하고 압록강 변까지 밀어붙였다.

다급해진 김일성은 10월 1일, 즉 중화인민공화국 건국 1주년 기념 국 경절에 당시 북한 부수상이자 외교부장이던 박헌영을 베이징으로 파견하 여 마오쩌동과 저우언라이에게 친필 편지를 전달하고 중공군 파병을 간청 했다.

소련의 스탈린도 베이징에 건국 1주년 축전을 보내면서 별도로 마오 쩌동에게 김일성 지원을 위한 조선 출병을 요청했다. 다음 날(1950.10.2), 마오쩌동은 정치국 상무위원들을 긴급 소집하고 조선 출병 문제에 대해 토론했으나 회의에 참석한 정치국 상무위원 대부분이 출병에 반대했다. 원래 마오는 출병 지휘자로 쑤위[3]를 고려했으나, 당시에 쑤위는 병으로 칭다오(青島)에서 요양 중이었다. 정치국 내에는 린뱌오에게 지휘권을 맡기자는 의견이 다수였으나 정작 린뱌오 본인은 조선 출병에 가장 강하게 반대했다. 상무위원회 회의에서 린뱌오가 한 말을 요약하면 다음과 같다.

국내 전쟁이 이제 막 끝난 상태이고 각 방면에서 아직 준비가 안 된 상태에서 만일 출병하면 필히 전쟁의 화상을 입게 될 것이고 그 결과의 엄중함은 상상하기 어려울 것이다. 우리가 과거에 국민당과 싸울 때는 그래도 할 만했다. 그러나 현재 미국을 때려눕힐 수 있을 지는 장담할 수 없다. 만일 미군이 몇 개의 원자탄을 던지면 우리는 정말 힘들 것이다.

마오쩌둥이 가장 듣기 싫어하는 말이 바로 이같이 자신의 주장에 대해 김 빼는 말이다. 마오가 그 자리에서 린뱌오에게 대꾸했다.

"그들은 그들의 원자탄을 갖고 있고 나는 나의 수류탄을 갖고 있다. 그들은 그들의 원자탄으로 때리고 나는 나의 수류탄으로 때린다. 나는 나의 수류탄이 종이호랑이에 불과한 원자탄을 이길 수 있다고 믿는다."

마오쩌둥 특유의 오기가 가득 담긴 말이었다. 출병 문제에 대해 고민하며 며칠간 밤잠을 설친 예민한 상태에서 린뱌오에 대한 실망감이 표출

---

3   쑤위(粟裕, 1907~1984년): 후난성의 소수민족인 동족(侗族)으로 출생했고 1927년 중국공산당에 가입했다. 난창봉기 참여 후, 징강산으로 와서 마오쩌둥과 주더 부대와 합류했고, 다섯 차례에 걸친 국민당 군대와의 전쟁을 치렀다. 장정 기간에는 남방 지구에서 유격전을 조직·전개했다. 항일전쟁 시기에는 신사군(新四郡) 제2지대 부사령관, 강남지휘부와 쑤베이(苏北)지휘부 부지휘, 신사군 사단장 역임했다. 제2차 국공내전 시기, 화중야전군(华中野战军) 사령관, 화동야전군 부사령관, 정치위원 등을 역임하면서 지난 전투(济南战役), 화이하이 전투(淮海战役), 도강전투(渡江战役), 상하이 전투(上海战役) 지휘관으로 중공 승리에 결정적 공을 세웠다. 중화인민공화국 출범 후에 인민해방군 총참모장, 중공중앙 군사위원회 상무위원 등을 역임했다.

된 말이었겠지만 이러한 면이 마오의 성격을 대표하는 특징 중 하나였다. 린뱌오가 다시 말했다.

"나는 출병에 찬성할 수 없습니다. 가장 바람직한 건 출병하지 않는 것이나, 만일 꼭 가야 한다면, 가기는 가되 싸우지 않는 게(出而不战) 좋습니다. 조선 북부에 군대를 주둔시키고 형세를 살펴보다가 가능하다면 싸우지 않는 게 상책입니다."

린뱌오의 이 같은 말은 임진왜란(1592~1598년, 7년전쟁) 기간 중 화의 교섭이 깨진 후 다시 발발한 정유재란(1597.6~1598.12) 당시에 '항외원조(抗倭援朝)' 명분으로 조선에 파견된 명나라 총사령관 형개(邢玠)가 "우리는 양지에선 싸우지만 음지에선 화친하기를(阳战阴和) 원한다"라고 한 말을 연상시킨다.

이때 저우언라이가 린뱌오를 비판하면서 말했다.

"현재의 문제는 우리가 싸울 필요가 있느냐 없느냐가 아니다. 미국이 우리를 싸우지 않을 수 없게 몰아대고 있다. 더구나 김일성이 거듭 우리에게 출병을 간청하고 있는데 어떻게 그들이 죽는 걸 보고만 있겠는가?"

마오가 린뱌오를 다시 설득하려고 했으나 린뱌오는 자신이 "매일 밤잠을 못 자고 신체가 쇠약해졌으며 늘 병을 달고 살고 있다"라고 호소했다. 결국 마오는 린뱌오를 포기하고, 당시 섬서성(陝西省) 시안에서 서북국 제1서기로 일하고 있던 펑더화이를 대안으로 선택하겠다고 말했다.

"조선 출병은 매우 화급한 문제이다. 더 이상 의논만 하고 결정을 미룰 수는 없다. 린뱌오가 병 때문에 갈 수 없다고 하니 나는 펑더화이가 적합하다고 생각한다."

그러자 주더가 마오의 말을 받으며 말했다.

"맞습니다. 역시 펑(彭)이 믿을 만합니다."

펑더화이와 린뱌오 두 사람 모두를 잘 알고 있는 주더의 이 말이 매우 의미심장했다.

　기타 상무위원들도 모두 펑더화이에게 조선 출병 지원군 총사령관을 맡기자는 데에 동의했다. 회의가 끝날 무렵에 마오쩌둥은 저우언라이에게 이날의 회의 상황을 스탈린에게 전보로 알리라고 지시하고, 이틀 후인 10월 4일에 정치국 확대회의 개최 준비를 하고 펑더화이도 참석시키라고 지시했다.

　펑더화이는 당시에 시안에서 중공중앙 서북국 제1서기와 서북군정위원회 주석, 서북군구 사령원과 정치위원 직을 겸하고 서북 지구 5개 성을 포함하는 '대서북(大西北) 지구'의 경제 건설에 집중하고 있었다. 1950년 10월 4일, 펑더화이는 건국기념일(국경절) 1주년 휴일을 막 끝낸 후 '서북군정위원회' 회의실에서 대서북 지구 경제발전 문제를 주제로 한 간부회의를 주재하고 있었다.

　이날 오전에 베이징의 중앙판공청(中央办公厅)에서 파견한 두 사람이 전용기로 시안공항에 착륙했고, 즉시 대기하고 있던 차를 타고 펑더화이가 있는 서북군정위원회 사무실로 왔다. 이때 펑더화이는 신장(新疆) 지구에 진입·주둔하고 있던 군부대 간부의 보고를 듣고 소수민족들과 융화하는 문제 등에 대해 보고·토론하는 회의에 참석 중이었다. 오전 회의가 끝나갈 때쯤 펑의 군사비서 양펑안(杨凤安)이 베이징에서 온 손님들을 대동하고 회의실 안으로 들어섰다.

　"이 분은 중앙판공청의 리 동지입니다. 마오 주석이 현재 베이징에서 중앙정치국 회의 중에 장군을 비행기로 모셔오라고 했답니다."

　"그렇게 급한가?"

　펑더화이가 놀라며 말하자 중앙판공청에서 온 이들이 말했다.

　"현재 중앙정치국 회의 중인데 마오 주석께서 즉시 평총(彭总)을 모셔오라고 지시하셨습니다. 점심 식사 후 비행기 편으로 베이징으로 가야 합니다."

"알았네, 식사 후 곧 출발하지."

펑이 대답하고 경제 비서인 장양우(張養吾)에게 중앙에 보고할 관련 문건을 챙기라고 지시했다. 당시에 펑은 급하게 베이징으로 가지만 며칠 후면 시안으로 돌아올 수 있을 거라고 생각했다. 베이징에서 바로 조선 출병부대 총사령이 되어 출병하게 되리라고는 생각조차 못했다.

펑더화이는 베이징의 회의가 경제 관련 회의일 거라 생각했기에 군사 비서가 아닌 경제 비서 장양우에게 자신을 수행토록 했다. 베이징을 향해 이륙한 전용기 창가 자리에 앉은 펑더화이는 그때까지도 중앙정치국 회의 주제가 '3년 경제건설계획' 수립과 관련된 것일 거라 짐작하고 있었다. 그러나 그는 산전수전 다 겪어온 군인이었다. 비행기 창밖으로 창공의 구름을 바라보던 중에 자연스럽게 약 세 달 전에 조선반도에서 발발하여 진행 중인 전쟁 상황을 떠올렸다. 특히 약 반달 전에 미군이 인천 상륙 후, 미8군은 육로로 북진 중이고, 미10군은 원산에 상륙, 그리고 남조선 제1, 제2군단은 동해안과 중부전선으로 북진하고 있다는 조선반도의 전황과 순망치한(脣亡齒寒) 관계인 중국과 북한 접경 만주지구에 미칠 영향 등을 떠올렸다. 그러자 현재 베이징에서 진행 중인 정치국 회의의 주제가 조선전쟁과 관련된 것일 수도 있겠다는 생각이 들었다. 잠시 후 펑은 군사비서 양평안이 준비해 준 조선 지도책을 찾아 펼치고 중조 접경지역에서 38선 부근까지의 지리 등을 살펴보고 있었다.

오후 4시경 베이징 시자오(西郊)공항에 도착한 펑더화이는 대기 중인 차를 타고 정치국 회의장인 중난하이로 달렸다. 펑을 태운 차가 장안가 중난하이의 남문 신화문으로 들어서서 펑쩌위안(丰澤园) 입구에 도착했다. 차에서 내린 펑더화이가 회의장소인 이녠당(頤年堂) 앞으로 걸어가자 총리 저우언라이가 펑더화이를 반기며 말했다.

"펑총, 회의는 오후 3시에 시작했네, 회의가 매우 급하게 결정되었고,

어제 비행기를 보내려 했는데 날씨가 안 좋아서 오늘로 연기할 수밖에 없었네, 너무 촉망하게 진행해서 미안하네."

저우언라이는 펑더화이에게 특별한 신세를 진 기억을 간직하고 있었다. 1935년 홍군의 '장정' 시기에 저우언라이는 간염 증상과 고열로 인해 도저히 자력으로 초원과 늪지대를 걸어서 통과할 수 없는 상태였는데, 당시 홍3군단을 지휘하고 있던 펑더화이가 특별 지시하여 천겅(陈赓)을 책임자로 하는 특수팀을 조직하여 저우언라이를 일주일간 들것에 태워 초원과 늪지대를 통과했다. 당시 저우언라이가 이렇게 말했다.

"라오펑(老彭)은 나의 형제이다. 이 은혜를 평생 잊지 않을 것이다."

펑더화이가 저우언라이와 함께 회의장에 들어서자 마오쩌동과 정치국 위원들이 모두 일어나 펑과 악수를 했다. 마오쩌동이 반기며 말했다.

"펑총, 급히 오느라 고생했다, 미군이 이미 38선을 넘었고, 김일성이 우리에게 출병을 요청했다. 현재 이 문제를 토론 중이다. 펑총은 이제 왔으니, 우선 다른 사람들의 의견을 들어봐라."

이날 정치국 확대회의에는 당정군의 주요 간부들이 대거 참석했다. 정치국 위원으로 마오쩌동, 주더, 류샤오치, 저우언라이, 런비스, 천윈(陈云, 1905~1995년), 캉성(康生), 가오강(高岗), 펑전, 동비우, 린보취, 덩샤오핑, 장원톈(张闻天), 린뱌오, 리푸춘(李富春, 1900~1975년)이 참석했고, 중앙판공청 주임 양상쿤(杨尚昆), 총참모장 니에룽전, 중공중앙 신문서(新闻署) 서장 후차오무 등이 참관자로 참석했다.

자리에 앉은 후 펑더화이는 즉각 회의 분위기가 매우 엄숙하다는 걸 감지했다. 수십 년간 동고동락하며 전쟁터를 누볐던 주더 사령관조차도 그를 보고 인사말 외에는 하지 않았다. 아무 말 없이 악수만 한 사람도 있었고, 자리에 앉고 난 후에 엄숙한 표정으로 눈을 맞추고 고개만 끄덕이는 사람도 있었다. 최근 수일간 연이어 깊은 생각과 고민으로 눈자위가 꺼지고 매우 피곤해 보이는 마오쩌둥이 회의를 주재했고, 저우언라이가 상황 보고를 했다.

"미군이 인천에 상륙하기 전에 우리는 미군이 38선까지 점령한 후에 북진을 멈추고 외교상의 담판으로 전환될 가능성 여부에 대해 토론한 적이 있다. 미군이 서울을 점령한 후에는 38선을 넘지 않을 거란 정보도 있었다. 그러나 그들은 38선을 넘었고 오늘도 북진을 계속하고 있다."

인민해방군 총참모장 니에룽전이 덧붙여 발언했다.

"남조선군은 이미 38선 이북으로 깊숙이 들어왔고, 압록강으로 북진하고 있다. 미군 비행기가 압록강 상공에 나타난 건 이미 오래전이고 우리 국경도시들도 수차례 폭격했다."

저우언라이가 이어서 말했다.

"김일성은 산으로 들어가 유격전을 할 준비를 하고 있고, 10월 1일에 외무상 박헌영을 통해 우리의 출병 지원을 갈망한다는 김일성, 박헌영의 공동 친필 서신을 보내왔다."

회의장에 일시 침묵이 흘렀다. 회의 참석자들이 적극적으로 발언하지 않는 것을 보고 마오쩌둥이 말했다.

"조선 지원 출병 문제에 관해 불리한 점과 유리한 조건을 이야기해 주시오."

그러자 린뱌오가 느린 말투로 발언했다.

"출병의 불리한 조건에 대해 말하겠다. 우리는 이미 20여 년간 전쟁을 했고 국내 전쟁 피해 복구와 치료가 시급하다. 일부 지구는 아직도 국민당 잔당 세력권하에 있고 새로 해방된 지구에서는 아직 토지혁명투쟁도 진행하지 못하고 있다. 건국한 지 이제 1년밖에 안 됐다. 아직 국력이 쇠약하고, 수백 가지 문제가 해결을 기다리고 있다. 우리는 아직 미국과 겨뤄본 적이 없다. 출병, 참전해서 전쟁을 수행하게 되면 한계선이 없어진다. 만일 미군을 물리치지 못하면 전쟁의 불똥을 만주지구에까지 끌어오게 될 것이다. 그리되면 정말 낭패다. 차라리 만주의 방위를 강화하는 게 좋다고 생각한다."

가오강(高崗)이 덧붙여 말했다.

"단독으로 출병하는 것보다 소련 적군(赤軍)이 직접 참전할 때까지 기다리다가 같이 전쟁하는 게 좋다."

린뱌오가 다시 일어나서 말했다.

"미군은 방대한 육해공군을 보유하고 있고 공군과 해군이 강하고 원자탄도 가지고 있다. 또한 든든한 공업 기초도 있다. 조선은 겨우 수백만 인구이고, 중국은 5억 인구이다. 인구 5억의 국가를 박살내면서 수백만 인구의 조선을 구하는 게 수지가 맞는가?"

니에룽전은 후에 당시의 회의 분위기를 이렇게 회고했다.

"마오 주석을 제외한 회의 참가자 모두의 의견은 정말로 피할 수만 있다면 이 전쟁은 안 하는 게 좋겠다는 것이었다."

이날 펑더화이는 한마디도 발언하지 않고 듣기만 했다. 마오쩌둥은 여러 사람들의 의견을 들은 후 회의 말미에 다음과 같이 말했다.

"동지들 말 모두 일리가 있다. 단, 친구의 국가가 위급 상황에 처해 있는 시각에 우리는 한옆에서 구경만 하고 있자니 어찌 되었건 마음이 몹시 괴롭다."

걸출한 전략가였던 마오쩌둥은 동시에 매우 감정적인 사람이었다. 후에 펑더화이는 마오의 이 말에 매우 감동하고 영향을 받았다고 회고했다.

마오쩌둥은 이미 10월 1일과 2일 저우언라이, 주더 등 정치국 상무위원들과 논의하고 밤잠을 못 자며 고민했으나 마음속으론 이미 출병을 결정한 상태였다. 마오가 북조선을 "친구의 국가"라고 부른 데에는 항일전쟁과 연이어서 진행된 국민당군과의 내전에서 팔로군과 동북항일연군 소속

〈그림 5-3〉 연변대학 교문과 교정에 있는 임민호 초대 부교장의 동상

조선족 장병들의 용감하고 헌신적인 투쟁과 당시에 이미 조선반도 북부를 장악하고 있던 김일성 정권의 적극적 지원을 받으면서 형성된 오랜 관계와 인연 때문이었다. 즉, 이 같은 과거의 신세에 대한 보답 차원의 고려, 그것이 그토록 어려운 상황에서도 조선 출병을 결심한 중요한 이유 중 하나였다.

그 상징적 사례가 마오와 중공중앙의 영도자들이 조선족 지도자들의 요청을 수락하여 중공정권 출범 6개월 이전인 1949년 4월에 연변(延边) 조선족 자치주 내에 중국 내 소수민족 중 최초로 민족대학인 연변대학(延边大学) 설립 및 개교를 비준 및 지원해 준 것이다.

10월 4일 정치국 확대회의는 저녁 7시경까지 계속되었다. 회의를 끝낸 후 마오가 펑더화이에게 다가와서 말했다.

"펑총(彭总), 오늘 베이징에 도착해 바로 회의 참석하느라 쉬지도 못하고 매우 피곤할 거다. 오늘 밤 잘 쉬고 내일 오전에 다시 내 서재에서 단둘이 출병 문제에 대해 의논하자."

숙소인 베이징호텔에 돌아온 펑더화이는 이런저런 생각에 밤새 잠을 이루지 못했다고 했다.

다음 날(1950.10.5) 오전에 마오의 지시를 받은 덩샤오핑이 베이징호텔로 펑더화이를 찾아와서, 약 1시간 정도 대화를 나눈 후, 함께 차를 타고

중난하이로 갔다. 중난하이에 도착한 후에는 마오쩌둥의 아들 마오안잉(毛岸英)이 펑더화이를 마오쩌둥의 서재인 국향서옥(菊香书屋)으로 안내했다. 서재에서 생각에 잠겨 서성이던 마오가 펑을 맞았다. 악수를 하고 함께 소파에 앉았다.

마오가 먼저 입을 열었다.

"자네를 부른 것은 조선 출병 문제에 대해 의논하고 싶어서다. 어제 회의에서 한마디도 안 하던데 그건 평소의 자네와 많이 다르지 않은가?"

"어제 급히 올라오면서 뭔가 일이 생겼구나 하고 생각은 했지만 머릿속엔 여전히 서북 건설 사업으로 꽉 차 있었습니다. 게다가 참전 여부에 대한 의견 차이가 이렇게 클 거라고도 생각 못 했기에 우선 여러 의견들을 들어보고 싶었습니다."

"오늘 오후에도 계속 회의를 해야 한다. 자네는 어제 늦게 참석해서 발언하지 않았지만 모두 들었겠지?"

잠시 말을 멈춘 후 마오가 무거운 어조로 이어서 말했다.

"이번 결정은 정말 쉽지 않았네! 한마디 명령으로 삼군이 출동해야 하는데 수십만 명의 생명이 걸린 문제다. 결과가 안 좋으면 국내 정국이 위험해지고 심지어 강산(江山)을 모두 잃게 되고 나 마오쩌둥은 역사와 인민 앞에 얼굴을 들 수 없게 될 것이다. …… 이 회의는 내가 열자고 한 것이고 당내외의 동지들에게 참전에 불리한 요소들을 들어보기 위한 것이다. 어제도 회의 끝난 후에 여기서 밤늦게까지 린뱌오, 가오강 두 동지와 오랫동안 이야기를 나누었다. 모두 여전히 내게 출병하지 않는 게 좋겠다고 권하더군. 잘못하면 제3차 세계대전으로 갈 수도 있다는 거야. 스탈린 동지의 걱정과 같아."

마오쩌둥의 얼굴은 최근 수일간 이 문제로 고민하며 잠을 못 자서 초췌하고 피곤이 쌓여 있었다. 마오의 얼굴 표정을 보고 있던 펑더화이가 돌연히 일어나서 단호하게 내뱉었다.

"따(打)."

때리자(打)는 말이었다. 직설적인 성격과 기풍을 가진 펑이 오랜 전우이자 동지이고 상관인 마오가 고민하는 모습을 보고 자신이 작정한 바를 더 미룰 필요가 없다고 결정한 것이다.

마오가 순간적으로 놀라 멍한 표정으로 펑을 주시했다. 펑더화이가 다시 큰 소리로 내질렀다.

"출병(出兵), 들어야 할 말 모두 들었고 밤새 생각했습니다."

마오가 단도직입적으로 물었다.

"사령관은 누가 하지?"

"주석이 정해주십시오."

"자네가 맡으면 어떨까?"

"복종(服从)."

순간 담배를 쥔 마오의 두 손가락이 입술 앞에서 멈춘 채 미묘하게 떨렸다.

그러나 펑더화이도 걱정이 없을 수 없었다.

"장비 차이가 큽니다. 만일 소련이 완전히 손을 뗀다면 이 전쟁의 결말은 예측할 수 없습니다"라고 말했다.

마오가 물었다.

"만일 소련 원조를 얻고, 우리 장비를 양호하게 개선할 수 있다면 해볼 만할까?"

펑이 한참 생각한 후에 답했다.

"가능합니다. 문제는 그 원조가 어느 정도까지 가능한가에 달렸습니다. 공군 엄호가 어느 정도까지 가능한가? 이 문제를 양호하게 해결할 수 있다면 겨뤄볼 만합니다."

마오는 감동했다. 오랜 전우이자 동지로서 그의 군사적 감각과 능력을 익히 알고 있는 펑이 자신의 어려운 결단을 지지하며 맞장구쳐 주는 것 아닌가! 세계 최강의 미군과 맞서는 전쟁을 펑이 해볼 만하다 하니 이제 중국도 미국, 소련과 함께 세계 패권국가의 대열에 진입할 수 있다는 말도 되는 것이다.

"보아 하니 자네는 100% 나와 의견이 같다. 오늘 오후 회의에서 잘 이야기해 주기 바란다."

그날 오후, 전날에 이어서 속개된 정치국 확대회의에서는 펑더화이가 적극적으로 발언했다.

"조선 지원 출병은 필요하다. 최악의 상황이 된다 해도 해방전쟁 승리가 몇 년 늦어지는 셈으로 치고 산악지구로 다시 들어가서 몇 년간 다시 유격전을 할 각오를 하면 된다. 미군이 조선반도 전체를 점령하게 되면 압록강을 사이에 두고 미군이 우리 집 문 앞에 포진하는 셈이 된다. 침략하고 싶을 때는 언제든지 구실을 찾아낼 수 있게 된다. 호랑이가 언제 공격할까? 결국 호랑이의 위와 식욕에 의해 결정된다. 앉은 채로 잡아먹힐 수는 없다. 어차피 싸울 거라면 먼저 때리는 게 좋다. 때리고 한판 붙고 난 후 다시 건설하자. 이미 그들이 침략해 왔는데 한판 붙지 않으면 우리를 얕잡아보고 언제고 다시 시비를 걸어올 것이고, 그런 상황에서는 사회주의 건설도 곤란해진다. 전쟁을 한다면 그들은 속전속결이 유리할 것이나 우리는 장기전이 유리하다. 그들은 정규전이 유리하고 우리는 일본에 대항하던 그런 방식이 유리하다. 현재 우리는 전국의 정권을 갖고 있고 소련의 지원도 있으므로, 항일전쟁 시기보다 유리한 점이 많다. 국가의 앞날을 생각한다면 응당 출병해야 한다."

펑더화이의 발언이 끝난 직후에 마오쩌둥이 회의를 마무리하는 발언을 했다.

〈그림 5-4〉 1950년 말 중국의 한 농촌, 조선 출병 지원자들의 행진 모습

〈그림 5-5〉 화북지구 독립11단 항미원조전쟁 참전 동원대회(1951.5.6)

"며칠간 회의에서 많은 동지들이 출병 불가 이유에 대해 말했다. 그러
나 잊지 말자. 조선 인민과 조선 당의 동지들이 우리 항일전쟁과 해방전쟁
과정에서 중국혁명 사업을 위해 많은 피를 뿌린 것을. 현재 그들이 위급한
상황에 처해 있다. 백 가지, 천 가지 이유가 단 한 가지 이유를 반박할 수
없는 경우도 있다. …… 미국이 우리보다 대포도 많고 원자탄도 있다. 그
러나 역사는 사람이 쓴다. 대포가 쓰지 않는다. 우리는 이를 악물고 독한

마음으로 그들이 그들의 원자탄을 쏘면 우리는 우리의 수류탄을 던질 것이다."

1950년 10월 5일에 마오쩌둥과 중공 정치국 위원들이 조선 출병을 공식적으로 결정했다. 중국혁명 성공의 완결을 위해서는 어차피 미국과 한판 붙어야 하고, 미국과의 전쟁이 불가피하다면 그 전쟁터를 조선반도로 하고, '항미원조' 명분으로 치러내는 게 좋다고 판단한 것이다.

그로부터 2주 후인 1950년 10월 19일, 중공군 41만 명이 압록강을 건넜고, 10월 25일에는 신의주와 평양 사이에 위치한 평안도 운산에서 미군을 기습 공격했다. 중공중앙군사위원회가 전략적 고려하에 '중국인민 지원군'이라 칭한 명의로 명령을 하달한 때도 미군과 첫 전투를 벌인 그날(1950.10.25)이었다. 펑더화이가 사령관 겸 정치위원, 덩화(邓华, 1910~1980년)가 부사령관 겸 부정치위원, 홍쉐즈(洪学智, 1913~2006년)와 한셴추(韩先楚, 1913~1986년)가 부사령관, 제팡(解方, 1908~1984년)이 참모장, 두핑(杜平, 1908~1999년)이 정치부 주임으로 임명되었다.

중공이 조선에 파병한 이른바 '중국인민 지원군'의 최초 지원자는 마오쩌둥의 장남인 마오안잉이었다. 마오쩌둥이 조선 파병과 펑더화이를 파병군 사령관으로 결정하고, 10월 7일 저녁에 중난하이 펑저원(丰泽园)에서 펑더화이를 위해 개최한 만찬 자리에 배석한 마오안잉이 펑더화이에게 자신도 지원군의 일원으로 조선에 가겠다고 신청했고, 마오쩌둥도 이에 동의했다. 당시에 펑더화이는 마오안잉의 조선행에 대해 반대했으나, 마오안잉이 거듭 요청하고 마오쩌둥까지 권해서 마지못해 총참모부에서 자신의 러시아어 통역관 역할을 맡기로 하고 승낙했다. 마오안잉의 참전 결정은 펑더화이뿐만 아니라 마오가 의견을 구한 장칭(江青, 1915~1991년), 저우언라이 등 주변 사람 모두가 반대했으나, 마오는 "안잉이 원하고 요구하니 나는 그를 지지해야 한다. 내 아들이 안 가면 누구에게 가라 할 수 있겠는가?"라고 말했다.

그러나 마오안잉은 조선 전쟁터에 파병된 지 34일째 되던 1950년 11월 25일 오전에 평안북도 동창군 대유동의 동굴 안에 있던 작전실 안에서 전투 전보를 발송하던 중에 미군 폭격기 두 대가 발사·투하한 네 발의 네이팜탄 중 하나에 피격되어서 사망했다. 마오안잉의 당시 나이는 28세였다. 마오안잉의 전사 소식을 당일 펑더화이가 전보로 베이징의 저우언라이에게 보고했으나, 보고를 받은 저우언라이는 그것을 마오쩌둥에게 즉시 보고하지 않았다.

마오쩌둥의 비서 예즈룽이 저우언라이가 전해온 펑더화이의 전보와 저우언라이의 보고 편지를 받았을 때는 마오안잉이 죽은 후 한 달도 더 지난 1951년 1월 2일 오후였다. 그 전날에 펑더화이로부터 38선을 넘어 남진하여 서울을 다시 점령할 준비를 하고 있다는 보고를 받은 저우언라이는, 이제는 마오쩌둥에게 승전보와 함께 마오안잉의 전사 소식을 보고해야 할 시기라고 생각하고 류샤오치와 의논했다. 두 사람은 이 건을 계속 숨길 수는 없다고 의견을 모았고, 저우언라이가 마오쩌둥과 장칭 앞으로 마오안잉의 전사 소식과 보고가 늦게 된 이유와 경위를 편지로 써서 예즈룽에게 전했다. 다음 날(1950.1.2) 오후, 예즈룽이 저우언라이의 편지와 펑더화이가 한 달여 전에 보낸 전보를 들고 당시 마오가 가족과 함께 거주하던 신6소(新六所)에 들어섰다. 신6소는 중공중앙 영도 간부들의 거주 조건 개선을 위해서 베이징 시완서우로(西万寿路)에 건조한 6개 동의 작은 건물로, 5인의 중공중앙 서기 가족이 각 한 동씩, 업무 인원이 나머지 한 동에 거주하고 있었다. 마오는 긴박한 업무가 없을 때에는 이곳에 와서 며칠간 머물면서 가족들과 함께 휴식을 취했다.

예즈룽은 차마 장칭이나 마오에게 직접 가지 못하고 먼저 경호대장 리인차오를 찾아갔고, 리인차오와 함께 마오가 거주하는 신6소 1호 건물 안으로 들어갔다. 예즈롱은 회고록에서 마오가 아들의 전사 소식을 전해 듣던 당시의 상황을 다음과 같이 묘사하고 있다(叶子龙, 2000).

오후 늦게 일어나서 밤에 일을 하는 습관을 가진 마오는 그날(1950.1.2)도 오후 늦게 기상하여 소파에 앉아서 그날의 《인민일보》를 보면서 유성기에서 나오는 경극 〈우자포(武家坡)〉를 듣고 있었다.

장칭이 예즈롱과 리인차오와 함께 마오의 방으로 들어왔을 때에 마오는 보고 있던 서류에서 눈을 떼지 않은 채로 말했다.

"즈롱, 그렇지 않아도 너를 부르려 했다. 안잉을 데려와야 할 것 같다. 안잉이 쓴 이 문장을 봐라. 진보는 고사하고, 퇴보했다."

그러나 예즈롱에게서 아무런 대답이나 반응이 없었다. 마오가 고개를 들고서 예즈롱이 침통한 표정으로 두 눈에 눈물을 글썽이며 서 있는 모습을 보고 민감하게 물었다.

"즈롱, 무슨 일이냐?"

예즈롱이 문건을 마오에게 건네주었다. 저우언라이의 편지와 펑더화이가 한 달여 전에 보낸 전보였다. 전보를 받아들고 보는 마오의 표정이 누렇게 굳어지고 침묵이 흘렀다. 전보와 편지 내용은 짧고 간단했으나 마오는 그것을 침통한 표정으로 계속 보고 있었다. 그리고 담뱃갑에서 담배 한 개비를 꺼내고 자신의 바로 앞 탁자 위에 있는 성냥갑을 못 보고 주머니를 뒤지며 성냥갑을 찾았다. 마치 정신이 나간 사람 같았다. 경호대장 리인차오가 탁자에서 성냥갑을 들고 담뱃불을 붙여주었다(후에 예즈롱은 CCTV 인터뷰 도중 이 대목을 회상하면서 목이 메어 말을 잇지 못했다). 그렇게 연달아 두 개비 담배를 피우고 꽁초를 재떨이에 비벼 끈 후에 마오가 목 메인 소리로 말했다.

"전쟁에선 늘 다치고 죽는 거지, 누가 그 애를 마오쩌둥의 아들이라 하겠느냐……, 안잉은 정말 고생 많이 했다. 좋은 시절 보낸 게 며칠이 안 되는구

〈그림 5-6〉 양카이후이와 마오안잉(오른쪽) 형제

〈그림 5-7〉 마오쩌둥과 마오안잉

〈그림 5-8〉 평안남도 회창군 중국인민 지원군 열사 묘원 내 마오안잉의 묘에 참배하는 류쓰치

나 ……. 어려선 엄마를 잃고, 그리고 전쟁터에서 죽고 …….”

마오는 쓰린 가슴으로 아들 안잉과 안잉의 엄마인 첫째 아내 양카이후이(杨开
慧, 1901~1930년) 생각을 하고 있는 듯했다. 마오가 징강산에 들어가서 토비
혁명가로 근거지를 구축하고 있던 시절에 양카이후이가 후난성 국민당 군벌
에 체포되어 끌려갈 때 어린 안잉도 엄마의 다리를 잡고 울면서 같이 따라갔
다. 엄마와 같이 창사의 감옥 안에서 살았고, 엄마가 모진 고문을 받고 총살당
한 후 동생 안칭(岸青), 안룽(岸龙)과 함께 외할아버지 집으로 보내졌다. 그 후
중공 지하조직이 이 형제를 상하이로 옮겼으나 막내 안룽은 상하이 도착 직후

에 실종되었고, 상하이 당 조직이 위기 상황에 처하면서 방치되었다. 안잉은 동생 안칭을 데리고 수년간 상하이 시내에서 유리걸식, 신문팔이, 인력거 끌기 등 고생스러운 삶을 살았고, 후일 중공 지하조직이 안잉, 안칭 두 형제를 찾아내 소련 모스크바로 보냈다.

그날은 마오 부부와 두 딸과 며느리인 마오안잉의 아내 류쓰치(刘思齐)와 함께 저녁 식사를 하기로 한 날이었다. 마오 부부는 다른 가족, 특히 당시 20세의 며느리인 류쓰치에게는 당분간 이 소식을 비밀로 하기로 하고 내색하지 않은 채 저녁 식사를 했다. 그때 전화벨이 울렸고 마오가 전화기를 들자 저우언라이의 음성이 들렸다.

"주석, 조선의 지원군 사령부에서 전보가 왔습니다. 그제 제3차 전투를 발동했고, 순조롭게 진행되면 이틀 정도면 38선을 넘어서 서울을 점령할 수 있을 것으로 예상됩니다."

이 말을 들은 후, 마오쩌동은 마치 다른 사람으로 변한 것처럼 흥분하면서 말했다.

"이것이야말로 새해 최고의 선물이군, 덩퉈(邓拓)(《인민일보》 편집 책임)에게 사설을 준비하라고 하게."

마오가 말한 '이것'이 우리가 '1·4 후퇴'(1951년)라고 부르는 사건이다. 당시 마오의 나이는 58세였다.

조선으로 출병한 후 중공군은 모두 다섯 차례 큰 전투를 치렀다. 1950년 10월 24일 신의주와 평양 중간의 운산에서 중공군의 기습 공격으로 진행된 1차 전투에서 패한 연합군과 남한 국방군은 압록강 변에서 남쪽으로 평양까지 후퇴했고, 2차 전투에서는 더 남쪽으로 38선까지 200km를 후퇴했다. 1950년 12월 31일부터 이듬해 1월 8일까지 벌인 3차 전투에서는 중공군이 서울을 다시 점령했다.

중공군은 공군력 열세를 극복하기 위해 약 200km에 달하는 땅굴과 참호, 연결 교통로를 구축하고 야간전투 위주로 행동했다. 그들은 매복과 기습에 강했다. 당시 중공 지원군과의 전투를 경험한 미군 사병 출신 인사는 이렇게 회고했다.

중공군이 인해전술로 진격해 올 때는 마치 일본군의 가미가제 같았다. 그들은 생명에 대한 애착이나 존엄, 죽음에 대한 공포 같은 것이 없어 보였다.

연합군과 남한 국방군은 서울을 포기하고 1951년 1월 4일에 다시 서울 이남으로 후퇴했다. 이후 소련도 공군을 파견하여 지원했고, 중공은 소련의 지원 아래 1949년 11월 11일에 공군을 창설했고 공군의 역량을 적극 강화했다.

그러나 3차 전투 이후 연합군과 한국군의 퇴각은 전쟁 발발 초기에 혼비백산하며 밀린 것과 달랐다. 즉, 맥아더의 후임 리지웨이(M. B. Ridgway)의 지휘와 작전계획에 따른 계획적 후퇴였다.

펑더화이는 3차 전투 승리 후 점령한 서울에서 리지웨이 지휘하에 퇴

각하는 미군과 남한 국방군의 형세를 분석한 후, 이들의 계획적 퇴각 의도
를 읽었다. 그렇다면 공군력과 무기 및 장비 열세 속에 보급로가 길어지고
불안정해지는 위험한 국면에 빠질 수 있다고 판단하고, 군대 휴식과 정비
를 결정했다. 이 같은 펑더화이의 판단은 오랜 전투 경험을 기초로 형성된
감각과 능력이었고, 그 후 전투 진행 결과에 의해 중공 지원군의 희생을
대폭 줄인 결단이자 조치로 판명되었다.

　그러나 김일성과 소련 군사고문 스티코프(Shtykov)는 퇴각하는 미군과
남한 국방군을 계속 추격·공격해야 한다고 주장했다. 펑더화이는 계속 강
력하게 추격·공격을 주장하는 김일성과 언쟁 도중에 정색을 하고 “정 그럴
거면 네가 지휘해라”라고 대꾸했다. 평생을 전쟁터에서 산전수전 모두 겪
어낸 펑더화이의 입장에서 보면 전쟁을 도발한 후 감당하지 못해 지원을
간청한 애송이가 또 다시 위험을 초래할 수도 있는 요구를 하며 고집을 부
리자 짜증이 났을 것이다.

　그 후의 전황 전개는 펑더화이가 우려했던 대로 전개되었다. 바로 2월
부터 리지웨이가 지휘하는 미군이 다시 반격하면서 4차 전투가 시작되었
고, 중공군은 5만여 명의 사상자를 내고 방어선도 38선 북쪽으로 100km
이상 밀렸다. 그 뒤에 4월부터 5월까지 진행된 5차 전투에서 중공군은 또

다시 대패하고 1만 7000여 명이 포로가 되었다. 5차 전투 후 1952년 2월 마오쩌둥은 38선에서 장기적으로 대치한다는 지구전 전략을 제시했다. 이후 중공군이 반년이 넘는 기간 동안 수백 리의 전선에 참호를 구축하면서 전쟁은 대치 국면에서 국지전 양상으로 진행되었다.

5차 전투 이후 중공군은 수세에 몰렸으나, 미군도 사상자 수가 10만 명을 넘어서면서 미국 국내에서 전쟁 중지를 요구하는 여론과 정치적 압력이 커졌다. 또 하나 중요한 요인은 1953년 3월 5일, 스탈린의 죽음이었다. 스탈린은 미국이 계속 동아시아 한반도의 전쟁터에서 발을 빼지 못하는 상황이 소련의 유럽 전략 추진에 유리하다고 여기고 있었으므로, 한반도의 미중 전쟁 상황이 지속되기를 바라고 있었기에 정전협상에 소극적이었다. 따라서 스탈린이 죽은 후 약 4개월 후인 1953년 7월에 미군과 중공군 양측은 정전협상을 시작했고, 7월 27일에 정전협정서에 조인했다. 정전협정 체결 이후, 중공은 자신들이 세계 최강 미군과의 전쟁에서 승리했다고 선전했다. 그러나 중공 측 사상자 수는 38만 명에 달했고 소모 군비도 20억 달러에 달했다.

제6장

대약진 대실패,
공상 사회주의의 좌절[1]

'대약진운동'(1958~1962년)은 1957년 9월, 중공 8기3중전회에서 마오 쩌둥이 '반모진(反冒進)' 정책을 비판하고 농업 대약진의 실제 강령이라 할 수 있는 '농업발전강요 14조'를 통과시키면서 시작되었다. '반모진'이란 전 년도(1956년) 경제 공작 중 지나치게 조급하고 무모하게 추진하는 맹동주 의 상황을 개선하자는 합리적 의견이었으나, 이것이 마오에게 비판받은 후 좌경 맹동주의가 더욱 확산되었고 그로 인한 폐해도 커졌다. 전국 대부 분의 성, 자치구 당위원회는 각급 간부회의를 개최하고 공농업 생산을 고 조시키기 위한 준비를 시작했고, 이어서 11월 13일에는 ≪인민일보≫가 "전 인민이 떨쳐 일어나 40개조 강령을 토론하고 농업생산을 새로이 고조 시키자"라는 제목의 사설에서 처음으로 '대약진(大跃进)'이라는 용어를 제 시했다.

1958년 5월 5일부터 23일까지 베이징에서 개최된 중공 제8차 전국대 표대회 제2차 회의에서는 마오쩌둥이 제출한 "보다 높게(高), 많게(多), 빠

1   유튜브 북연TV, 〈중국현대사〉, 20~22회 '대약진 1, 2, 3' 참고.

르게(快), 좋게(好), 절약하면서(省) 사회주의를 건설하자"라는 '사회주의 건설 총노선'과 기본 원칙을 통과시켰고, 향후 15년 또는 더욱 짧은 시간 내에 주요 공업생산품 생산량에서 영국을 추월하겠다는 목표를 확정했다. 이 '총노선'의 기본 정신은 낙후한 중국의 경제·문화 상황을 가능한 빠르게 바꾸자는 것이었으나 경제발전의 객관적 규율을 무시했다. 즉, '총노선'은 점진적으로 소생산 농업을 합작사의 집체경제로 개조하고, 자본주의 상공업을 사회주의 공사합영(公私合營)으로 개조하고, 수공업을 합작화 방식으로 개조하겠다는 것이었다. 이는 생산수단 소유제의 사회주의 혁명을 통해 사유제를 소멸시키고 자본주의와 소생산을 멸종시켜 단일한 공유제 구조와 고도로 통일된 계획경제체계를 건립하겠다는 것이었다. '사회주의 개조'의 두 날개라 부를 수 있는 것 중 하나는 '합작화'였고 또 하나는 '일괄 구매 및 판매'였다.

이 회의에서 마오쩌둥은 국내 주요 모순이 이미 전환·변화(转变)되었다는 분석 의견을 비판하고 중국 사회가 당면한 주요 모순은 여전히 무산계급과 자산계급, 사회주의 노선과 자본주의 노선 간의 모순이라고 했다. 이 같은 분위기 속에서 전국의 각 성과 자치구의 대표들이 해당 지구당 조직 정풍운동 과정 중 당내의 이른바 '우파분자', '지방주의분자', '민족주의분자' 그리고 '우경기회주의분자'들에 대한 투쟁 경과를 보고한 후 수많은 지방의 지도 간부들을 '우파집단', '우경집단' 또는 '반당집단'이라 규정했다.

중공이 취한 이 같은 조치의 배경은 1956년 소련공산당 제20차 대회에서 니키타 흐루쇼프 제1서기가 스탈린을 비판한 것에 마오쩌둥이 충격을 받은 것이었다. 원래 중공은 당원, 비당원 구분 없이 '쌍백(双百) 방침', 즉 백화제방(百花齐放)과 백가쟁명(百家争鸣)식 의견 제출과 비판·토론을 자유롭게 개진하라고 장려했었다. 1957년 5월 17일 자 ≪인민일보≫는 중공중앙위원회 결정 사항이라며 "당 외부 인사들도 좀 더 대담하게 당의 결점을 비판해 달라, 당은 당 외부 인사 숙청 같은 것은 결코 생각하고 있지 않다"라는 보도도 했다. 그러나 이 말을 믿고 공산당에 대해 비판적인 생각을 밝힌 사람들은 곧 이어 진행된 반(反)우파 투쟁 국면에서 혹독한 탄압과 고초를 겪었다. 즉, 대부분 실종되거나 죽임을 당하거나 자살했다. 1957년 반우파 투쟁을 시작하던 당시에 마오쩌둥은 이렇게 말했다.

"현재 전국의 6억 인구 중 10%인 6000만 명을 두 부류로 나눌 수 있다. 한 부류는 사회주의를 단순히 찬성하지 않는 자들이다. 이들은 교육이 필요하다. 다른 한 부류는 사회주의에 반대하는 자들로 약 1200만 명이다. 이들은 진압해야 한다."

1958년 8월 17일부터 30일까지 허베이성의 해변 휴양지인 베이다이허(北戴河)에서 개최된 중공중앙정치국 확대회의에서는 국민경제계획과 당면한 공업생산, 농업생산, 농촌 공작, 상업 공작 등 문제를 토론하고 일부 공업 및 농업 생산지표를 더욱 과다하게 높여서 확정했다. 특히 다음해(1959년) 강철 생산량 지표를 그해 생산량(535만 톤)의 두 배인 1070만 톤으로 정했다. 즉, 전 당원과 전국 인민에게 '사회주의 건설 총노선'을 진지하게 관철하면서 15년 또는 더욱 짧은 시간 안에 주요 공업생산품 생산량 방면에서 영국을 추월한다는 지표를 확정하고 목표 달성을 독려했다. 또한 이 회의에서 제2차 5개년 계획(1958~1962년)을 통과시키면서 실제에 부합하지 않는 과다 목표들을 설정했다.

이와 함께 '농촌인민공사 건립 문제에 관한 결의'를 통과시키고, 전국 농촌에 보편적으로 인민공사를 건립한다고 결정했다. '결의'에는 "인민공사는 사회주의 건설과 점진적으로 공산주의로 가는 과도기에 가장 좋은 조직 형식이다. 또한 중국이 공산주의를 실현하는 것은 이미 요원한 장래의 일이 아니다"라는 표현도 포함되었다. 전국적으로 빠른 속도로 인민공사 설립 열기가 고조되기 시작한 게 바로 이 회의(1958년 베이다이허 정치국 확대회의) 이후부터였다.

이처럼 비정상적 과열 분위기 속에서 허풍, 과장, 허위 풍조가 갈수록 심해졌다. 우선 농업 분야에서 '고생산 위성(高产卫星)'이라 불리던 허위과장 생산량 보고 문제가 두드러졌다. 1무(亩)²당 생산량을 부단히 부풀렸고, 이 과정 중에 과대 지표, 눈먼 지휘, 허풍 및 과장 풍조와 '공산풍(共产风)' 행태가 갈수록 증폭·확산되었다. 공업 분야에서도 연간 철강 생산량 지표(1070만 톤)를 실현하기 위해 전국 각지에서 수천만 명의 인구를 동원해 '전민 강철 대제련운동(全民大炼钢铁运动)'을 추진했고, 교통·체신·교육·문화·위생 등의 산업 분야에서도 대규모로 인민을 조직 동원했다.

인민공사 바람은 1959년 8월 상순에 마오쩌둥이 허베이, 허난, 산동 등의 일부 농촌을 시찰하면서 시작되었다. 8월 9일, 마오가 산동성 당지 책임자와 대규모 합작사(大社)를 건립·운영하는 문제에 관해 논하면서, "역시 인민공사를 운영하는 게 좋다. 그것의 좋은 점은 공업, 농업, 상업, 교육, 군대를 하나로 통합해 지도하기에 편리한 것이다"라고 말했고, 이 말이 중앙 및 지방의 주요 신문 매체에 보도된 후에 중국 전국에서 향(乡)과 사(社)를 병합해 공사(公社)로 전환하는 운동이 추진되었다.

대약진 추진의 또 다른 배경에는, 마오쩌둥이 당시 사회주의 진영 내, 특히 제3세계 국가에 대한 주도권 경쟁을 의식하면서 이들 국가들에게 중국식 사회주의 이행 및 발전이 소련보다 빠르게 진행되는 모습을 보여주고 싶어 한 점도 있다.

가장 심각한 현상은 과장하고 떠벌이며 허위 보고하는 풍토였다. 이같이 허풍과 과장하는 풍조를 비유적으로 '위성 발사'라고 표현했다. 즉, 한 생산대가 1무에서 1만 근의 식량을 생산했다고 과장 선전 위성을 발사하

---

2   1무(亩)는 200평, 약 667m²이다.

〈그림 6-1〉 인민공사, 대약진, 총노선 지지 시위에 동원된 군중

〈그림 6-2〉 농민 대련강철(大炼钢铁) 장면

면, 곧 이어서 다른 생산대에서도 앞다투듯 한 단계 더 높이고 부풀려서 발
표했다. 농촌 출신이고 실사구시적 사고를 강조해 온 마오쩌둥이 현지 시
찰을 다니면서 이같이 황당한 허위과장 보고를 듣고도 의심하지 않았고,
오히려 흥분하고 기뻐하면서 관련자와 지방 간부들을 독려했다. 어떻게 그
럴 수 있었을까? 정말로 믿었던 걸까, 아니면 믿고 싶었던 걸까? 그해 1959년
루산에서 펑더화이가 지적했듯이 "머리가 뜨거워지고 망상에 사로잡혀서"
라는 말 외에는 설명이 안 된다.

　허난 시핑(西平)현 핑농업사(平农业社)가 평년 평균 벼 생산량으로 1무
당 2000~3000근인 밀 생산량을 7320근 생산했다고 발표한 것을 시작으
로, 후베이 마청(麻城)현 건국농업1사(建国农业一社)가 무당 3만 6956근, 또

〈그림 6-3〉 천하제일 양식 생산 농경지 출현을 보도한 《인민일보》 기사와 대형 배추

廊城建国一社出现天下第一田
早稻亩产三万六千九百多斤
福建海星社創花生亩产一万零五百多斤紀

광시(广西) 환강(环江)현 홍기공사(红旗公社)가 13만 434여 근을 생산했다고 과장 보고를 하고, 기만 연출을 위한 전시용 경작지를 만들고 선전하는 식의 행태가 만연했다. 심지어는 "무우 하나의 무게가 1000근(500kg)이 넘어서 나귀 두 마리로도 끌지 못한다", "배추 키가 어린아이 키보다 크다"라는 식의 허풍을 공공연하게 발표·선전했다. 더욱 황당한 것은, 이 같은 과장 허풍 보고를 대표적 관변 매체 《인민일보》가 장단 맞추며 보도했다는 점이다.

당시의 중국 과학계에서도 이 같은 허위과장 보고에 '과학적 근거'를 제공해 주는 '위성 논문'을 발사했다. 대표적 인물이 원자폭탄과 수소폭탄, 즉 양탄(两弹) 개발에 결정적으로 공헌하여 '인민영웅 과학자' 지위와 명성을 누리던 저명한 핵물리학자 첸쉐썬(钱学森)이다. 그가 1958년 6월 12일 자 《중국청년보(中国青年报)》에 발표한 글에서 다음과 같이 주장했다.

토지가 인간에게 공급할 수 있는 식량 생산량이 최고점에 도달했는가? 과학적으로 계산한다면 아직도 멀었다고 할 수 있다. 왜냐하면 농업생산의 한계는 매년 단위 경지면적당 태양광에너지에 의해 결정된다. 만일 이 태양광에너지를 농산품으로 환산한다면 현재의 생산량보다 훨씬 많이 생산할 수 있다. 당

〈그림 6-4〉 마오쩌동과 첸쉐썬

장 이 자리에서 계산해 봐도 1무의 토지에 매년 내리쬐는 태양광에너지 중 30%가 식물을 위해 이용되는 부분이다. 식물은 이러한 태양광에너지를 이용하여 공기 속의 이산화탄소와 수분을 자신의 영양분으로 만들어 공급하면서 발육·생장한다. 이 중 이용 가능한 1/5 정도를 먹을 수 있는 양식으로 바꾼다면 벼와 보리의 단위면적당 생산량을 현재의 연간 2000여 근 또는 3000여 근의 20여 배로까지 높일 수 있다.

후에 작가 우샤오보(吳晓波, 1968년~)는 당시 첸쉐썬의 발언에 대해 다음과 같이 비판했다.

첸쉐썬의 논문은 거대한 반향을 일으켰고 전국 각지에서 더욱 큰 위성을 발사할 수 있는 "과학적" 논증 근거를 제공했다. 이 문장이 발표된 후에 '식량 위성'의 무당 생산량 보고가 수천 근에서 대번에 수만 근으로 솟아올랐다. 따라서 첸쉐썬은 응당 1958년에 발표한 그 두 편의 논문과 그로 인해 조성된 후과(後果)에 대해서 사과해야 한다. 모든 사람은 자신의 언행에 대해 책임을 져야 하고 큰 인물일수록 그 책임도 크기 때문이다.

당시의 대약진은 객관적 규율을 위배했고 사회 생산력을 심각하게 파괴했으며, 국민경제 각 부문 간 축적과 소비 비율의 불균형을 심화시켰다. 경제업무 추진 과정에서는 조급하고 무모하게 추진하는 좌경 착오를 야기했다. 이는 국민경제와 인민생활에 매우 큰 타격을 주었다.

1958년 8월, 흐루쇼프와 만난 자리에서 마오쩌둥은 다음과 같이 말했다.

"1949년 중국 해방은 매우 기쁜 일이다. 단, 중국은 매우 낙후하고 가난하고 모든 게 비어 있다. 상공업의 개조와 조선전쟁에서 미국에 승리했으나 모두 유쾌한 일만 있었던 건 아니다. 나는 오직 대약진에 대해서만 완전하게 유쾌하다. 이 같은 속도로 발전해 간다면 중국 인민의 행복한 생활은 실현 가능하다."

이 같은 말은 마오가 자신의 바람대로 진행되지 않는 현실에 대한 초조감 속에 자기최면과 환상으로 빠져들었을 수도 있었겠다는 추측을 하게 한다.

그러나 객관적 경제 규율을 무시하면서 낭만적 구호만 내건다고 실현할 수 있는 건 없다. 결국 대약진은 대실패했고, 그 결과 수천만의 중국 인민들을 극도의 굶주림과 아사 상태로 밀어 넣었다.

대약진과 함께 추진된 농촌인민공사화 운동도 농업 발전에 부정적이고 소극적인 후유증을 남겼다. 농촌인민공사화 운동의 특징은 '일대이공(一大二公)', 즉 첫째는 큰(大) 규모(일반적으로 2000호 정도)이고, 둘째는 공유화(公有化)였다. 이는 필연적으로 권력을 과도하게 집중시켰다. 기층 생산단위는 자주권이 없었고 생산과정 중 책임도 없었다. 게다가 평균주의적 분배는 농민의 생산 적극성을 극심하게 떨어뜨렸다. 결국 1959~1961년 양식 생산량 감소에 따른 공급 곤란으로 전국적으로 3000만~5000만 명이 굶어 죽는 대기근을 초래했다.

중공은 농민을 기초로 혁명에 성공하여 대륙의 권력을 거머쥐었으나, 혁명 이후 국가 현대화를 추진하는 과정에서는 농민과 농촌의 희생을 요구했다. 오늘날까지도 확대·심화되고 있는 농민공(農民工)과 '삼농(三農)' 문제의 근원도 농민에 대한 수탈과 희생을 전제로 한 도농(城乡) 이원 구조를 공업화와 부국강병 실현을 위한 정책 수단으로 채택·고수하고 있는 데에 있다.

마오는 농민에 대한 인식과 평가에서 "소생산자는 매일 매시 자발적으로 자본주의를 생산한다"라고 하면서, "농민은 자유를 원하지만 우리는 사회주의를 원한다"라고 말했다. 마오가 말한 '우리'를 대표하는 건 당이고 그 당을 영도하는 유일한 사람은 바로 자기 자신이었다. 그렇다면 마오가 원한다는 '사회주의'란 무엇이었을까? 도대체 왜, 누구를 그리고 무엇을 위해 필요한 것이었을까?

마오는 스스로도 '사회주의 개조'가 농민의 저항에 마주치게 될 것이라는 것을 잘 알고 있으면서도 또 한편으로는 "중국 농민은 세계의 다른 지역 농민과는 달리 사회주의에 대한 적극성이 있다"라고 주장했다. 첸리췬(钱理群)은 이것을 "상호 모순적인 레닌주의와 포퓰리즘 사이의 길항"이라고 표현했다(첸리췬, 2012a: 85~86). 레닌은 "농민의 자발성은 절대 믿어선 안 된다"라고 지적하면서 사회주의의 실현을 위해서 농민에 대한 공산당의 인도와 농민의 자발적 경향과의 투쟁을 강조했다. 반면에, 마오는 농민의 천성적 사회주의(또는 사회주의로 전환할 수 있는) 경향에 대한 기대를 포기하지 않았다고 말했다. 그것이 진심이었는지 어떤 다른 의도가 있었는지는 알 수 없다. 아무튼 마오는 "우리는 대중을 믿어야 하고 또 대중은 당(党)을 믿어야 한다"라고 말했다. 물론 그 '당'의 유일한 대표는 바로 자기 자신이었다.

한편, 마오는 객관적 형세 변화와 자신의 주관적 판단 사이에서 동요하는 모습도 보였다. 1955년 당내 저항을 극복하기 위해 농업합작화 운동을 추진하고 농민의 사회주의적 적극성을 의도적으로 과장할 때, 그리고 대약진운동과 인민공사를 추진하던 시기에는 "현재의 상황은 바로 대중운동이 지도부 앞에서 가고 있고 지도부가 운동을 쫓아가지 못하고 있다"라고 했다. 그러나 대기근 시대에 농민이 개체 경영을 요구했을 때에는, "농민의 말을 들어서는 안 되고 농민에 대한 당의 지도를 강화해야 한다"라고 말을 바꿨다. 마오의 의중과 속내를 파악하기는 쉽지 않다. 그는 자신과 중공이 농민을 대표하고 또 그만큼 농민을 위해 일하고 있다고 말했지만, 실제는 끊임없이 농민을 이용만 했다. 마오는 이런 말도 했다.

국가의 공업화를 실현하기 위해 농민 이익을 희생해야 하며, 이는 '대인정'을 시행하는 것이고, 근본적으로 말해서, 이것이 바로 진정으로 농민의 이익을 대표하는 것이다. 만약 농민 이익이 일시적으로 침해되었다고 "보채는 울음소리"를 내면, 이는 우리더러 "중공업 건설을 하지 말라"는 것이며, 실제로 미 제국주의를 대변하는 것이다(첸리췬, 2012a: 85).

이후 마오가 통치하는 중국에서 "농민의 생활이 힘들다"라는 내용의 발언을 하려면, '미 제국주의를 대변하는 반혁명분자'라는 모자까지 쓸 각오를 해야 했다. 실제로 1959년 7월, 장시성 루산에서 펑더화이가 대약진의 문제와 농민이 처한 어려움에 대해서 지적하자 마오는 펑을 '반혁명 집단의 수괴'와 '소련 첩자'로 몰아서 숙청했다.

당시의 저명한 철학자, 사상가이자 농촌운동 지도자였던 량수밍(梁漱溟, 1893~1988년)이 최고국무회의 석상의 마오 앞에서 "노동자는 노동조합(工會)이 있어서 권익을 보호해 주는데 농민에게는 농회(農會)가 없다", "도

시의 노동자는 구천 위 하늘에 있으나 농민은
구천 아래 땅에 있다", "농민을 버렸다"라고 지
적했다.[3] 이는 마오의 아픈 곳을 찌른 것이었
다. 마오는 화난 어조로, "그가 우리 공산당보
다 더 농민을 대표할 수 있다는 듯이 말하는 건
황당하다. 마치 목수 앞에서 도끼질하는 격이
다"라고 말했다. 발끈해서 그렇게 말하긴 했으
나 마음속으론 당당하지 못했을 것이다.

〈그림 6-5〉 량수밍

　그 후 량수밍은 이른바 '문화대혁명' 시기에 홍위병들에게 가택수색과
수모를 당했다. '문혁' 당시에 량수밍 외에도 수많은 지식인들이 '어떻게 저
항할 것인가?' 또는 '어떻게 죽을 것인가?'라는 문제를 심각하게 고민했다.

　그렇다면 마오가 대표성을 강조한 중공과 중국 농민과의 실제 관계는
어땠을까? 마오는 대중의 불만 정서를 변혁 요구로 유도하고, 더 나아가
대중 역량을 동원하고 조종하는 방면에서 동물적 감각을 지닌 고수였다.
그가 말하는 대중정치 참여는 실제로는 조종과 공작을 통해 '대중적 계급
투쟁' 모양새의 운동을 발동하고 최종적으로 모든 법제와 규범까지 짓밟
는, '대중독재'라는 명분으로 자기 자신이 권력을 장악하기 위한 형식과 절
차일 뿐이었다. 그는 중농(中農)을 상중농(上中農), 즉 부유 중농과 하중농

3　량수밍은 마오쩌둥과의 이 논쟁 외에도 1971년 '9·13 사건'으로 린뱌오가 죽은 후,
　　마오가 곤란한 국면을 벗어나려고 1974년부터 전개한 '비림비공(批林批孔)' 운동 시
　　기에는, 린뱌오와 함께 공자(孔子)를 평가하는 비(非)역사적 관점에 결연히 반대했
　　고, 또한 펑더화이와 류사오치를 위한 옹호 발언도 했다. 이 같은 행동으로 인해서
　　마오쩌둥과 공산당으로부터 집중적인 탄압을 받을 때에도 "3군 사령관을 탈취할 수
　　는 있어도, 필부의 뜻을 탈취하지 못할 것이다(三軍可奪帥, 匹夫不可奪志)"라고 표
　　명하며 결연한 태도를 견지했다. 1988년 6월, 95세에 베이징에서 영면했다.

(下中农)으로 나누고, "부유 중농의 뒤에는 지주와 부농이 있어서 자본주의의 발전을 요구하지만 하중농과 빈농은 사회주의 발전을 요구한다"라고 말했다. 그러나 실천 과정에서 검증되었듯이, 중국 농촌의 하중농과 빈농 등 농민 대중들의 바람은 자신들도 상중농처럼 잘사는 것이었고, 이것을 실현시켜주지 못한다면 '사회주의'이건 무엇이건 아무 의미도 없는 것이었다. 농민들은 특히 토지 사유(私有)에 대한 열망이 강했다. 그런데 '위대한 영도자', '붉은 태양'인 마오가 "부유할수록 자본주의를 원하고 가난할수록 사회주의를 원한다"라고 말하니 도대체 무슨 소리인지 알 수가 없었다. 어려서부터 농촌에서 자란 나이든 부녀자가 마을 서기에게 이렇게 푸념했다고 한다.

"마오 주석은 어째서 늘 이렇게 소란만 피우고 우리가 편하게 먹고살게 놔두지를 않는 건가요?"

이 같은 상황에서 '사회주의 신중국'은 필연적으로 '가난한 사회주의'로 갈 수밖에 없었다.

1954년 수재(水災)의 영향으로 양곡 생산이 줄었지만, 중공 정권은 공업화 추진과 정전협정 직후의 북조선 지원을 위해 자국 농민들로부터 890만 톤의 식량을 초과 징수했고, 이로 인해 각지에서 식량난이 발생했다. 광대한 농목(農牧) 지구에서 굶주림으로 인한 부종병과 아사자가 발생했고, 밭가는 소와 양젖 짜는 양을 잡아먹고 초근목피로 연명하던 인민들의 군중성(群众性) 폭동이 빈발했다(첸리췬, 2012a: 80~83). 중요한 원인 중 하나는 공업화 추진을 위해서 공산품과 농산품의 가격 차이를 유지하면서 농민과 농촌을 희생시킨 것이다. 결정적인 것은 1953년부터 일괄 구매 및 판매가 실시되면서 중국 농민들이 토지개혁 후 무상분배 받은 토지를 (토지소유권 등기의 잉크 냄새가 채 가시기도 전에) 다시 무상몰수 당하고, 무보수, 무상으로 동원되어 노동을 제공하고, 기타 재산과 농기구까지 징발당하고, 국가 노예와 다름없는 처지로 전락한 것이었다. 특히 1959년 여름 장시성 루산에서 펑더화이를 비판·숙청한 후에 실제로 존재하는 농민들의 굶주림을 무시하는 정책을 계속 강행했고, 그 결과 농촌의 대기근 참상이 더욱 심화되어 갔다.

〈그림 6-6〉 대약진 시기 굶주린 농민

그다음으로, 중공이 고징수와 고비축을 한 또 다른 이유는 대외 수출과 원조를 위해서였다. 1959년 중국 전국의 양곡 생산은 1957년에 비해 약 2500만 톤 줄었으나, 대외 양곡 수출량은 209만 톤에서 415만 7500톤으로 배 이상 증가했다. 이는 제1차 5개년 계획(一五計划: 1953~1957년) 기간 중 평균 수출량의 2배였다. 이같이 수출량을 대폭 늘린 목적은 공업, 특히 국방 공업 발전 추진과 전쟁 대비를 위한 대량의 외화 조달을 위해서였다. 대표적인 예가 원자탄 제조 공정이다.

또 한편으로, 중국정부는 전문적인 기구를 설립하고 대외 원조를 했다. 전국적 기근이 가장 심각했던 1960년에 중국은 아프리카 가나에 쌀 1만 톤, 콩고에 밀 5000톤과 쌀 1만 톤, 알바니아에 식량 5000톤을 원조했다. 1962년에는 중국의 대외 원조 총량이 609억여 위안에 달했다. 이해에 중국 내 식량 조달을 위해서 캐나다에서 대규모로 밀을 수입해 싣고 중국 국내로 오던 배가 태평양 해상에서 당 중앙의 전보를 받고 항로를 바꾸어 알바니아로 가서 그 밀을 원조물자로 제공하고 온 경우도 있다.[4]

---

4   이 같은 중공의 대외 원조는 국제공산주의운동에서 소련과의 주도권 경쟁 때문이었다(첸리췬, 2012a: 406).

또 다른 큰 이유는 소련에 대한 채무상환을 위해서였다. 정작 소련은 채무상환을 독촉하지 않았으나 마오가 체면을 세우기 위해 미리 갚자고 했다. 저우언라이가 대략 10년 정도면 갚을 수 있다고 했으나 마오가 "지금 상황이 그래도 옌안 시기보다는 좋다. 허리띠를 더 조여 매고, 5년 내에 갚도록 하자"라고 했다. 이는 농민들로부터 더 많은 식량을 징수하자는 것이고, 그 과정에서 더 많은 농민이 굶어 죽는 상황도 감수할 수 있다는 말이었다.

가장 중요한 원인은 도시에 식량을 공급하기 위해서였다. 1959년 베이징시 시장이었던 펑전(彭眞: 1902~1997년)은 전국 전화 회의에서 "사람이 죽는 것도 성(省)에서라면 한개 성의 문제에 그치지만 베이징에서라면 국가의 문제이다"라고 말하며 각지에서 베이징으로 식량을 보내줄 것을 요구했다. 당시 대규모 아사자가 발생한 구이저우성에서도 약 5만 톤의 식량을 베이징으로 보냈다. 당시 중공중앙정치국 상무위원이고 서기처 총서기였던 덩샤오핑도 "한 사람이 굶어 죽는 일이 베이징에서 발생한다면, 쓰촨성 산촌에서 발생한 것보다 그 정치적 영향이 훨씬 더 크다. 전체 국면에서 생각해야 한다"라고 말했다.

수천만의 아사자는 모두 농촌에서 발생했다. 도시 시민들은 배급받는 식량의 양과 질에 차이가 있기는 했어도 '비정상 사망', 즉 아사하는 경우는 거의 없었다. 농촌에서도 당 간부나 정부 관원 같은 관리자들은 굶지는 않았다.[5] 이 중에는 대기근 시기에도 농촌지구 시찰을 할 경우에 현지 농

---

5   1950년대 초 중국의 정부 관원은 30개 직급으로 구분되어 있었고 1급이 가장 높고 30급이 가장 낮았고, 직급별 식량 배급 기준도 달랐다. 대기근 상황에 있던 때에도 과장(科長)급인 17급 이상은 정액 이외에 황두(黃豆) 2근, 설탕 1근, 그리고 사장(司長)과 국장급인 13급 이상은 돼지고기 2근, 계란 2근, 설탕 1근 등을 추가로 배급받았다. 부성장급인 8급 이상 고급 간부의 경우에는 돼지고기 4근과 기타 긴급히 필

민들이 준비한 음식을 먹지 않고 란저우 호텔(兰州饭店)의 음식을 배달시켜 먹었다는 당시 간쑤성(甘肅省) 제1서기 장종량(张仲良), 그리고 거의 매일 호텔에서 회의를 개최하고, 회의 참석자들에게 호텔 식당에서 풍성한 식사를 제공하고 저녁에는 공연·영화감상·무도회 등을 개최토록 한 쓰촨성 제1서기 리징취안(李井泉) 같은 자도 있다. 허난성 신양지구에서는 관할 지구 내 농촌에서 비정상적으로 사망하는 아사자가 증가하고 있는 상황을 어떻게 숨길 것인가에 대한 대책 논의와 하부 행정 기구에 전달하기 위한 회의를 고급 초대소에서 개최했는데, 약 한 달간 계속된 회의 기간 내내 식당에서는 돼지고기, 닭고기 등 육류를 포함한 풍성한 식사를 제공했고, 오후 회의 때는 간식으로 과일도 제공했다.

'사회주의 신중국' 농민에게는 의무만 있었고 권리는 없었다. 농민은 전민 강철 제련과 공업생산, 그리고 교통시설, 교육시설, 대수리 공정 건설 작업 등에 인력·물자·재산을 무보수, 무상으로 제공하는 수탈 대상일 뿐이었다. 1960년 6월, 국무원 재무판공실은 주요 도시의 식량 사정을 발표하면서, "베이징의 식량은 7일 정도 버틸 수 있고, 톈진은 10일, 상하이는 이미 바닥 상태, 랴오닝성(辽宁省)의 10개 도시는 8일 정도 버틸 수 있다. 만일 도시에 식량이 공급되지 않으면 그 결과는 상상할 수도 없다"라고 보고했다. 이 발표 이후 농촌 농민에 대한 식량 징수는 '국가보위를 위해서'라는 명분하에 약탈 수준으로 진행되었다.

1961년 루산 공작회의 이후에는 '농촌을 짜내어 중대형 도시를 보위하라'는 방침이 하달되었고 농민을 수탈하는 방식으로 도시의 식량 안전을 보장하는 것이 중공의 국가정책기조가 되었다. 그해 중국의 식량 생산량

요한 식량을 두 배로 받을 수 있다고 규정되어 있었다. 이 외에도 고급 지식분자들에 대한 식량 배급기준도 일반 백성(老百姓)보다 높았다.

1958년 '영국을 추월하고 미국을 따라잡자'는 구호를 내세운 대약진이 시작된 후, 그 '따라잡겠다'는 시간이 '영국 30년, 미국 50년'에서 계속 당겨져서, '영국 5년, 미국 10년'으로까지 되었고, 허풍, 과장 보고, 과도 지표, 극좌 구호, 강압적 명령 등의 바람이 전국 농촌을 휩쓸었다. 1959년 장시성 루산에서 개최된 정치국 확대회의에서 원래는 대약진 실천 과정에서 드러난 좌경 노선의 문제점을 토론하고 교정한다는 목표를 설정하고 준비했으나, 마오쩌둥이 대약진의 폐단을 비판한 펑더화이의 서신 내용을 본 후 펑에 대한 숙청을 진행하면서 '반우파 투쟁'을 진행했고, 이후 대약진 노선과 추진 방식이 전혀 교정되지 않은 채, 오히려 갈수록 과열되었다. 그 결과 전 중국 농촌에 이전에 없었던 대기근이 발생하면서 전국적으로 수천만에 이르는 인구가 아사를 암시하는 '비정상 사망'이란 통계 항목 수치로 기록되었다. 이 중에서도 대표적인 사례가 허난성 동남부 신양지구의 참상이다.

1958년 허난성 전체의 양식 생산량은 실제로는 281억 근이었으나, 당시 허난성 서기 우즈푸(吳芝圃)는 중앙에 702억 근이라고 허위 과장 보고했다. 1959년에는 허난성 양식 생산량이 다시 전년 대비 23% 감소하여 217억 근으로 줄었으나 우즈푸는 오히려 전년도에 허위로 부풀려서 보고한 생산량에 다시 30% 증가한 1000억 근으로 증가했다고 중앙에 보고했다. 중공 지방 행정단위 중 가장 상위 층차(層次)인 성 위원회 서기가 이와 같은 수준이었으니 그 밑의 층차 행정단위와 기층 단위 간부들의 수준과 행태도 대략 짐작할 수 있다. 이같이 허위 과장 보고한 양식 생산량 기준에 따라 국가에 납부해야 하는 양식의 양도 실제 양식 생산량의 40% 이상으로 대폭 증가했다.

1960년에는 실제 양식 생산량이 전년보다 다시 18% 감소한 177억 근이 되었고, 농민 중에 아사자가 속출하기 시작했다. 그러나 우즈푸는 신양지구 서기로부터 당지 농민이 굶어 죽었다는 상황 보고를 받은 후에 이렇게 말했다. "중국 역사상 어느 왕조에서나 기근 때에는 사람이 서로 잡아먹는 상황도 발생했다. 농민이 굶어 죽는 것이 그리 대수로운 일은 아니다."

성 위원회는 국가에 납부해야 할 양식을 거둬들이기 위해 농민에 대한 양식 징수 지표를 정하고 하부 행정단위로 하달, 시행하면서 '반만산(反瞞産)', 즉 생산량을 속이지 말자는 운동을 전개했다. 기층 농촌의 간부들은 할당받은 목표량을 채우기 위해서 농민들이 생존을 위해 숨겨둔 식량을 찾아내려고 공권력과 공안 무력을 사용해서 농민들을 묶고, 매달고, 때리고, 가두고, 밤잠을 안 재우고 고문하고, 집을 헐어 부수고, 거리로 끌고 다니면서 조리돌리기 등 온갖 잔인한 짓들을 하면서, 그 같은 행패를 '반혁명 투쟁' 또는 '반우파 투쟁'이라 선전했다.

중국 농민들은 장구한 역사 기간 동안 당해온 이러한 수탈과 행패에 익숙한 상태였다. 그러나 이번에 붉은 완장을 차고 나타난 자들은 이전의 지주나 마름들과 달랐다. 이들은 농민들을 잔인하게 수탈하면서도 '혁명과 국가를 위해서'라면서 매우 당당했고 거리낌 없이 행동했다. 이 같은 상황 속에서 농민들은 수확한 곡식 중 생존에 필요한 최소량의 양식조차도 남기지 못하고 빼긴 후에 굶주리고 초근목피로 연명하다가 부종병(浮肿病)에 걸리고 굶어 죽었다. 열심히 농시를 지어본들 생존에 필요한 양식조차 남기지 못하고 강탈당하고 굶주려야 하는 국가 노예 처지가 된 것이다. 이 같은 상황에서 농민들의 생산에 대한 의욕과 적극성이 급속하게 저하되었고, 설상가상으로 가뭄, 메뚜기 떼 등 자연재해까지 겹치면서 농업 생산량이 더욱 빠르고 극심하게 줄었다.

그런데도 성 위원회는 여전히 과다 생산 목표를 책정하고, 중앙에 식량 생산량 실적을 거짓으로 부풀려서 보고하고, 하층 농촌 조직과 단위에는 '식량을 숨기는 것은 반혁명'이라고 몰아세우면서 더욱 많은 식량 징수를 독촉했다. 현 위원회 간부들이 할당량을 채우기 위해 농민들을 때리고, 조리돌리고, 가두고, 집을 부수고, 가축을 뺏어가는 일이 일상이 되었다. 이 같은 횡포와 굶주림을 피해 외지로 나가 유랑, 구걸하는 농민들이 증가하자 신양지구와 허난성 위원회는 각 촌의 길목 입구 등에 보초를 세워 관할 구역 내 촌민들이 외지로 나가는 것을 통제했다. 그 결과 허난성 신양지구에서만 100만여 명이 굶어 죽었고, 성 전체 아사자 수는 200만~300만 명에 달했다.

1958년 11월에 허난성 미현(密縣)에서 굶어 죽은 농민 사례가 최초로 보고되었다. 이는 중국 전국의 기근 상황이 드러나기 시작한 것에 불과했다. 굶주리다 부종병에 걸리고 결국에는 죽어간 농민의 수가 갈수록 증가했다. 후에 중공중앙에서 파견한 조사팀의 조사 결과 보고에 의하면 수많은 촌락에 인적이 끊겼고 허난성 광산현에서만 20만여 명이 굶어 죽었고, 심지어는 사람이 사람을 잡아먹은 참상도 있었다(林蘊暉, 2008: 239). 그 후에 밝혀졌듯이, 신양지구의 이 같은 참상은 비교적 일찍 드러나고 폭로되었을 뿐이다. 그 시절에 식량 부족과 아사자의 발생은 중국 전국에서 보편적인 현상이었다. 1958~1962년 대약진운동 기간 중 중국 전국에서 이른바 '비정상 사망자', 즉 굶어 죽은 백성 숫자가 약 3000만~5000만 명에 달했다. 이 중 쓰촨성의 아사자 수만도 1200만 명으로 추산된다(林蘊暉, 2008: 282).

은 1425억 kg이었다. 이를 모두 농민에게 주어도 4년 전인 1957년 농민이 소비한 식량 총량 1565억 kg에 미달했다. 그럼에도 불구하고 이 중 192억 kg을 징발해 도시로 보냈다. 식용유와 달걀 등 기타 식품류의 경우도 비슷했다. 1960년에는 모든 계란을 징발하도록 했고 이 중 80%는 수출하고 20%는 내수용으로 주로 도시에 공급했다. 이 같은 상황에 대해서 당시 국무원 재정부장은 "프롤레타리아계급 독재인데 프롤레타리아계급은 달걀을 먹지 못하고, 노동자·농민 연맹인데 노동자·농민이 모두 달걀을 먹지 못한다"라고 말했다. 그럼 계란은 누가 먹었나? 당시에 '특수공급 대상자'

로 분류된 당의 고급 간부와 고급 지식인들만이 달걀을 먹을 수 있었다(첸리췬, 2012a: 406~407).

대약진 기간(1958~1962년) 중 굶어 죽은 '비정상적 사망자' 수가 적게 추산해도 중국 전국에서 3000만 명 이상이다. 이같이 굶주려 죽은 인민의 실상을 비교적 생생하게 전해주는 주요 사례 중 하나가 당시 허난성(河南省) 신양(信阳)지구에서 발생한 사건이다(〈참고 6-1〉 '허난성 신양지구의 참상' 참조).

대약진운동의 배경과 원인

대약진운동은 마오쩌둥이 스스로 "20년 또는 그보다 더 긴 시간이 필요할 수도 있다"라고 말해왔던 '신민주주의 단계'를 종결·폐지하고 '사회주의 개조'를 추진하기로 결정하면서부터 시작되었다. 마오는 원래 옌안 시기부터 사회주의 건설을 추진하기 전에 과도 단계로 20~30년 정도의 신민주주의 단계를 거쳐야 한다는 견해를 수차례 밝혔었다. 중화인민공화국 출범 준비 중이던 1949년 7월 4일, 중앙당교 제1회 졸업식 강화(讲话)에서는 신민주주의 단계를 의미하는 다음과 같은 말을 한 바 있다.

"20년 후 우리의 공업이 일정한 수준까지 발전한 후 상황을 보면서 사회주의로 진입할 것이다."

이어서 같은 해 9월 29일에 베이징에서 개최된 제1차 '중국인민정치협상회의'에서는 중화인민공화국 건국의 정치적 토대는 사회주의가 아닌 신민주주의, 또는 인민민주주의라는 점에 만장일치로 합의했다. 이 회의에서 한 대표가 "얼마의 시간이 지난 후에 사회주의로 진입할 수 있다고 보느냐?"라고 질문하자 마오는 '대략 20~30년'이라고 대답했다.

그랬던 마오가 1953년경부터 180도 입장을 바꾸어 '사회주의 지름길'

노선을 주장하기 시작했다. 1953년 6월 15일 중앙정치국 회의에서는 과도기의 총노선과 총임무에 대해 설명하면서 '신민주주의 질서 확립'이라는 표현을 다음과 같이 비판했다.

"어떤 사람은 혁명이 성공한 후에도 여전히 혁명적 전환을 모르고 그들의 신민주주의를 고집하며 사회주의 개조를 하지 않으려 한다. 이는 우경(右傾)적 착오이다."

이어서 1954년에는 헌법을 제정하면서 '공동강령'과 함께 자신이 주장했던 '과도기로서의 신민주주의 단계론'을 완전히 폐기해 버렸다. 그리고 '사회주의 건설 총노선'을 채택하고 소련보다 더 빠르게 사회주의 건설을 추진해 짧은 기간 안에 영국과 미국의 생산량을 따라잡고 추월하겠다며 '대약진(大跃进)', '단번 도약'과 같은 구호를 내걸고 인민공사화 운동을 밀어붙였다.

그러나 그 결과는 대실패였다. 중국정부의 공식 관방 기록에서도 대약진과 인민공사화 운동에 대해서는 '사회주의 건설 노선을 탐색하는 과정 중의 엄중한 실책'이라고 기록하고 있다. 즉, 객관적 경제발전 규율을 무시하고 주관적 의지와 노력을 과대평가했고, 과다 지표, 맹목적 지휘, 허풍과 과장 풍조 및 공산풍(共产风) 등의 착오가 난무한 결과 공업과 농업생산, 그리고 전체 국민경제에서 축적과 소비 간의 비율 균형을 극심하게 파괴했다고 지적·비판했다.

마오는 왜 당초의 신민주주의 단계라는 구상을 대약진과 인민공사화 운동으로 바꾸고 조급하게 밀어붙였을까? 마오의 생각을 바꾸게 한 자신감의 배경은 첫째, 한국전쟁의 승리와 이 전쟁 기간 중 진행된 공산당 독재체제의 공고화로 인한 자신감 고조, 둘째, 국방 역량의 강화와 토지혁명투쟁을 포함한 각종 사회주의 개조 운동의 순조로운 추진, 재정 상황 호전, 국영경제 및 사회주의경제 요소 증가 등 국내 형세의 호전, 셋째, 세계 자본주의 진영 내 모순 증가 등 유리한 국외 환경 등으로 추측해 볼 수 있다.

정치가의 윤리를 '신념윤리'와 '책임윤리'로 구분한 막스 베버의 구분 기준으로 보면 (마오쩌동과 같은) 이 같은 정책결정 스타일은 전형적인 신념 윤리에 속한다. 베버는 신념윤리를 신봉하는 생디칼리스트(syndicaliste)들의 특징을 다음과 같이 설명했다(베버, 2011: 211).

> 순수한 신념에서 나오는 행위가 나쁜 결과를 가져온다 하더라도, 이들은 그 책임을 자신의 행위가 아니라 세상 또는 타인들의 어리석음 탓으로 돌린다. 심지어는 인간을 어리석게 창조한 신에게 돌릴지도 모른다.

마오는 '인민의 행복한 생활'을 실현하기 위해서라고 말하면서, 정작 수많은 인민들을 굶주림 속으로 내몰고 굶겨 죽이는 결과가 초래될 일을 밀어붙였다. 이 같은 확증편향과 소시오패스적 성격은 마오쩌동뿐만 아니라 거창한 이념을 들먹이면서 새로운 사회구조를 구축하겠다고 주장하는 혁명 이론가와 정치가, 철학자 등에게서 자주 볼 수 있다. 마오는 늘 '인민과 사회주의혁명을 위해서'라는 명분을 내걸었지만, 실제 실천 과정에서는 그와 상반되고 역행하는 행동을 거리낌 없이 밀어붙였다. 그리고 그 정도가 갈수록 심해졌다.

그는 늘 각 건설사업 항목을 좀 더 빨리 진행하고 싶어 했다. 가장 빠른 속도로 중국의 낙후한 경제, 빈약한 물질 기초, 피동적 국면을 돌려세우고 싶어 했다. '신중국' 정권 출범 초기에 경제가 수년 연속 고속 성장하자 그만 냉정을 잃고 조급한 마음으로 대약진과 인민공사화 운동을 발동했다. 그는 수억의 전국 인민을 동원하여 혹독하게 일하면 수년 또는 십수년 후에 영국을 추월하고 미국을 따라잡을 수 있다고 확신한 듯하다.

오늘 대다수 중국 인민들과 우리는 그러한 마오의 확신과 시도는 애당

초 실현 불가능했고 실패할 수밖에 없었다고 여긴다. 그러나 당시에 마오는 '일이란 사람이 해내는 것이므로, 중국 인민의 열정으로 짧은 시간 내에 전국의 경제와 문화 건설을 비약적으로 발전시킬 수 있고, 머지않아 번영·부강한 중국을 실현할 수 있다'고 굳게 믿은 듯하다. 그러나 객관적 조건과 자연 규율, 경제 규율을 무시하고 의욕만 넘쳐서 과도히 높게 설정한 대약진을 밀어붙인 결

<그림 6-7> 대약진 당시 선전 구호

과, 일순간에 전국 도처에 '1무(亩)당 식량 생산량 1000근, 1만 근' 같은 '기적'을 달성한 현들이 연이어 출현했다. 이와 함께 강(鋼), 철(鉄), 석탄 등 주요 광공업 산품의 생산량도 두 배 이상씩 증가했다는 허풍, 과장 보고가 연이어 올라왔다. 마오쩌동을 비롯한 중공중앙 간부들은 흥분하고 뇌가 과열되기 시작했고, '영국을 추월하고 미국을 따라 잡자'는 목표 달성 시점을 부단히 앞당겼다. 가령, 영국 추월 시점을 15년 후에서 10년 후로 당겼고, 다시 7년 후로, 또 다시 5년 후로 당겼다.

대약진과 함께 농촌인민공사화 운동을 추진한 지 불과 수개월 만에 중국 전국의 수억 농민은 소유한 토지는 물론 가축, 농기구들까지 모두 '공공(公共)'에 내놓아야 했다. 심지어 지방에 따라서는 농민의 주택, 놋쇠 솥 및 생활용품도 '공산주의로 가는 과도(过渡) 기간 중의 공(公)'이 되었다. 그러나 객관적 경제 규율과 토지 소유에 대한 농민의 열망을 무시하고 농민들을 집단노역에 동원해서 농사를 방치하게 한 이 운동은 대실패했고, 그 결과는 처참했다. 불과 1~2년도 안 되어서 전국적인 대기황(大饥荒)이 나타

낮고 '비정상 사망자'로 기록되는 아사자 수가 급증했다. 그 많다던 양식이 도대체 모두 어디로 가버렸단 말인가? 아무튼 '기적적 식량 증산' 같은 건 애당초 있지도 않았다는 사실을 일반 백성들이 알게 되기까지 그리 오랜 시간이 걸리지 않았다. 농촌 기층의 불량배, 건달 등까지 포함된 붉은 완장을 찬 자들이 인민공사화 추진 등 급진적으로 결정된 당 중앙의 결정과 의도를 관철하겠다면서, '첫째 공평, 둘째 조정(一平二調)', '큰 공장, 통 큰 운영' 등 중앙에서 하달받은 구호를 외치면서 경작제도와 경작 기술을 개정한다는 등 법석과 소동을 떨어댔지만, 식량과 면화와 식용유 등 작물 생산량이 (증가하지 않았을 뿐만 아니라) 오히려 역대 최대 폭으로 감소했다.

공업 생산에서도 판을 과도하게 크게 벌이고 의욕과 욕심을 부리며 난잡하게 항목을 정했다. 과도하게 강철 증산을 강조했으나 오히려 종합 경제 균형이 파괴되었고 기타 산품의 생산 환경도 심각하게 교란되었다. 또한 적지 않은 규정과 제도들을 폐지한 결과 기업 관리 분야에 혼란을 조성했고 그 영향으로 경공업과 중공업 모두 심각하게 훼손되어 생산량 수치가 수직으로 떨어졌다.

제7장

1959년 루산회의, 펑더화이 숙청[1]

마오쩌둥은 탁월한 전략가였으나, 동시에 고집과 오기가 매우 강했다. 자신의 과오를 좀처럼 인정하지 않고, 또한 복수심이 매우 강했다. 단, 마오의 행동 전략은 자신의 권력 기반이 얼마나 공고한가에 따라 차이를 보였다. 즉, 자신의 권력 기반이 튼튼하지 못하다고 느낄 경우에는 상당한 정도로 양보와 타협도 했다. 그의 사상과 전략의 핵심이라 할 수 있는 이른바 '군중노선'과 '실사구시'는 그 같은 실천 과정을 통해서 형성된 것이라 할 수 있다. 이 같은 측면에서 마오의 성격 특성과 본성이 노골적으로 드러나기 시작한 시기는 1959년 여름 장시성 루산에서 개최된 중공중앙정치국 확대회의(1959.7.2~8.1) 이후였다. 마오는 이 회의에서 대약진에 대해 비판 의견을 제출한 펑더화이를 숙청했다. 짐작컨대 그 이유와 동기는 대약진운동과 합작화, 인민공사 운동으로 인한 부작용과 그에 따른 경제정책 실패와 대기근에 대한 책임을 회피하기가 어렵고, 자신의 당내 권위와 권력이 흔들리고 위협받고 있다는 불안감 때문이었다.

장시성 저우장(九江)시 관할 루산은 수려한 경치와 함께 여름철에도 시

---

1   유튜브 북연TV, 〈중국현대사〉, 23~24회 '1959년 루산회의 1, 2' 참고.

원하여 유명한 피서지이기도 하다. 중공이 대륙의 정권을 장악한 이후 이곳에서 중공 역사에 풍파를 일으킨 주요 사건이 두 차례 발생했다. 첫 번째는 1959년 7월 초부터 8월 중순까지 개최된 중공중앙정치국 확대회의(7.2~8.1)와 8기8중전회(8.2~8.16) 두 회의이다. 이 회의에서 마오쩌둥은 사전에 미리 린뱌오를 포섭한 후 당시 국방부장으로서 대약진 시행 과정상의 문제를 정면으로 제기한 펑더화이를 '우파'로 몰아 "소련과 내통한 반혁명분자"라는 모자를 씌우고 숙청했다. 두 번째는 마오가 다시 린뱌오에 대해서도 토사구팽을 시작한 '1970년 루산회의'이다.[2]

원래 '1959년 루산회의'는 중앙정치국 확대회의만 개최할 계획이었고, 회의 개막 초기에는 참석자 대다수가 '신선(神仙) 회의'라고 불렀을 정도로 가볍고 즐거운 분위기였다. 사전에 전달된 회의 주제는 주로 경제업무 중의 좌경 착오를 교정하는 것과 마오쩌둥이 제출한 19개 의제에 대해서 토론하자는 것이었다. 즉 독서, 형세, 금년도 및 4년 임무, 선전, 종합 평형, 군중노선, 공업 관리, 체제, 협작 관계, 공공식당, 농촌초급시장 회복 등이었다. 이 중에서도 당면 형세와 앞으로의 임무와 구체적 정책이 핵심이었다.

마오쩌둥은 국내 형세를 3개 구절로 개괄했다.

성적은 위대하고, 문제는 적지 않고, 전도는 밝다(成绩伟大, 问题不少, 前途光明).

그리고 대약진운동과 인민공사 정책의 오류로 인한 부작용과 문제점

---

2 린뱌오는 펑더화이가 숙청되고 군부의 실권을 장악한 이후 마오가 기획·연출한 이른바 '문화대혁명'의 든든한 배후 지원군 역할을 하면서 중앙 권력 무대에서 승승장구하여 마오쩌둥의 후계자로 공식 지명받는 위치에까지 올라가지만, 결국 마오에 의해 숙청당한다(이에 대한 구체적 내용은 11장 참고).

을 "열 개의 손가락 중 아홉 개의 성과와 한 개의 착오"라는 말로 표현했다. 아무튼 그의 성격과 고집에 비추어볼 때 이 정도로나마 자신의 과오를 인정한 것은 매우 드물고 쉽지 않은 일이었다.

마오는 당시에 보편적으로 존재하던 사회주의와 공산주의, 그리고 집체소유제와 전민소유제가 뒤섞이고 혼동된 상태에 대해 필히 이들 간의 경계를 명확히 구분해야 하고, 실사구시적인 것과 맹목적인 것을 분별해야 한다고 했다. 또한 상품과 화폐를 폐지하자는 일부 인사의 주장을 '좌경착오'라고 비판했고, 루산에 도착한 후에 일부 책임자들을 접견한 자리에서 "이번 회의의 주요 임무는 좌(左)를 바로잡는 것"이라고 밝혔다. 단, 늘 그랬듯이 마오가 드러내고 밝히지 않은 전제와 범위가 있었다. 그것은 자신이 주도한 대약진운동을 총체적으로 부정하는 것은 용납할 수 없다는 것이었다.

회의 초기부터 이 같은 마오의 마음을 정확하게 읽고 있었던 사람은 저우언라이뿐이었다. 7월 11일 밤, 마오가 루산의 자신의 숙소에서 당시 후난성 제1서기였고 직전에 마오쩌둥의 비서도 지낸 바 있는 저우샤오저우(周小舟)와 저우후이(周惠, 1918~2004년), 리루이(李锐, 1917~2019년) 등과 함께 이야기를 나누는 자리에서 대약진 기간 중에 기층 농촌 간부가 거짓 과장, 허풍보고 하고 있다는 실상에 대해 들었지만, 마오는 싫어하는 기색을 드러내지 않고 계속 화기애애한 분위기에서 대화를 진행했다. 이후 저우샤오저우는 다른 회의 참석자들에게 마오와의 대화 내용과 분위기를 전하며 "마오 주석이 좌(左)에 반대하고 교정하려 한다"라는 의견을 퍼뜨리며 여론을 조성하려고 했다. 그러자 저우언라이가 그를 불러서 "다시는 그런 말을 퍼뜨리지 마라"라고 경고성 주의를 줬다(왕단, 2013: 171~172).

회의 초기에는 회의 분위기도 편해서 말 그대로 '신선회의'라 부를 만했다. 낮에는 회의하고 저녁에는 공연이나 영화를 보고 무도회와 시 짓기 활동 등의 일정으로 진행되었다. 그러나 각 소조별 토론이 진행될수록 이견이 돌출되었다. 그중에서도 마오쩌둥이 요약한 "성적은 위대하고, 문제는 적지 않고, 전도는 밝다"라는 3개 구절 중 "문제는 적지 않고"라는 구절을 '어떻게 이해해야 할 것인가?'가 핵심 문제였다.

7월 3일부터 대지구별로 화북조(华北组), 동북조, 화동조(华东组), 중남조(中南组), 서남조, 서북조 6개 소조로 나누어 토론하는 방식으로 회의가 시작되었다. 회의 초기에는 참가자 대부분이 문제와 결점을 지적하기보다는 마오의 심중과 분위기 파악을 위해 눈치를 보면서 신중하게 처신했으나 회의가 진행될수록 문제점을 지적·제기하기 시작했다.

후난성 위원회 제1서기 저우샤오저우는 형세를 낙관하기 어렵다는 의견을 밝혔다. 그는 후난성의 상황을 설명하면서 "지난해 식량 생산량이 225억 kg으로 전년 대비 두 배 증가했다고 보고했으나, 실제 식량 생산량은 165억 kg에 불과했고 생철 생산량도 767만 톤이라 보고했으나 실제는 60만 톤에 불과했다"라고 밝혔다.

제1기계공업부 부장 자오얼루(赵尔陆)는 "대약진 중 수많은 경험과 교훈을 총결해야 한다. 예를 들면, 허위·과장·공산풍 허풍 보고와 계획이 주도면밀하지 못했던 점, 비례 관계를 소홀히 한 점, 무계획적 업무 처리, 품질 경시 등이다"라는 요지의 의견을 발표했다.

7월 4일에는 류사오치가 중남조에서 "1958년 대약진은 1957년 저장분을 먹어버렸고, 1959년도분을 미리 지출하게 했다. 1958년 최대의 성과는 혼란을 통해서 교훈을 얻은 것이다. 이것이 경제적 의의보다 크다. 전 당과 전 인민이 심각한 교훈을 얻을 수 있었으나 또 다른 한편에서는 수많은 혼란과 파괴가 발생했다"는 요지의 발언을 했다.

주더는 중남조에서 "농민 사유제를 중시해야 한다"라고 말했다. 또, 공공식당 운영은 생산에는 유리하나 소비 측면에서는 적자라고 했다.

"식당은 손익을 자신이 책임진다지만 국가는 총체적으로 적자다. 꾸려가기 힘든 걸 무리하게 추진해선 안 된다. 공공식당을 전반적으로 폐지하는 것도 고려해 볼 수 있다."

그리고 이어서 다음과 같이 발언했다.

"현재 농민 중에는 불안정 상태에서 도시로 들어가려고만 하고, 집도 안 짓고 가구도 사지 않고 돼지 기르거나 채소 재배도 이전보다 적게 하고 돈이 생기면 다 먹고 써버린다고 한다. 이건 좋지 않다. 우리는 농민들이 돈 벌고 부유해지려고 노력하도록 해야 한다. 농민이 부유해지는 걸 무서워할 게 뭐가 있나? 농민들이 스스로 잘 살 수 있는 방법을 생각하게 하고 각자 자기 집을 일으켜 세우게 해야 한다. 가정 제도를 공고하게 하고, 응당 집에 돌아가서 가족과 함께 밥 먹고 쉴 수 있도록 해주어야 한다. 농민을 부유하게 하는 것을 '부농노선'이라 비판해선 안 된다. 결코 농민들을 가난하게 해서는 안 된다."

주더는 또한 공업 분야의 강철 대제련(大煉鋼鐵) 추진 과정의 문제점도 지적했다.

당시 국방부 부장이자 중앙정치국 상무위원으로 회의에 참석한 펑더화이는 마오쩌둥이 개회식에서 제출한 19개 문제와 국내 문제에 대한 개

괄을 듣고 회의에 대해 많은 기대와 희망을 가졌고 소조 회의 토론에도 매우 열정적으로 참여했다. 서북조 소조 회의에서 펑더화이는 다음과 같은 요지의 발언을 했다.

1957년 정풍운동과 반우파 투쟁을 성공적으로 추진한 후 성공에 도취해 자만해진 면이 있다. 승리 후에는 두뇌가 과열되기 쉬워서 잘 아는 경험조차도 쉽게 잊어버릴 수 있다. 무산계급 독재 이후에 관료주의를 범하기 쉽다. 왜냐? 당의 위신이 높아지고 행정명령이 많아지기 때문이다. 전쟁에서도 그렇듯이 승리하고 있을 때에는 그 이면의 사실들을 못 보거나 안 들으려는 일들이 발생하기 쉽다.

회의 참가자들 중 일부는 회의장 밖에서 더욱 준열한 관점을 밝힌 자들도 있었다. 그중에는 마오쩌둥에 대한 비판도 있었다. 즉, 마오가 이미 오만해져서 다른 의견을 듣지 않고, 매우 임의적이고 회의에서 결정된 것을 쉽게 바꾸며, 또한 경제 관련 업무를 잘 모르고 필히 존중해야 할 사물 발전의 객관적 규율을 자주 망각한다는 점을 지적, 비판했다. 한편, 이러한 말과 정황 정보들은 대부분 마오쩌둥에게 보고되었고, 이후 관련자들은 예외 없이 혹독한 질책과 탄압을 받았다.

마오쩌둥은 7월 10일 저녁에 각 소조 조장을 소집해 회의하는 자리에서 다음과 같이 자신의 의견을 밝혔다.

작년(1958년)의 일부 결점에 대해서 착오는 인정해야 한다. 계획 목표가 과도하게 높았고 계획 항목이 많았고 실제 식량 생산량이 많지 않아서 각 방면의 불만을 야기했다는 점도 인정해야 한다. 그러나 이는 개별 문제의 각도에서 보는 것이고 전체 국면에서 말하면 하나와 아홉, 또는 아무리 많아도 세 개 손가락과 일곱 개 손가락의 문제이다. 아무튼 성과가 더 크다.

당시 농촌에서 '비정상적 사망', 즉 굶어 죽은 농민 수가 3000만 명을 넘었다. 이토록 엄중한 상황과 문제에 대해 '손가락 한 개, 세 개'식으로 말하는 마오의 태도에 대해 경제 업무를 담당하는 실무자들, 즉 류사오치, 덩샤오핑, 천윈 등은 매우 답답하고 또 분노했을 것이다. 그중 류사오치의 반응이 덩샤오핑보다 강하고 직설적이었다. 이것이 아마도 마오가 이른바 '문화대혁명' 음모를 발동한 후에 류에게 덩샤오핑보다 더 심하고 잔인하게 보복한 이유일 것이다.

펑더화이는 이 같은 회의 분위기와 진행 상황에 대해 매우 우려했다. 펑더화이의 비서가 다음과 같이 회고했다.

회의 시작 후 일주일이 지나자 펑총(彭总)의 정서가 뚜렷하게 변했다. 웃는 일도 적어지고 소조 회의에 참가하는 일도 줄었다. 수시로 답답한 표정으로 복도를 거닐었다. 하루는 내게 "요 며칠간 소조 회의가 정말로 재미없었다. 가고 싶지 않다"라고 말했다. 그리고 "내가 소조 회의에서 말한 의견들이 회의 간보(简报)에 하나도 실리지 않았다. 다른 사람들도 적지 않은 문제들을 말했는데 간보에서는 볼 수가 없다"라고 불쾌한 기색으로 말했다.

고민하던 펑더화이가 7월 12일에 마오의 숙소인 메이루(美庐) 별장으로 찾아갔으나 경위들이 주석이 이미 잠들었다며 제지했다. 그러나 마오의 방에 불이 켜져 있는 것을 본 펑더화이가 밀치고 들어가려 하자 경위들이 다급하게 다시 펑의 앞을 막아서며 사정조로 양해를 구했다. "주석이 매우 특수한 손님을 만나고 있는 중이라서 아무도 들여보내지 말라고 했다"라는 것이었다. 그 말을 듣고 펑은 '이렇게 비밀리에 만나는 사람이 누

굴까?' 하는 의문을 품은 채 단념하고 숙소로 돌아왔다.

그날 저녁 마오의 방에 있었던 사람은 징강산 시절에 마오와 부부의 연을 맺었던 허즈전(贺子珍, 1909~1984년)이었다. 당시 루산에서 멀지 않은 장시성 수도 난창에 살고 있던 허즈전을 마오가 장시성 제1서기인 팡즈춘 (方志纯)에게 지시하여 은밀하게 루산으로 데리고 오게 한 것이었다(张涛之, 1998: 568~573). 허즈전은 마오가 징강산에서 토박이 토비 세력을 설복·회유하면서 생존 거점을 만들던 시절에 이미 그 지구의 여성 혁명가로서 활기차게 활동하고 있었고, 마오와 연애를 하고 부부의 연을 맺은 후 마오를 헌신적으로 도왔다. 그 후 장정까지 함께 하며 고난의 세월을 같이했으나 마오의 바람기로 관계가 소원해져 모스크바로 떠났고, 그사이에 상하이에서 여배우로 활동하던 장칭이 '혁명 수도'라 불리던 옌안으로 와서 산동성 동향인 캉성의 주선으로 마오에게 접근하여 마오와 결혼하게 된 것이었다. 오랜만에 허즈전을 만난 그날 저녁, 마오의 기분과 심사가 그리 좋았던 것 같지는 않다.

펑더화이는 숙소로 돌아온 후 문득 자신의 생각을 글로 정리해서 전하자는 생각을 하고, 자신의 인생을 반전시켜 버린 그 편지, 즉 이른바 「만언서(万言书)」를 쓰게 된다. 펑은 그 동기를 다음과 같이 회고했다.

나는 좌(左)가 주요 문제라고 생각했다. 우(右)의 문제도 있었지만 그것은 단지 개별적이거나 극소수였다. 그래서 좌의 문제를 바로잡지 못하면 계획 업무를 진전시킬 수 없고 국민경제의 발전 속도도 필히 늦어질 것이라고 생각했다. 그러나 회의에서 내가 이러한 문제들을 제기하면 일부 사람들의 사상적 혼란을 야기할 수 있을 거라는 생각이 들었다. 그래서 주석에게 직접 의견을 전하자고 생각했다.

이틀 후인 7월 14일에 펑더화이는 자신이 쓴 그 편지를 마오의 비서에게 전달했다. 실제 글자 수 3600여 자인 만언서의 주요 내용은 다음과 같다.

1958년의 기본 건설에서 일부 항목들이 너무 과도했고 조급하게 추진되었고 자금을 분산시켰다. 인민공사의 소유제 문제와 구체적 업무 추진 과정에서 약간의 혼란과 결점과 착오가 출현했다. 전 인민의 강철 대제련(大炼钢铁) 추진 과정에서 작은 용광로를 너무 많이 만들고 운영해서 물력과 재력 등 자원을 낭비했다. 수업료를 지불했다고 할 수도 있으나 실(失)도 있고 득(得)도 있다.[3]

펑더화이는 이어서 어떻게 경험과 교훈을 총결할 것인가라는 문제에 대해서 다음과 같이 말했다.

첫째, 과장과 허풍이 보편적으로 만연했다. 일련의 문제들은 실사구시 부족으로 인한 것이다. 과장, 허풍, 거짓 보고가 각 지구와 각 부문에 만연했고 그것이 초래한 일련의 믿기 어려운 '기적'들을 신문들이 보도했다. 이는 당의 위신

---

3   후에 이 말 "실도 있고 득도 있다(有失有得)"에서 '失'을 '得'보다 앞에 쓴 게 마오의 심사를 뒤틀리게 한 이유 중의 하나로 거론되었다.

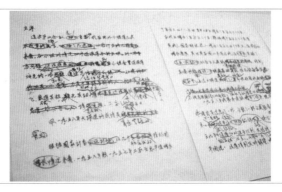

에 중대한 손실이다. 당시 각 방면의 자료들을 보면 공산주의가 금방 도래할 수 있다며 적지 않은 동지들의 뇌를 과열시켰다. 둘째, 소자산 계급의 광열성 (狂熱性)이 우리를 쉽게 좌경 착오를 범하도록 했다. 일련의 '좌(左)' 경향이 상당 정도로 발전해서 한걸음에 공산주의로 뛰어 들어가려는 사상 경쟁이 과열되면서, 장기간 형성되어 온 당의 군중노선과 실사구시 작풍이 뒤로 밀려났다. 사상 방법에서 전략성 배치와 구체적 조치, 장기적 방침과 당면 현안 처리 절차, 전체와 부분, 대집체와 소집체 등의 관계가 뒤섞였다. 등가교환 법칙을 너무 빨리 부정했고 "밥 먹는 데 돈은 필요 없다"라는 공동 식당제를 너무 빨리 제시했다. 경제법칙과 과학 규율이 부정된 것은 모두 일종의 좌경(左傾) 착오이다. 비례를 잃은 결과, 각 방면에서 긴장을 야기했고 공업과 농업 간, 도시의 각 계층 간, 그리고 농민 계층 간의 관계에 영향을 미쳤다. 따라서 정치적 성격을 띤다.

펑더화이는 루산회의 전해인 1958년 8월 베이다이허 회의 참석 후, 약 3개월 반 기간 동안 헤이룽장(黑龙江), 지린(吉林), 랴오닝(辽宁), 네이멍구(内蒙古), 칭하이(青海), 간쑤(甘肃), 섬서(陝西), 후베이, 후난, 장시, 안후이 등 중국 전국의 10여 개 성을 돌아보았다. 이 기간 중 인민공사화 운동, 인민 생활, 철 제련 등의 현장을 둘러보면서 대약진운동의 실상과 추진 방식의 주요 문제들을 확인했다. 이 기간 중 자신의 고향인 후난성 농촌지구에 갔을 때 한국전쟁에서 부상을 당해 불구가 된 홍군 출신 농민이 그에게 말했다.

"젊은이들은 강철 대제련에 동원되어 갔고 마을에는 아이들과 여자들만 남아 있습니다. 곡식은 땅에 흩뿌려져 있고 고구마 잎은 말라가고 있는데 일할 사람이 없습니다. 우리는 어떻게 살아가야 하나요?"(왕단, 2013: 173)

또, 1959년 루산회의 개최 직전인 4월 24일부터 6월 13일까지 약 50일간 중국 군사 대표단을 인솔하고 소련과 동유럽 각국을 우호 방문했다. 베이징으로 귀국한 다음 날(1959.6.14) 국방부에 출근하여 오랜 기간 부하이자 전우였던 당시 인민해방군 총참모장 황커청(黃克誠, 1902~1986년)으로부터 그간의 국내 상황에 대한 보고를 받고 국내 경제 상황이 매우 안 좋다는 것을 다시 확인했다. 국내 많은 지방의 상황이 매우 심각한데, 특히 간쑤성 등 일부 지방은 이미 양식이 없어서 기근을 피해 외지로 나가 구걸하며 유랑하는 군중이 갈수록 늘어나고 있다는 것이었다. 펑더화이는 보고를 들은 후에 손을 등 뒤로 맞잡고 고뇌에 찬 표정으로 사무실 안을 거닐었다.

7월 17일 아침에 황커청이 루산 회의장에 도착했다. 본래 그는 이 회의에 참가하지 않고 베이징에 남아서 인민해방군 총참모장으로서 군사위원회의 일상 업무를 담당하도록 되어 있었으나 바로 전날 급히 전달된 마오쩌동의 소집 명령을 받고 온 것이었다. 전날(7.16) 저녁에 군사위원회 판공청 주임 샤오샹룽(肖向榮)이 루산에서 온 당 중앙의 통지를 전달하면서 말했다.

"마오 주석께서 총장께서도 루산회의에 참석하라고 지시했습니다."

"회의는 이미 끝나지 않았나? 그리고 내가 가면 여기서 군사위원회 일상 업무는 누가 챙기나? 무슨 일이기에 내가 꼭 가야 하나?"

혼잣말처럼 하는 황커청의 말에 샤오샹룽이 할 말은 없었다.

당시 후난성 위원회 서기 저우샤오저우와 저우후이, 마오쩌둥의 겸직 비서 리루이 등은 황커청이 루산에 왔다는 소식을 듣고 매우 기뻐했다. 황커청과 후난성에서 같이 근무한 적이 있거나 마오쩌둥 곁에서 비서 업무를 담당한 경험이 있던 이들 모두는 '만일 황커청이 있었더라면 펑더화이가 문제의 편지를 쓰지 않았을 것'이라고 말하며 아쉬워하던 중이었다. 펑더화이는 대부분의 일을 보통 황커청과 의논하는데, 만일 그랬다면 황커청이 편지 쓰는 것을 말렸을 것이라 생각했다. 황커청의 회고록을 통해서 그가 루산에 도착한 후에 펑더화이와 나눈 대화 내용의 일부분을 보자(郑博·肖思科, 2005: 2~20).

> 루산에 오른 후 방에 들어서자마자 펑형(彭兄)이 자신이 써서 마오 주석에게 전달했다는 편지를 내게 건네주었다. 내가 자세히 보고 나서 그에게 말했다. "이 편지에서 제기한 의견에는 나도 공감한다. 단, 문장 표현상 문제 제기하는 방식에 자극적인 부분이 있다. 무엇 때문에 이렇게 강하게 표현했나?" 펑형이 대답하기를 "실제 상황이 그 정도로 심각하다. 그러나 회의장에서는 감히 구체적으로 제기하는 사람이 없었다. 그래서 사람들의 주의를 환기하고자 그렇게 표현했다."
>
> 내가 말하기를 "펑형은 늘 감정적으로 일 처리를 하는 것 같다. 펑형과 마오 주석은 오랜 세월 동안 같이 일해서 서로 간에 이해 못 할 일도 없을 텐데 이런 내용을 직접 만나서 말로 하지 않고 무엇 때문에 편지를 써서 전달했나?"

대화를 통해서 느낄 수 있는 점은 펑더화이와 황커청 사이의 친밀한 정감이다. 두 사람 모두 후난성 출신 동향으로 수십 년간 수많은 전쟁터에서 동고동락하고 생사고비를 같이 넘기며 정을 쌓아온 사이인 것이다. 그러나 그런 측면에서 말하자면 펑더화이와 마오쩌둥의 관계가 황커청과의 관계보다 못하다 할 수 없다. 단, 당시에 마오쩌둥은 이미 최고 권력자, 독재자가 되어 있었다.

황커청에 이어서 린뱌오, 펑전 등도 뒤늦게 루산에 도착했다. 마오가 이들을 루산으로 호출한 이유는 이들의 의견을 듣기 위해서가 아니었다. 이들을 자기편에 세워두기 위해서였다.

7월 16일, 마오는 펑의 편지 위에 "펑더화이 동지의 의견서"라는 제목과 "각 동지에게 참고용으로 인쇄·배부할 것"이라 쓰고 다음 날(7. 17)부터 그 문건에 대해 토론하라고 지시했다. 23일에는 마오쩌둥이 긴 담화를 발표하고 펑더화이 외에도 그와 관점이 같은 의견을 밝힌 황커청, 장원톈, 저우샤오저우 등을 "우파로부터 30km 거리에 있는 동요분자(动摇分子)"라고 지칭하고 신랄하게 비판했다. 이때부터 회의의 중심과 방향이 '좌의 교정'에서 '반(反)우파 투쟁'으로 바뀌었다. 이어서 8월 2일에서 16일까지 루산에서 중공 8기8중전회(中共八届八中全会)가 속개되었고, '우경 기회주의'에 대한 비판 투쟁을 더욱 강도 높게 진행하고 '펑더화이를 우두머리로 하는 반당집단의 착오에 관한 결의'를 통과시켰다.

마오쩌둥이 펑더화이의 편지에 이토록 민감하게 반응한 배경과 이유에 대해 가오강과 천원의 정치비서와 마오쩌둥의 겸직 비서를 지냈던 리루이는 회고록에서 다음과 같이 말했다(李锐, 1998).

첫째, 마오는 펑더화이가 (당과 국가의 최고 영도자인) 자신의 권위를 존중하지 않는다고 생각하고 있었다. 두 사람은 징강산 시기부터 혁명전쟁과 항일전쟁을 같이해 왔고 마오가 펑보다 5살 위지만 서로 '라오마오(老毛)',

'라오펑(老彭)'이라 부르며 동지로서 친구처럼 지내왔다. 그런데 마오의 권력이 견고해지고 당내 위상이 높아지면서 마오에게 복종하는 태도로 바뀐 다른 동지들과는 달리 펑은 여전히 마오에게 직언과 비판을 하는 경우가 많았다. 결국 두 사람의 강한 개성이 충돌한 것이다.

둘째, 한국전쟁에서 전공을 쌓고 개선장군으로 귀국한 이후, 국방부 부장으로서 군대를 직접 지휘하면서 군부 내에서의 실권과 장악력이 갈수록 강해지고 있는 펑더화이를 견제해야 할 때가 되었다고 생각했을 것이다.

셋째, 한국전쟁에 참전한 마오쩌둥의 아들 마오안잉이 조선(북한)의 창성군 대유동 동굴에서 미군 폭격기의 네이팜탄 폭격으로 죽은 사건에 대한 마오의 마음속 상처와 회한이다. 마오가 그해 7월 23일에 한 연설에서 이와 관련한 자신의 감정을 다음과 같이 드러낸 바 있다.

"나쁜 선례를 만든 사람은 대가 끊긴다는데 내 아들 한 명은 폭탄에 맞아 죽었고, 또 다른 아들 하나는 미쳤다. 나는 대를 이을 후손이 없다."

겉으로 표시한 적은 없었지만, 펑더화이에 대한 섭섭한 감정이 없지는 않았을 것이다.

넷째, 펑더화이가 마오에 대한 개인숭배 풍조에 공공연하고 빈번하게 반대하는 의견을 밝히고 다녔다. 1956년 소련공산당 20차 당 대표대회에서 흐루쇼프가 스탈린에 대한 개인숭배 반대 의견을 발표한 이후 마오쩌둥의 관심과 걱정은 '중국의 흐루쇼프는 누가 될 것인가?'에 집중되었다. 그 당시에 마오가 의심하고 경계한 인물은 7~8년 후에 문화대혁명을 조종, 발동하면서 "중국의 흐루쇼프"라고 지명하고 숙청한 류사오치가 아니었다. 바로 당과 군부 내에서 거리낌 없이 개인숭배 풍조에 반대하고 흐루쇼프를 지지한다고 공공연하게 밝히고 다니는 펑더화이였다. 펑더화이는 중난하이 서루(西楼)에서 개최된 중공중앙정치국 회의에서 마오쩌둥 찬양 노래인 '동방홍(东方红) 부르기와 "마오 주석 만세" 제창 행위에 반대하는 의견을 두 차례나 제기한 바 있었다. 또한, 1959년 루산회의에서도 "허위 과장 보고 풍조, 소형 용광로 등은 모두 표면적인 현상에 지나지 않는다. 모든 폐단의 근원은 민주주의의 결핍과 개인숭배다"라는 말도 했다.

이 같은 분석과 추론들이 모두 일리가 있으나, 결정적인 이유는 마오 쩌둥의 불안감과 의심이라고 할 수 있다. 즉, 자신이 주도한 대약진운동의 정책 실패로 당내 지지기반이 약해지고 있음을 감지하고 불안감이 커지면서 군부를 장악하고 있는 펑더화이에 대한 견제 심리가 더욱 강하게 발동했다고 볼 수 있다.

아무튼 마오는 1959년 루산회의 이후, 군부의 실권을 린뱌오에게 넘겨주면서 오랜 혁명 동지인 펑더화이를 '우파', '반혁명', 심지어 '소련 첩자'로 몰아서 숙청했다. 이후 마오쩌둥은 스스로 '문화대혁명'이라 작명한 대동란 음모를 기획·발동·연출한다.

제8장

펑더화이와 린뱌오

1959년 루산회의에서 펑더화이는 커칭스, 천보다(陈伯达, 1904~1989년), 캉성, 그리고 뒤늦게 루산에 올라와 가세한 린뱌오 등의 집중적 비난과 공격을 받았다. 처음엔 펑더화이가 분기탱천하여 반박도 하고 항변도 했으나 (마오에게 설득 임무를 부여받은) 예젠잉, 니에룽전 등 옛 전우와 동지들의 계속된 설득과 호소에 결국 자아비판을 수용했다. 그러나 직설적이고 격정적인 성격의 펑은 마오쩌둥의 처사에 대한 불만을 억제하지도 숨기지도 못했다.

회의가 끝나고 모두들 자리에서 일어나려던 때에 펑더화이가 마오쩌둥의 자리 앞으로 와서 불만스러운 어투로 물었다.

"주석, 참고하라고 보낸 편지를 왜 인쇄해서 배포했습니까?"

그러자 마오가 순간적으로 당황하면서 펑더화이에게 대꾸했다.

"너도 인쇄해 배포하지 말라고 말하지 않았다."

군색한 대답이었다. 당시의 심정을 기록한 펑의 수기에 의하면, 그는 치밀어 오르는 화와 감정을 억제하려고 최대한 노력했다고 한다. 펑더화이의 직설적인 성격은 회의장에서 나가다 만난 마오쩌둥과 나눈 대화 장면에서도 드러난다.

마오보다 먼저 회의장 밖으로 나와서 내려가던 펑더화이가 뒤돌아보다가 회의장에서 나와 펑의 뒤쪽에서 내려오던 마오와 눈이 마주쳤다. 그러자 마오가 소리쳤다.

"펑총, 우리 얘기 좀 하자."

그러나 펑더화이는 얼굴이 상기된 채로 눈을 치켜뜨고 마오를 한번 노려본 후에 가던 방향으로 계속 걸어가면서 외쳤다.

"얘기는 무슨 얘기를 합니까? 뭐 좋은 이야기도 아닐 텐데."

마오가 당황하고 멍한 표정으로 다시 펑더화이에게 외쳤다.

"좋은 이야기가 아니라도 이야기 좀 하자."

"무슨 얘기를 합니까, 좋은 이야기도 아니라면서."

걸음도 멈추지 않은 채로 그렇게 퉁명스럽게 대꾸하고 그대로 내려가 버렸다. 그때 마오의 옆과 뒤에는 뤄뤠이칭(罗瑞卿, 1906~1978년), 커칭스, 타오주(陶铸, 1908~1969년), 왕런중(王任重, 1917~1992년) 등 당 중앙의 수장들과 경호대장 리인차오(李银桥, 1927~2009년) 등이 함께 내려오던 중이었다. 마오는 매우 기분이 상했다. 아마도 이것이 원래 회의가 끝난 후 산에서 내려갈 준비를 하려던 계획을 변경해, 중앙 판공청에 루산에서 계속하여 중공 8기8중전회를 개최할 것과 그때까지 이 회의에 참석하지 않고 있던 중앙위원들을 급히 루산으로 소집하라고 지시하게 된 중요한 이유가 되었을 것이다. 마오의 성격 중 두드러지는 특성 중 하나는, 자신이 받은 상처나 원한을 결코 잊지 않는다는 점이다. 반면에 펑더화이는 성격이 불같고 고집이 세긴 했으나 (마오와 같은) 뒤끝은 적었다. 아무튼 당시에 펑더화이가 그같이 직설적으로 감정을 표출한 것은 매우 큰 실수였고 그 대가를 치르게 된다.

한편, 린뱌오는 루산회의 초기에는 신병 치료와 요양을 위해 휴가를 신청하고 참석하지 않았으나, 중앙위원회의 소집통지를 받고 루산에 올라

와서 마오쩌둥을 만난 후 자신에게 기회가 왔음을 직감했다. 린뱌오는 광저우 황푸군관학교 4기 출신으로, 공산당 입당 후 항일전쟁과 1, 2차 국공내전 중에 국민당과의 전투에서 혁혁한 공을 세웠고, 특히 일제가 패주한 후 진행된 2차 국공내전에서는 만주지구에서 인민해방군 동북야전군을 지휘하면서 랴오닝·선양 전투를 승리로 이끌었고, 1948년 8월에는 만주지구 토지의 97%, 인구의 86%를 점령하는 전과를 거두었다. 그래서 린뱌오는 '전쟁 귀신'이라고도 불렸다. 인민해방군 지휘관 중 린뱌오에 비길 만한 장군은 펑더화이와 쉬샹첸(徐向前, 1901~1990년), 그리고 소수민족인 동족(侗族) 출신의 쑤위 정도였다.

평더화이의 군부 내 계급과 위상은 줄곧 린뱌오보다 위에 있었다. 섬서·간수 지대에서 펑더화이는 사령(司令), 린뱌오는 부사령(副司令)이었다. 또 그 후에 펑더화이는 팔로군(八路軍) 부총지휘(副总指挥), 린뱌오는 팔로군 소속 115사 사단장(师长)이었다. 린뱌오는 평소에 격렬한 전투에 대담하게 정면으로 임하는 펑더화이를 존경하고 흠모해 왔다. 펑더화이는 린뱌오보다 나이도 많았고 줄곧 중앙 홍군의 지휘자 중 한 사람이었으며 후난성 핑장봉기를 주동·지휘했다. 홍군 초기에, 특히 장정 중에는 펑과 린 두 사람이 상호 협력하여 군대를 지휘한 적도 적지 않았다.

장정 기간에 홍군의 투청(土城) 전투 후 후이리(会理) 회의 전에 린뱌오는 마오쩌둥 지휘하에서 아군의 희생이 너무 큰 것을 보고, 펑더화이에게 그가 전체 홍군을 지휘할 것을 제안한 편지를 써서 보낸 적이 있었고, 이 사실을 알게 된 마오가 격노했다. 1959년 루산에서 그 편지 건이 다시 거론되었을 때 린뱌오는 공개석상에서, 그 편지는 자신이 개인 생각을 썼고 펑더화이와 전혀 관계없었다고 발언했다. 펑은 이때 감동을 받았고, 숙청당한 후에 심문받으며 쓴 자신의 자술서 안에도 그에 대한 소감을 쓴 바 있다.

중공 10대 원수 중 하나이고, 원자탄 개발 프로젝트를 성공적으로 지휘했던 니에룽전은 다음과 같이 회고한 바 있다.

"정권이 공고해진 후, 황제와 같은 지위에 있던 마오쩌둥에게 직언을 할 수 있었던 사람은 오직 펑더화이와 린뱌오 두 사람뿐이었다."

그러나 이 두 사람의 성격, 사고방식, 행동은 매우 대조적이었다. 항일전쟁 시기에는 두 사람 모두 팔로군이 오직 유격전만 하면서 군사력을 보존해야 한다는 마오의 주장에 동의하지 않았다. 린뱌오는 1937년 9월, 중국군이 최초로 일본군 1000여 명을 섬멸하며 승리한 '핑싱관 전투'를 일으켰고, 이어서 펑더화이는 1940년 8월, 총병력 20만여 명 규모로 일본군을 공격하여 일본군 5만여 명을 사상시킨 '백단대전'을 일으켰다. 이 중 백단대전은 대규모 전투로 전장의 범위가 넓어서 중공 측의 피해도 컸으므로, 전투력 보존을 최우선순위에 두고 있던 마오쩌둥의 비판을 받기도 했다.

한국전쟁이 발발한 후 마오쩌둥은 고뇌 끝에 항미원조 파병을 결정하고, 파병 총사령관에 원래 린뱌오를 임명하려고 했었다. 그러나 린뱌오는 마오의 면전에서 강하게 출병 반대 의사를 표시했고, 신병 치료를 이유로 소련으로 요양을 가버렸다. 그러나 당시 서북군구 사령관이었던 펑더화이는 린뱌오와는 대조적으로 "미국과 전쟁이 불가피하다면 지금 붙는 게 좋다"라는 의견을 제시하고, 마오의 제안대로 항미원조 지원군 총사령관 임무를 맡았다. 그리고 중조(中朝) 국경선인 압록강 변까지 밀고 올라온 당시 세계 최강의 군사력을 보유하고 있던 미군을 서울 남쪽으로 밀어내고(1951년 1·4 후퇴), 치열하게 밀고 밀리는 공방전 끝에 정전(停戰)협정을 이끌어내는 전과를 올리고 개선장군으로 귀국했다.

린뱌오의 개성도 마오쩌둥이나 펑더화이 못지않게 매우 강했다. 특히 자신의 잘못을 인정하거나 사과하는 일은 거의 없었다. 린뱌오는 특히 말수가 적고 과묵했다. 그가 중공의 당 간부 교육기관인 옌안 당교(党校)로부

〈그림 8-1〉홍위병들의 환호 속에 입장하는 마오쩌동과 린뱌오, 저우언라이

터 마르크스레닌주의에 대한 강의 요청을 받고 가서 교육생들에게 "자본
주의는 소수만이 돈을 벌고 공산주의는 모두가 돈을 번다. 강의 끝" 하고
강의를 끝냈다는 일화도 있다. 마오쩌동에 의해서 후계자(接班人)로 거명
되기 전에 개인적 자리에서는 대약진에 대해서 마오에게 "공상에 기대서
뭘 얻을 수 있습니까?"라고 말했고, 펑더화이의 편지 「만언서」에 대해서
도 "내용은 맞는 말이지만 좀 조급했다"라고도 말했다. 그러나 마오쩌동에
의해 후계자로 거명된 후 그의 태도는 완전하게 달라졌다. 마오에게 말대
꾸하거나 맞서지 않았고, 당시의 선전 사진에서 볼 수 있듯이 마오 앞에서
는 항상 선생님 앞의 모범적인 제자처럼 행동하면서 겸손한 웃음을 달고
있었고, 마오쩌동 어록을 흔들면서 "4가지 위대(四个伟大)"와 "천재(天才)"를
입에 달고 다녔다.

당시 루산에서의 회의 분위기에 대해서 펑더화이가 루산에서 내려온
직후에 조카 펑치차오(彭起超)와 대화 중에 말한 바 있다.

"주석이 한마디 하면, 모든 사람들이 그야말로 떼거리로 달려들어 공
격을 했다."

린뱌오가 가족과 함께 국외 탈출을 시도하다 몽골 인민공화국 초원에
서 비행기 추락으로 죽은 1971년 '9·13 사건' 발생 이후, 그다음 해 1월 8일

에 펑더화이 전담 조사조가 수감 생활 중이던 펑더화이에게 린뱌오 반당(反党) 사건을 통보하고, 린뱌오의 문제를 폭로하고 비판하라고 강요했다. 펑더화이는 적당히 모호하게 얼버무리며 린뱌오를 비판하고 싶지 않다는 태도를 보였다. 즉, "40여 년 전 일이라 잘 생각나지 않는다. 천천히 생각해 보겠다"라고 했다. 6월에 조사조가 다시 펑더화이를 불러내서 린뱌오와 가오강이 만주지구에 있을 때의 상황에 대해 진술할 것을 요구했으나, "나는 당시에 만주에서 그들과 같이 일하지 않아서 모르겠다"라고 대답했다. 그래도 조사조가 며칠간 계속 불러내어 더욱 강력하게 요구하며 핍박하자 할 수 없다는 듯이 말했다.

"좋다, 가오강, 린뱌오 모두 반혁명이고, 나 펑더화이도 그렇다."

1959년 루산회의 이후, 특히 1966년 문화대혁명 발동 이후 장기간 육체적·정신적으로 모욕과 학대를 받은 펑더화이는 베이징시 경비지구(卫戍区) 감호소 감방 안의 나무 침대 위에 누워서 뒤척이며 잠을 못 이루었다. 당시 감방 감시병이 작성한 관찰 일지 기록을 보면 펑더화이의 통한의 심정을 부분적으로나마 짐작해 볼 수 있다.

린뱌오(林彪: 1907~1971년)는 1907년 후베이성 황강현(黃区県) 후이룽진(回龙镇) 린자따완촌(林家大湾村)에서 출생했다. 마오쩌둥(1893년생)보다 14살, 펑더화이(1898년생)보다 9살 아래이다. 19세 때인 1926년 11월에 황푸 군관학교를 4기생으로 졸업했다. 황푸 군관학교 재학 중 공산주의 청년단(共青团)을 거쳐서 1925년 중국공산당에 입당, 3연대 중공지부 서기를 연임했다. 광동성 광저우에서 후베이성 우한(武汉)으로 와서 국민혁명군 제4군 예팅 독립단 소속 초급 장교로 북벌전쟁에 참여했다.

1927년 제1차 국공합작이 와해된 후에는 난창봉기(南昌起义), 1928년 후난봉기(湖南起义)에 참가한 후, 주더를 따라 징강산에 들어갔다. 그 후 전투마다 공을 세우고 능력을 인정받으면서 1932년 3월에는 25세 나이 때 홍1군단 총지휘(군단장)가 되었다. 이후 1934년 10월부터 시작된 중앙 홍군의 장정(长征)에서는 초기에 국민당군의 4겹 봉쇄선을 돌파하는 공을 세웠고, 이후의 장정 과정에서도 츠수이(赤水) 전투, 진사강(金沙江) 도하작전, 따두허(大渡河) 도하작전, 루딩교(泸定桥) 탈취 등 중요한 전투 작전을 성공적으로 지휘하여 홍군의 전투력 보존에 결정적 공을 세웠다.

항일전쟁 시기에는 팔로군 115사 사단장으로 중국군이 일본 정규군을 상대로 최초로 승리를 거둔 '핑싱관 전투'를 지휘했다. '해방전쟁'이라고도 불리는 제2차 국공내전 시기에는 동북야전군 사령 등 직책을 맡고 랴오닝·선양 전투(辽沈战役), 베이핑·톈진 전투(平津战役) 등 중대한 전투를 지휘하여 국민당 군대와의 전쟁을 승리로 이끌면서 '전쟁의 천재', '전쟁 귀신'이라고도 불렸다.

중화인민공화국 출범하고 1959년 루산회의에서 펑더화이가 숙청된 뒤 국방위원회 부주석, 국방부장, 중앙군사위원회 부주석 등 직책을 역임하면서 군부를 장악했다. 그는 배후에서 '문화대혁명'을 지원했고, 중앙 권력 무대에서는 마오쩌둥 다음의 권력자뿐 아니라 후계자로 승승장구했다. 린뱌오는 마오가 홍위병들이나 군중 앞에 나서기를 즐겨하는 걸 알고 대규모 군중대회를 조직하고 마오를 수행하고 다녔지만, 정작 본인은 즐거워하지 않았고, 건강이 좋지 않아 힘들어했다. 밖에서 마오를 수행하고 다닐 때에는 '4개 위대(四个伟大)'를 입에 달고 외치고 다녔지만, 자신의 거처인 베이징의 마오자완(毛家湾)에는 마오쩌둥의 초상화조차 걸어놓지 않았다. 결국에는 마오쩌둥에게 토사구팽되어 숙청 대상이 되었고, 1971년 9월 13일, 쿠데타 기도가 실패한 후 아내 예췬(叶群), 아들 린리궈와 함께 소련으로 탈출을 기도했으나 타고 가던 군용 비행기가 몽골 운드르한(温都尔汗) 초원에 추락하여 시체로 발견되었다. 린뱌오가 아들 린리궈와 쿠데타를 계획하면서 만든 강령에는 "간신배들을 제거하고, 신정(新政)을 실시한다. 문화혁명을 중지하고, 현재의 강국빈민(强国贫民) 정책을 강국부민(强国富民) 정책으로 바꾸겠다"라는 내용도 있었다.

- 1971.8.8: (펑더화이가) 탁자에 앉아서 울었다. 잠은 거의 안 잤다. 눈을 크게 뜨고 생각에 잠겨 있는 듯했다. 잠시 후 다시 소리 내어 울기 시작했다.
- 1971.8.18: 오전에 심사가 있다는 말을 듣자 눈물을 흘렸다.
- 1972.11.22: 침대에 누워 1시간 동안 울었다.

1959년 루산에서, 회의 참석자들이 짐을 싸고 산을 내려갈 준비를 하던 날 저녁에 펑더화이가 마오의 거소로 찾아왔다. 경위들도 최근 수일간의 회의 분위기를 알고 있었기에 펑을 대하는 태도도 평소와 달랐다. 펑더화이를 제지한 후 잠시 기다리게 하고 마오쩌둥에게 보고했다. 보고를 들은 마오는 잠시 생각에 잠겼다가 말했다.

"데리고 와!"

경위들과 함께 들어온 펑에게 마오가 소파에 앉은 채로 담담하게 "앉게"라고 말했고 펑이 마오의 맞은편에 앉았다. 마오가 담배에 불을 붙이고 한 모금 빨아들인 후 펑에게 말했다.

"무슨 할 말이 있는가? 말해보게."

펑더화이가 정색을 하고 다음과 같이 말했다.

"나는 한 가지 요구를 제출하고 싶습니다. 나는 이제 더 이상 당을 위해 일할 수 없을 것 같습니다. 그러나 놀면서 밥만 먹을 수는 없으니 중앙이 저를 옌안이나 후난성 농촌에 가서 농민이 되는 것을 허락해 줄 것을 요청합니다. 씨 뿌리고 거두면 국가에 공량(公糧)도 납부할 수 있지 않겠습니까?"

마오가 손을 내저으면서 말했다.

"그만하자. 보아 하니 자네는 아직도 승복하지 않고 있다. 그렇다면 더 검토하고 말고 할 필요도 없지 않나, 뭘 더 검토하겠나?"

<그림 8-3> 문혁 시기 군중대회에서
비판당하는 펑더화이

펑더화이가 더는 할 말이 없다는 듯
이 일어나서 작별 인사를 하고 나갔다.
마오는 일어서지도 않았다.

고집이 세고 굽히기 싫어하는 두 사람
의 개성을 상징적으로 보여주는 장면이
라고 하겠다. 펑더화이로서는 자기 방식
대로 마오에게 화해와 협상을 바라는 마
음을 표시했으나 마오는 짐짓 이를 차갑
게 외면하고 완전한 굴복을 요구했다. 또
는, 이미 숙청을 결정했으므로 그 수순을
밟겠다는 의사 표시로 볼 수도 있겠다.

펑더화이가 가고 나서 경위가 방에 들어와서 찻잔 등을 정리하고 있을
때 생각에 잠겨 있던 마오쩌둥이 전화기를 들고 중앙판공청에 지시했다.

"군사위원회에 통지하라. 모레 베이징에서 중앙군사위원회 확대회의
를 개최한다. 펑더화이는 비행기에서 내리는 즉시 회의장으로 데리고 와
서 계속 비판받도록 하라."

마오의 지시에 따라 베이징에서 개최된 중앙군사위원회 확대회의의
조직과 펑더화이에 대한 조사 등 구체적 준비는 펑더화이 후임으로 국방
부장에 임명된 린뱌오와, 황커청의 후임으로 인민해방군 총참모장에 임명
된 뤄루이칭(罗瑞卿)이 진행했다. 펑더화이는 회의 시작일 하루 전인 8월
17일, 베이징 난위안(南苑) 공항에서 비행기에서 내린 직후 곧바로 대기 중
인 차에 태워져 중난하이 화이런당(怀仁堂)으로 가서 조사를 받고 자아비판
을 해야 했다.

베이징에서 개최된 중앙군사위원회 확대회의에서는 펑더화이 외에 주
더도 비판을 받았다. 그 이유는 루산에서 '반혁명분자' 펑더화이에게 동정

1959년 8월 19일 오전, 펑더화이의 조카 펑정샹(彭正祥)이 해군 수병 셔츠를 입고 당시 펑더화이의 거처였던 중난하이 영복당(永福堂) 정문으로 들어섰다. 며칠 전에 하얼빈 군사공정학원 합격 통지서를 받고, 숙부인 펑더화이에게 인사차 온 것이었다. 바로 그때 여동생 펑강(彭钢)이 나와 오빠 펑정샹을 맞으며 말하기를, 큰아버지 펑더화이의 비서 치쿠이잉(綦魁英)이 난위안 공항(南苑机场)으로 펑더화이 부부를 마중 나가는 길에 자신도 같이 가는 길이라고 했다.

펑정샹도 큰아버지인 펑더화이가 회의 참석차 루산에 갔다는 걸 알고 있었다.

난위엔 공항에서 돌아오는 차 안에서 펑강은 큰아버지 펑더화이와 큰어머니 사이에 앉아 있었다. 그런데 차 안의 분위기는 얼어붙은 듯 무거웠다. 펑더화이는 그녀의 손을 꼭 쥔 채 한마디도 하지 않았다. 얼마나 지났을까, 펑더화이가 말했다.

"얘야, 대학엔 합격했니?"

펑강이 조금 안심한 어투로 대답했다.

"네, 1차 지원한 시안군사전신공정학원에 합격했어요."

또 다시 침묵이 이어졌다. 차가 중난하이로 들어설 때까지 펑더화이는 다시 아무 말도 하지 않았다.

펑더화이와 푸안슈(浦安修) 부부가 집에 들어설 때, 펑정샹이 황급히 일어나 인사했으나 펑더화이는 그를 향해 담담하게 고개를 끄덕이며 "나 잠시 좀 쉬어야겠다"라고 말하고 방 안으로 들어갔다. 약 1시간 정도 지난 후, 펑더화이 부부가 거실로 나오자, 펑정샹과 펑강도 와서 같이 앉았다.

펑더화이가 조카와 질녀를 무겁게 바라보다가 쉰 목소리로 말했다.

"너희에게 할 말이 있다. 루산회의에서 내가 마오 주석에게 편지를 썼는데, 착오를 범했다. 반당집단 성격이고 나는 우경 기회주의분자가 되었다."

……

펑더화이가 조카 펑정샹을 배웅하면서 작은 소리로 말했다.

"현재 당내 투쟁이 매우 복잡하다. 하얼빈군사공정학원에 돌아간 후에 절대로 그곳의 셰유파(谢有法) 정치위원과 류쥐잉(刘居英) 부원장을 찾아가지 마라. 그들은 모두 조선전쟁에서 나의 부하였다. 그들이 나와 연루되게 할 수 없다."

같은 해(1959년) 9월 중순에 펑더화이의 조카 펑치차오(彭起超)가 베이징으로 왔다. 당시에 펑치차오는 타이완과 대치 중인 푸젠 전선(前线)에 복무 중이었는데, 루산회의 후에 부대에서 간부들에게 전달해 준 중공중앙 8중전회 문건 내용을 들은 후, 자신의 귀를 의심하며 휴가를 신청하고 삼촌인 펑더화이를 찾아온 것이었다.

만면이 진땀에 젖은 조카가 펑더화이에게 말했다.

"큰아버지가 걱정돼서 휴가를 내고 왔어요."

펑치차오의 물음으로 두 사람의 대화가 시작되었다.

"부대에서 루산회의 문건을 보고 믿을 수 없었고, 그렇다고 당 중앙의 결의를 의심할 수도 없었습니다. 도대체 어찌된 일인가요?"

펑더화이가 조카를 바라보고 물었다.

"너는 내가 마오 주석에게 보낸 그 편지 내용을 보았느냐?"

"어떤 편지요? 전달받은 적 없어요!"

"그래, 그럼 우선 이 「반당적 만언서(反党的万言书)」부터 읽어봐라!"

펑더화이가 탁자 서랍에서 꺼내 건네준 편지를 읽고 난 펑치차오가 말했다.

"저는 이 편지 내용에서 어떤 착오도 발견하지 못하겠습니다."

펑더화이가 씁쓸하게 웃고 탄식하듯 말했다.

"그러나 이게 나의 계획적이고 조직적인 반당 강령(纲领)이고, 당과 주석에 대한 공격이다."

그는 손으로 찻잔 속의 녹차 잎을 꺼내서 입안에 넣고 천천히 씹다가 이어서 말했다.

"루산회의는 본래 대약진 이래 출현한 보편적 좌(左)의 착오를 교정하려고 했었다. 그러나 폐회가 가까워지는데도 여전히 신선회의를 하고 있었고, 시를 읊고 대꾸하고, 연극을 보고 춤을 추고, 중요 문제를 가볍게 이야기하고, 그래서 내 맘이 매우 조급해졌다. 저우언라이와 적지 않은 동지들이 나에게 주석을 찾아가 대화하라고 권했다. 애석하게도 내가 주석을 찾아갔던 그날, 경위가 강력히 제지하여 면담을 못 했다. 그래서 주석에게 7월 14일의 그 편지를 썼다. 명백하게 개인적으로 참고하라고 준 것이었다. 어떻게 나에게 연락조차 한 번 주지 않고 졸지에 '펑더화이의 의견서'라고 인쇄해서 전체 회의에 공개하고 비판할 수 있는가?"

펑더화이가 격분하기 시작했다.

"7월 23일 마오 주석이 나를 한 대 때렸다! '우경 기회주의 노선'이라 부르며 한 대 치고, 또 다시 과거 이야기를 들춰내며 수십 대를 쳤다. 그리고 입안하고 서명하고, 그 후 반박을 불허한 것까지도 좋다. 문밖으로 끌어내 참수하지 않았고, 당적도 보류해 주었으니! 우리는 징강산 시절부터 31년간 생사고락을 같이 한 전우이다. 내가 그렇게 엄중한 착오를 범했다면 왜 우선 나를 불러서 이야기하고, 타이르거나 충고하지 않는 것인가? 그래도 듣지 않으면 그때 다시 중형을 내려도 되지 않는가!" …… 주석이 루산에서 말하기를 "총노선, 대약진, 인민공사의 모든 문제는 사실 아무것도 아니다. 다시 말해, 허풍 떠는 풍조도 좋은 점이 많다. 바람이란 늘 부는 것이니, 전 당과 전 인민을 교육시킬 수 있다'라고 말했다. 이런 말에 나는 동의할 수 없다. 허풍 과장 풍조가 우리에게 얼마나 큰 위해(危害)를 가져왔는가?"

펑치차오가 물었다.

"대약진 중의 문제에 대해 다른 의견을 제기한다고 왜 옛날 장부를 들추어야 하나요?"

펑더화이가 대답했다.

"옛날 빚을 따지고, 바닥을 들추는 것도 좋다. 단, 실사구시라야 한다! 주석이 내게 '3할 합작, 7할 불합작'이라 말했다. 이건 역사 사실에 부합하지 않는다. 또 말하기를 내가 '늘 야심이 있었고, 투기분자'라고 했다. 펑더화이의 양 볼이 가볍게 경직되었고, 두 눈을 감고 크게 한숨을 쉬었다.

"내가 당에 참가했을 때는 바로 대혁명이 실패하여 장제스가 공산당원들을 잔혹하게 도살하던 때였다. 그렇게 백색 공포의 위험 중에 비밀리에 입당했다. 내가 무슨 투기를 했다는 건지 모르겠다. 핑장 봉기 후에, 전투 능력이 있는 정규부대인 홍5군(紅五軍)을 이끌고 징강산에 올라가서 주더와 마오쩌둥(朱毛)과 합쳤다. 만일 그때 내게 야심이 있다면 어째서 그들을 먹어버리지 않았겠는가? 홍4군이 징강산에서 내려간 후에 우리 홍5군이 남아서 산을 지켰다. 우리 부대는 겨우 700~800명이었고, 적은 우리의 30~40배였고 겹겹이 포위했다. 이 혁명대오를 보존하기 위해 나는 낭떠러지 절벽에서 포위망을 돌파했고, 후에 다시 부대를 이끌고 징강산을 수복했다. '푸텐(富田) 사변' 때는 1군단과 3군단을 분열시키려는 음모를 간파하고, 정치위원 마오쩌둥을 지지했고, 그에게 3군단에 와서 간부들에게 해명 연설을 해달라고 부탁했다. 그런데도 우리 사이에 합작이 3할밖에 없었다고 할 수 있는가?"

펑치차오가 손목시계를 보니 이미 새벽 3시가 지났다. 그는 삼촌이 너무 피곤할 것 같아서 수차례 그의 말을 제지하려고 했으나 펑더화이가 손을 저으며 말을 이어갔다.

"주석은 터무니없는 두 개의 죄명을 지어냈다. 하나는 '군사구락부', 또 하나는 '외국과 내통'이다. 어떤 근거가 있는가? 니에룽전과 예젠잉이 나의 일을 담당했고 그들이 간곡히 호소해서 나는 당과 주석의 위신을 위해, 대국(大局)을 위해서 응했다. 그러나 지금은 매우 후회한다. 억지 춘향 자아비판을 결코 하지 않았어야 했다."

펑치차오가 물었다.

"루산회의 참석자는 모두 당의 고급 간부였습니다. 왜 그들은 삼촌을 위해 발언하지 않았나요?"

펑더화이가 탄식하며 말했다.

"이제 당내에서 민주 작풍은 볼 수가 없다. 주석이 한마디 하면, 떼거리로 달려들었다."

……

을 표시했다는 것이었다.

9월 26일 군사위원회가 중공중앙정치국이 결정한 「군사위원회 성원에 관한 통지(关于军委组成人员的通知)」를 발표했다. 주요 내용은 다음과 같다.

중공중앙 군사위원회 주석에 마오쩌둥, 부주석에 린뱌오, 허룽, 니에룽전, 중 앙군사위원회 상무위원에 마오쩌둥, 린뱌오, 허룽, 니에룽전, 주더, 류보청, 천 이, 덩샤오핑, 뤄룽환, 쉬샹첸, 예젠잉, 뤄루이칭, 탄정(谭政), 군사위원회 일 상 업무는 린뱌오가 주관한다.

이와 같이 1959년 루산회의가 끝난 후에 중공 군부 10대 원수 중 서열 2위였던 펑더화이는 중앙 영도(领导) 핵심 대열과 정치 무대에서 퇴출되었 다. 서열 1위였던 주더도 마오의 의도에 동의하지 않았다는 이유로 군사 위원회 부주석의 지위를 박탈당하고, 군사위원회 상무위원직만 유지하게 되었다. 서열 제3위였던 린뱌오는 국방부장과 군사위원회 제1부주석 자리 를 차지했다.

펑더화이가 중난하이에서 쫓겨나 오가화원(吴家花园)으로 거처를 옮긴 지 3주 지난 10월 21일 새벽, 마오쩌둥이 펑더화이에게 직접 전화해서 보 자고 했다. 펑더화이가 중난하이 이녠당에 들어서니, 마오쩌둥 외에 양 옆 에 류사오치, 주더, 덩샤오핑, 천이, 펑전, 리푸춘, 탄전린 등이 앉아 있었 다. 펑더화이는 그제야 마오가 안배한 이 자리가 마오와 개인적인 면담이 아닌 중앙 명의로 자신을 부른 것임을 알았다.

마오쩌둥은 낡은 검은색 중산복 차림에 얼굴이 수척해진 펑더화이를 보 고 목청을 다듬고 입을 열었다. 다음은 마오와 펑더화이의 대화 내용이다.

마오   우리는 향후 일정 기간 동안 자네의 업무와 학습 문제를 의논했다. 중앙은 자네가 보낸 9월 9일 편지에 동의한다. 몇 년간 공부하는 거 매우 좋다. 매년 일정 시간, 공장과 농촌에 가서 참관·조사하는 것도 매우 좋다. 자네 나이가 많으니 인민공사에 가서 노동할 필요는 없다.

펑   동의합니다.

마오   어떻게 공부하려고 준비하고 있나?

펑   주로 철학과 정치경제학을 공부하고 있습니다. 새 거처 오가화원이 당교(党校)와 가깝습니다. 당교에 가서 공부하고 싶습니다. 4년간 공부하려고 준비하고 있습니다.

마오   (고개를 끄덕이며 동의한 후) 그렇게 길게 공부할 필요 없다. 2년이면 충분하지 않을까.

펑   (짧게) 동의.

마오는 다시 이어서 말하지 않았다. 그는 앉아 있는 중앙 책임자들을 다시 둘러보고 펑더화이를 보면서, 마른기침을 하고 입술을 빨았다. 마치 뭔가를 기다리는 듯했다. 앉아 있는 사람들은 모두 마오가 펑에게 2년 후에는 희망이 있다는 암시를 준 후 펑이 자신을 향해 다시 착오를 인정하기를 기다리고 있다고 생각했다. 그러나 펑더화이의 안색은 마치 철과 같았고 아무 말도 하지 않았다.

펑더화이도 명확히 알았다. 만일 현재 여러 사람들 앞에서 착오를 인정하고 자아비판을 하면, 자신의 처지가 어느 정도 좋아질 수 있는 최후의 기회라는 것을. 그러나 펑더화이에게 그것은 불가능했다. 루산에서 자아비판 한 것은 대국을 위해서였지만, 그것을 생각하면 마치 수만 개의 화살이 가슴을 뚫는 듯이 아팠다. '군사구락부', '외국과 내통' 같은 죄명을 다시 인정할 수 있는가? 그럴 수는 없었다.

이넨당 안에 무거운 침묵이 흐르는 중에, 펑더화이가 천천히 일어나서 마오쩌둥과 옛 전우, 동지들에게 목례로 이별 인사를 하고, 몸을 돌려 문 밖으로 나갔다(滕叙兖, 2006).

중앙군사위원회 확대회의에서는 황커청의 후임으로 인민해방군 총사령관에 임명된 뤄뤠이칭이 회의 서기장을 맡았고 군부 내의 대표적인 인물 104인이 회의에 참석했다. 이들 대부분은 농촌 출신이고 수많은 전투 경험을 통해서 실제 상황과 정보에서 벗어나면 잠깐의 실수로도 시체 더미를 만들고 패하게 된다는 교훈을 체득하면서 살아온 자들이었기에 대약진운동의 문제를 꿰뚫어 보고 있었고, 이른바 '고생산(高生产) 모범농장'을 참관할 당시에 그것이 허풍 쇼이고 가짜라는 것을 한눈에 알아챘었다. 이들 대부분이 펑더화이가 마오쩌둥에게 보낸 의견서 편지 내용을 본 후에 펑이 제기한 문제와 의견에 공감하고 동의했다. 이러한 분위기 속에서 대부분의 사람들이 확대회의 개최 초기에는 소조 토론에서 아무런 발언도 하지 않았다.

당시 국방부 소속 완이(万毅, 1907~1997년) 중장은 자신이 조장을 맡고 있는 소조 참가자들에게 말했다.

"내가 보기에 펑더화이의 의견서 내용은 실제에 부합하고 어디에도 반당(反党)적인 부분이란 없다. 현재 어떤 사람은 오직 푸른 하늘만 쳐다보면서 백성들의 고통은 전혀 고려하지 않고 있다."

그리고 소조 회의 참가자들에게 말했다.

"펑더화이의 의견서에 찬성하는 분은 손을 들어 주십시오!"

참석자 모두가 함께 손을 들자 완이 중장이 말했다.

"좋습니다. 모두들 찬성하니 소조 해산을 결정합니다. 모두들 돌아가서 각자 공부하기로 합시다."

소조 회의에서 펑더화이와 황커청 등을 비판하지 않을 뿐만 아니라 심지어 공개적으로 펑더화이의 의견서에 찬성 의견을 밝히고 소조를 해산까지 한 것은 마오쩌동의 의중에 정면 도전하는 것으로 간주되었다. 보고를 받은 국방부장 린뱌오는 뤄루이칭 인민해방군 총사령관과 의논한 후 그날 밤 완이 중장을 체포·구금했고 새로운 소조 조장을 보내 전체 소조 회의를 다시 개최토록 했다.

문화혁명 시기에 펑더화이는 마오쩌동의 조종을 받는 장칭과 4인방의 지시를 받은 홍위병들에게 박해와 모욕을 받으면서 끊임없이 검토와 자아비판 하는 자술서를 작성해야 했다. 이러한 상황 속에서 작성한 자술서에 기록된 펑더화이의 출생 및 유년 시절, 그리고 군에 입대하게 된 동기와 과정 등은 한 치의 거짓이나 과장이 있을 수 없을 것이기에 인간 펑더화이를 정확하게 이해할 수 있는 매우 중요한 기록이라 할 것이다. 〈참고 8-4〉에는 『펑더화이 자술(彭德怀自述)』의 내용 중 유년 시절부터 군에 입대하기까지의 과정을 간략히 정리했다.

펑더화이는 문혁 기간 중 참혹하게 박해를 당하다가 대장암이 발병하여 1974년 11월 29일 14시 50분, 베이징 301의원에서 숨을 거두었다. 당시 4인방 중 1인이었던 중공중앙 부주석 왕홍원(王洪文, 1935~1992년)이 펑더화이의 죽음을 보고받은 후, 펑의 시신을 베이징 화장장으로 보내 화장했다(1974.12.17). 유골함에는 가명인 왕촨(王川)과 남(男) 세 자를 쓴 종이표를 붙이고 '중앙전문조사조(中央专案组)'의 소개 서신과 함께 쓰촨성 청두(成都)로 옮긴 후 쓰촨성 위원회와 성 혁명위원회 그리고 청두 군구(成都军区)의 주요 책임자에게 "절대 보안을 유지하라"라는 지시와 함께 청두시 동부 교외 화장장 273호 납골당 선반에 보관했다. 그 후 6년이 지난 1978년 12월, 중공 11기3중전회에서 펑더화이에 대한 재심사가 진행되었고, 착오가 교정되었다. 이로써 19년간의 비판, 8년 구금, 4년간 가명의 유골 상태로 있던 펑더화이의 명예가 사후에 회복되었다. 그해 12월 24일에 중공중앙이 베이징 인민대회당에서 펑더화이 추도회를 거행하고, 유골함을 나는 1898년 후난성의 빈농 가정에서 태어났다. 어린 시절 집안에는 백조부, 조모, 부모와 네 명의 형제, 모두 여덟 명의 가족이 8~9무(亩)(1무는 약 666.7m³로 약 200평) 면적의 황토와 산지에 생계를 의지하는 최저 수준의 생활로 연명했다. 산지에는 종려나무와 차, 삼나무, 죽순, 그리고 황토에는 고구마와 면화를 심었다.

가난한 집안 형편이었지만 부모님은 장남인 나를 6세 때 사숙(私塾)에 보내주어서 삼자경논어(三字经论语), 대학(大学), 유학경림(幼学琼林), 맹자(孟子) 등을 배우고 그 외에 백가성(百家姓), 증광(增广)을 배웠다. 그러나 8세 때 어머니가 돌아가시고 아버지는 병이 들어서 집안 형편이 더욱 곤궁해져서 배움을 중단해야 했다. 백조부는 여든이 넘고 조모는 70세가 넘어서 세 명의 동생을 아무도 돌봐주는 사람이 없는 상태에서 어머니가 돌아가시고, 한 달 후에 생후 6개월 된 막내 동생이 굶어 죽었다. 황토와 초가집마저도 전당 잡히고 집에서 팔 수 있는 건 모두 내다 팔고 나서 우리 형제는 누더기를 걸치고 겨울에도 맨발에 짚신을 신고 거의 원시인처럼 살았다.

만 10세 때, 정월 초하룻날(春节)에 우리 집에는 쌀 한 톨 없었다. 둘째 동생을 데리고 처음으로 구걸을 하러 나섰다. 글을 배우던 여우마탄(油麻滩) 마을 천(陈) 선생님의 집으로 갔다. 천 선생님이 나와 동생에게 "너희들이 재물을 불러오는 아이들이냐?"라고 물었다. 동생이 그렇다고 대답했으나 나는 구걸하러 왔다는 뜻의 그 대답을 도저히 할 수가 없었다. 그래도 잠시 후 천 선생님이 반 그릇의 밥과 작은 고기 한 조각을 주었다. 우리 형제는 황혼녘이 되어서야 집에 돌아왔으나 구걸한 쌀은 두 승(升, 1升=0.001m³)도 되지 않았다. 나는 이미 굶주림에 어지러운 상태여서 문에 들어서자마자 땅바닥에 쓰러져 누웠다. 누운 상태에서, 동생이 할머니에게 "형이 오늘 하루 종일 아무것도 안 먹었다"라고 말하는 게 들렸다. 잠시 후 할머니가 야채를 넣고 끓여준 탕을 마시고서야 겨우 정신을 차릴 수 있었다.

그해 춘절(春节)을 그렇게 지내고 난 다음 날 할머니가 나와 동생들에게 말했다.

"어떻게 하니, 굶어 죽을 수는 없으니 우리 네 명이 모두 나가서 쌀을 구걸하자."

할머니가 우리 형제들을 데리고 나서려 했으나 나는 문턱에 서서 버텼다. 나는 구걸하는 게 너무 굴욕스러워서 절대 갈 수 없었다.

내 고집을 아는 할머니가 달래면서 말했다.

"안 간다고 하면 어쩌니? 가족이 모두 눈 뜬 채 굶어 죽을 수는 없잖니?"

할머니가 애쓰며 나를 달래며 말했지만 나는 굶어 죽더라도 구걸하러 갈 수는 없다고 했다. 결국 할머니는 나를 포기하고 동생들만 데리고 집을 나섰다. 눈발이 날리고 찬바람이 부는 추운 겨울에 70이 넘은 백발의 할머니가 두 손자를 데리고(막내는 채 4살도 안 됨), 나무 막대를 짚고 작은 발로 기우뚱거리며 가는 뒷모습을 보고 있으려니 마치 가슴을 칼로 베이는 듯이 아프고 괴로웠다.

점점 멀어지고 작아지는 할머니와 두 동생의 뒷모습을 지켜보던 나는 부엌에 가서 식칼을 들고 집 뒷산으로 올라가서 땔나무를 베어 모았다. 그것을 장에 가지고 가서 10문(文)을 받고 팔아서 작은 봉투에 든 소금 한 봉지를 샀다. 땔나무를 벨 때 산뽕나무 그루 밑에서 발견한 제법 커다란 버섯 뭉치를 따 가지고 와서 솥에 넣고 불을 지펴 끓이고 소금으로 간을 해서 우선 큰할아버지와 아버지와 함께 먹었다.

할머니와 동생들은 황혼녘이 되어서야 한 봉지의 밥과 쌀 3승을 얻어가지고 돌아왔다. 할머니가 얻어온 밥을 버섯탕 안에 넣고 큰할아버지와 아버지와 내게 주었으나 나는 먹지 않았다. 그러자 할머니가 울면서 말했다.

"동냥해 온 밥이라고 안 먹겠다는 거냐? 자꾸 그러면 어떡하니? 끝까지 안 먹을 거면 우리 모두 같이 죽자."

그 시절의 우리 가족을 생각할 때마다 너무 가슴이 아프고 눈물이 난다. 지금도 그렇다.

그때부터 나는 매일 땔나무를 하고 물고기를 잡아서 장에 가서 팔았다. 뼈가 시린 추운 겨울 찬 바람 속에서도 양말도 신지 않은 채 누더기에 짚신과 도롱이만 걸치고 굶주림과 추위에 떨었지만 다시 구걸하러 가지는 않았다.

이 시절에 큰할아버지가 자주 태평군(太平軍) 이야기를 해주셨다. 큰할아버지는 젊은 시절에 태평천국운동(太平天国运动)에 참가했었다고 했다. 태평군은 먹을 게 있으면 같이 나눠 먹고 밭과 토지도 균등하게 나누고 여자들 전족을 풀게 했다는 등의 이야기를 들으면서, 나도 부자를 타도하고 가난한 사람을 구하고 살길을 찾아주는 사람이 되고 싶다는 생각을 했다.

열 살에서 열두 살 때까지는 마을의 부농 류(刘)씨 집에서 소를 돌보는 일을 했다. 물소 두 마리였는데 매일 30여 근의 풀을 베어 먹여야 했고, 류씨 집안의 다른 일도 해야 했으므로 새벽부터 밤늦게까지 하루에 6시간도 채 못 자고 일했다. 첫해에는 하루에 5문을, 2년 차에는 10문을 받았다.

열세 살이 되던 해부터는 집에서 멀지 않은 황치링(黄碛玲) 토탄가마(土煤窑)에서 아동 노동자(童工) 노릇을 했다. 수차를 끌고 석탄 굴속의 물을 퍼 담아 밖으로 나르는 일을 했다. 매일 12~13시간 일하고 노임은 하루에 30문이었다. 돈을 더 많이 벌려고 매일 한두 차례 석탄 굴에 다시 들어가서 석탄을 캤다. 매우 힘든 노동이었다. 석탄을 등에 지면 머리가 기름등잔에 닿았다. 갱도 안은 통풍이 안 되고 위생도 매우 열악했고 종종 붕괴 또는 지하수 누출 사고가 발생해서 한 번에 십수 명 또는 수십 명이 죽기도 했다.

2년째 되는 해, 연말 무렵에 석탄 광산이 적자로 부도가 났고 광산주는 도망가 버렸다. 2년간 힘들게 노동했으나 노임은 1년치밖에 받지 못했다. 그때 허리를 혹사해서 아직도 허리가 약간 굽어 있다. 소를 키우고 석탄광에서 일하던 이 4년 동안 나는 부농과 자본가 노동자를, 심지어 어린아이들까지 얼마나 참혹하게 착취하는지를 체험했다.

14세였던 해 연말에 탄광에서 집으로 돌아가서 할머니와 아버지, 동생들을 보았다. 작은 동생이 날 보고 "큰형이 아직도 신발을 안 신었어. 발이 모두 얼어서 갈라졌어"라고 말했다. 내가 탄광 주인이 도망가고 나서 해산할 때 직공들은 오직 쌀 4승(升)씩 나눠 가졌을 뿐이어서 신발 살돈이 없었다고 대답했다. 아버지가 두 주먹을 불끈 쥔 채로 울면서 내게 말했다.

"너의 모습이 까맣기도 하고 노랗기도 하고 도무지 사람의 모양새라 할 수 없을 정도구나. 그런 놈들을 위해서 네가 2년간이나 이런 고생을 했다니 ……."

15세 때는 동네에서 단기 품앗이일(短工)도 하고 땔나무를 베거나 물고기를 잡아서 장에 가서 팔았다. 그해에 큰 가뭄이 들어서 기근이 심할 때에, 지주와 상인들은 매점매석을 하고 고리대를 놓았다. 굶주리고 분노한 농민들이 봉기하여 부호들의 식량 창고를 때려 부수고 식량을 탈취했다. 나도 봉기에 참가했고 그 일 때문에 사람들을 선동하고 마을을 소란케 했다고 고발당했다.

그러던 어느 날 향의 단방국(團防局)에서 체포조를 보낸다는 소식을 들었다. 같은 마을에 살던 당숙이 돼지를 판 돈 1000문을 여비로 쓰라고 주면서 마을을 떠나 동팅호(洞庭湖) 호수가의 둑쌓는 공사장에 가서 인부로 일하며 숨어 지내라고 했다. 그곳에 가서 2년간 노동자로 일하면서 제공국(提工局)이 노동자들을 착취하는 것을 직접 경험했다.

이 2년의 기간 중에 눈이나 비가 와서 일을 못 할 때는 천막 숙소 부근 민가로 가서 농민들과 어울렸다. 약 2~3개월마다 한 공정이 끝나면 천막 숙소를 다음 공정 장소로 옮겼으므로, 몇 번 옮기고 난 후에는 농민들과의 접촉 범위도 제법 넓어지면서 한 가지 사실을 인식하게 되었다. 후난성에서 가장 부유한 지구에서 빈부 간 격차가 매우 크고, 거처와 양식이 없는 극빈한 사람들이 도처에 흔하며, 고리대금 방식의 착취가 극심해서 연이율이 100%에 달한다는 것 등.

당시 제공국(提工局)의 노동조직 형태는 제공국 아래에 도급 조장인 포두(包头)가 있고 각 포두 아래에 다시 몇 명의 붕두(棚头)가 있었다. 노동자의 기초 단위인 각 붕(棚)은 15~25명의 노동자로 구성되어 있었다. 10개 미만의 붕이 모여 포(包)를 구성했다. 노동자들은 수입의 5%를 포와 붕의 우두머리인 포두와 붕두에게 주어야 했다. 그 돈은 제공국의 감독관과 검수원에게 연말이나 명절 때 또는 그들의 집안 경조사 발생 시에 선물을 보내는 용도로 쓴다고 했다.

붕(棚)에서 장부 정리 등 회계 일하는 사람에게는 따로 임금을 지불하지 않고, 매달 또는 각 공정을 마친 후에 노임 계산을 하면서 끝자리 액수, 예를 들면 106위안이면 6위안을 떼었고 그게 그의 노임이 되었다. 매 붕마다 취사 담당원이 있었는데, 15인 이하 붕의 취사 담당자는 3 : 7제로 일했다. 즉, 3할은 취사, 7할은 흙 나르는 일을 했다. 16인 이상 붕의 취사 담당자는 4 : 6제로 일했다. 나는 돈을 더 벌려고 취사와 흙 나르기 일 모두를 다 했다. 2년 반 동안 일하고 1916년 봄에 그곳을 떠날 때 오직 3단(担, 1担= 5kg) 반의 쌀을 받았다. 취사원 일을 겸하지 않은 자나 노동력이 약한 노약자 중에는 빚을 지는 자가 많았고, 장기간 노동자로 일해도 평생 고향에 돌아가기 어려웠다. 동팅호 주변 지구가 이른바 '후난성의 곡식 창고'라고 불릴 수 있었던 것은 바로 이 같은 제방공들의 땀과 피가 쌓여서 된 것이었다.

제방공들이 착취에 항의하고 노임을 올려 달라고 요구하면서 파업을 할 때는 나도 참가했다. 그러나 조직적인 영도(領導)가 없어서 작은 성공조차 거두는 경우가 드물었다. 제공국(提工局)의 간부들 중에는 축재한 자가 많았는데 모두가 노동자들을 착취한 것이었다.

유년기와 소년기에 겪은 이같이 빈곤한 생활은 나를 단련시켰다. 그 후의 생활 속에서 종종 유년기의 비참했던 기억을 되새기면서 나는 부패하지 않겠다고 다짐하고 빈곤한 인민들의 생활을 잊지 않기 위해서 스스로 채찍질했다. 그래서 나는 지금도 유년기의 생활 장면들을 비교적 뚜렷하게 기억하고 있다.

1916년 3월 중순에 후난 군벌 상군[湘軍: 청조 말기에 쩡궈판(曾国藩)이 태평천국운동을 진압하기 위해 후난성에 건립한 지방 군대로서 그 후 북벌전쟁 때까지 상군이라 불렸다]에 병사로 들어갔다. 내 생일이 9월 10일이니 당시 내 나이는 만으로 18세가 채 안됐으나 18세라고 강하게 우기고 입대했다. 군대에 간 주요 동기는 제방공 노임으로는 가정을 부양할 수가 없었기 때문이다.

내가 처음 소속된 부대는 호남 육군 제2사(師) 3여(旅) 6단 1영 1연(连)이었다. 이등병 시절에는 월급이 5.5위안이었고, 얼마 후 일등병이 되자 6위안을 받았다. 당시 급식비는 매월 1.8~2위안이었고 매주 토요일마다 돼지고기를 먹을 수 있었다. 매월 급식비와 잡비를 쓰고 나면 3.8위안 정도 남길 수 있었으므로, 매월 3위안에서 3.5위안을 집으로 부쳤다. 당시에 큰할아버지는 이미 돌아가셨고, 둘째 동생은 기숙학교에서 생활하고 있었고, 집에는 할머니와 아버지 그리고 셋째 동생뿐이어서 그 돈으로 근근이 살아갈 수 있었다.

당시의 국제 형세는 1차 세계대전 중이라 유럽과 미국 등 제국주의 세력의 중국 침략이 약간 완화된 상태여서 중국의 공업 발전이 비교적 빠르게 진행되고 있었고, '부국강병'이니 '실업구국(实业救国)'이니 하는 자산계급의 기만적인 애국 사상이 도처에 떠돌고 있을 때였다. 나도 그 같은 사상에 영향을 받긴 했으나, 군대에 간 주요 동기는 빈곤한 가정의 생계를 책임져야 했기 때문이었다(彭德怀, 2002: 1~15).

베이징 바바오산(八宝山) 혁명 묘지에 안장했다.

원래 1956년 9월 28일, 중공 8기1중전회 이후 중공중앙의 간부들 모두 사후에 (매장이 아닌) 화장한다는 데에 동의했고, 펑더화이도 동의·서명했었으나, 1974년 10월, 펑이 임종 전에 주변의 조카들에게 이렇게 말했다.

<그림 8-4> 후난성 샹탄(湘潭)의 펑더화이의 묘

"내가 죽은 후 너희들 아버지인 아우들과 같이 묻히고 싶은데, '반혁명분자'가 된 내가 혁명 열사로 묻혀 있는 그들을 더럽힐까 봐 무섭다 ……."

이 같은 펑더화이의 유언에 따라 1996년 12월 17일, 펑더화이의 조카 7인이 연명하여 중공중앙과 중앙군사위원회 그리고 장쩌민(江澤民) 당시 주석에게 편지로 탄원했다. 펑더화이의 유골은 그의 출생 100주년인 1998년 10월, 생전의 희망대로 베이징 바바오산 혁명열사묘지에서 두 동생이 묻혀 있는 고향 후난성 샹탄(湘潭)으로 옮겨져 안장되었다.

타고난 전략가이자 모사꾼인 마오쩌둥이 펑더화이를 숙청한 이유를 단지 대약진을 직설적으로 비판한 펑더화이에 대한 분노 때문이었다고만 할 수는 없을 것이다. 마오가 펑더화이에 대해 경계심을 갖게 된 것은 이미 수년 전부터였다. 즉, 한국전쟁에서 개선장군으로 귀국하여 이후 승승장구해 국방부장과 국무원 부총리를 겸임하면서 군부를 장악하고 있던 펑더화이의 세력이 갈수록 커지는 것을 보며 이제 견제할 때가 되었다고 생각했을 것이다.

펑더화이는 직설적인 성격대로, 공군 문공단을 운영하면서 중난하이 무도회에서 젊은 여성을 물색해 마오에게 소개해 주는 채홍사 노릇을 하는 샤오화(蕭華)와 뤄루이칭을 호되게 비난하고, 중앙에 이에 대한 의견을 제출해서 문공단 등의 활동을 중지시킨 적이 있다. 또한 1956년에는 국방 부장으로서 장쑤성(江苏省) 롄윈강(连云港)의 모 해군기지 순찰 시 도처에 걸린 "우리는 마오 주석의 영도하에 ……"식의 표어 문구를 보고, "나는 저런 문구에 찬성하지 않는다. 군대는 국가의 것이지 어느 개인의 것이 아니다. 마오 주석이 죽은 후에는 어떻게 할 것인가?"라고 말했다. "마오 주석 만세, 만만세" 하며 개인숭배 분위기가 고조되던 시절에 감히 이렇게 말하는 중공 당내 고위 간부는 펑더화이 외에 없었다. 이러한 펑더화이였기에, 루산에서도 대약진에 대해 비판적인 자신의 의견을 직설적이고 진솔하게 담은 문제의 「만언서」를 써서 마오쩌둥에게 전달할 생각을 했을 것이다.

그러나 마오쩌둥은 이미 군부 내에서 펑더화이와 경쟁 관계에 있던 린 뱌오를 키워주고 있었다. 예를 들면, 1959년 루산회의 개최 1년여 전에 열린 중앙군사위원회 확대회의(1958.5.27~6.9)에서, 마오는 린뱌오의 건의를 받아들여 교조주의 비판을 회의 주제로 채택하도록 지시했고,[1] 이후 군부 내 실권을 펑더화이로부터 린뱌오에게로 넘기는 작업을 점차 구체적으로 진행했다. 린뱌오가 1959년 여름 루산회의와 그로부터 약 2년 반 후에 개최된 이른바 '7000인 대회(七千人大会)'에서 마오쩌둥에게 확실하게 충성 표시를 한 배경도 그 같은 맥락 속에 있다.

---

[1] 1958년 5월, 중앙군사위원회 확대회의 개최 며칠 전에 쓰촨성 청두에서 베이징에 온 군부 내 모 인사가 린뱌오에게 자신이 본 군부 내의 소련 따라 하기 풍조에 대한 실상을 전했고, 린뱌오가 이 내용을 마오쩌둥에게 보고하면서 교조주의 문제가 중 앙군사위 확대회의 주제로 채택되었다.

제9장

7000인 대회, 린뱌오의 도박[1]

    이른바 '7000인 대회'(1962.1.11~2.7)는 중공중앙이 베이징에서 개최한 확대 공작회의를 부르는 별칭이다. 이 회의에는 중공중앙, 중앙국(中央局), 성, 지구(地), 그리고 주요 공장과 광산의 생산 단위를 포함한 현의 장급인 5급 이상 간부 총 7118명이 참석했다. 이는 중공이 개최한 역대 공작회의 중 가장 큰 규모의 대회로 개최 목적은 대약진운동의 경험과 문제를 총결하기 위한 것이었다. 대회의 규모가 이처럼 커지게 된 발단은 그 전해인 1961년 11월 10일, 각 대지구 중앙국 서기회의에서 당시 중남국(中南局) 제1서기였던 타오주(陶铸)의 건의였다. 이 회의에서 양식 수매와 상급 단위 조정 문제를 구체화하려 하자 회의에 참석한 각 대지구(大地区) 중앙국 서기들이 난색을 표했다. 중앙이 요구하는 대로 식량 징수 할당량을 받아들이면 자신들이 관할하는 농촌지구의 농민들은 생존에 필요한 양식 한 톨 남기지 못하게 될 것이고, 또한 그 할당량을 채우려면 생존을 위해 한 톨의 양식이라도 숨겨야 하는 농민들과 사투를 벌여야 할 것이기 때문이었다.

    이러한 상황에서 중남국 제1서기 타오주가 "전국의 지구급 위원회까

---

1   유튜브 북연TV, 〈중국현대사〉, 25회 '7000인대회─류샤오치와 린뱌오' 참고.

지 서기(书记)들을 베이징에 불러 모아놓고, 그들과 함께 지방 현지 사정도 듣고 중앙의 어려움도 전달하는 사상 교류를 하자"라고 제안했다. 제안을 들은 덩샤오핑이 "그것도 하나의 방법이 될 수 있기는 하지만 그 많은 사람들이 오면 먹는 문제는 어떻게 할 것인가?"라고 묻자, "각 단위와 소조별로 자신이 먹을 양식은 각자 갖고 오게 하면 된다"라고 대답했다. 이틀 후인 11월 12일 저녁에 덩샤오핑이 타오주의 건의 내용을 마오쩌둥에게 보고하자, 마오는 한 걸음 더 나아가 "좋다. 회의를 개최할 거면, 당 중앙이 대약진운동 이래의 업무를 총결해 볼 필요도 있으니 보다 더 크게 현급 위원회 서기 이상, 즉 5급 간부 이상이 모두 참가하는 게 좋겠다"라고 지시했다. 그리고 회의에서는 대약진운동의 경험을 총결하고 좋은 경험, 나쁜 경험을 모두 명확하게 밝히도록 하라고 지시하며 덧붙여서 말했다.

최근 수년간 각 성은 오직 자신의 문제만 지적했고 중앙의 문제는 지적하지 않았다. 이 대회를 이용해서 두려워하지 말고 명확하게 이야기하도록 해야 한다. 중앙이 업무 중에 어떤 과오를 저질렀는지 그들이 말하도록 해야 한다. 우리가 마음을 열어야 그들에게도 그렇게 요구할 수 있다. 과오의 책임은 상부에 있다. 첫째가 당 중앙이고, 둘째가 성(省)이다. 중앙은 우선 바꾸고 그다음에 검토해야 한다. 지방은 바꾸기만 하고 검토는 안 해도 된다. 회의는 10일간 연다. 큰 회의와 작은 회의를 연계시켜 개최한다. 나도 대회에서 발언할 준비를 하겠다. 중앙의 각 동지들도 한마디씩 하라. 회의를 기풍을 바로잡는 작은 정풍(整风)이 되게 하고 모두의 사상을 통일시키자.

이에 따라, 이듬해 1월 11일부터 2월 7일까지 전국의 현 위원회 서기 이상 간부들 7000여 명이 베이징으로 소집되어서 베이징에서 확대 공작회의를 개최했다. 이를 '7000인 대회'라고 부른다.

1958년 국가 주석이 된 류사오치가 7000인 대회 발언에서 대약진 이후 중앙과 지방 당의 공작 업무상의 교훈을 총결했다. 핵심은 '좌경 착오'를 재인식하고 적극적으로 교정해야 한다는 것이었다. 7000인 대회를 개최하게 된 배경과 원인이 1958년 이래 중공이 전력 추진해 온 대약진과 농촌 인민공사화 운동이 실패했기 때문인 것을 드러낸 것이다.

대약진 실패로 인한 폐해가 갈수록 적나라하게 드러나면서, 마오쩌둥이 영도해 온 중국공산당은 1935년 준이회의(遵义会议) 이래 가장 큰 좌절에 직면했다. 농업 수확과 공업 생산량이 믿기조차 어려울 정도로 감소했다. 적지 않은 이들, 특히 진지하고 열정적으로 당의 지령대로 실천하고자 노력한 당원일수록 당혹하고 불안해하면서 의문을 품었다.

"이 같은 국면의 근본 원인이 무엇이란 말인가? 어떻게 이 난관을 돌파해 나갈 것인가, 도대체 사회주의 건설을 어떻게 해야 하는가?"

승리감과 자신감에 도취해 있던 마오쩌둥도 매우 큰 충격을 받았다. 사실, 마오쩌둥 스스로도 대약진의 문제점을 감지하고 있었다. 루산에서 중앙정치국 확대회의를 개최한 주요 목적도 원래는 이 같은 '좌경 착오'를 교정하기 위한 것이었다. 단, 마오에게 가장 중요한 것은 자신의 권력 유지와 강화였다.

1960년 8월, 계획 업무를 주관하던 리푸춘이 대약진의 추세가 더 이상 지속될 수 없다고 판단하고, "정돈(整顿)·공고(巩固)·제고(提高)"라는 조정 (纠偏) 방침을 제출했다. 이것을 저우언라이가 "조정(调整)·공고·충실(充实)·제고"로 수정했고, 이를 '8자 조정방침(八字纠偏方针)'이라 불렀다.

얼마 후, 대약진 시기에 중국 전역에서 기근이 가장 심했던 사례 지구로 꼽히는 허난성 신양(信阳)지구의 참상이 노출되었다. 당시 중남국 제2서기였던 왕런중(王任重)이 다음과 같이 말했다.

내가 허난성 광산(光山: 신양 지구 내의 현)에 가서 내 눈으로 직접 봤다. 집이 무너지고 썻은 듯이 텅 비어 있었다. 사람마다 상복을 입고 있었고 집집마다 통곡 소리가 났다. 이것은 실제 상황이다. 결코 무슨 '우경 반혁명 기회주의가 우리를 공격하는' 그런 게 아니다.

1998년 덩리췬(邓力群)은 다음과 같이 회고했다.

나의 친한 친구인 펑따장(彭大章: 당시 중난하이 비서실 책임자 중 1인)이 신양 현지 조사 후 돌아와서 내게 "문제가 정말 심각하다"라고 말하는데 그 표정이 너무 참담했다. 또 그 이후에 리셴녠(李先念, 1909~1992년) 동지도 다녀와서 말하기를, 촌마을에 부녀자들 모두가 상중에 신는 하얀 천을 댄 신발을 신고 있었다고 했다.

마오쩌둥은 신양 지구의 참상에 대한 보고를 듣고 바로 그날 중앙정치 국 상무위원회 회의를 소집하고, 총리 저우언라이에게 최대한 신속하게 농촌 정책을 재검토하라고 지시했다. 그 결과 제정된 대책의 주요 내용은 "첫째 공평, 둘째 조정(一平二调)"이라는 기존의 정책 기조를 수정하고, 노 동에 따른 분배(按劳分配) 원칙을 실시하고, 농민에게 소규모 자류지(自留地) 보유 및 소규모 가정 부업을 허용하고, 또 지도와 계획하에 농촌집체시장 을 형성하고, 농민이 작은 경영권과 자주권을 갖는 것을 허용한다는 등의 내용을 포함했다. 이러한 대책들은 늦게나마 객관적 경제규율을 올바로 인식·평가하고 실천으로 연결하기 위해 고민한 결과였다. 그러나 이러한 대책들조차 제대로 충분하게 시행되지 못했다. 국정 주도권 상실을 우려 한 마오쩌둥이 이른바 문화대혁명을 스스로 기획·발동·연출하면서 전국 이 대동란 상태에 빠져들었기 때문이다. 당시 총리 저우언라이 등이 주도하여 작성한 경제 활성화를 위한 주요 대책들은 마오쩌둥이 죽은 1976년 9월 이후에 덩샤오핑을 대표로 하는 실용주의 실사구시파 혁명원로 1세대 그룹이 권력투쟁에서 승리한 후 개혁·개방 정책을 추진할 때에 비로소 다시 부활한다.

1961년 8~9월에는, 원재료와 연료의 한계가 드러나면서 중국 전역의 공업 생산량조차 대폭 감소했다. 특히, 강철 생산량마저 급감하자 중공중앙과 마오쩌둥은 더 이상 미루면 조정조차 어려워질 것이라는 사실을 외면할 수 없었다. 그해(1961년) 말에는 도시의 상황도 매우 심각해졌고 중공업 생산량도 급속하게 하락했다. 경공업은 이미 그 전해부터 급속하게 추락하면서 1961년 공업생산총액이 전년 대비 40% 이상 줄었다. 인민의 일상생활용품 부족 상태도 갈수록 심각해져서 국영 상점의 진열대가 일상적으로 모두 비어 있었다.

중공중앙은 곤경에서 벗어나기 위해서 전술한 각 항 지표들을 조정하는 동시에 농업과 공업 방면에서 각각 일련의 조정 정책을 시행했다. 농업 방면에서는 '농업 60조'를 제정하고, 결산 단위를 인민공사에서 '생산대대(生产大队)'로 바꾸었고, 인민공사와 생산대대의 규모를 줄여서 소규모화했다. 인민공사는 향을 단위로 하고, 생산대대는 자연촌(自然村)을 단위로 재편했다. 또 1961년 5월에는 중앙공작회의가 '공공식당'을 해산한다고 선포하고 공급제를 폐지했다. 사실 공공식당이라는 것은 중공의 계획대로 성공적으로 운영되었다 하더라도 농민들을 새벽부터 저녁까지 집단 노동시킨 대가로 공공식당에서 끼니 해결을 보장해 주는 것에 불과했다. 춥고 배고픈 문제, 즉 '원바오(温饱)' 문제 해결이 최우선 과제였던 당시 상황을 고려하고 본다 해도 공공식당에서 제공하는 음식의 질적·양적 수준조차 계속 떨어졌다. 1961년 9월에 분배권을 소대(小队)로 이양하고, 소대를 기본 결산단위로 한 후부터 농민의 생산 적극성이 점진적으로 회복되기 시작했다. 결국 농민의 토지 소유에 대한 열망과 이익 동기를 무시하고 농촌 사회주의를 조기 실현하겠다며 밀어붙인 '대약진', '단번 도약' 운동이 대실패하면서 대파탄이 초래되자, 중공 스스로 그것을 인정하고 조정 의견을 받아들이지 않을 수 없게 된 것이었다.

공업 방면에서는 '공업 70조'를 제정하고 기업경영을 점진적으로 규범화하면서, 수공업·상업·교육·과학기술 등 적지 않은 업종의 경영 방식에 대해 조정을 진행했다. 한편, 도시인구를 1000만 명 이상 농촌으로 하방(下放)했음에도 불구하고, 국가가 보유한 양식만으로는 도시의 식량 수요조차 충족하기 어려웠다. 게다가 외환 보유도 부족해서 국제시장에서 양식을 살 여력마저 없었다. 1961년에는 중국 내 주요 도시들에서 이미 수차례 양식 부족에 기인한 청원사건(請願事件)이 발생했다. 만일 도시에 양식배급을 못 하게 된다면 사태의 심각성이 농촌의 경우와는 비교도 안 될 것이라는 점을 마오를 포함한 중공 당 간부들 스스로 잘 알고 있었다.

이 같은 상황 속에서 중공중앙은 2개년 계획과 또 하나의 7개년 계획을 제정했다. 왜 계획 기간이 5년이나 10년이 아니고 2년과 7년이었는가? 원래 중공중앙은 건국 20주년이 되는 1969년에 인민의 먹고(吃), 입고(穿), 사용(用)하는 문제를 해결할 수 있을 것으로 보고, 1962년까지 제2차 5개년 계획을 끝내고 1963년부터 1969년까지 7개년 계획을 제정했다.

1962년 1월 27일, 7000인 대회에서 류사오치가 장장 3시간도 넘는 대회 보고를 했다. 주요 내용은 다음과 같다.

현재의 국내 형세를 솔직하게 실사구시적으로 말하겠다. 우리는 경제 방면에서 매우 곤란한 상황이라는 점을 인정해야 한다. 현재 가장 엄중한 곤란은 인민들이 먹을 양식이 부족하다는 것이다. 부식품과 육류, 기름 등이 부족하고 옷감, 일상생활용 소비품 모두 부족하다. 1959~1961년 3년간 우리의 농업생산량이 증가하지 않았다. 오히려 상당히 큰 폭으로 감소했다. 1961년에는 공업 생산량도 줄었다. 통계에 의하면 40% 또는 그 이상 줄었다. 올해(1962년) 공업 생산도 증가를 기대하기 어렵다. 2~3년 전까지도 우리는 최근 수년간 농업과 공업 방면에서 크게 약진한 줄 알고 있었다. 사실 일정 기간 중에는 큰 폭으로 약진한 적도 있었다. 그러나 지금은 앞으로 나아가지 못했을 뿐 아니라, 반대로 매우 큰 폭으로 후퇴했다. 일종의 큰 말 안장(역U 자)형 추세가 출현했다. 이러한 상황에 어떻게 대응해야 하나? 나는 우선 실사구시적으로 사실이 이렇다는 걸 인정해야 한다고 생각한다.

둘째, 왜 부족한가? 주요 원인이 천재(天災)냐 아니면 인재(人災)냐? 어떤 지방에서는 천재가 아니고 업무 추진 중의 결점과 착오 때문인 곳도 있다. 작년에 후난성의 한 지방에 갔을 때 내가 농민들에게 물었다. "이러한 곤란의 원인이 무엇인가? 천재가 있었는가?" 농민들이 대답하기를 "하늘 탓도 할 수 있다. 하지만 그것이 셋이라면 일곱은 인간 때문"이라고 했다. 이 3년간의 성과와 착오를 어떻게 평가할 것인가? 과거에 우리는 결점이나 착오를 성과와 견주면서 "손가락 하나와 아홉 개"로 비유했다. 현재는 모든 곳에 대해서 그런 식으로 말할 수 없을 것 같다. 전국의 상황을 총체적으로 말한다면 아마도 3 : 7 정도 될 것이다. 심지어 결점과 착오가 손가락 셋으로 모자라는 지방도 있을 것이다.[2]

셋째, '3면 홍기(三面紅旗)'에 대해서 말하겠다. 우리는 현재 총노선, 대약진, 인민공사를 계속 견지하고 분투하고 있다. 그러나 현재로선 이러저러한 문제들을 명확하게 판단할 수 없다. 다시 5년, 10년 지난 후에 경험을 다시 총결해

---

2   류사오치의 이 같은 발언은 마오가 즐겨 말하던 "과오는 손가락 한 개, 성과는 아홉 개 손가락"이라는 표현을 정면으로 반박한 것이었고, 마오의 가장 예민하고 아픈 곳을 찌른 것이었다. 이것이, 상처나 원한을 결코 잊지 않고 되갚아 주고야 마는 마오가 문화대혁명을 일으킨 후, 류에게 잔인하게 복수한 주요 이유가 되었을 것이다.

야 진일보한 결론을 도출할 수 있을 것이다.

회의 참석자들은 류사오치의 대회 발언, 특히 다음과 같은 내용을 들으면서 모종의 불안감을 느끼고 마오쩌둥의 기색을 살피며 눈치를 보았다.

"총노선은 완전히 정확하다고 할지라도 집행 중 편차가 있었고, 이는 우선 중앙의 책임이다. 중앙 각 부문, 즉 국무원과 국무원 소속 각 부문, 단위까지 책임져야 한다."

류사오치는 1959년 루산회의와 펑더화이에 대해서도 언급했다.

"루산에서 펑더화이가 한 말 중 많은 부분은 사실에 부합한다. 어째서 우파에게까지도 말하도록 하면서 펑더화이에게는 말을 못 하게 하는 건가?"

그러나 곧이어 이렇게 덧붙였다.

"펑더화이의 문제는 당내에 소집단과 군사구락부를 만들고 소련과 연계된 활동을 한 데 있다."

이는 당시에 중소 간에 형성된 미묘한 긴장 기류와 연관된다. 1961년 10월, 소련공산당 중앙이 모스크바에서 제22차 전국대표대회를 개최했고, 중공은 저우언라이가 인솔하는 대표단을 파견했다. 이때 흐루쇼프가 중국의 대약진운동을 비판했고, 이에 대해 마오쩌둥이 격렬하게 분노를 표출했고, 이후 중소 관계에 균열이 생기기 시작했다.

류사오치는 회의 후 자신의 발언을 문서로 정리·기록하는 작업을 할 때까지도, 여전히 매우 격정적인 정서 속에서 이렇게 말했다(林蘊暉, 2008: 285).

"대약진의 착오는 엄중하다. 이번 경험 총결은 첫 번째이다. 이후 매년 1회씩 계속 10년간 총결하고 수정해야 한다. 실제에 부합하고 진정으로 경험 교훈을 수용할 때까지 계속해야 한다. ……"

〈그림 9-1〉 7000인 대회 단상의 류샤오치, 천윈, 덩샤오핑

당시 류샤오치의 회의 발언을 문서화하는 작업에 참여했던 후성(胡繩, 1918~2000년)의 회고에 의하면, 마오는 류샤오치가 발언하는 사이에 수차례 끼어들어 말했다. 그 같은 모습을 본회의 참석자들은 마오가 류샤오치의 말을 받아들이기 어려울 것이라 걱정했다. 회의 중간 휴식 시간에 마오가 류샤오치에게 불편한 심기를 노출하자 류샤오치는 흥분 상태에서 이렇게 말했다.

"사람이 서로 잡아먹고 있다. 당신과 나는 역사책에 기록될 것이다(人相食, 你我是要上史书的)."

류샤오치의 대회 보고 발언 3일 후인 1월 30일에 마오쩌둥이 대회에서 발언했다. 주요 내용은 다음과 같다.

나는 자신의 과오를 숨기지 않겠다. 중앙이 저지른 모든 과오는 직접적으로 나에게 책임이 있고 간접적으로도 내가 책임질 부분이 있다. 왜냐하면 나는 국가주석으로서 최근 수년간 수많은 어리석은 짓을 했다. 사회주의는 자본주의에 비해 매우 많은 우월성이 있다. 그러나 중국은 인구는 많은데 기반은 얕아서, 생산력을 대폭 발전시키고 세계적인 선진 자본주의 국가를 따라잡거나 추월하

려면 백 년도 더 걸릴 것이라고 본다. 사회주의 건설에 있어서 맹목적인 부분이 적지 않았다. 나는 경제 건설 업무의 수많은 문제를 이해하지 못했다. 1958년 중공 8차 대표대회 2차 회의(中共八大二次会议)에서 사회주의 건설 촉진을 위한 총노선을 통과시키고 인민공사를 건립하고 "대약진", "단번 도약" 구호를 제출했다. 그러나 우리는 아직까지도 적합하고 구체적인 방침, 정책, 방법을 규정하지 못했다. 아직 경험이 부족하기 때문이다. 일정한 시간이 지나 일련의 장애물을 만나고 정반(正反) 양면의 경험을 축적한 후에야 가능할 것이다. 현재는 좀 좋아진 편이다. 경험을 갖게 되었고 조정하고 있는 중이다. 이렇게 하면, 우리는 더욱 순조롭게 사회주의 혁명과 건설을 진행할 수 있다.

마오가 이렇게 스스로 자신의 과오를 인정하고 자아비판까지 한 것은 지극히 드문 일이었다. 처음이고 마지막이었을 것이다. 이어서 덩샤오핑, 저우언라이, 천윈, 주더의 발언이 이어졌다.

한편 린뱌오는 류샤오치의 1월 27일 대회 보고 발언 중 곁눈질로 은밀하게 마오의 표정을 관찰하면서, 마오가 류샤오치, 덩샤오핑 등의 발언 내용에 대해 불만스럽게 느끼는 기색을 감지했다. 또한 이어진 마오의 발언을 들으면서 그가 자기 입으로는 차마 하지 못한 말을 짐작하고 있었다. 마오는 "구상의 방향과 틀은 옳았다. 다만, 일련의 구체적이고 적합한 정책과 방침이 부족했다. 이것은 경험 부족 때문이며 동시에 하층 간부들이 과장, 허위 보고하고 중앙을 속였기 때문이다"라고 발언하고 싶을 것이라고 확신했다. 린뱌오는 바로 이 순간이 정치적으로 투기할 절호의 기회임을 직감했다. 류샤오치 이후 발언자들의 발언 후에 린뱌오가 단상에 올라가 발언을 시작했다.

"마오쩌둥사상은 항상 정확했다. 경제 곤란이 발생한 것은 마오쩌둥사상이 실제와 부합하지 않아서가 아니다. 우리는 수많은 사항들을 마오 주석의 사상, 마오 주석의 경고, 마오 주석의 지시에 따라 행하지 않았다. 만일 마오 주석의 말을 제대로 이해하고 제대로 실천했다면 오늘날과 같은 곤란과 곡절을 겪지 않았을 것이다."

마오는 정작 자신이 하고 싶었으나 못했던 말을 린뱌오가 대신 해주자 흐뭇한 표정을 감추지 못했다. 린뱌오는 그러한 마오의 눈길과 표정을 확인하면서 계속 말을 이어나갔다.

"과거에 공작이 잘될 때는 바로 마오쩌둥사상이 방해받지 않았던 때였다. 반대로, 마오 주석의 사상이 존중받지 못하고 방해를 받았을 때는 늘 문제가 발생했다. 수십 년간의 우리 당의 역사가 바로 그랬다."

이후 마오쩌둥과 린뱌오의 연합과 합작은 갈수록 공고해졌다. 마오는 린뱌오에게 군부를 맡기고, 자신의 아내 장칭을 포함한 '4인방'을 조종해 이른바 '문화대혁명' 음모를 기획·연출하면서 전국을 대동란의 혼란 상태로 몰고 갔다.

제10장

문화대혁명, 10년 대동란[1]

'혁명'이란 기존의 통치 권력을 뒤집어엎고 새로운 통치권력이 들어서는 것이다. 따라서 기존의 최고 권력자가 '혁명'을 주도했다고 하면 그 말부터 자체 모순이다. 그렇다면, 마오쩌둥이 이른바 '무산계급(无产阶级) 문화대혁명'이란 걸 발동시킨 이유와 배경이 뭘까? 비교적 공감되고 대표적인 주장 중 하나는, 중공중앙 지도층 내의 원칙과 기본노선상의 분열 때문이라는 것이고, 또 하나는 마오쩌둥이 개인의 권력을 유지·보호하기 위해서였다는 것이다. 필자는 후자 쪽에 더 기운다. 즉, 이른바 '문화대혁명'은 마오쩌둥이 자신의 권력 유지에 위협이 되는 (당내에서 실용주의 경제정책으로 지지기반과 권위를 넓혀가던) 류샤오치, 덩샤오핑으로 대표되는 실용주의 실사구시파 지도층 간부들을 제거하기 위해 치밀하게 기획·조종·연출한 것이라고 본다. 마오는 이를 위해 기존 기득권 질서에 불만을 느끼고 있고 쉽게 선동할 수 있는 철부지 중학생들과 청소년들을 선동하여, 교내 기존 질서와 기득 권력은 물론 학교 밖의 당 조직을 전면적으로 공격하고 파괴하도록 조종했다. 그다음 단계에서는 선동 대상을 일반 노동자 집단으로

[1] 유튜브 북연TV, 〈중국현대사〉, 26~27회 '문화대혁명 1, 2'.

확대하고 전국을 내전 상태로 몰고 갔다. 그러나 홍위병들의 행동이 자신이 의도한 범위를 넘어서며 극렬하게 진행되자 (린뱌오에게 지휘권을 맡겨놓은) 인민해방군을 출동시켜 진압해 버렸다. 따라서 문화대혁명에 대한 책임과 비난은 응당 전적으로 마오쩌동의 몫이다. 그러나 중국 내에서는 물론 우리나라의 중국 연구자들 중에서도 이 점에 대해서 모호하게 표현하고 있는 경우가 적지 않다. 중국 내 연구자들에 대해서는 공식 검열 외에도 자기검열까지 거쳐야 하는 체제 내에서 당할 수 있는 위험을 피하려는 의도로 이해할 수 있다. 그러나 국내에서 아직까지도 문혁과 관련하여 무언가 긍정적인 측면이 있을 거라는 관점을 포기하지 않고 있다는 듯한 표현과 발언을 하는 것은 이해하기 어렵다. 마오쩌동에 대한 비판을 금기시하고 있는 중국공산당 내부 문건에서조차 다음과 같이 규정되어 있다.

"마오쩌동이 발동하고, 반혁명 집단에 이용되고, 당과 국가와 전체 인민에게 엄중한 재난을 가져온 내란을 발생시켰고, 당과 국가에 최대로 엄중한 좌절과 손실을 끼쳤다."

마오는 다음과 같이 선동했다.

"자본주의의 부활과 복고를 방지하고 당의 순결성을 유지·보호하고 중국이 스스로 사회주의를 건설하는 길을 탐색하기 위해서 문화대혁명이 필요하다 ……. 당 중앙에 수정주의가 출현했고 당과 국가가 '자본주의 복고'라는 현실적 위험에 처했으므로, 결연한 조치와 공개적이고 전면적으로, 그리고 아래에서 위로 광대한 군중을 발동해야만 당과 국가 생활 중의 어두운 면을 폭로할 수 있고 주자파(走資派)에게 찬탈당한 권력을 다시 탈취해 올 수 있다."

그러나 또 한편으로는, 자신이 과거 수년간 정풍운동, 반우파 투쟁, 농촌의 '4청(四清)운동'[2]과 도시의 '5반(五反)운동'[3] 등을 요란하게 추진했음에도 불구하고 또다시 이런 말을 하고 있는 것이 스스로도 맘에 걸렸는지 다음과 같이 덧붙였다.

"과거의 의식 형태 영역의 비판
들은 모두 문제를 제대로 해결하지
못했다."

아무튼, 문화대혁명의 발동과 진
행 과정과 관련된 공개된 자료들만
이라도 살펴본다면 마오가 둘러댄
그 같은 '명분'들은 자가당착이고 기
만이라는 걸 알 수 있다.

마오는 대약진 실패 이후 주요 경제 정책 업무에서 한 발자국 물러선
뒤 국가주석이 된 류샤오치, 그리고 덩샤오핑, 천윈 등이 자신이 망쳐놓은
경제를 순조롭게 회복시키는 것을 보면서 자신의 당내 권력 기반이 흔들
리고 있다는 불안감을 느꼈을 것이다. 중공 선전부장을 지냈고, 마오쩌둥
과 류샤오치의 선집 작업에 참여한 바 있는 덩리췬(邓力群, 1915~2015년)의
회고에 의하면, 1962년 7000인 대회를 마치고 난 후의 어느 날 마오쩌둥
이 당 중앙 회의에서 "농촌에 이미 자본주의의 길을 걷는 기층 간부들이
나타났다"라고 주장했다. 그러나 이날 류샤오치는 평상시와 다른 태도로
마오의 그 같은 상투적인 주장에 맞장구치거나 동의하지 않았다. 오히려

2 '4청운동(四清运动)'은 1963~1966년 기간 중 중공중앙이 중국 전역의 도시와 농촌
   에서 추진한 사회주의 교육운동이다. 처음에는 정화(清) 대상이 농촌의 '노동 점수
   (工分), 장부(账目), 창고, 재물'이었으나, 후기에는 도시와 농촌 모든 지역의 '사상,
   정치, 조직, 경제'로 되었다.
3 '3반(三反)', '5반(五反)'운동은 1951년 말에서 1952년 10월까지 당·정 기관 공작 인
   원에 대해 전개한 '반(反)독직, 낭비, 관료주의'와 사영 상공업자에 대해 전개한 '반
   (反)뇌물, 탈세, 절도 및 편취 국가재산, 태업 및 재료 감소, 국가경제 정보 절도'를
   일컫는 투쟁에 대한 통칭이다.

"농촌의 상황이 복잡하고 적과 나의 모순과 인민 내부의 모순도 복잡하기 때문에 좀 더 구체적으로 분석해야 한다"라고 반박했다. 그날 회의 분위기는 매우 긴장된 상태였다. 자신이 당한 일은 결코 잊지 않고 되갚아 주는 마오는, 그때 자신이 후계자로 직접 내정했던 당시 국가주석 류샤오치를 정리해야겠다는 결심을 굳혔을 것으로 보인다.

또한, 1965년 1월 중앙정치국에서 '농촌 업무 23조'에 대한 회의를 할 때는 이런 일도 있었다. 마오가 발언을 시작한 뒤 미처 말을 마치지 않았는데 류샤오치가 마오의 말을 자르고 끼어들었고, 마오는 결국 다시 말할 기회를 얻지 못했다. 사실 류샤오치에게 감히 마오의 말을 중간에 끊고 발언을 제지할 정도의 배짱은 없었다. 짐작하건대 마오의 발언 중에 불쑥 끼어든 뒤 깜빡 잊었을 것이다. 그러나 화가 단단히 난 마오는 그다음 날 회의에 당 규정집을 가지고 와서 이렇게 말했다.

"당 규정에도 있다. 당원은 당회의에서 발언권을 갖는다."

그런데 이 같은 마오의 모습은 매우 우스꽝스럽기까지 하다. 수많은 동지와 인민들의 인권과 생명조차도 대수롭지 않게 여기는 자가, 자신의 발언권을 침해당했다며 분노하며 씩씩대는 모습은 코미디가 따로 없다고 여겨진다. 아무튼 마오는, 그때 자신이 후계자로 직접 내정했던 당시 국가주석 류샤오치를 정리해야겠다는 결심을 굳혔을 것으로 보인다.

또 한 가지 의문은 '무산계급 문화대혁명'이라는 표제에 '문화'를 포함시킨 이유이다. 마오에게 '문화'란 대체 무엇이었을까? 아마도 대약진의 대실패로 이미 경제 분야에서는 자신의 권위가 실추되었고 회복할 능력도 자신도 없다는 걸 스스로 알고, 경제가 아닌 문화와 정치운동으로 밀어붙이겠다고 결정했을 것이라 해석된다. 마오는 농촌에서 사회주의 교육 운동을 전개할 때에도 스스로 가장 자신 있고, 그래서 자신이 주도권을 잡을 수 있다고 판단한 사상, 이념 분야에서 농민들을 토지에 대한 열망과 연결·선동하며 운동을 진행했다.

한편, 문화를 내세우자는 발상과 아이디어는 1962년 9월, 중공 8기 10중전회에서 마오가 『소설 류즈단』 문제를 평하면서 한 다음과 같은 말을 연상시킨다.

"소설을 이용해서 반당 활동을 하는 것은 '대발명(大发明)'이다. 한 정권을 뒤집으려면 먼저 여론을 형성하고 사상 방면의 작업을 먼저 해야 한다. 혁명도 그렇고 반(反)혁명도 그렇다."[4]

마오는 이 말을 하고서 약 3년 후에 이른바 '무산계급 문화대혁명'을 발동시킨다. 즉, 상대에게 모자를 씌우기 위해 했던 말이었지만, 스스로도 자신이 했던 그 말대로 문화를 이용한 '대발명'을 기획하고 실행에 옮긴 것이다.

1965년 11월 10일에 마오는 아내 장칭과 당시 상하이시 당위원회 서기 장춘차오(张春桥, 1917~2005년)에게 상하이시의 한 구(区) 정부 당위원회 기관지 문예부문에서 일하던 야오원위안(姚文元, 1931~2005년)을 조종토록 하여, "신편 역사극 하이뤄이 파관(海瑞罢官)을 평한다"라는 제목의 문장을 상하이에서 발간되는 신문 ≪문회보(文汇报)≫에 투고하게 했다. 이것이 마오가 '문화대혁명'이라 작명하고 기획·조종한 대동란 발동의 서막이다. 야오원위안의 문장은 당시 베이징시 부시장이자 명나라 역사(明史) 학자인 우한(吴晗)을 실명으로 지칭하며 비판했고, 실제로 중공중앙 영도 간부층

---

4   마오가 『소설 류즈단』의 내용 중에 자신이 류즈단(刘志丹)의 공을 가로챈 부분이 있음을 암시했다고 여기고 불쾌한 어조로 한 발언이다. 마오의 이 발언 이후, 당시 국무원 부총리 시중쉰(习仲勋, 1913~2002년, 현 시진핑 총서기의 아버지), 국가계획위원회 주임 자퉈푸(贾拓夫, 1912~1967년), 노동부 부장 마원뤠이(马文瑞, 1912~2004년), 그리고 소설 작성을 주도한 류즈단의 동생 류징판(刘景范, 1910~1990년) 등 류즈단의 근거지가 있던 서북 지역 간부 출신들 다수가 조사와 박해를 받았다.

의 수많은 정책 문제상의 의견들과 연관시키고 있었다. 야오원위안은 우한이 쓴 '하이뢰이 파관'이 계급투쟁의 표현이라고 주장했다.

"계급투쟁은 객관적으로 존재한다. 반드시 사상 영역에서 이런저런 형식으로 반영되고 이런저런 작가들의 펜 끝에 반영된다. '하이뢰이 파관'은 바로 이런 계급투쟁의 형식적 반영이다."

배후에서 조종하면서 주시하고 있던 마오는 그해(1965년) 12월 21일, 항저우 서호(西湖) 변 별장에서 처음으로 속내를 밝혔다. 즉, 천보다, 관평(关锋) 등과 대화하는 자리에서 야오원위안의 글 내용을 지지한다고 밝히면서 다음과 같이 덧붙였다.

"핵심은 파관(罷官)이다. 가정황제(嘉靖帝, 재위기간: 1521~1566년)는 하이뢰이를 파직했고 나는 1959년에 펑더화이를 파직했다. 펑더화이도 하이뢰이(海瑞)이다. 본래 한 편의 연극 대본이었지만 당내 어떤 사람들이 당을 공격하면서 이제는 정치문제가 되었다."

이 대목은 1956년 4월, 마오의 지시하에 예술 분야에서는 '백화제방(百花齊放)', 학술분야에서는 '백가쟁명(百家爭鳴)', 이른바 '쌍백(双百)' 방침을 시행한다고 발표했던 수법을 연상시킨다. 즉, 쌍백 방침 발표 후 약 1년이 경과한 때부터 그 말을 믿고 발언한 지식인들을 겨냥한 '반우파 투쟁'을 발동하고 무자비한 숙청을 진행했었다. 당시 중공 내부 문건 훈령에는 다음과 같은 말도 있다.

당분간은 주자파들이 날뛰도록 놔두고 그 활동이 정점에 달하고 대어(大鱼)들이 스스로 수면 위로 떠오르는 시점에 우리는 낚시 바늘에 미끼를 낄 필요도 없이 그냥 뜰채로 건져 올리면 될 것이다. 굴속의 뱀을 밖으로 유인해 내기 위해 (백가쟁명이라는) 음악을 연주하자.

따라서 이때에도 류샤오치, 덩샤오핑 등에게 주자파 모자를 씌우고 낚기 위해 이미 수년 전부터 떡밥과 낚싯줄을 드리우고 있었다고 할 수 있다.

마오는 1959년 펑더화이를 '반당 우파 기회주의자'로 몰아 숙청한 후에도, 한 회의에서 "사실대로 말하고 자신의 결점을 거리낌 없이 말해야 한다"라고 말하면서, 명조(明朝) 시기에 하이뢰이가 파관된 이야기를 거론하기도 했고, 또 펑더화이의 이름을 거론하면서 하이뢰이 이야기를 읽어보라고 권하기도 했다. 이 같은 마오의 발언과 행동을 듣고 본 사람들 중에는 마오가 대약진에 대한 비판을 수용하고 펑더화이를 복권시켜 주려는 의도를 내비친 것이라고 생각한 사람도 있었다. 경극(京劇) 〈하이뢰이 파관(海瑞罷官)〉의 대본을 쓴 명조 역사 전문가이자 당시 베이징시 부시장이던 우한도 마오의 의중을 그렇게 읽었을 것이다. 마오가 쳐놓은 '뜰채' 속으로 스스로 들어간 것이다.

문화대혁명의 경과

마오는 이미 1962년부터 자신의 아내 장칭을 시켜서 당 중앙의 선전·문예 부문을 담당하는 인사들을 만나서 베이징시 부시장 우한이 쓴 「하이뢰이 파관」을 비판해야 한다는 의사를 타진했으나 아무도 호응해 주지 않았다. 1964년에 장칭이 다시 《인민일보》 문예부 편집장 리시판(李希凡)을 찾아가서 「하이뢰이 파관」을 비판하는 글을 써달라고 요구했으나 완곡히 거절당했다. 보고를 들은 마오가 분노하면서 "베이징시 위원회는 바늘로 꽂을 틈도 없고 물 샐 틈도 없는 독립 왕국"이라고 말했다. 마오에게 '독립 왕국'은 자기만이 가져야 하는 것이었다.

마오는 다시 1965년 2월에 장칭을 상하이로 보냈다. 장칭은 당시 상하이시 서기 커칭스가 추천한 장춘차오와 야오원위안을 만나서 「하이뤼이 파관」을 비판하는 글을 써서 상하이 ≪문회보≫에 게재하도록 했다. 그때까지도 마오는 짐짓 모르는 척 연출하며 배후에서 조종하고 있었다.

야오원위안의 문장이 상하이 ≪문회보≫에 발표된 지 10여 일이 지나서도 ≪인민일보≫나 베이징의 각종 매체에서 이 글에 대해 보도하거나 전재하지 않았다. 이는 당시 베이징시 제1서기인 펑전이 부시장인 우한을 보호하기 위해 조치했기 때문이다. 1966년 2월 초, 펑전이 문화대혁명 5인 소조가 참석한 회의를 개최하고 「당면 학술 토론에 관한 보고 요강(二月提綱)」의 초안을 작성했고, 그 초안의 학술 비판에 이미 출현한 '좌경'에 대해 적절한 통제가 필요하다는 내용을 포함시켰다. 펑전은 이 초안 문건을 중앙정치국 상무위원회에서 토론을 거쳐 통과시킨 후, 다시 당시 후베이성 우한(武汉)에 머물고 있던 마오쩌동을 찾아가서 보고했다. 마오는 겉으로는 반대하지 않았다. 펑전은 그때까지도 마오가 바로 자신을 노리고 있다고까지는 생각하지 못했던 것 같다. 한편, 장칭은 린뱌오의 지지하에 상하이에서 부대 문예 공작 좌담회를 개최하고 이 좌담회 회의록(纪要)에 '반당반사회주의 흑선(黑线)이 우리의 정치를 장악하고 있다'는 내용과 '문화 전선상의 사회주의혁명을 한바탕 견결하게 진행해야 한다'고 선동하는 내용을 담았다.

1966년, 국민경제에 대한 조정을 기본적으로 완성하고, 제3차 5개년 계획(三五计划: 1966~1970년)을 집행하기 시작한 그해부터 마오쩌동은 운동의 창끝을 점진적으로 당 중앙 간부들을 겨냥토록 조종했다. 마오는 이때부터 1976년 9월 초 마지막 숨을 거둘 때까지 10년간 중국 전역을 대동란 상태로 몰아넣었고, 당을 사당(私党)화 하고, 당내 영도(领导) 간부들까지도 자기 마음대로 숙청할 수 있는 1인 독재체제를 더욱 공고하게 굳혔다.

마오는 우선, 린뱌오와 장칭 등을 조종하여 중앙판공청 주임 양상쿤의

직무를 박탈했고, 중앙서기처 서기, 국무원 부총리, 해방군 총참모장을 겸
직하고 있던 뤄루이칭을 '찬군반당(篡軍反党)' 등의 죄명으로 엮어서 연금했
다. 이어서 1966년 3월 제3차 5개년 계획(三五计划: 1966~1970년) 말에는 "중
앙선전부와 베이징시 당위원회가 악인을 비호하고 좌파를 억압했다"라고
질책하고, 제1서기 펑전과 중앙선전부 부장 루딩이의 직무를 정지시켰다.
1959년 루산에서 펑더화이를 숙청했듯이 자신의 의도대로 순순히 움직여
줄 것 같지 않은 핵심 부서의 영도급 간부들에게 '반당', '반혁명'이라는 모자
를 씌워 숙청·정리한 것이다. 문화대혁명 발동을 위한 기초 작업이었다.

문화대혁명 추진을 공식적으로 결정 및 공포한 회의는 1966년 5월에
개최한 중공중앙정치국 확대회의와 8월에 개최한 8기11중전회이다. 이
두 회의 후에 통과된 '중공중앙 통지'(약칭 5·16 통지)와 '중공중앙 무산계급
문화대혁명에 관한 결정', 그리고 중앙 영도 기구에 대한 개편 등 마오쩌둥
이 '문화대혁명'이라고 작명하고 기획·조종한 음모가 베이징과 상하이에
서 시작되어 전국으로 확산되었다.

이 중 5월 4일부터 26일까지 개최된 중앙정치국 확대회의에서, 5월 16일

에 문화대혁명을 전국에서 발동시키기 위한 '중공중앙 위원회 통지'(약칭 5·16 통지)가 통과되었다. 이 '5·16 통지'에는 마오가 직접 다음과 같은 내용을 작성해 포함시켰다.

당, 정부, 군대 그리고 각종 문화계 내부에 진입한 자산계급 대표 인물, 즉 한 무리 반혁명 수정주의분자들은 일단 시기만 성숙하면 그들이 정권을 탈취하고, 무산계급 독재를 자산계급 독재로 바꿀 수 있다. 예를 들면, 흐루쇼프 같은 인물이 현재 바로 우리의 몸 옆에서 잠자고 있다. 각급 당위원회는 필히 이점에 충분히 주의해야 한다.

여기서 "흐루쇼프"는 명백하게 류샤오치를 가리켰다. 마오는 이 회의 후에 펑전이 이끌던 '문화혁명 소조'를 철폐하고, 천보다를 조장, 캉성을 고문으로, 장칭·장춘차오 등을 부조장으로 임명한 '중앙 문화혁명 소조'를 설치하고, 이 기구가 중앙정치국으로부터 독립하여 문화대혁명을 지휘할 수 있도록 했다. 바야흐로 한 판의 '혁명 굿판'을 벌이기 위한 기초 작업을 마무리한 것이다.

우선 선동 대상은 청소년, 학생들이었다. 학교 규율의 통제 안에서 기존 질서와 권위에 대한 불만과 반발심이 강한 청년, 대학생과 대부분 아직 철부지 상태에 있던 중고교 학생, 소년, 소녀들을 먼저 조반(造反)하도록 조종하고 부추겼다. 이와 동시에 전국 각급 학교 내에 홍위병(红卫兵)을 조직하도록 선동하고 조종했다. 도처에서 홍위병들이 자기 학교의 교장과 각 학교 위원회 서기(书记), 교사들을 '적발비판투쟁(揪斗)'에 끌고 가서 모욕하고 폭행하는 일이 빈발했다. 그다음 단계에서는 학교 밖의 일부 당정 기관들을 공격하기 시작했다.

문혁 초기에 국가주석 직위에 있던 류샤오치는 이 운동을 마오쩌둥이

1957년 '반우파 투쟁' 운동을 일으킬 때처럼 반혁명 언사와 행동을 유인해 낸 후 일망타진하던 수법의 재현으로 이해했던 것 같다. 1966년 6월 13일에 류샤오치가 문화대혁명의 상황과 처리에 관해 하달한 두 건의 지시에 다음과 같은 내용이 담겨 있다.

"잡귀가 연이어 등장할 때는 급하게 반격하지 말고, …… 잡귀가 대부분 모습을 드러내기를 기다렸다가 적시에 반격해야 한다"(왕단, 2013: 224~225).

이때까지도 류샤오치는 설마 자기 자신이 바로 '잡귀'로 설정되어 있을 거라고는 생각하지 못했던 것 같다. 한편, 류샤오치와 함께 중공중앙의 업무를 관장하고 있던 덩샤오핑은 대학과 중학에 공작조를 파견하고 국면을 안정시키고자 학교 간부와 협조하며 노력했다. 공작조는 활동 과정에서 다수 군중의 지지를 받았으나 조반파 홍위병들과의 대립이 격화되었다. 이와 동시에 운동에 어떻게 대처해야 할 것인가라는 문제를 놓고 당 중앙 지도층과 중앙문혁소조 간에 의견 대립이 갈수록 날카로워졌다.

이 무렵(1966.7.18) 마오쩌둥이 항저우에서 베이징으로 돌아왔다. 이제 분위기가 무르익었다고 판단한 것이다. 마오는 베이징에 돌아온 바로 다음 날에 류샤오치와 덩샤오핑을 불러서 이들이 지휘하고 있는 공작조가 자산계급의 입장에 서서 무산계급 혁명을 반대하고 있다고 질책하고 공작조를 당장 철폐하라고 지시했다.

"베이징에 돌아오니 학교 대문들이 굳게 닫혀 있고 심지어 학생운동을 진압하는 학교도 있다. 누가 학생운동을 진압한단 말인가? 오직 북양 군벌뿐이다. 학생운동을 진압하는 사람은 모두 끝이 좋지 않을 것이다."

그러나 마오는 그렇게 말한 후 홍위병들의 행동이 자신이 기획·연출한 의도 이상으로 과격해지자 군대를 동원해 학생과 홍위병들을 진압해 버린다.

　문혁 기간 중 마오가 자신의 의도를 노골적이고 공개적으로 드러낸 때
는 중공 8기11중전회(1966.8.1~12) 기간 중 직접 「사령부를 포격하라, 나의
한 장의 대자보」라는 제목의 대자보를 작성했을 때이다. 최고 권력자가 이
런 대자보를 직접 써 붙인 것은 대단히 파격적인 행위였다. 마오는 이 대자
보에 "중앙에 자산계급 사령부가 있다"라고 하면서, 창끝을 직접 류샤오치
와 덩샤오핑에게 겨누고, 청년 대학생과 중고생들을 향해 홍위병이라는 이
름의 대오를 조직하고 '혁명 활동'을 하도록 부추겼다. 이 같은 마오의 수법
은 젊은 시절에 후난성 농촌조사를 통해서 농민들의 토지에 대한 갈망을
간파한 후 '토지혁명투쟁'을 선동하던 수법과 같다. 단, 문혁 발동 당시에는
당과 국가의 최고 권력을 장악한 상태에서 당 내부의 권력투쟁을 위해 청
소년과 중학생, 대학생들이 품고 있던 기득권에 대한 불만을 부추김으로
써, 수업 중지와 '혁명 활동'에 따른 기존 질서 파괴 행위를 통한 쾌감을 즐
기며 난동을 부리도록 선동한 것이다. 마오는 마치 신흥 종교 교주가 신도
들에게 말씀을 내리듯 "조반에는 도리가 있다(造反有理)"라며 군중을 선동하
고 부추겼다. 상술한 중공 8기11중전회에서는 문화대혁명의 대상, 기댈 역
량, 방법 등 근본적인 문제에 대한 내용을 포함하는 '문화대혁명 16조'를 통
과시켰다. 이는 당중앙위원회와 행정 계통이 보유한 권한과 권력을 탈취하

여 자신이 조종하는 '중앙 문혁 지도 소조'에게 넘긴 것이다.

류샤오치는 상황이 이 지경에 달하자 다음과 같이 자기비판을 했다.

"문화대혁명을 어떻게 진행해야 하는가에 대해서 ……, 솔직히 나도 잘 모르겠다. 당 중앙의 다른 동지들 대부분과 공작 소조 구성원들도 그럴 것이라 생각한다."

류샤오치가 솔직하게 토로한 이 말은, 이미 마오쩌둥과의 권력투쟁에서 패배했다는 것을 공개적으로 인정한 것이었다.

홍위병 준동과 대동란

이른바 '홍위병'의 조직과 난동은 1966년 8기11중전회 이후에 빠른 속도로 진행·확산되었다. 처음에는 구(舊) 사상·문화·풍속·습관 타파, 즉 "4구(四舊) 타파" 등의 구호를 내걸고 시작되었으나, 실제 모습은 마구잡이식 가택수색(抄家), 폭행, 파괴로 나타났다. 무수한 문화유적들이 불살라졌고, 대량의 국가 문물이 약탈당했으며, 수많은 지식인과 민주 인사 그리고 간부들이 폭력적 적발비판투쟁에 끌려 나갔다. 각지의 중공 당 조직과 수많은 간부 및 군중은 이 같은 사회질서 파괴행위에 불만과 반감을 느꼈다. 그러나 그런 내색을 온건하게라도 표출하는 이들은, 그 즉시 '자산계급 반동'이나 '반혁명분자', '소련 첩자' 등으로 매도되어 폭행과 학대, 죽임까지 당했다.

1966년 10월 초, 중공중앙군사위원회가 '군(軍)이 대학에서 문화대혁명을 진행할 것에 관한 긴급 지시'를 전달하고 중앙당위원회가 영도하는 운동에 관한 규정을 취소한다고 선포했다. 이후 "당위원회를 차버리고 혁명을 일으키자"라는 구호하에, 조반(造反)의 바람이 공농업(工農業) 영역 전

반으로 확대되었고, 10월 상순부터 하순까지 '자산계급 반동 노선 비판'을 주제로 하는 중앙 공작회의가 개최되었다. 린뱌오와 천보다는 연설을 통해서 마오의 조종대로 선동하고 부채질을 했다. 이 회의 후에 중앙문혁소조는 조반파 홍위병들이 공격의 창끝을 각급 당정 영도 기관에 집중하도록 선동했고, 곧이어 당시 국가주석 류샤오치와 중앙위원회 총서기, 정무원 부총리를 겸직하고 있던 덩샤오핑을 겨냥한 "타도 류샤오치, 타도 덩샤오핑"이라는 표어와 대자보가 출현했다. 중앙과 지방의 수많은 당정 지도 간부들이 '비판투쟁(批斗)'에 끌려 나가면서 기관 업무가 마비 또는 반(半) 마비 상태에 빠졌고, 점차 전국이 대동란, 대혼란 상태가 되었다.

1967년 1월 초에는 장칭, 장춘차오 등의 조종을 받아 상하이시 조반파가 상하이시 정부의 당정(党政) 권력을 탈취했고, 마오쩌둥은 이 같은 권력 탈취 행위를 두둔했다. 그 결과 이해 1월 중하순부터는 중앙문혁소조의 지시를 받는 조반파가 전국 각지의 당과 정부의 각급 권력을 탈취하는 이른바 '1월 혁명'이 중국 전역을 휩쓸었다. 이 같은 상황이 진행되면서 홍위병 패거리 간의 지방 권력 탈취를 위한 폭력 양상이 수습 불가능할 정도의

〈그림 10-5〉 문화대혁명 시기 적발비판투쟁(批斗) 대회 모습

상태로 과열·확대되면서 결국 전국이 "모든 것을 타도하자(打倒一切)"는 전
면 내란의 소용돌이 속으로 빨려 들어갔다.

　한편, 중공중앙 지도층 내부와 광대한 군중은 문화대혁명 발동 후에
돌출된 극좌 사조에 대해 다양한 형태로 저항했다. 대표적인 사건이 1967년
1월 19~20일에 개최된 중앙군사위원회 예비 회의에서 혁명 1세대 원로 간
부들이 주도한 '2월 항쟁'이다. 회의에서 예젠잉, 쉬샹첸, 니에룽전 등 군
부 내 원로들이 중앙문혁소조의 장칭, 캉성, 천보다가 제기한 "군대도 응
당 지방과 같이 문혁운동을 전개해야 한다'"라는 주장을 강력히 비판하며
논쟁을 했다. 2월 중순, 저우언라이가 중난하이 화이런당(怀仁堂)에서 주재
한 예비 회의에서 또다시 원로 혁명가와 중앙문혁소조 구성원 간에 격렬
한 논쟁이 벌어졌다. 탄전린, 천이, 예젠잉, 리푸춘, 리셴녠, 쉬샹첸, 니에
룽전 등 원로 간부들이 문화대혁명 이래의 근본적인 문제로 당의 영도와
광범한 원로 간부 보호, 군대 안정 등에 대한 문제를 제기하면서, '문혁소
조'의 장칭, 천보다, 캉성, 장춘차오 등이 당과 군대를 대혼란에 빠뜨렸다
고 비판했다. 그러나 이는 결국 배후에서 조종하고 있는 마오쩌둥을 비
판한 것이었다. 마오는 회의 결과를 보고받은 후에 문혁소조를 비판한

군부 원로들을 엄중하게 비판한 뒤 숙청을 진행했다. 이것이 중공 역사에서 '2월 역류(二月逆流)'라 부르는 사건이다.

'2월 역류' 사건 이후 조반파(造反派)의 행동은 갈수록 격렬한 무력투쟁, 즉 무투(武斗) 양상으로 진행되었고, 그 격렬함이 마오가 예상한 범위를 넘어섰다. 마오가 조종하는 중앙문혁소조의 지시를 받는 조반파 조직의 투쟁 대상은 기존 당정, 군부를 지지하는 이른바 보황파(保皇派) 홍위병이었다. 20여 개월에 이르는 사회 대동란과 복잡한 권력 탈취 투쟁 기간에 전국의 29개 성, 직할시, 자치구에 연이어 '혁명위원회'가 건립되었다. 혁명위원회는 당정 권력이 일체화된 집중 영도 체제였다. 이 같은 대동란의 격랑 속에서 온갖 부류의 인간들이 각자 한탕을 할 기회를 잡기 위해 다양한 파벌의 홍위병 패거리를 만들어 난동과 패악질을 해댔다.

한편, 전면적 권력 탈취는 파벌성 투쟁을 격화시켰다. 각 조반파 조직이 패거리를 만들고 격렬하게 투쟁하면서 무수한 분규와 충돌이 발생했고, 잔혹한 무력투쟁 상태로까지 갔다. 무투는 상하이에서 시작돼 전국으로 확대되었고, 홍위병 파벌들 간의 충돌로 수많은 사상자가 발생했다. 사용 및 동원된 무기는, 처음에는 곤봉과 각목류에서 시작해 개인적으로 제작한 사제 소총, 그리고 군부대가 보유한 수류탄, 심지어 장갑차와 군함의 함포까지 동원되었다.

1967년 여름과 가을에 셰푸즈(謝富治), 왕리(王力), 장칭 등이 "공안(公), 검찰(檢), 법원(法)을 철저하게 때려 부수자", "글로 공격하고 무장으로 지키자(文攻武卫)" 등과 같은 구호를 내세우고 무장투쟁을 선동했다. 그 과정에서 홍위병들이 베이징의 영국 외교사무처 건물을 불태워버린 사건이 발생했다. 이 사건을 전후한 수개월간이 문화대혁명 기간 중 난동이 가장 심한 시기였다.

마오쩌둥은 그제야 사태의 심각성을 인식하고, 1966년 9월 5일, ≪인민일보≫ 사설을 통해 "무산계급 문화대혁명의 실현은 문투(文斗) 방식으로 해야 하고, 무투 방식을 사용해선 안 된다"라고 했다. 그러나 거칠고 조잡한 구호 속에 마구잡이로 '주자파'나 '반혁명'으로 몰린 사람들은 필사적으로 불복하고 저항할 수밖에 없었다. 홍위병 파벌 중에도 중앙문혁소조가 어느 파벌을 지지하느냐에 따라 바로 그 파벌로 갈아타는 등의 행태가 빈번해지면서 서로 상대를 파충류라 부르기도 했다. 결국 1967년 여름 이후에는 중국 전역이 통제 불능 상태가 되었다.

무투의 첫 총성은 1966년 말, 상하이에서 양대 파벌 조직의 대립이 격화되면서 터졌다. 양대 파벌은 '상하이 노동자혁명 조반 사령부(上海工人革命造反司令部)'(약칭 工总司)와 '마오쩌둥사상 보위 노동자 적위대 상하이 본부'(약칭 적위대)였다. '적위대'는 기존 상하이시 위원회를 지지하고 옹호하는 보황파로서 장춘차오와 '공총사'에 정면으로 반대했다.

1966년 12월 말, 상하이시 시장 차오디추(曹荻秋)가 공총사에 납치된 후 압력과 강요에 의해 "적위대의 큰 방향이 틀렸다"라고 공개적으로 비판한 이후 이 양대 파벌들 간의 모순이 더욱 심화되고 복잡해졌다. 원래 상하이시 위원회를 지지했던 적위대는 배신감 속에 대회를 개최하고 이제는 상하이시 위원회의 노선을 비판했고, 또 한편으로 중공중앙과 국무원에 전보를 발송하고, 중앙이 상하이 문제를 해결하기 위한 적임자를 파견해 줄 것을 요청했다. 이와 동시에 군중을 동원하여 캉핑로(康平路) 상하이시 위원회 소재지를 포위하고, 상하이시 서기 천피셴(陈丕显)과 시장 차오디추와 담판을 요구했다.

적위대는 이어서 장춘차오의 집을 수색하고, 상하이시 전역의 전기 및 물 공급과 교통을 정지시키고, 파업을 주도했다. 상하이의 각종 신문이 "적위대 홍위병들이 장춘차오의 집을 박살냈다"라는 내용의 호외를 발행했다. 호외에는 훼손된 장춘차오의 사진과 장춘차오의 아내 리원징(李文静)이 서명 발표한 다음과 같은 내용의 성명(声明)이 실려 있었다.

> 오늘 적위대 무리가 공안부 규정을 무시하고, 공공연하게 우리 집을 공격했다. …… 나는 상하이 공총사 조반파 전우들과 홍위병 간부들에게 호소한다. 구 상하이시 위원회 내의 한 줌의 다른 의도를 가진 자들이 투쟁의 큰 방향을 변질·전이시키려는 것을 주시하고 경계할 것을 호소한다. 일단 캉핑로에 어떤 충돌이 발생하면 상하이시 서기 천피셴과 시장 차오디추는 책임과 죄를 면할 수 없을 것이다.

당시 공안부 신법령 중에는 "누구건 중앙문혁소조 구성원의 집을 공격하는 자는 무산계급 사령부를 반대하는 것이고, 반혁명이다"라고 명시되어 있었으므로, 적위대는 '반혁명'이 되었다. 이어서 1966년 12월 29일, 공총사 지도자 왕홍원 등이 상하이 헝산호텔(衡山饭店)에 '화선(火线) 지휘부'를 설립하고, 10만여 명의 조반파를 조직하여 새벽 2시경부터 캉핑로 구시 위원회 서기처 소재 건물을 점령 중이던 적위대를 향해 공격을 시작했다.

새벽 6시경에 서기처 건물 내의 적위대 대원 전부가 투항했고, 7시경에는 투항한 약 2만 명의 적위대 대원을 4개 도로에 한 줄로 세웠다. 적위대 대원 91명이 부상당했고, 회수한 적위대원들의 완장이 여섯 개의 큰 더미를 이루었다. 이것이 상하이, 나아가 중국에서 발생한 최초의 대규모 무투였고, 이 사건으로 왕훙원이 상하이와 중앙 정치 무대에 데뷔했다. 승리한 공총사는 이틀 후에 '긴급통지령'을 공포하고 적위대 대소 우두머리들을 모두 잡아들여 240여 명을 감금했고, 이어서 이틀 후에 '긴급통지령'을 공포하고 적위대 대소 우두머리들을 모두 잡아들여 240여 명을 감금했다. 상하이 무투 이후 중국 전역에서 실탄을 사용하는 대규모 무투가 이어졌다. 특히 린뱌오와 장칭이 군부를 겨냥하여 "군부 내 한 줌을 끌어내자"라고 선동한 1967년 여름 이후 중국 전역으로 무투가 빠르게 확산·가열되었다.

충칭(重庆)의 무투는 1966년 12월 4일, 충칭 시내 체육장 안팎에서 조반파와 보수파 간에 수만 명의 대규모 유혈 충돌이 발생하면서 시작되었다. 그다음 해인 1967년 7월 7일에는 양대 조반파인 '815파'와 '철저조반파(反到底派)'가 충칭 시내 훙옌(红岩) 디젤엔진 공장에서 충돌하여, 9명이 죽었고, 200명이 부상당했다. 이때 쌍방이 처음으로 총탄을 사용했고, 이후에는 소구경 소총, 자동소총, 경기관총, 중기관총, 수류탄, 탱크, 고사포, 심지어 충칭 시내 장강에 정박 중이던 함정의 함포까지 동원되었다. 전투 장소도 시가전에서 야전으로 확대되었고 전투 규모도 갈수록 커졌다. 이에 따라 사망자 수도 갈수록 늘어났다.

1967년 7~8월에는 충칭시 저우룽포구(九龙坡区) 양자핑(杨家坪)과 시에자완(谢家湾) 지구에서 중국 전역을 통틀어 가장 큰 규모의 무투가 발생했다. 군함·대포·탱크 등 중무기가 출동했고, 사망 1170명, 실종 600여 명, 부상자 3000여 명에 달했다. 결국 인민해방군을 장악하고 있던 린뱌오와 국무원 총리 저우언라이가 직접 간여하여 중지시켰다. 양자핑 가도(杨家坪

〈그림 10-7〉 충칭시 홍위병 묘지

街道)는 반 이상 파괴되었다. 가장 참혹하고 비인도적인 행위는 양대 파벌이 각자 서로의 포로를 살해한 것이다.

사망자 중 최고령자는 60세, 최연소자는 14세였고, 그중에는 여성도 있었다. 총 20개 지점에 사망자를 매장했다. 충칭시 샤핑바구(沙坪坝区) 샤핑공원(沙坪公园) 내에 중국에서 유일한 무투 공공묘지(公墓)가 있다.

광동성 광저우에서도 문혁 초기 2년 기간 중에 '깃발파(旗派)'와 '총파(总派)' 양대 파벌 간에 유혈 사건이 빈발·격화되면서 전쟁 국면으로까지 갔다. 1967년 7월경에는 양대 파벌 간 마찰이 가열되면서 광저우 시내에 화약 내음이 갈수록 진해졌다. 대형 무투의 시작이 된 사건은 7월 20일, 광저우시 서부 교외 "화교설탕공장(华侨糖仓)'에서 두 개 파벌이 플래카드 표어를 놓고 논박하다가 격화되어 일어난 폭력 충돌 사건이었다. 참여자는 공장 내 인원과 주변 농민, 소수 중고교 학생들이었다. 7월 21일 오후에는 포위된 깃발파 인원들이 포위를 돌파하면서 상황이 종결되었으나, 설탕공장 부공장장을 포함해 8명이 사망했고, 30여 명이 부상당했다. 이후 격노한 깃발파가 각 조직을 소집해서 23일 오후에 웨슈산(越秀山) 체육관에서 추도회를 개최하고, 시신을 싣고 시위를 했다. 그런데 총파의 중학생 조직인 '홍위병 광저우 총부'도 같은 날 깃발파가 거행한 추도회 행사장 인근 웨슈산 체육관 길목에 있는 중산(中山) 기념당에서 성립 대회를 개최했으므로 폭력 충돌을 피할 수 없었다. 사용된 무기는 비수, 각목, 벽돌, 소량의 소총이었다. 50여 명이 피살되고, 부상자가 400여 명 발생한 이 사건이 광저우 무투의 시작인 '광저우 7·23 사건'이다.

7·23 사건 다음 해인 1968년 5월 22일에 광저우 전력회사 사건이 발생했다. 4~5월은 광저우의 '중국수출상품교역회' 기간이었는데, 깃발파와 총파 두 파벌 간의 모순이 계속 커지면서 교역회가 끝난 후 다시 충돌했다. 외부의 깃발파가 먼저 수백 명의 중학생 홍위병과 외부 인원을 건물 안으로 진입시켜 대문을 봉쇄하고, 총파 인원을 공격하여 2, 3층에 몰아넣었다. 그러자 총파도 신속하게 1000여 명을 동원하여 건물을 포위했다. 당시 전력회사는 타이캉로(泰康路) 화안루(华安楼)라는 건물에 있었다. 이 건물은 구조가 견고하고 대문이 두껍고 튼튼해서 진입하기 어려웠다. 포위된 건물 안에 있던 총파 인원 중 일부는 살해당했고, 일부는 3층에서 창문으로 뛰어내려 도주했다. 5월 22일 오후 1시경, 3층의 포위된 인원이 창문에서 뛰어내려 탈출을 시도했다. 꼭대기층에는 상대편 파벌들이 묵직한 철퇴를 겨누고 있었다. 창문으로 나오려다가 고공에서 내리친 철퇴에 맞아 머리가 으깨지면서 뇌수와 피가 벽으로 튄 암갈색 혈흔이 1980년대에 이 건물이 호텔로 개조될 때까지 2층 동측 창틀 밑에 남아 있었다.

베이징의 무투는 1968년 4월 23일부터 7월 27일까지 칭화대학(淸华大学)의 양대 파벌인 '징강산 병단(井冈山兵团)'(이하 団派)과 '414(四一四)' 파벌이 충돌하면서 발생한 '100일 대무투(百日大武斗)'로 대표된다.

마오쩌둥은 1968년 7월 26일 오후 2시경에, 중난하이 거처에서 자신의 경호부대인 8341부대 관련자들을 소집해 회의를 개최하고, 회의 참석자들에게 "칭화대학에 진주하라"라고 지시했다. 같은 날 오후 5시 반에 베이징시 신화 인쇄공장에서 63개 단위가 참가하는 동원대회를 개최하고, 베이징시 혁명위원회 부주임 우더(吳德), 8341부대 책임자들이 출석하여 새벽 2시경까지 칭화대학 안으로 진주하는 방안을 수립했다. 다음 날 오전 10시경에 베이징의 61개 기업, 사업 단위의 3만여 명 노동자들이 북문을 제외한 칭화대학의 각 교문으로 진입했다.

　　그런데 이 과정에서 칭화대학 학생 홍위병이 이들을 공격했다. 그 결과 노동자 선전대(工宣队) 대원 5명이 사망하고, 731명이 부상했다. 그런데 노동자 선전대의 극소수 간부들 외에는, 칭화대학 쪽 인사들과 3만여 명의 노동자들 모두 칭화대학 무투 평정이 마오쩌둥의 의도라는 것을 전혀 모르고 있었다. 마오가 노동자 선전대 파병 사실을 칭화대학 측에 고지하지 않은 것은 아직까지도 이해하기 어려운 수수께끼이다. 추측해 보면, 모사꾼인 마오가 전국적인 무투를 제지하기 위한 빌미를 만들고자 노동자 선전대를 희생양 삼아 유혈 사태가 발생하게 유도한 것일 수도 있겠다.

　　노동자 선전대의 직능과 모델은 야오원위안이 1968년 8월 25일에 발표한 "노동자계급이 필히 일체를 영도해야 한다"라는 제목의 문장 중에 명확히 표현되어 있다. 이 문장은 마오쩌둥이 직접 수차례 수정한 후 제목을 확정했다. 같은 날, 마오가 비준하고 중공중앙·국무원·중앙군사위·중앙문혁 명의로 하달한 '노동자 선전대의 학교 진입 파견에 관한 통지(关于派工人宣传队进学校的通知)'에서 다음과 같이 지시했다.

　　"각 지방은 베이징의 방법을 참조하여 대중 도시의 대학, 중학교, 소학교를 점진적으로 관리하라. 혁명위원회 영도하에 우수한 산업노동자를 주체 삼아, 인민해방군 전사가 협조하고 분리해서 각 학교에 진입하라."

이후 노동자 선전대가 전국 대중 도시의 대학, 중학교, 소학교에 진주했다.

후베이성 무투는 1967년 7월 20일, 우한(武汉)에서 발생한 '우한사건'으로 시작되었다. 이 사건은 표면적으로는 우한의 군중 조직 중 한 개 파벌이 중앙문혁 구성원인 왕리에게 반발하여 '반혁명사건'으로 몰렸던 사건이지만, 다른 각도에서 보면, 마오의 지시하에 린뱌오와 장칭이 우한에서 우한군구(武汉军区)를 타격한 사건이다.

1967년 2월 초, 군부 내 조반파가 한커우 '홍기건물(红旗大楼)'을 점령하고, 건물 내의 장강일보사(长江日报社)를 접수했다. 2월 8일, 주인이 바뀐 ≪장강일보≫가 "전(全) 우한과 전 후베이는 크고 특별하고, 깊이 있고, 철저한 대란(大乱)이 필요하다"라는 내용의 「우한 지구 당면 국지 형세에 관한 성명」(2·8 성명)을 발표했다. 그러자 우한군구도 조반파에 맞서서 2월 28일, 「엄정성명(严正声明)」을 발표하고, 군대를 파견해서 홍기건물을 다시 접수했다.

3월이 되자 우한 지구의 양대 파벌인 '노동자총부(工人总部)'와 '백만웅사(百万雄师)' 간의 투쟁이 갈수록 격렬해졌다. 갈수록 규모가 커지고 충돌이 과열되어 빈번하게 무투와 유혈사건이 발생했다. 1967년 7월에 마오쩌둥, 저우언라이, 셰푸즈, 왕리 등이 양대 파벌 조직의 문제를 해결하고자 우한에 왔다. 마오가 문혁 기간 중 비행기 편으로 이동한 것은 이때가 유일했다. 사건은 저우언라이가 베이징으로 돌아간 후에 왕리와 셰푸즈가 '노동자총부'의 거점에 간 날 발생했다. 왕리와 셰푸즈가 공개적으로 노동자총부의 주장을 지지하는 발언을 하고 상대 파벌인 '백만웅사'를 보수파라 하면서 노동자총부 완장까지 착용했다. 그 후 노동자총부파는 즉각 방송차를 거리로 출동시켜 녹음한 왕리의 말을 확성기로 틀고 다녔다. 이에 백만웅사파 군중과 우한군구 소속 장병들이 분노를 표출하면서 상황이 급속히 악화되었다.

이틀 후인 7월 20일 새벽, 백만웅사 파의 군중과 후베이성 직할 기관의 간부 그리고 우한군구 장병들이 왕리와 셰푸즈의 주둔지로 몰려왔다. 결국 영내로까지 밀고 들어와 왕리를 우한군구 영내로 끌고 가서 비판 군중집회를 개최했다. 이와 동시에 백만웅사파 군중이 분분히 거리로 나와 수천 대의 트럭에 타고, 대나무 안전모를 쓴 광부들과 긴 창을 손에 든 노동자 및 농민, 한커우 주둔 장병들과 함께 4열 종대로 행진하면서 "타도 왕리" 구호를 외쳤다. 사태가 이처럼 심상치 않게 전개되자, 당시 우한의 동호(东湖) 변 동호빈관에 머물고 있던 마오쩌둥은 그날 우한을 떠났다.

린뱌오와 장칭은 베이징에서 이 사건을 '반혁명 사건', '반혁명 정변'이라 규정하고, 우한군구 사령관 천짜이다오(陈再道) 등을 비난했다. 그러자 우한대학 조반파 조직이 대회를 개최하여 천짜이다오를 적발·성토하고, 그와 투쟁하기 위한 전문 판공실을 건립하고, 투쟁의 창끝을 우한군구에 겨누었다. 이 같은 양상으로 우한 지구 양대 파벌의 무투가 점차 가열되면서, 우한대학 내의 파벌, 즉 '용파(龙派)'와 '호랑이파(虎派)' 간에 충돌이 점차 격렬하게 진행되었다.

1967년 7월 22일, 장칭은 허난성 군중 조직에서 연설 시에 처음으로 "글로 공격하고 무력으로 보위하자(文攻武卫)"라는 구호를 제시했다. 1967년 7월 23일 이 구호가 《문회보(文汇报)》에 등장했고, 이때부터 중국 전역의 무투가 급격하게 가열되어, 군대를 공격하고 무기를 약탈하는 사건이 빈발했다.

1967년 7월 25일, 베이징에서 린뱌오, 장칭, 천보다 등이 우한에서 베이징으로 돌아온 셰푸즈와 왕리의 승리·귀환 환영 군중대회를 조직·개최했다. 또한 전국 신문에 "타도, 군부 내 한 줌의 자본주의 길을 가는 당권파"라는 구호를 게재했다. 전국 각지에서 "군부 내 한 줌 끌어내기"라는 구호 아래 군부대 내에서 조반파의 조반을 선동했다. 다음 날인 7월 26일에는 헤이룽장성 하얼빈시에서 30만 군민을 동원하여 우한 '혁명파'를 성원하는 대회를 개최했다.

1967년 7월 27일, 중공중앙군사위원회와 중앙문혁소조가 '우한시(武汉市) 혁명 군중과 광대한 장병들에게 보내는 편지'를 발표하고, 조반파의 천짜이다오 타도를 지지하고, 우한군구 사령관 천짜이다오와 정치위원 종한화(钟汉华)의 직무를 정지시켰다. 우한군구 관할 사단은 반군(叛军)으로, 쉬샹첸 장군 등은 '검은 배후'로 몰렸다.[5]

'문혁' 3단계에서는 투쟁의 창끝을 군대에 겨눴으나 이는 군대의 불만과 반발을 야기했다. 배후에서 조종하던 마오는 이러한 진행이 예측 못할 화를 발생시킬 수 있다고 판단하고 결국 포기했다. 중앙문혁소조 구성원인 왕리, 관펑, 치번위(戚本禹)는 정치투쟁의 희생양이 되어, '반군난군(反军乱军)', '작은 파충류'라는 죄명을 뒤집어쓰고 체포되었다.

그제야 마오쩌둥은 간부들을 올바로 대하라고 지시하기 시작했고, 인민해방군을 파견하여 '삼지양군(三支两军)' 임무 집행을 명령했다. '삼지(三支)'란 좌파 조직·공업·농업 3개를 지원하라는 것이고, '양군(两军)'은 군대가 통제하고(军管), 대학과 고교생에게 군사훈련(军训)을 실시하라는 것이었다. 인민해방군이 이 임무를 집행하고, 전국의 공안, 법원, 철로, 항운, 항구, 우정(邮电), 텔레비전 방송, 신문사, 은행, 체육, 기밀(机要), 국제공항 그리고 중요한 창고 등에 대해 군사 관제를 실행한 후에야 점진적으로 상황이 안정되었다. 즉, 최고 권력과 군권을 거머쥔 마오쩌둥이 스스로 대혁

5   이들은 4인방(四人帮)이 타도된 후 평반(平反) 및 명예 회복되었다. 1978년 11월, 중공중앙이 후베이성 위원회(湖北省委), 성 혁명위원회, 우한군구가 제출한 '7·20 사건' 중 박해를 받은 군중과 당시에 이들을 동정 및 지지한 군중 조직의 간부, 군중 및 가족들에 대한 평반(平反) 요구를 비준했다.

명을 연출했으나 상황이 갈수록 과열되어 가자 군대를 동원하여 진압한 것이다. 이른바 '문화대혁명'의 본질이 마오쩌둥 자신이 권력을 공고하게 다지기 위해 '혁명'으로 포장해 연출한 한 판의 음모였음을 보여주는 장면이다.

1968년 10월, 중공 9차 당대회 준비를 위해 중공 8기12중전회(1968. 10.13~31)가 개최되었다. 이 회의는 극도로 비정상적인 상황에서 장칭, 캉성, 셰푸즈가 작성한 '류샤오치 문제에 관한 심사 보고'를 비준했고, 국가주석이던 류샤오치에게 '반역자, 내부 첩자, 노동자의 배반자'라는 죄명을 덮어씌우고 "류샤오치를 영원히 출당하고, 당 내외의 일체 직무를 철회한다"라고 선포했다. 그 후 류샤오치는 홍위병들의 폭행과 학대 속에 혼자서는 대소변도 못 가리는 상태가 되었고, 1969년 10월 17일에 허난성 카이펑(开封) 시내 시혁명위원회 건물로 이송되어 11월 12일 새벽에 숨을 거두었다.

마오의 대음모이자 대발명인 '문화대혁명'이 발동된 후 3년이 되어가던 1969년 4월 1일부터 24일까지 중공 제9차 전국대표대회가 개최되었다. 당시 전국의 중공 당원 수가 2200만 명이었으나 각 성·직할시·자치구의 당위원회에서 기층 당 조직이 대부분 회복 또는 건립되지 못했고, 절대 다수 당원들의 조직 생활이 회복되지 못한 상태였다. 대회에 출석한 대표 수는 1512명이었다. 이 대회는 처음부터 끝까지 노골적이고 강렬한 개인숭배 분위기에 휩싸여 있었다. 린뱌오가 중공중앙을 대표하여 정치보고를 했다. 핵심 주제는 '무산계급 독재하의 계속 혁명 이론'을 명확하게 하자는 것이었으나 정작 그 내용은 "이 이론의 위대한 공헌" 또는 "이 혁명의 위대한 업적" 따위의 추상적 언설들로만 가득 차 있었다. 정작 당을 어떻게 이끌고 사회주의경제와 문화를 어떻게 조직·건설할 것인가에 대해서는 언급조차 없었다. 독재자 한 사람의 말과 지시를 기다리며 눈치를 봐야만 하는 상황이 되었으니 그럴 수밖에 없었을 것이다. 개혁·개방 이후 중국 내 관방 자료에서도 그 '이론'에 대한 평가는 "혁명전쟁에서 승리했고 대륙의 권력을 쟁취한 이후의 중국에서 계급 형세나 당과 국가의 정치 상황에 전혀 맞지 않는 명백한 착오였다"라고 규정하게 된다.

중공 제9차 전국대표대회에서 통과된 당장(党章)에는 당원 권리에 관한 규정조차 없었다. 단, 총강(总纲)에 "린뱌오 동지가 마오쩌둥 동지의 친밀한 전우이자 계승자(接班人)"라는 문구를 포함시켰다. 이 시기에 중국공산당은 마오쩌둥의 사당(私党)으로 전락했다. 그리고 이 대회는 문화대혁명의 이론과 실천을 합법화하고 린뱌오와 장칭 등 문혁을 주도해 온 자들에게 당 중앙에서의 지위를 강화해 주었다. 이 대회에서 선출된 중앙위원회와 중앙정치국 위원 중 린뱌오와 장칭 파에 속하는 이들이 반수 이상을 차지했다. 이들 모두 린뱌오와 장칭 이전에 마오에게 무조건 충성하겠다는 태도를 맹세하듯 보여주며 행동해 온 사람들이었다.

이른바 '문화대혁명'의 실패와 파산을 드라마틱하게 대내외에 폭로한 사건은 1971년 9월 13일, 린뱌오와 그의 가족이 비행기로 국외 탈출을 시도하다가 타고 가던 비행기가 몽골인민공화국 영내 초원 지대에 추락, 탑승자 전원이 사망한 '9·13 사건'이다. 이 사건은 1969년 4월 중공 9차 당대표대회에서 마오가 린뱌오를 토사구팽, 용도 폐기하는 작업을 진행하면서 시작되었다. 아무튼 이 사건 발생 이후 의기소침해진 마오는 다시 저우언라이에게 당 중앙의 일상 업무를 주관토록 하면서 문혁 관련 각 항 업무의 내용을 완화 및 조정하게 한다.

홍위병 용도 폐기, 린뱌오의 죽음[1]

문화대혁명 발동 후 만 2년이 조금 더 지난 1968년 여름경에는 중국 전역이 폭동과 내란 상태에 빠져들었다. 조반파 홍위병들이 군부대와 관련 기관을 공격하고 무기와 장비를 탈취하고 장병들을 살상하기까지 했고, 또 은행과 창고, 상점 등을 약탈하고 공공건물과 가정집에 불을 질렀다. 그 결과 철도와 우편 운송, 국가행정이 마비되는 상황까지 되었다. 이는 마오쩌둥의 예상을 넘어선 상황이었다. 이에 1968년 7월 3일, 중앙군사위원회와 중앙문혁소조가 당 중앙과 국무원까지 포함한 4자 공동명의로 무력투쟁 중지 명령을 발표했다. 주요 명령 내용은 다음과 같다.

• 무장투쟁을 즉시 중지하고, 철로 교통 등 각 거점에서 철수할 것
• 광시성 류저우(柳州) 철로국 관할 철로 교통 전 노선을 회복시키고, 홍위병들은 (경험 교류를 위한) 지역 간 원거리 이동을 중단하고, 즉시 본 지구나 본 단위로 돌아갈 것

---

1   유튜브 북연TV, 〈중국현대사〉, 28회 '문화대혁명(3)', 29회 '9.13사건―린뱌오쿠데타' 참고.

〈그림 11-1〉 홍위병 놀이를 즐기는 마오쩌둥

- 약탈해 간 물자와 인민해방군의 무기와 장비를 무조건 반환할 것
- 살인, 방화, 교통운수시설 파괴, 감옥 공격, 국가기밀 절도, 사설방송 설립 운영 등의 행위는 현행 반혁명분자로 엄중히 법에 의거해 처벌할 것

이같이 강력한 명령을 발포했음에도 불구하고 무장투쟁이 계속되자 7월 24일에 다시 제2차 포고를 발포했고, 나흘 후인 7월 28일에는 마오쩌둥이 직접 베이징 각 대학의 조반파 홍위병 우두머리인 '5대 지도자(領袖)'들을 인민대회당으로 호출해 면담하면서 이들을 호되게 질타했다. 이른바 홍위병 '5대 지도자'는 베이징대학의 녜원쯔(聶文梓), 칭화대학의 콰이따푸(蒯大富), 베이징 사범대학의 탄허우란(譚厚兰), 베이징 항공학원의 한아이징(韓愛晶)[2], 베이징 지질학원의 왕따빈(王大宾)이었다. 마오가 이들 다섯 명의 지도자를 호출한 이유는 바로 전날에 자신이, 칭화대학에 약 3만 명의 '수도 노동자 마오쩌둥사상 선전대'를 파견해 무쟁투쟁을 제지하고 무기를 회수하라고 지시했으나, 칭화대학 조반파 홍위병들이 이들 '노동자 선전대'를 공격해 수백 명을 살상했다는 보고를 받고 극도로 화가 났기 때문이다.

2   베이징 항공학원의 홍위병 우두머리 한아이징은 문혁 발발 초기에 시안으로 가서 펑더화이를 베이징으로 압송해 온 후 구금하고 수차례 비판대회에 끌고 다니며 폭행과 학대 행위를 주도했다.

제11장 홍위병 용도 폐기, 린뱌오의 죽음 263

"조반에는 도리가 있다(造反有理)"라고 스스로 말했지만, 그 조반의 주체와 공격 대상 및 범위는 자기가 정하고 자신의 의도대로 진행되어야 하는 것이었다.

마오와 조반파 지도자 5인과의 면담은 7월 28일 새벽 3시 반에 시작되어 오전 8시 반까지 진행되었다. 이 자리에는 린뱌오, 저우언라이, 천보다, 캉셩, 마오의 아내 장칭 등이 배석했다. 칭화대학에서 노동자 선전대원들을 살상한 사건을 주도한 후에 도피했다가 뒤늦게 회의 장소로 들어온 칭화대학의 홍위병 두목 콰이따푸가 마오에게 "노동자 선전대 막후에 검은 세력이 있다"라고 말하자, 마오는 굳은 표정으로 "내가 바로 그 검은 세력이다"라고 대답했다. 마오는 이어서 이렇게 말했다.

자네들은 군중을 이탈했다. …… 이 자리에서 내가 전국에 통고하겠다. 어떤 지방을 막론하고 광시(广西)에 발포한 포고에서 열거한 죄를 범한 자는 모두 반혁명분자로 처리하겠다. 인민해방군을 공격하고 교통시설을 파괴하면 병력을 동원해서 모두 포위 소탕해 버리겠다. …… 자네들의 문제는 농민을 이탈하고, 노동자를 이탈하고, 군대와 공농병을 이탈한 것이다.

이로부터 약 열흘 후인 8월 8일, 중앙문혁 간담회에서 마오는 "학생들은 공업도, 농업도, 교통도, 군대도 파악하지 못한다. 그들은 단지 소란만 떤다"라고 말했다. 바야흐로 사냥이 끝나가니 사냥개(홍위병)를 용도 폐기하고 '노동자 선전대'라는 다른 사냥개로 교체하려는 것이었다. 이후 중공 중앙은 약 한 달 후인 9월부터 홍위병을 산간지구나 농촌으로 보내는 하방(下放) 또는 상산하향(上山下乡) 운동을 추진하기로 결정했다. 청년, 학생 홍위병들을 농촌과 산촌으로 하방하면서 내건 명분은 "농민과 함께 노동하면서 자신을 개조하고 사회를 개조하라"였다. 마오는 이것도 '문화대혁명'

의 일부이고 '교육 혁명'이라고 했다. 그러나 그 실제는 도시경제 파탄에 따른 일자리 감소와 청년실업문제에 대응하기 위한 궁여지책이었다. 농산촌과 황무지 초원에 가서 알아서 각자도생하라는 뜻이었다.

한편, 홍위병 청년들을 대상으로 추진한 농산촌 하방과 상산하향 운동의 실제 진행 과정은, 마오쩌둥을 포함한 중공중앙의 간부들이 미처 예상하지 못한 상황으로 진행되었다. 문혁의 중견 세력이던 이들 지식 청년(知靑) 홍위병들이 내륙지구와 변방지구 농촌 기층 단위로 하방된 후에 그곳 인민들의 열악한 상황과 생활조건 속에서 공산당의 추상적인 혁명 이데올로기 구호들이 구체적 실천 층차에서는 매우 거칠고 설익은 것이어서 실제에 적용할 수 없는 매우 공허한 것이라는, 즉 기층의 실제 실천 과정에서 드러나는 차이를 체득·확인하게 되면서 한때 왕성하게 타올랐던 정열이 식고 환상이 깨지는 체험과 각성을 하게 된다.

린뱌오, 토사구팽

마오가 린뱌오를 겨냥한 토사구팽 공작을 본격적으로 시작하게 된 계기는 그가 류샤오치 사망 이후 '폐기된 국가주석직을 부활시켜야 한다'고 강력하게 주장하며 밀어붙인 것이었다. 마오는 린뱌오의 주장에 대해 거듭 반대 의사를 표시했지만 린뱌오는 국가주석직이 부활되면 결국 자신이 맡게 될 것이라 믿고 계속 주장하며 밀어붙였다. 마오는 원래 자신에게 반대하는 자에게는 '정풍운동' 등을 수단으로 '반당(反黨)' 또는 '반혁명'의 딱지를 붙이고 숙청하는 데에 능숙했는데, 그런 행태를 더욱 노골적으로 드러낸 사례가 1959년 여름 루산에서 펑더화이를 '반혁명', '반당', '소련 스파이' 등으로 몰아 숙청한 것이었다. 문혁 시작 후에는 펑더화이와 류샤오치를 홍위병의 폭력과 학대 속에 망가지고 죽어가도록 배후에서 조종했다. 바야흐로 이제 린뱌오 차례가 된 것이다.

1970년 4월, 린뱌오는 헌법 개정 초안에 국가주석직 신설 규정을 포함하자고 제안했으나 마오는 이를 단호하게 거절했다. 마오가 문혁 초기에는 즐기던 톈안문(天安门)광장 홍위병 접견 등 자신에 대한 우상화 놀음에 이전과는 달리 싫증과 짜증을 내기 시작한 때도 이 무렵이었다. 1970년 4월 초에 마오는 ≪인민일보≫ 보도용 레닌 탄생 100주년 기념 문장 초고를 보던 중, 린뱌오가 마오쩌둥 개인숭배용으로 사용해 온 "마르크스레닌주의를 참신한 단계로 끌어올린 당대 가장 위대한 마르크스레닌주의자, 당대의 레닌"이라는 등의 글귀에 다음과 같은 의견을 달았다.

"이런 표현들은 사람들의 반감을 살 것이다. 이런 유의 표현을 쓰지 말라고 수도 없이 말했으나 들은 척도 하지 않는다. 대체 왜 이러는가?"

이어서 같은 해(1970년) 4월 하순에 개최된 정치국 회의에서는 "손권이 조조에게 황제가 되라고 권했다. 이 말을 들은 조조는 손권이 나를 화롯불 위에 올려놓고 구워 죽이려고 한다고 말했다. 나는 당신들에게 손권이 되지 말라고 권하는 바이다"라고도 말했다. 이는 린뱌오가 주장하는 국가주석직 부활에 반대한다고 밝힌 것이었다. 그러나 린뱌오도 굽히지 않았다. 그해(1970년) 5월 중순에는 자신의 측근인 공군 참모총장 우파셴(吳法憲, 1915~2004년)에게 "국가주석이 없는 건 국가에 머리가 없는 것이다. 머리가 없으면 국가 권위를 세울 수 없다"라고 말했다. 린뱌오의 아내 예췬도 우파셴에게 "만약에 국가주석직이 없으면 린뱌오는 어디로 가야 하나?"라고 했다. 이런 말들이 마오의 정보망에 탐지되었다. 당의 주석이 단호하게 거듭 거부 의사를 밝히고 있는데 그 당의 부주석과 측근들이 계속 배후에서 국가주석직 부활을 주장하면서 기류와 분위기를 조성한 것이다. 마오는 이를 자신에 대한 도전으로 간주했다.

이 같은 분위기 속에 1970년 8월 23일 장시성 루산에서 중공 9기2중전회가 개막되었다. 이를 펑더화이를 숙청한 1959년 루산회의와 구별하기 위해 '1970년 루산회의'라 부른다. 린뱌오는 이 회의 시작 전부터 자신의 파벌을 총동원하여 조직적으로 '국가주석직 부활이 필요하다'는 분위기를 조성했다. 그러나 린뱌오의 이러한 행동은 마오의 의심을 촉발시켰고 결국 린뱌오에 대한 숙청이 진행되었다. 마오가 노련한 솜씨로 숙청을 향한 수순을 밟기 시작하자 린뱌오는 벼랑 끝으로 몰렸다. 마오의 아내 장칭을 중심으로 하는 이른바 '4인방'은 원래 린뱌오를 후계자로 당장(党章)에 넣어야 한다고 주장해 관철시켰을 정도로 린뱌오파와 돈독한 동맹관계를 유지하고 있었다. 그러나 이때는 이 상황을 자파 세력을 넓히기 위한 절호의 기회로 여기고 린뱌오파에 반대하는 논리를 폈다.

1970년 루산회의의 주요 의제는 제4기 전국인민대표대회에 제출할 헌법개정안 초안과 국민경제 연도별 계획, 전쟁 준비 등이었다. 린뱌오는 8월 23일 회의에서 미리 마오의 동의를 구한 후, 개회 선언 직후에 연단으로 올라가서 첫 발언을 시작했다. 약 1시간 30분 정도 계속된 발언 내내 린뱌오는 마오쩌둥의 천재성을 되풀이 강조하였고, 마오쩌둥의 당과 국가의 영도자 지위를 헌법개정안에 포함해야 한다고 다시 강조했다. 그러나 이날 마오는 린뱌오의 연설이 진행될수록 불쾌한 반응을 감추지 못했다. 오후 3시 개회 직후부터 시작한 린뱌오의 발언이 4시 30분경에 끝났다. 마오가 불쾌한 기색을 감추지 못한 채로 다음 발언 예정자인 저우언라이와 캉성에게 퉁명스럽게 "당신들 말하시오"라고 말하자, 두 사람은 마오의 기색을 읽고 "이미 배부한 인쇄물 자료에 모든 내용이 들어 있으므로 발언하지 않겠다"라고 대답했다. 마오는 산회(散会)를 선포했다.

마오의 심사를 더욱 뒤틀리게 한 것은 린뱌오의 연설에 대한 그날 회의장의 반응이었다. 린뱌오의 연설이 끝나자 회의장 전체에서 열렬한 박수 소리가 터져 나왔고, 연단 바로 아래 첫 줄에 앉아 있던 베이징 군구(北京军区) 천시롄(陈锡联, 1915~1999년), 난징 군구(南京军区) 쉬스유(许世友, 1905~1985년) 등 지방 군구 사령관들이 잇달아 연단 위로 올라가 린뱌오와 악수를 했다. 이후 공군 총사령관 우파셴의 제안으로 중앙위원 전원이 모여서 린뱌오의 연설 녹음을 다시 들었다. 그다음 날 진행된 조별 토론에서는 회의 참가자 거의 모두가 린뱌오를 지지하고 옹호하는 태도를 보였다. 마오는 이런 장면들을 냉랭한 눈길로 지켜보고 있었다.

각 조별 토론에서는 린뱌오파인 천보다, 우파셴, 예췬, 리쭤펑(李作鹏, 1914~2009년), 치우후이쭤(邱会作, 1914~2002년) 등이 각각 화북·서남·중남·서북 등 대지구별 소조 모임에서 전날 린뱌오의 연설과 같은 맥락의 내용을 되풀이 강조하면서 옹호하고 국가주석직 부활·설치를 주장했다. 베이징에 있던 린뱌오의 측근이자 당시 인민해방군 총사령관 황용성(黄永胜, 1910~1983년)은 서면 발언 원고를 보냈다. 이같이 조직적으로 일사분란하게 진행된 린뱌오파의 행동과 발언 내용들이 모두 마오에게 보고되었다. 마오는 그다음 날(1970.8.25) 정치국 확대회의에서 자신이 국가주석을 맡지 않겠다는 뜻을 다시 한번 분명하게 밝혔다.

"내가 일찍 죽기를 바라지 않는다면 국가주석 설치 문제를 다시 거론하지 마라. 어쨌든 나는 맡지 않을 것이다."

그리고 린뱌오에게 말했다.

"나는 자네도 국가주석을 맡지 않기를 권한다. 그래도 누가 국가주석직 설치를 주장한다면 그 사람이 맡도록 하라. 이런 식으로 계속 분란을 일으키면 나는 당 중앙 주석직도 사퇴하고 산에서 내려가 버리겠다."

마오가 이 정도 어조로 말했다는 것은 결론이 이미 정해진 건 물론이고, 이제 숙청의 태풍이 몰아칠 것을 예고하는 것이었다.

이어서 마오는 각 소조 회의에서 린뱌오 연설에 대해 토론하는 것을 중지시키고 연설 내용을 인쇄하여 배부한 회의 간보(简报) 자료도 다시 회수하라고 지시했다. 또한 정치국 회의를 열고 천보다 등에게 자아비판을 요구하는 결의를 하도록 했다. 이같이 하루 만에 분위기가 급변하자 전날 각 대지구별 소조에서 린뱌오의 연설을 지지하는 발언을 한 우파셴, 예췬, 리쭤펑, 치우후이쭤 등이 회의록을 회수해 자신들의 발언 기록을 없애려고 허둥대고 다녔다. 뒤늦게 루산에 올라온 인민해방군 총사령관 황용성은 자신이 보낸 서면 발언 원고를 회수해 불태워 버렸다.

이때부터 마오쩌둥은 린뱌오에 대한 불신과 의심을 노골적으로 표출하면서 숙청을 위한 준비 작업을 본격적으로 진행했다. 마오의 비서실장격인 왕동싱(汪东兴: 1916~2015년)의 회고에 의하면, 마오가 혼잣말하듯이 "린뱌오가 군사 쿠데타를 일으킬 경우 어느 군구(军区) 사령관이 가담할 것인가?"라고 중얼거렸다고 한다. 바야흐로 마오는 문혁의 발동과 추진을 위해 군부에 실권을 맡기고 군부를 키워준 린뱌오 숙청 작업을 시작한 것이다.

베이징에 주둔한 군대의 주요 지도자 대부분이 린뱌오를 지지하고 있다고 판단한 마오는 후베이성 우한, 후난성 창샤, 저장성 항저우, 상하이 등 남부지구의 군부대를 순회 방문하면서 지방 군구 지휘자들의 자신에 대한 지지를 확인·재점검하고, 린뱌오의 발언과 행태를 비판했다. 당시 마오는 78세였다.

남방 순시 기간 중 마오는 린뱌오의 이름을 직접 거명하지는 않았으나, 누가 들어도 알 수 있는 어법으로 말했다. 예를 들어 "지난 수천 년 동안 중국에서는 천재가 나오지 않았다고 말하는 사람도 있다. …… 자기 처를 판공실 비서로 두고[3] ……", "1년 전에 국가주석직을 차지하려고 했던

---

3   린뱌오의 아내인 예췬은 당시 린뱌오의 판공실 주임으로 직무 직급도 높았고 실제 세력도 매우 컸다.

자가 이제는 당을 분열시키고 있다" 등등. 또한 린뱌오가 이른바 '천재론'
을 언급할 때마다 사용하는 "마오 주석의 한 마디가 만 마디에 필적한다"
라는 어록을 가리키면서 "어떻게 한 사람의 한 마디 말이 만 마디에 필적
할 수 있는가?"라고도 했다. 후베이성 우한 동호(東湖) 변의 공군 초대소인
동호빈관(東湖賓館)에 묵었을 때는 호텔 안 곳곳에 붙어 있는 자신의 초상
화와 어록을 모두 떼어내라고 지시하기도 했다. 린뱌오는 자신의 정보망
을 통해서 이 같은 마오의 발언과 행위들을 보고받고 있었다. 오랜 세월
마오를 겪어온 린뱌오는 이 같은 마오의 말들이 무슨 의미이고 자신이 곧
어떤 처지에 놓이게 될 것인지 명확히 알아챘을 것이다.

　마오쩌둥의 비판과 감시가 죄어들어 오기 시작하고 자신의 측근들이
모두 자아비판을 하는 상황 속에서, 마오의 공식 후계자이자 중공 당내 권
력 서열 2위였던 린뱌오의 당당했던 기세는 급속하게 움츠러들었다. 그
같은 상황을 상징적으로 보여주는 장면이 1971년 5월 1일 베이징 톈안문
성루에서 진행된 5·1 노동절 기념행사였다. 마지못해 참석한 린뱌오는 마
오와 같은 테이블에 앉았으나 풀이 죽은 모습으로 한 마디도 나누지 않고
눈도 마주치지 않고 있다가 구석 자리로 옮겨 앉은 후, 행사가 끝나기도
전에 마오에게 인사조차 하지 않고 행사장을 떠났다. 이처럼 기이한 장면

이 현장 기록사진을 찍던 촬영기사와 주변 사람들에게 포착되었다(〈그림 11-2〉 참고).

린뱌오의 죽음, '571 공정기요'

마오쩌둥이 린뱌오를 숙청하기로 결정한 주요 계기로 거론되는 사건은 국가주석직 부활에 관한 이견과 충돌 외에도, 몇 가지가 더 있다. 첫째로, 1967년 5월에 인민해방군 관련 역사 기록에서 "인민해방군은 마오 주석이 친히 창설하고 지도하며 린뱌오 동지가 직접 지휘하는 위대한 인민의 군대이다"라는 구절을 본 마오가 불만스러운 어투로 "창설한 자는 지휘할 수 없는가?"라고 말했다. "정권은 총구에서 나온다"라고 강조해 온 마오에게 그 문제는 결코 간과할 수 없는 문제였을 것이다.

또 하나는, 1969년 8월 말에 중국 정보 당국이 소련군이 중국에 기습적인 핵 공격을 계획하고 있다는 정보를 입수했을 때 발생했다. 중공중앙은 10월 15일에 회의를 열고 핵 공격에 의해 지도자 집단이 한꺼번에 몰살되는 것을 방지하기 위해 마오쩌둥, 린뱌오, 주더 등 당정 주요 지도자들을 각 지구로 분산시키기로 결정했다. 그로부터 사흘 후에 1969년 10월 18일 린뱌오가 전군에 분산 명령을 내리고 주요 포대에 발사 준비 완료 명령을 내렸다. 이는 응당 군사위원회 주석인 마오쩌둥에게 사전 보고해야 할 중대한 군사적 결정 사항이었으나 부주석인 린뱌오가 주석에게 보고하지 않았다. 이에 대해 마오가 진노했다.

마오의 말과 행동에서 자신을 향한 숙청 기류가 점차 강하게 좁혀 들어오고 있다는 것을 감지한 린뱌오는 마오쩌둥 암살과 쿠데타를 추진했으나 실패했다. 거사 실패를 감지한 직후인 1971년 9월 13일 새벽에 허베이

〈그림 11-3〉 몽골 운드르한 초원에서 발견된 비행기 잔해와 린뱌오 시신

성 베이다이허(北戴河) 군용 비행장에서 아내 예췬과 아들 린리궈(林立果)와
함께 군용기인 영국제 트라이던트 항공기를 타고 소련으로 망명하기 위해
국외 탈출을 시도했으나, 타고 가던 군용기가 몽골인민공화국 운드르한(溫
都尔汗) 초원에 추락했다. 당시 몽골인민공화국 정보 당국과 당지 경찰이
출동하여 드넓은 초원 곳곳에 흩어져 있던 잔해들을 모아놓았다. 그 안에
새까맣게 타거나 불에 그을린 남성 시체 8구와 여성 시체 1구가 있었다.
이후 소련 당국이 시신들에 대한 유전자 감식을 한 결과, 린뱌오와 그의
가족들의 시신이 포함되어 있음을 확인했다.

    '9·13 사건'이라고 불리는 이 사건의 배후와 동기, 실상에 대해서는 중
공 당국의 관련 자료 공개 금지와 보도 통제 등으로 아직까지도 많은 의혹
이 제기되고 있다. 어찌 됐든 이 사건 직후부터 '마오 주석의 공식 후계자
린뱌오와 그의 아들 린리궈 일당이 주석을 암살하려고 기도했으나 실패했
고 소련으로 도주하려 한 사건'이라는 소문이 돌기 시작했고, 중공의 공식
발표는 사건이 발생한 지 약 두 달 뒤에 있었다.

    이 사건의 진행 과정과 배후에는 린뱌오의 아들 린리궈(당시 25세)가 있
다. 린리궈는 베이징대학 물리학과를 졸업한 직후, 1967년 3월에 23세 나
이로 린뱌오의 측근인 공군사령관 우파셴의 비호 아래 공군에 입대했고,

〈그림 11-4〉 린뱌오의 아들
린리궈

바로 공군사령부 당위원회 판공실 비서가 되었다. 우파셴은 린리궈를 천재라고 치켜세우면서 1969년 10월에 공군사령부 판공실 부주임 겸 작전부 부부장으로 승진시켰고, 군에 입대한 지 2년 반밖에 안 된 린리궈에게 공군 지휘권까지 넘겨주었다. 린리궈는 공군사령부 판공실 부주임 저우위츠(周宇馳), 공군 부참모장 왕페이(王飛) 등과 함께 공군 사령부 내에 '조사연구소조'를 만들었다. 그 무렵 린리궈는 〈아, 해군〉이라는 일본 영화를 본 후 일본 해군과 같은 정신이 필요하다며 이 소조의 이름을 '연합함대'라 했고, 1971년 3월에는 상하이에서 연합함대 구성원이고 대부분 30대 장교들인 저우위츠, 위신예(于新野), 7341부대 정치부 부처장 리웨이신(李偉新) 등과 쿠데타 계획을 짰다.

이 '연합함대' 소조는 자신들이 기획하는 일의 명칭을 무장기의(武起义: wuqiyi)의 중국어 독음을 따서 '571(wuqiyi)'로 정하고, 무장봉기 행동계획 강령의 명칭도 '571 공정기요'라 불렀다. 린리궈는 당시의 정세를 다음과 같이 분석했다.

군대가 압력을 받고 있는 현재의 정국을 분석해 볼 때 B-52(마오를 가리키는 암호명)의 목표는 후계자를 바꾸는 데 있는 것이 확실해 보인다. 속수무책 상태에서 당하느니 죽을 각오로 먼저 때리는 것이 낫다. 군사행동으로 먼저 선수를 쳐서 기선을 제압하고 상층부 회의를 소집한 후 일망타진해야 한다.

또한 자신의 아버지 린뱌오의 권력 승계가 가능한 방식에 대해서 다음과 같이 분석했다. "평화적 승계는 (마오가 죽을 때까지) 약 5~6년간 기다려야 하는 데 너무 길다. 후계자의 위치를 지키기 어렵다. 따라서 무장봉기를 통해서 B-52를 제거해야 한다."

린리궈는 위신예에게 "이 일은 나와 수장(首长, 즉 린뱌오)이 이미 의논을 했으니 실행 계획을 짜보라"라고 지시했다. 이른바 '571 공정기요'에서는 마오쩌둥에 대해 다음과 같이 분석했다.

> 그는 오늘은 이것으로 저것을 타격하고, 내일은 저것으로 이것을 타격한다. 간부를 선동해서 군중과 싸우게 하고, 다시 군중을 분열시키고 선동해서 군중 끼리 싸우게 하고, 군대를 분열시키고 선동해서 군대끼리 싸우게 하고, 당원을 분열시키고 선동해서 당원끼리 싸우게 한다. 모순을 만들고 분열시켜 통치하고 각개격파해서 통치 지위를 유지한다. 오늘은 감언이설로 어떤 사람을 꼬드기고 내일은 그 사람에게 날조된 죄를 뒤집어씌운다. 오늘은 귀빈 자리에 앉혔다가 내일은 감옥에 감금한다. 처음에는 그에게 치켜세워졌다가 나중에는 정치적 사형을 당하지 않은 사람이 누가 있는가? 과거 그의 비서들은 대부분 자살하거나 수감되었다. 그의 몇 안 되는 전우와 측근들도 그에 의해 감옥으로 보내졌다. 심지어 그의 친아들도 그가 미치게 했다. 그는 의심광, 학대광이다(왕단, 2013: 252~253).

또한 '기요' 시나리오에는 로켓포 폭격, 자동차 사고 위장, 암살, 납치, 도시유격 소분대 등의 특별 수단을 이용해 마오를 제거 또는 제압하고 전국 정권을 탈취하는 방안과, 여의치 않을 경우에는 광동성 광저우에 '제2 당중앙'을 조직하고 할거 국면을 조성한 후 소련의 지원을 구한다는 내용도 들어 있었다.

문혁 시기에 주요 사건 방문 취재와 베이징시 혁명위원회가 주최하는 각종 회의와 집회에 참석했던 당시 인민일보사 기자 지시천(紀希晨)이 개혁·개방 이후에 자신의 경험과 소회를 정리하여 출간한 저서『역사상 전례가 없던 연대』(紀希晨, 2001)에 정리·기록한 '571 공정기요' 관련 내용을 보자.

마오는 1971년 8월 15일부터 9월 12일까지 청녹색 전용 열차를 타고 남방 순시, 즉 베이징을 출발하여 우한·창샤·난창·항저우·상하이를 방문했고, 5개 대군구와 10개 성, 직할시의 당정군 서기와 책임자들을 만나고 베이징으로 돌아왔다. 린뱌오는 이 기간 중에 마오쩌둥을 암살하기로 결정하고 당시에 체류하고 있던 허베이성의 해안 휴양지 베이다이허에서 9월 6일 저녁부터 다음 날 새벽까지 예췬, 린리궈, 저우위츠와 함께 '571 공정기요' 실행 계획을 짰다. 린뱌오는 아들 린리궈가 지휘하는 '연합함대'에 1급 전투태세 준비를 하라 하고, 린리궈와 저우위츠에게 전권을 위임한다는 내용의 친필 메모를 주었다.

"리궈, 위츠가 전달하는 명령에 따라 행동하라. 린뱌오 9월 8일(按照立果, 宇驰传达的命令办. 林彪 九月八日)."

9월 8일 이후, 린리궈가 이 친필 명령서를 지니고 저우위츠와 함께 마오쩌둥이 탄 열차를 상하이 교외에서 폭파하기로 하고, 그 행동계획을 실행하는 데 필요한 사람들을 비밀리에 만나고 다녔다. 그러나 마오는 이미 밀고자에게 제보를 받아 린뱌오와 예췬 집단의 비정상적이고 의심스러운 활동 징후를 탐지하고 있었다. 9월 8일 오후에 마오가 비서 왕둥싱에게 열차 진행 방향을 즉시 항저우 남동쪽 닝보(宁波) 방향으로 바꾸라고 지시했다. 9월 10일 정오에 열차가 상하이 남서쪽 샤오싱(绍兴)에 도착하자, 다시 열차를 북쪽 방향으로 돌려서 베이징으로 가라고 지시했다.

마오는 이미 장시성 난창(南昌)에서 장시성 위원회 서기로부터 '연합함대'의 구성원인 저우위츠가 두 차례나 은밀하게 장시성 일대로 내려와서 군부대에 "수륙양용 탱크를 확보하라"라고 지시했다는 등의 정황 보고를 받았었다. 마오의 비서 왕둥싱의 회고록에 의하면 마오는 이 말을 들은 후

한참 동안 아무 말 없이 눈을 가늘게 뜨고 창밖을 멀리 바라보고만 있었다고 한다. 다음 날 항저우에 도착한 마오는 또 다시 예췬과 린리궈 등의 의심스러운 정황을 포착했고, 그 즉시 예정된 행선지와 열차 노선을 바꿔 베이징으로 돌아가기로 결정했다.

9월 10일 저녁 6시에 마오의 전용열차가 상하이 훙차오(虹橋) 공항 부근에 정차했고, 11일 오전에 열차 안에서 난징 군구(南京軍区) 사령관 쉬스유(許世友)와 상하이시 서기 출신 중공 부주석 왕훙원과 함께 2시간 정도 대화를 나누었다. 마오는 왕훙원에게 쉬스유를 데리고 외부(錦江饭店)에 가서 식사하라 지시하고, 이 둘이 열차 밖으로 나가자 왕둥싱에게 즉시 열차를 출발시키라고 지시했다. 마오의 열차가 이미 출발했다는 보고를 받은 쉬스유는 비행기를 타고 난징 공항을 통해 난징역으로 가서 마오를 영접했다. 그러나 마오는 열차에서 내리지도 않았다. 마오의 열차는 난징역에 불과 15분 정도 정차하고 다시 북쪽 방향으로 출발했고, 11일 밤 10시에 린리궈 일당이 폭발 장치를 해둔 상하이 교외 쉬팡(硕放)철교를 통과했다.

열차가 산둥성 지난(済南)역에 도착한 후 마오는 왕둥싱에게 지시하여 베이징 군구 사령관 리더성(李德生), 제2정치위원 지덩쿠이(纪登奎), 베이징시 제2서기 우더, 베이징 위수사령관 우종(吳忠)을 베이징 남부 펑타이역에 대기하도록 했다. 12일 오후 1시 10분에 마오를 태운 전용 열차가 펑타이역에 도착했다. 리더성의 회고에 의하면, 마오는 약간 피곤해 보였으나 기분은 매우 좋은 상태로 자신의 주위에 앉아 있는 사람들을 둘러보며 미소를 띠고 2시간 이상 활기차게 대화를 나누었고, 대화 말미에 엄숙한 표정으로 말했다.

"검은 놈은 천보다 하나뿐이 아니다. 또 있다."

이는 명백하게 린뱌오를 지칭하는 것이었다. 이어서 마오는 리더성에게 38군 중 1개 사단을 베이징 남쪽에 배치하라고 지시했다. 펑타이역을 출발한 마오의 전용열차는 당일(9.12) 저녁에 베이징역에 도착했다.

이 시간에 린뱌오와 그의 아내 예췬은 허베이성 발해만의 휴양지인 베이다이허에서 아들 린리궈의 보고를 받으며 마오쩌둥의 이동 동선과 방문지, 접견자와의 담화 내용 등을 파악하고 있었다. 이들은 마오를 태운 전용 열차가 이미 베이징으로 돌아왔다는 보고를 받은 후 공황 상태에 빠졌다. 예췬이 공포에 질린 표정으로 린뱌오의 방에 뛰어 들어서며 말했다.

"큰일 났어요, 마오가 이미 상하이를 통과했어요. 우리가 속았어요……."

창백한 표정으로 소파에 앉아 있던 린뱌오가 예췬을 노려보면서 소리를 질렀다.

"그렇게 겁에 질려서 뭘 하겠어, 어서, 빨리, 두 번째 방안……."

린뱌오가 말한 '두 번째 방안'이란 남쪽의 광저우로 가서 별도로 당 중앙을 설립한다는 것이었다. 그러나 이제 더 이상 자신의 애송이 아들을 믿을 수 없었다. 산전수전 다 겪고 '전쟁 귀신'이라 불리던 린뱌오가 그토록 중대한 일을 그렇게 처리했다는 것을 이해하기 어렵다.[4]

9월 12일 오후 4시 반에 린뱌오파인 공군 부참모장 후핑(胡萍)이 베이징 시자오(西郊)공항 비밀 거점에 도착했다. 저우위츠가 후핑에게 말했다.

"현재 형세가 매우 좋지 않다. 수장(首长)께서 내일(9.13) 베이다이허를 떠나기로 결정했다."

이어서 즉시 비행기를 배치하여 린리궈를 산하이관으로 보내라 했고, 린뱌오도 이 비행기를 타고 광저우로 갈 것이고, 뒤이어 황융성, 우파셴, 리쭤펑, 치우후이쭤 등 린뱌오파 측근들과 기관 인원까지 함께 태우고 갈 비행기도 준비하라고 지시했다. 그러나 린뱌오 부부와 린리궈는 사태가

---

4 '9·13 사건'에 대한 중공 측의 공식 발표 내용 중에는 이 외에도 이해하기 어려운 내용이 적지 않다.

갈수록 급박하게 진행되고 있음을 감지하고 결국 소련으로 망명을 결정한 듯하다.

'9·13 사건'이 준 충격과 영향 그리고 그 여파는 매우 크고 강렬했다. 중공 당원과 인민들은, 마오쩌동 자신이 직접 공식 후계자로 지명했고, 당장(党章)에 국가권력 서열 2인자로 명시되어 있으며 문화대혁명과 마오쩌동 개인숭배를 앞장서서 지휘하던 린뱌오가 그렇게 죽었다는 소식을 접한 후 충격을 받고 공황 상태에 빠졌다. 그리고 문화대혁명의 성격과 본질에 대해 돌이켜 생각(反思)하기 시작했다. 마오쩌동과 공산당이 내건 각종 구호와 운동에 대한 관심과 열기는 급속히 식어 냉소로 바뀌었다. 그렇게 마오쩌동이 기획·연출한 '무산계급 문화대혁명'의 막이 내려갔다.

제12장

덩샤오핑의 복권과 재실각[1]

　린뱌오 집단의 쿠데타 기도 사건(9·13 사건)은 노령의 마오쩌둥에게 강한 정신적 충격을 주었고, 쇠약해 가던 건강을 더욱 급속히 악화시켰다. 마오는 문혁 과정 중 수많은 방침과 조치들을 지시하고 추진해 왔다. 그중에서도 린뱌오를 후계자로 지정한 것은 매우 중요한 정책 결정이었다. 그런데 그런 린뱌오가 쿠데타를 도모하다가 발각되어 국외 탈출을 기도하다 사망했다 ……? 이것은 '위대한 영도자'가 단순히 사람을 잘못 보았다는 선을 넘어서 문혁 이래 전반적인 노선과 방침을 다시 평가해야 되는 것 아닌가라는 의문을 품게 했다. 바야흐로, 중국 인민들이 '대약진'의 대실패에 이어서 '무오류의 위대한 영도자'에 대해 의문을 품기 시작한 것이다.

　한편 이런 상황에도, 당과 정부의 통제를 받고 있던 중국 내 매체들은 이 사건에 대해서도 "린뱌오의 반당, 반혁명 군사정변 기도를 사전에 제압한 것은 마오쩌둥사상의 또 하나의 위대한 승리" 운운하는 식으로 보도하고 있었다. 그러나 마오쩌둥 자신부터 이번에는 그런 식으로 넘길 수 없다는 점을 명확히 알고 있었다. 마오의 입장에서 더욱 충격적인 점은 린뱌오

1　유튜브 북연TV, 〈중국현대사〉, 30회 '돌아온 덩샤오핑' 참고.

집단이 작성한 이른바 '571 공정기요' 문건 중에 자신의 실체를 분석하고 폭로한 내용이었다. 그것을 확인한 순간, 마오는 마치 거울 앞에서 자신의 알몸을 보고 있는 듯했다. 그리고 자신이 기획·발동한 '무산계급 문화대혁명'에 대한 역사적 평가가 자신의 의도와 희망대로 진행되기는 어려울 것이라는 점을 인정하지 않을 수 없었다.

급속히 의기소침해지고 건강상태도 악화된 마오는 당 중앙의 일상 업무와 중앙군사위원회 업무를 총리인 저우언라이와 군부 원로 예젠잉에게 맡겼다. 즉, 당 중앙과 국무원, 외교 방면의 업무는 저우언라이가, 군대 관련 업무는 예젠잉이 주재토록 하고, 주요 문제 토론 시에 저우언라이가 참석토록 했다. 그리고 문혁 관련 업무는 '4인방'(장칭, 왕훙원, 장춘차오, 야오원위안)이 담당하는 구조로 재배치했다. '9·13 사건' 이전 린뱌오 집단과 장칭 집단이 다투던 권력분할 구도를 저우언라이와 예젠잉을 대표로 하는 혁명 1세대 원로 집단과 장칭을 대표로 하는 문혁 주도 세력 간 권력투쟁 구도로 바꾼 것이다. 이것이 중국공산당 역사와 중국 현대사에서 매우 중대한 변화를 촉발하게 된다. 저우언라이는 이 같은 국면을 최대한 활용했다. 한편으로는 문혁 과정에서 파괴된 경제·정치·조직·외교 등 분야의 국정 운영 정상화를 추진하면서 또 한편으로는 문혁 과정에서 숙청당한 혁명 1세대 원로 간부들을 사면·복권시키는 데 주력했다.

우선 1967년 '2월 역류(二月逆流) 사건' 등에 연관되어 문혁 과정에서 린뱌오 집단과 장칭 집단에 의해 모함·숙청당했던 천윈, 뤄루이칭, 탄전린 등을 복권 및 복직시켰고, 허룽 등 이미 죽은 자들의 명예도 회복시켜 주었다. 당시에 저우언라이의 주도로 명예가 회복되거나 복권된 군부 내 장성급 이상 인물이 약 157명이었다. 이들이 마오쩌둥 사망 이후 일어난 4인방과 화궈펑·왕둥싱을 주축으로 하는 범시파(凡是派)에 대항한 권력투쟁 국면에서 예젠잉과 덩샤오핑이 대표한 혁명 1세대 군부 원로파를 지원하게 된다.

저우언라이의 이 같은 행동이 탄력을 받게 된 동기는 1972년 1월 10일에 진행된 천이의 장례식에 돌연히 나타난 마오쩌둥의 한 마디 말이었다. 천이의 장례식은 베이징 서산(西山)의 바바오산 혁명 묘지에서 진행되었다. 조문을 위해 오랜만에 장례식장에 모인 천이의 옛 동지들은 모두 문혁 발발 이후 박해를 받은 사람들이었기에 장례식장 분위

〈그림 12-1〉 천이 추도식, 마오쩌둥과 천이의 아내 장첸(1972.1.10)

기는 매우 침통했다. 그런데 이곳에 마오쩌둥이 예고 없이 갑자기 나타났다. 마오가 당을 사당화하고 독재 권력을 장악한 이후 옛 동지의 장례식에 참석한 것은 이때가 처음이자 마지막이었다. 보고를 통해 징강산 시절부터 동고동락해 온 옛 동지이자 전우의 죽음 소식을 듣고 느낀 감상과 회한이 그만큼 컸던 것 같다. 마오는 흰색 잠옷 위에 외투만 걸친 상태였다. 원래 격식 같은 것에 개의치 않는 성격이라 해도 장례식 참석 복장으로 적절치는 않았다. 마오는 자신이 조종한 4인방과 린뱌오 일당에게 박해당한 후유증으로 죽은 옛 전우의 영정 앞으로 걸어가 세 번 허리 숙여 예를 표했다. 그리고 천이의 아내 장첸(張茜, 1922~1974년)을 위로하며 말했다.

"천이 동지는 좋은 사람이다. 공도 많이 세웠다."

그러고는 저우언라이와 예젠잉 등 둘러선 사람들에게 말했다.

"만일 린뱌오의 음모가 성공했다면 여기 있는 우리들은 모두 제거되었을 것이다."

그리고 덩샤오핑에 대해서 이렇게 말했다.

"덩샤오핑은 류샤오치와는 다르다. 인민 내부의 모순이다."

저우언라이는 마오가 한 이 말의 중요성을 즉각 간파했다. 즉시 마오

의 말을 "린뱌오는 적과 아군의 모순이지만 덩샤오핑은 인민 내부의 모순이라는 게 주석의 뜻이다"라고 전파하면서 덩샤오핑의 복권과 재등용을 추진하기 위한 분위기를 적극적으로 조성하기 시작했다.

저우언라이와 덩샤오핑 사이의 친밀한 우정과 신뢰 관계는 젊은 시절 프랑스 파리 유학 시절부터 다져온 것이다. 당시 두 사람은 원래 '소년'이라는 제목으로 기획한 잡지를 ≪적광(赤光)≫으로 이름을 바꿔 창간해 편집·제작했다. 저우언라이의 숙소인 파리 시내 골목 안의 협소한 좁은 방 안에서 저우가 검토·수정한 원고를 덩에게 주면 덩이 철필로 등사지에 한 글자씩 긁어 새긴 후, 이를 등사기로 등사하고 제본했다. 두 사람 모두 낮에는 생활비를 벌기 위해 파리 시내 공장에서 일해야 했으므로, 매일 밤 좁은 방의 등잔 밑에서 함께 밤을 새우거나 자면서 지냈다.

덩샤오핑은 문혁 발발 후 당내 제2 주자파로 몰리긴 했지만, 마오쩌둥의 배려로 류샤오치와는 달리 당적은 박탈되지 않았고, 아내와 함께 장시성 난창 신젠현(新建县) 왕청강(望城岗)에 하방되어 마을 내에 있는 한 트랙터 수리 공장에서 노동하고 있었다. 저우언라이가 세심하게 배려하고 지시한 덕에, 덩샤오핑 부부는 옛 푸저우 군구(福州军区) 난창 보병학교 부지 내에 있는 교장 관사로 썼던 2층 주택에서 덩의 계모와 함께 살고 있었다. 덩 부부는 노동하는 공장까지 걸어서 출퇴근했다. 후에 이곳에 기념 공원과 기념관이 건립되었고, 그 당시 덩 부부가 집에서 공장까지 출퇴근 시에 걸어 다녔던 길은 '샤오핑의 작은 길(小平小道)'로 조성되었다.

덩이 장시성 왕청강 마을에서 '9·13 사건' 소식을 처음으로 접한 건 문혁 과정에서 하반신 불구가 된 큰아들 덩푸팡(邓朴方)으로부터였다. 덩푸팡은 문혁 발발 당시 베이징대학 물리학과 4학년에 재학 중이었다. 아버지 덩샤오핑이 중앙문혁소조로부터 류샤오치 다음의 '당내 제2 주자파 대표'로 몰리자 베이징대학 홍위병들에게 감금당한 채 혹독하게 심문을 당하

〈그림 12-2〉 장시성 난창시 신젠현에 조성된 '샤오핑의 작은 길(小平小道)'

〈그림 12-3〉 덩샤오핑 부부가 일했던 트랙터 공장

던 중 그 건물 4층에서 몸을 던져 허리가 골절되었다. 그러나 병원마다 '제2
주자파 아들'의 입원과 치료를 거부해 제때 치료를 받지 못했다. 덩푸팡은
부상을 입은 상태로 베이징 시내 복지병원을 전전하고 있었다. 이 상황을
뒤늦게 안 덩샤오핑이 중공중앙 판공청을 통해 마오쩌둥에게 탄원해 뒤늦
게 입원·치료를 받았으나 결국 하반신 불구가 되었다. 덩샤오핑 부부는
(9·13 사건 발발 석 달 전인) 1971년 6월에 불구가 된 아들 푸팡을 장시성 신
젠현 거처로 데려와 돌보고 있었다.

　　장애로 인해 대부분의 시간을 집에서 보내던 푸팡은 부모가 특별히 마
련해 준 단파 라디오로 해외방송을 자주 들었다. 그러던 푸팡이 9월 중순
어느 날 해외방송에서 "중국 비행기가 몽골인민공화국 초원에 추락했다"

는 소식을 듣게 된다. 그 후 며칠간 그 사고와 관련된 "아마도 중국 국내에 중요한 사건과 연관된 것 같다"라는 추측 보도와 해설 등도 듣게 된다. 푸 팡은 이 일을 아버지 덩샤오핑에게 말했으나 덩샤오핑은 듣고 난 후에 아무 말도 하지 않았다. 그 며칠 후인 10월 1일은 중화인민공화국 건국 22주 년 기념일인 국경절(国庆节)이었다. 그러나 이해(1971년) 국경절에는 매년 성대하게 거행하던 기념행사가 취소되었다. 또한 예년 같으면 국내 매체들의 국경절 관련 보도에 의례히 곳곳에 마오쩌둥과 같이 등장하던 권력 서열 제2인자인 린뱌오에 관한 동정이나 보도사진 같은 것조차 일절 없었다. 이같이 비정상적인 상황을 보고 푸팡이 가족들에게 "린뱌오에게 무슨 일이 생긴 게 틀림없다"라고 말했지만, 이때에도 덩샤오핑은 아무 말도 하지 않고 듣고만 있었다.

덩샤오핑이 공식 경로를 통해 '9·13 사건'에 대한 소식을 듣게 된 때는 사건 발생 후 거의 두 달이 되어가는 11월 6일로, 공장 당위원회로부터 당 중앙에서 온 문건 내용 전달 회의가 있으니 공장으로 오라는 통지를 받은 날이었다. 비록 당적을 유지하고는 있었지만, 하방되어 장시로 온 이래 그날처럼 당 중앙이 전달하는 문건 내용을 들으러 오라고 통지를 받기는 처음이었다. 덩 부부가 공장 내 약 100여 m² 넓이의 식당에 들어서니 이미 80여 명의 직공 전원이 빼곡히 앉아 있었다. 현 위원회 공업국장과 앞자리에 앉아 있던 공장 지부 위원회 주임 뤄펑(罗朋)[2]이 덩 부부에게 말했다.

"라오덩(老邓)은 귀가 잘 안 들리니 앞자리로 와서 앉으시오."

---

3   뤄펑(罗朋) 주임은 1940년대 혁명전쟁 시대에 류보청과 덩샤오핑의 부하였던 인연이기도 했고, 성실·순박한 성격이어서 덩 부부가 공장에서 노동하던 시절에 이 부부를 잘 보살펴주었다. 1973년 덩샤오핑이 복권되어 베이징으로 간 후에 뤄펑도 장시공산주의대학(江西共产主义大学) 부교장으로 임명되었고, 1980년에는 장시성 민정청장(民政厅长)에 임명되었다.

덩 부부가 앞자리로 가서 앉은 뒤 시작된 '린뱌오 국가반역 탈주 통지(林彪叛国出逃的通知)'라는 제목의 중앙 문건 낭독이 2시간 이상 계속되었다. 이어서 작업조별로 토론이 진행되었다. 덩 부부는 자신의 작업조에서 직공들이 토론하는 걸 묵묵히 듣고만 있었다. 그때 뤄펑 주임이 "라오덩 부부는 문건을 가지고 집에 가서 보라"라고 배려해 주어서 부부는 오후 1시 반경에 귀가했다. 당시 집에서 노심초사 기다리다가 부모를 맞이한 딸 덩롱(邓榕, 1950년~)의 회고에 의하면, 집에 들어서는 어머니 줘린(卓琳, 1916~2009년)에게 중앙 문건의 내용이 무엇이었냐고 묻자 줘린은 딸의 손을 잡고 부엌으로 들어가서 손가락으로 딸의 손바닥에 "린뱌오가 죽었다(林彪死了)"라고 써주었다. 당시 이들은 남들이 눈치채지 못하게 이런 방식으로 소통했다.

덩롱은 손바닥 감각을 통해 그 글자의 뜻을 알아차린 직후 마치 온몸의 피가 머리로 올라오는 것 같은 흥분과 감격을 느꼈다. 덩롱이 즉시 오빠 푸팡의 방으로 가서 누워 있는 오빠에게 이 소식을 전하자 푸팡도 누워 있는 상태에서 흥분으로 윗몸을 펄떡였다. 점심식사를 마친 후 온 가족이 2층 덩 부부의 방으로 올라가서 문을 닫아건 후에 정식으로 기쁨과 감격을 함께 나누었다. 덩롱은 중앙 문건의 내용을 상세히 전해주는 어머니의 말을 들으면서 눈물이 솟아나는 걸 억제하지 못했다. 덩샤오핑은 계속 선 채로 담배를 피우면서 가족들을 말없이 바라만 보고 있었으나 평소와 달리 흥분과 감격을 감추지 않고 한마디 했다.

"린뱌오가 죽지 않는다면 하늘이 용납지 않을 것이다(林彪不亡, 天理不容)."

이틀 후인 11월 8일에 덩샤오핑은 생각을 정리한 후 책상에 앉아서 펜을 들고 마오쩌둥에게 편지를 썼다. 이 편지가 이후 덩 개인의 운명뿐만 아니라 중국 현대사의 흐름을 바꾸게 된다. 문혁 발발 후 베이징에서 마지막으로 마오쩌둥과 대화를 나눈 이후로 덩이 마오에게 직접 편지를 쓴 적은 없었다. 가정사를 포함한 모든 일, 그리고 마오에게 하고 싶은 말도 당시 중앙판공청(中央办公厅) 주임 왕둥싱에게 전해달라고 부탁했었다. 그러나 이번 편지는 직접 마오쩌둥에게 썼다. 타고난 정치적 감각으로, 린뱌오 사망이라는 이 사안이 자신이 다시 베이징 정치 무대로 복귀할 수 있는 절호의 기회라는 것을 직감했기 때문이다.

덩은 그 편지에 우선 당 중앙이 린뱌오 반당(反党) 집단의 음모를 이처럼 빠르게 포착하고 제압한 것은 당을 위험에서 구한 위대한 승리이고 경축해야 할 일이라고 적었다. 그다음에 자신의 생활 상황을 다음과 같이 보고했다.

> 저는 주석의 배려하에 장시에 온 지 만 2년이 되었습니다. 이 2년간 저는 매일 오전에 공장에 가서 노동을 했고 오후와 저녁에는 책과 신문을 보고 방송을 듣고 일부 가사 노동을 하면서, 공장에 가는 것 외에는 외출을 하지 않고 외부와는 단절된 생활을 하고 있습니다. 이 기간 동안 저는 주석의 지시를 준수하여 노동과 학습을 통해 스스로 자아 개조를 위해 노력했고, 친척 외에는 누구와도 왕래하지 않았습니다. 조직의 배려로 인해 우리의 생활은 아무런 곤란도 없습니다.

이어서 이렇게 적었다.

> 저 개인은 어떤 요구도 없습니다만, 오직 어느 날 당을 위해 일할 수 있기를 희망합니다. 물론 일부 기술적 성격의 일을 하고 싶습니다. 저는 아직 건강이 좋은 편이라 몇 년 더 일하고 싶습니다. 매일 신문 지면을 통해 보고 있는 우리 사회주의 조국의 국내 건설 성과와 국제적 지위 상승을 보며 감동하고 있습니다. 저도 일할 기회를 통해 만분의 일이라도 보태고 싶습니다.

끝으로, 자신의 자녀들 일을 도와달라고 요청했다.

아이들과 가까운 곳에 있기를 희망합니다. 특히 아직 어린 두 아이, 막내딸 마오마오(毛毛)와 둘째 아들 페이페이(飞飞)입니다. 막내딸은 섬서성 북부(陝北) 농촌에 배치된 지 이미 3년이 되었는데, 현재 저희 부부가 장애인인 큰아들 푸팡을 돌보기가 갈수록 힘들어져서 딸아이를 집에 오라 해서 오빠를 간호하게 하고 싶습니다. 딸아이 마오마오는 의학을 공부하고 싶어 합니다. 과거에 독학으로 약간의 기초도 갖추고 있습니다. 작은아들 페이페이는 산시(山西)의 농촌인민공사 생산대에 들어간 지 이미 3년이 넘었습니다. 저와의 관계 때문에 제 아이들도 조직의 배려를 받지 못해 좋은 분배를 받기는 불가능하고, 우리 부부의 나이가 많아서 자녀들 걱정을 안 할 수가 없습니다. 아이들이 제가 일하는 곳과 가까운 곳으로 배치받을 수 있기를 바랍니다. 가장 좋은 것은 도시의 공장에서 노동자로 일하며 고정수입을 가질 수 있는 것입니다. 물론 딸아이가 자신의 희망대로 의학을 공부할 수 있다면 더욱 좋고요. 이런 것들은 저의 마음 한구석 걱정일 뿐이지만 주석께 보고드리는 김에 함께 말씀드립니다. 물론 이런 일들은 응당 조직의 고려와 처리에 따라야 한다는 것도 잘 알고 있습니다.

아마도 이 대목이 평생 혁명운동을 한 연유로 가족, 형제들의 희생이 컸던 마오의 마음에 특히 더 강력한 파문을 일으킨 것으로 추측된다. 그리고 편지 말미에 향후 중앙과의 연락을 위해 다음과 같이 썼다.

과거에 주석께서 무슨 일이 있으면 왕둥싱 동지를 찾으라고 말씀해 주셨습니다. 올해 초에 저의 큰아들 일로 왕 동지에게 편지를 써서 보냈는데 장시성 위원회의 담당자가 저에게 다시는 편지를 보내지 말라고 해서 그때부터 11개월

간 편지를 쓰지 않았습니다. 앞으로 일이 있을 경우에 계속 왕둥싱 동지에게 편지를 써도 될지 모르겠습니다.

그러고 나서 편지의 끝부분에 "충심으로 주석의 만수무강을 축원합니다. 주석의 건강 장수가 바로 전당 전국 인민의 행복입니다!"라고 정중하게 썼다.

이 한 통의 편지가 이후 덩샤오핑의 정치생명을 결정한다. 덩은 이 편지가 어떻게 전달될지도 어떤 회신을 받을 수 있을지도 몰랐지만, 하방 이후의 경험을 통한 감각으로 이 편지가 마오쩌둥에게 전달될 수 있을 것이라고 믿었다. 그런 덩의 기대와 예상대로 이 편지는 당시 중앙판공청 주임 왕둥싱에 의해 마오에게 전달되었다. 앞서 얘기한 대로 천이의 장례식에 잠옷 차림의 마오쩌둥이 불쑥 나타나서, "덩샤오핑은 류샤오치와 다르다. 인민 내부의 모순이다"라고 말한 때가 1972년 1월 10일이었다는 점을 되새겨 보면, 마오는 그때 이미 덩샤오핑이 약 두 달 전인 1971년 11월 8일에 왕둥싱을 통해 보낸 이 편지를 읽었을 것으로 짐작된다.

덩의 편지를 본 후에 마오가 왕둥싱에게 이렇게 말했다.

"자네, 어떻게 이렇게 무심했나?"

그러고는 덩이 보낸 편지 겉봉에 "정치국에 인쇄, 배부. 덩의 가정 일은 왕동싱이 처리"라고 썼다. 마오의 간단한 이 메모 지시 이후 장시성에 하방 중이던 덩샤오핑 가족의 생활 조건은 확연히 달라졌고 덩의 정치생명도 다시 살아난다.

당시 마오쩌둥은 린뱌오 사건으로 인한 충격 속에 허탈과 불안감을 안고 사태 수습 방안에 고심하고 있었다. 마오는 원래 덩샤오핑의 재능을 중시했기에 언젠가 다시 등용할 것을 염두에 두고 있었다. 덩샤오핑은 이 같은 마오의 심리를 정확하게 간파했다고 할 수 있겠다.

1973년 2월 22일, 덩샤오핑 가족이 장시성 신젠현의 거처를 떠나서 난창역(南昌站)에서 열차를 타고 베이징역에 도착한 후 마중 나온 차를 타고 준비된 베이징의 거처에 도착했다. 그날 저녁에 중앙판공청 주임 왕동싱이 덩샤오핑을 찾아왔다. 덩이 왕동싱에게 그동안의 배려와 도움에 고맙다고 인사를 건네자 왕동싱은 "나는 주석의 분부대로 시행했을 뿐입니다"라고 대답했다. 3월에 덩샤오핑은 국무원 부총리에 임명되었고,[3] 8월에 개최된 중공 제10차 전국대표대회에서 당중앙위원으로 당선되었다. 이어서 12월에는 중앙정치국 위원과 중앙군사위원회 위원이 되었다. 또한 1974년 4월에는 중국정부 대표로 미국 뉴욕에서 개최된 유엔 제6차 특별회의에 참석하여 마오쩌둥의 '3개 세계(三个世界) 구분론'을 국제무대에서 소개했다. 그 내용은 다음과 같다.

세계는 제1세계인 초강대국 미국과 소련, 제2세계인 일본과 유럽 국가들, 호주, 캐나다, 그리고 제3세계인 기타 국가들로 구분된다. 이 중 제1세계의 두

---

3   关于恢复邓小平同志的党组织生活和国务院副总理的职务的决定(1973.3.10).

국가가 오늘날 최대의 국제적 착취자이자 억압자이고, 이 중에서도 사회주의 간판을 달고 있는 초강대국이 특히 더 사악하다. 따라서 제3세계 국가들은 단결하여 맞서야 한다.

이는 마오쩌동이 젊은 시절, 후난성과 장시성의 오지 농촌에서 농회(農會)를 중심으로 농민 선동 혁명투쟁을 추진할 때에 농촌 주민을 지주와 부농, 중농, 그리고 빈농과 고농으로 구분해 선동하던 수법을 국제관계에 대입한 것이었다. 단, '사회주의 간판을 달고 있는 놈이 특히 더 사악하다'는 점을 간파한 것이 흥미롭다. 이에 대해 당시에 회의 참석 중이던 소련의 외무부 장관 안드레이 그로미코는 중공 대표가 국제무대에서 공공연하게 소련을 비난한 데에 분노하면서 중국 대표의 연설 내용은 노동계급의 대의명분에 대한 반역'이라고 비난했다. 그러나 제3자의 시각으로 보면, 소공이건 중공이건 '노동계급의 대의명분'은 그들 각자에게만 필요한 '대의명분'일 뿐이었다.

덩의 연설 4일 후에 당시 미국 국무장관 헨리 키신저가 덩을 위해 뉴욕의 월도프 아스토리아 호텔에서 만찬을 주최했다. 덩은 키신저와 저녁 8시부터 11시까지 마오타이주(茅台酒)를 같이 마시면서 대화를 나누었다. 대화 도중에 덩은 키신저에게 "당신들과 함께 북쪽에 있는 곰(러시아)의 버릇을 고쳐주고 싶다"라는 강경 발언도 했다. 한편, 키신저는 덩이 대화 도중에 자주 자신의 수행원들을 쳐다보면서 동의를 구하는 듯한 모습을 보고, 그가 복권된 지 얼마 안 되어서 아직 입지가 불안하거나 확신을 갖고 있지 못하다고 생각했다.

덩샤오핑은 뉴욕에 머무른 9일간, 회의와 접견 등으로 꽉 찬 일정 때문에 이 도시를 제대로 관찰하지 못했다. 리무진에 앉아서 이동 중에 차창 밖 거리 풍경을 보았을 뿐이다. 그러나 귀국길에는 자신이 젊은 시절에 독학하고 노동했던 프랑스 파리에 들러서 하루 반나절을 머물렀다. 파리에서 덩은 공식 일정을 최대로 줄였다. 70세를 앞둔 나이에 젊은 시절의 추억이 깃든 파리의 거리들을 둘러보고 싶었기 때문이다. 그러나 그러한 추억의 장소들은 이미 대부분 변해 있었다. 그는 출장 경비 중 자신이 쓸 수 있는 돈(미화 16달러)을 주(駐)프랑스 중국 대사관 직원들에게 주고 크루아상과 치즈를 사 달라고 부탁했다. 파리에서 지내던 젊은 시절에 용돈을 아껴서 사 먹었던 달콤하고 바삭바삭했던 그 맛을 생각하며 이 도시에서의 추억을 공유하고 있는 베이징의 옛 동지들에게 선물하고 싶어서였다. 특히 파리에서 처음 만난 후 형제처럼 지내왔으나, 지금은 병상에 누워 있는 저우언라이를 생각했다. 대사관 직원들은 덩이 준 돈에 슬그머니 돈을 더 보태어 크루아상 200개와 치즈 모음을 사서 주었다. 덩이 기뻐하며 고맙게 받았고, 귀국 후에 저우언라이와 옛 동지들에게 선물했다.

마오쩌둥은 자신이 창안한 문화대혁명의 역사적 의의와 평가를 지키기 위해서라도 문혁으로 인해 초래된 경제 문제들을 조속히 해결하고 회복시켜야 한다고 생각했고, 그 일을 해낼 수 있는 적임자로 덩샤오핑을 선택한 것이다. 이 선택은 자신이 상하이에서 불러들여서 부총리로 기용한 왕훙원에 대한 실망 때문이기도 했다. 1974년 10월에 마오는 왕훙원에게 덩샤오핑을 제1부총리로 임명하여 저우언라이가 하던 당과 정부의 일상 업무를 맡기겠다는 뜻을 통고했다. 그리고 이듬해인 1975년 1월 제10기 전국인민대표대회를 통한 조직개편 인사에서 덩샤오핑을 중공중앙 부주석과 국무원 부총리, 중앙군사위원회 부주석, 인민해방군 총참모장에 임명했다.

이리하여 암 투병으로 병상에 누워 있는 총리 저우언라이를 대신하여 덩샤오핑이 당과 국가, 군대의 일상 업무를 주관하면서, 문화대혁명이 조성한 혼란 국면을 전면적으로 정돈했다. 먼저 예젠잉과 함께 군대 내의 파

〈그림 12-5〉 김일성을 접견하고 있는 마오쩌둥(1975.4.18)

벌주의, 특히 간부들 사이의 파벌주의 혁파를 추진했고, 매우 심각한 상태에 처해 있던 철도 수송 분야와 철강 생산 문제를 정돈했다. 그리고 국방산업과 교육, 문화 및 과학기술 문제 등 전반적인 분야에 대한 정돈도 진행했다. 덩샤오핑은 회의를 소집할 때마다 다음과 같이 강조했다. "이제 혁명에서 생산으로 전환해야 합니다. 어떤 동지들은 혁명은 대담하게 해야 하지만, 생산 촉진은 위험하다고 말합니다. 이는 명백한 잘못입니다." 또한, "지도부는 파벌주의에 대한 반대를 분명하게 표명해야 합니다"라고 강조했다.

덩샤오핑이 추진한 각종 정책들이 뚜렷한 성과를 거두면서 전국 인민들의 뜨거운 호응과 지지를 얻었다. 덩은 이 같은 정책 추진을 뒷받침해 줄 이론적 문제를 해결하기 위해서 국무원 내에 '정치연구실'을 만들고 후차오무를 중심으로 우렁시(吳冷西, 1919~2002년), 후성, 덩리췬(邓力群, 1915~2015년), 위광위안(于光远, 1915~2013년) 등 6인 소조가 이 연구실을 운영토록 했다. 연구실을 당 중앙위원회 소속이 아닌 국무원 소속으로 한 것은 당시 중앙위원회 일상 업무를 4인방의 일원인 왕훙원이 장악하고 있었기 때문이다.

마오쩌둥은 1975년 4월 18일, 중국을 방문한 북한의 김일성에게 다음과 같이 말했다(이 말을 한 지 약 1년 5개월 만에 사망했다).

현재 저우언라이 총리도 캉성과 류보청 동지도 모두 병상에 있습니다. 나는 올해 82세이고 건강이 좋지 않아서 그다지 오래 버티지 못할 것 같습니다. (배석한 덩샤오핑을 가리키며) 정치에 대해서는 저 사람과 이야기하면 됩니다. 그는 어떻게 전투를 치를지, 또 어떻게 수정주의에 맞서 싸울지 모두 잘 알고 있습니다. 홍위병들에게 숙청당한 적도 있지만 지금은 복권되었습니다.

그러나 덩샤오핑에 대한 마오쩌동의 신임은 오래가지 못했다. 결정적 계기는 조카 마오위안신(毛远新, 1941년~)이 거듭 올리는 보고였다.

"덩이 문화대혁명의 성과에 대해서는 거의 언급하지 않고, 류샤오치의 수정주의 노선에 대해서도 거의 비판을 하지 않습니다."

병으로 쇠약해진 마오는 다시 덩샤오핑을 의심하고 경계하기 시작했다.

한편 복권 초기에는 자신을 낮추고 인내하던 덩샤오핑의 태도에도 미묘한 변화가 있었다. 마오의 아내 장칭을 대표로 하는 4인방 집단과 토론 시에 자신의 견해를 더 강하게 주장했다. 장칭의 과도한 트집과 비판에 회담장을 박차고 나가버린 적도 있었다. 덩샤오핑의 태도가 이렇게 바뀐 이유가 뭘까? 문혁 과정에서 파괴되고 돌출된 문제를 바로잡고 정돈하고자 하는 자신의 정책에 사사건건 트집 잡는 장칭과 4인방 무리에 지치고 피로감이 쌓여 갔기 때문이라 생각할 수도 있으나, 노회한 정치가이자 전략가인 덩이 그 정도로 감정 조절을 못 했을 것 같지는 않다. 아마도, 마오가 오래 살지 못할 것을 알고, 정치적 명분 축적을 고려해서 한 전략적 행동이었을 것이다. 덩은 문혁에 대해 지지를 표명해 달라는 마오의 요구를 완곡히 거절했고, 그로 인해 1975년 12월 정치국 회의에서 자아비판을 한 후 대부분의 직무에서 배제되었다.

이듬해인 1976년 1월에 투병 중이던 저우언라이가 사망했고, 그 후 4월 5일 청명절에 저우언라이를 추모하기 위해 톈안문 광장에 모인 인민 군중 마오쩌둥의 취미는 단연 수영이었다. 73살에 장강을 헤엄쳐 건넌 뒤 "마음이 후련하고 기분이 유쾌하다"라며 건강을 과시한 마오쩌둥은 생전에 장강 외에도 후난성의 상강(湘江)과 허베이성의 해변 휴양지 베이다이허 등에서도 수영을 했다. 마오쩌둥은 또 사교춤 추기도 즐겨서 농촌의 혁명 근거지였던 옌안이나 시바이포에서도 춤을 췄으며, 베이징에 입성한 후에는 지도자 거처인 중난하이에서 무도회를 열도록 했다. 단, 춤보다는 춤 파트너인 젊은 처녀와 소녀들을 좋아했던 것 같다. 또한 탁구도 즐겼다. 후난성 제일사범학원 시절 탁구를 배웠고, 이후 옌안에선 경호원들이 나무판으로 탁구대와 탁구채를 만들어주었다.

덩샤오핑은 브리지 카드 게임을 즐겼다. 1952년에 이 게임을 배웠고 국제 브리지협회는 덩샤오핑에게 중국에 이 게임을 널리 알렸다고 감사장을 주었다. 덩은 구기 종목 관람도 즐겼다. 프랑스 유학 시절에는 축구 경기장에 가기 위해서 용돈을 아끼고 저축했다는 일화도 있고, 1977년에는 축구 경기 관람을 위해 베이징 노동자(工人)체육관에 나타남으로써 자신이 복권되었음을 알리기도 했다. 특히 1990년 이탈리아 월드컵 때는 전체 52개 경기 가운데 50개 경기를 시청했다고 한다.

장쩌민(江澤民)은 중국 전통 연극인 경극(京劇)과 노래 부르기를 좋아했다.

후진타오(胡錦濤)는 학생 때부터 춤에 일가견이 있었다고 한다. 체육 종목 중에선 탁구와 수영을 취미로 꼽았다. 그는 과거 "만일 올림픽에 출전할 수 있다면 어떤 종목을 고르겠는가?"라는 물음에 탁구라고 답했다. 2008년 당시 중일 청소년 우호 교류 행사 때는 중국과 일본 탁구 선수들과 탁구를 치기도 했다.

시진핑(習近平)은 수영과 등산을 좋아하는데, 수영은 4~5살 때부터 배웠다고 한다(≪新京報≫, 2014.2.10).

의 분위기가 점차 가열되면서 저우언라이 총리 추모 외에 "옹호 덩샤오핑, 반대 4인방" 구호를 내건 대규모 군중 시위로 확대되었다. 장칭과 마오위안신이 병으로 기력이 쇠하고 판단력이 흐려진 병상의 마오쩌둥에게 이 사건의 배후에 덩샤오핑이 있다는 보고를 되풀이하자, 마오는 병상에 누운 채 알아듣기조차 어려운 어투로 "덩샤오핑의 모든 직위와 직무를 박탈하라"라고 지시했다. 이리하여 덩샤오핑은 또다시 모든 직위와 직무를 박탈당하고 가택에 연금되는 신세가 된다.

제13장

마오쩌동의 말년과 죽음[1]

이 장에서는 마오가 죽기 전 마지막 1년 4개월여 기간의 생활을 마오의 신변에서 간호원 겸 생활비서의 역할을 한 멍진원(孟錦云: 1948년~)이라는 여인의 구술 회고를 통해 살펴보고자 한다(郭金荣, 2009).

멍진원은 후베이성 출생으로, 어린 시절부터 자태가 아름다웠다. 키가 훤칠하게 컸고 피부는 희고 고우며 용모가 수려했고, 맑은 두 눈은 마치 뭔가를 말하고 있는 것처럼 보였다. 그녀는 12세가 되던 1959년에 공군정치가무단(空政歌舞団)에 들어가 무도 연수생반에 배치되었다. 당시 중공중앙 간부들의 사무실과 거주지가 있던 중난하이에서 매주 수요일과 토요일에 무도회가 열렸는데 이들 고급 간부들의 춤 파트너를 이 가무단 단원 중에서 선발했다. 모든 단원들은 입단 단계부터 수차례 정치 심사를 거쳐야 했으므로 정치적으로 믿을 수 있었고, 또한 규율이 엄하고 조직적으로 선발 및 동원하기가 편리하다는 점도 고려되었다.

멍진원이 처음 중난하이 무도회에 갔을 때 나이는 14세였다. 보통은 20대 단원들이 중난하이 무도회에 갔으나, 단원들 중에 결혼, 임신, 출산, 공연 일정 등으로 공백이 생기면 견습시킨다는 명목으로 어린 단원들을

---

[1]   유튜브 북연TV, 〈중국현대사〉, 31~32회 '마오의 말년 1, 2' 참고.

대신 참가시키기도 했다.

1963년 4월 어느 날, 멍진원은 가무단 행정 사무실로부터 주말에 중난하이 무도회에 가야 한다는 통고를 받았다. 종종 일부 선배 단원들이 민간인 복장 차림으로 어디에선가 보내온 승용차를 타고 외출했다가 밤늦게 돌아오는 모습을 보았으나 감히 어디로 가서 무슨 임무를 수행하는지 물어보지는 못했다. 그러나 점차 소문과 눈치로 알게 되었다.

그 주 토요일 오후, 멍진원은 한편으론 흥분되고 한편으론 긴장된 상태로 일찌감치 민간인 복장으로 갈아입고 7~8명의 선배 언니들과 같이 중난하이에서 보낸 지프차를 나눠 타고 베이하이(北海)를 거쳐서 중난하이 북문으로 들어갔다. 저녁 6시경이었다. 지프차가 중국 고전 건축양식의 건물 입구에 도착했다. 차에서 내린 그녀들은 직원의 안내에 따라 꽤 긴 복도를 지나서 "춘유제(春藕齋)"라는 문패를 단 건물의 빨간색 문 안 의상실에 외투와 모자 등을 벗어 걸고 다시 안쪽 문을 통해 무도장(舞廳)으로 들어섰다.

무도장 안은 낮은 볼륨으로 음악을 틀어놓은 상태였고 직원 몇 사람이 차와 과자 등을 차리며 바쁘게 움직이고 있었다. 멍진원 일행은 함께 긴 의자에 앉았다. 같이 온 선배 언니들은 서로 한담을 나누는 등 익숙하고 편한 모습이었으나 이곳이 처음인 멍진원은 긴장한 상태로 무도장 안을 둘러보았다. 무도장 바닥뿐 아니라 소파와 의자들 모두가 잘 정돈되어 있었고 깨끗했다. 중국 고전 건축 양식의 건물 내부에는 큰 홀이 있었고, 바닥과 벽, 천장 등 내부 장식은 현대식으로 되어 있었다. 무대 우측은 악단을 위한 공간이었고, 좌측에는 복도로 통하는 문이 있었다.

저녁 7시 조금 지나 주더 총사령관이 먼저 도착했다. 당시 주더의 나이는 70세가 넘었으나 보폭이 크고 힘찼으며, 가슴을 펴고 고개를 쳐들고 허리와 등이 꼿꼿한 군인의 면모와 자세를 유지하고 있었다. 멍진원은 선배 언니들과 같이 주더 사령관 앞으로 갔고, 선배 언니들이 새로 온 후배들을 주 사령관에게 소개했다.

다시 얼마 지나지 않아서 부부 사이인 류샤오치와 왕광메이(王光美)가 같이 왔다. 이 부부의 춤 스텝은 평온하면서도 경쾌했다. 그러나 주더 사령관의 스텝은 초보 수준이었다.

22시가 좀 지났을 때 돌연 무도회장에 있던 사람들이 모두 일어났고 음악이 중지되었다. 무대 좌측 문 쪽에서 마오쩌둥이 걸어 들어왔다. 선 채로 자신과 약 2m 앞에서 사람들에게 미소 짓고 머리를 끄덕이며 걸어가고 있는 마오쩌둥을 바라보는 멍진원은 머릿속이 멍해지는 것 같았다.

"이 사람이 정말 어린 시절부터 찬양가를 부르던 그 마오 주석이란 말인가?"

마오의 옷차림새는 매우 소탈했다. 회색 중산복은 다른 사람들에 비해서 잘 다려진 상태가 아니었고, 소매는 넓고 길어서 손을 거의 반 정도 가렸다. 특히 과도하게 크고 펑퍼짐해 편하게 보이는 바지는 소탈하고 대범한 인상을 주었다.

마오가 소파에 앉은 후, 복무원이 가지고 온 하얀 물수건을 받아 들고 얼굴과 손을 문질러 닦았고, 악대가 춤곡을 연주하기 시작했다. 그러자 자주 무도회에 참석했던 문공단원 여성 한 명이 마오 앞으로 가서 춤을 청했고 마오가 미소 지으며 일어나서 그녀와 함께 춤을 추기 시작했다. 모든 사람들의 시선이 춤추는 두 사람에게 집중되었다.

마오의 스텝은 매우 컸고 마치 바닥을 쓸면서 걷는 것같이 보였다. 큰 체구 때문인지 움직임이 별로 부드럽지 않았다. 한편으론 춤을 추면서 또 한편으론 파트너 여성과 한담을 나누었다. 마오의 춤동작은 매우 편안하고 아무런 거리낌이 없어 보였다. 두 사람이 춤을 추며 몇 바퀴 돌고 마오의 자리인 소파 근처에 왔을 때 음악이 멈췄다. 마오도 춤을 멈추고 소파에 앉아 쉬었다.

잠시 후 악대의 연주가 다시 시작되었고 경쾌한 춤곡이 흐르는 그 어느 순간에 멍진원은 마오 주석이 미소 지으며 자신에게 눈길을 주고 있음을 느꼈다. 그 순간 그녀도 황급히 웃음으로 답례했다. 그리고 기민하게 주석의 의도를 감지했다. 멍진원이 황급히 일어서서 마오 앞으로 가서 선배 언니가 했듯이 춤을 청하는 동작을 취했다. 마오가 미소 지으며 일어나 멍진원의 손을 잡고 그녀와 같이 홀 가운데로 걸어 들어갔다. 이때 멍진원은 매우 긴장해서 동작을 허둥거렸다. 마오가 미소 띤 얼굴로 말했다.

"어린 동지, 긴장 풀어. 스텝도 아주 좋구만."

춤을 추기 시작하면서 멍진원의 마음은 점차 안정되었고, 춤에 열중했다. 스텝이 경쾌해졌다.

"처음 보는 것 같구나?"

"네, 오늘 처음 왔어요."

"그랬구나. 이름이 뭐지?"

"멍진원(孟錦云)."

"오, 맹자 선생(孟夫子)과 같은 성이군. 이름이 좋다. '비단(錦)'에 '구름(云)'을 더 하니 '꽃(花)'을 더 한 것보다 더 예쁘구나, 고향은 어디지?"

"후베이 우한."

"오, 후베이라. 내 고향 후난과 호수를 사이에 두고 이웃한 절반 동향이네."[2]

마오의 친근한 말과 행동이 멍진원의 긴장감, 당혹감을 해소해 주었

---

2   마오의 고향 후난성은 후베이성과 동팅호(洞庭湖)를 경계로 하고 있다. 호수 남쪽이라서 후난, 호수 북쪽이라서 후베이라 부른다. 이 외에 성급 행정구역 중 남북과 동서로 구분되는 성은 황하를 기준으로 하는 허난과 허베이, 타이항산(太行山)을 경계로 하는 산동(山東)과 산서(山西)가 있다.

다. 멍진원은 이렇게 마오 주석을 알게 되었다. 그 후 멍진원은 거의 매주 중난하이 무도회에 참석했고, 그때마다 마오 주석의 파트너로 함께 춤을 추었다. 마오는 늘 친근하게 그녀를 "작은 절반 동향(半个小同乡)"이라고 불렀다.

멍진원은 점차 마오 주석의 면전에서 스스럼없어졌다. 마오도 기민하고 쾌활하고 천진한 그녀와의 대화에 때로는 파안대소하며 즐거워했다.

"주석, 주석 입 아래에 사마귀 점이 있네요. 우리 할머니가 이것은 복점이라고 했어요"라고 하자, 마오도 멍진원의 희고 깨끗한 볼에 있는 조그만 점을 가리켰다.

"너의 얼굴에도 점이 있으니 너도 복이 있겠구나."

"그건 아니에요. 주석의 점은 후난의 점이고, 이 점은 후베이의 점이에요. 자란 지방이 달라요."

멍진원의 대답을 듣던 마오가 크게 웃었다.

"하하하, 아홉 머리 새(九头鸟)[3]가 바로 너인 줄 몰랐다."

"네? 아홉 머리 새?"

"하늘엔 아홉 머리 새, 땅에는 후베이인(湖北佬)', 너도 들어서 알고 있겠지?"

"물론 알아요. 그런데 그 새는 매우 사납잖아요."

"그럼 너도 사나운 작은 새라는 말이네."

"저는 정말 그 새가 되고 싶지 않아요. 사람들에게 사납다는 말 듣고 싶지 않아요."

---

3   '아홉 머리 새(九头鸟)'는 후베이 지방의 전설로 전해지는 머리가 아홉 개 달린 새로 매우 영리하고 사납다고 한다. 후베이 지방 사람들이 머리가 좋기로 유명해 타 지방에서 후베이 사람을 부르는 별칭이기도 하다.

"그렇게 많은 고려도 하고 있구나, 그러나 난 아홉 머리 새가 되고 싶은데 될 수가 없구나."

"저는 그 새의 이름이 좋지 않게 들려요, 괴이하고 무서운 느낌이 들어요. 아, 주석, 우리 우한의 황학루(黄鶴楼)에 가봤어요?"

멍진원이 화제를 바꿨다. 이어서 우창어(武昌鱼)의 신선한 맛, 원조 감마탕(老感麻糖)의 달콤한 맛, 동호(东湖)의 아름다운 경관, 거북산(龟山), 뱀산(蛇山)의 전설, 우당산(武当山)의 괴담 등으로 화제가 바뀌었다. 마오쩌둥은 멍진원의 질문에 마치 자기 고향에 대해 말하듯 이야기해 주었다.

그러나 1966년 5월, 문화대혁명이 시작되면서 중난하이의 무도회 개최 횟수는 점차 줄어들다가 결국 중단되었다. 중난하이 무도회에서 마오쩌둥과 당 고위 간부들의 파트너 역할을 하던 멍진원과 그녀의 문공단 동료들의 당시 나이는 18, 19세였다. 그녀들도 자연스럽게 대동란의 격류 속에 뛰어들었고 열렬하게 혁명을 수행하는 '소장(小将: 작은 지도자)'들이 되었다.

당시에 "공업은 따칭(大庆)을 배우고, 농업은 따자이(大寨)를 배우고, 또 해방군은 공군을 배우자"라는 구호가 유행했다. 이것은 군부를 장악하고 있던 린뱌오와 그의 아내 예췬의 공군에 대한 특별한 관심이 반영된 것이었다. 멍진원을 포함한 소장들은 인민해방군 내에서도 위상이 특별히 높았던 공군의 선전기구인 공군 문공단 내에서 이른바 '혁명 활동'을 주도했다.

당시 문공단은 두 개 파로 나뉘어 있었다. 하나는 '강골혁명조반단(硬骨头革命造反团)', 다른 하나는 '홍기혁명조반단(红旗革命造反团)'이라 불렀다. 이 양대 파벌은 첨예하게 대립했다. 대부분의 대립이 그렇듯이 첨예할수록 싸움 방식은 단순하고 유치했다.

홍기파 소장들이 "마오 주석께서 우리 홍기조반단(红旗造反团)을 지지한다고 말씀하셨다"라고 선전하면, 상대편 소장들은 "마오 주석께서 홍기조반단은 흑기조반단(黑旗造反団)이라 말씀하셨다"라고 반박하는 식이었다. 멍진원은 강골파에 속했다. 두 패거리의 싸움이 가열되면서, 당시 명분과 기세에서 우위에 있던 홍기파가 강골파 조반단을 공격하여 간판을 부수고 인장을 빼앗고 사무실을 뒤집어엎으며 수색했다. 이 같은 상황에 당혹스럽고 참담해하는 멍진원과 강골파 소장들에게 선배 언니들이 귀띔해 주었다.

"너희들은 중난하이 무도회에 간 적도 있고, 마오 주석의 거실에까지도 가지 않았니? 지금은 왜 가지 않니?"

"우리가 마오 주석을 만날 수 있을까?"

그녀들은 의논 후에 아무튼 한번 시도해 보기로 했다.

1967년 새해 첫날이 지나고 오래지 않아 멍진원과 자주 중난하이 무도회에 갔던 네 명의 소장 처녀(小姐)들이 중난하이 서문에 도착했다. 매우 삼엄한 분위기였지만, 근무 중인 위병에게 다가가 미소 지으면서 말했다.

"우리는 마오 주석을 뵙고 싶습니다."

"마오 주석을 뵙겠다고?"

위병들은 이런 말을 이렇게 쉽게 하는 젊고 예쁘고 늘씬한 다섯 명의 아가씨들을 황당하다는 표정으로, 그러나 눈이 부신 듯이 바라보았다.

"우리는 마오 주석께 중요한 상황을 보고하려고 합니다. 마오 주석도 우리를 알고 있습니다. 안에 전화해서 물어보세요."

그녀들의 말에 위병이 어쩔 수 없다는 듯이 내부 사무실에 전화로 상황을 보고하며 지시를 청했다. 그러자 10분도 채 지나지 않아 내부에서 지시가 전달되었다.

"주석께서 보겠다고 하신다. 안내해 줘라."

경호원이 그녀들을 인솔해 접견실에 들어서자 마오가 그녀들을 기다리고 있었다. 홍위병 운동이 전국으로 확산된 1966년 8월 이래 중난하이에 오지 못했던 그녀들은 지금 자신들 앞에 앉아 있는 이 사람이 일전에 무도회장에서 같이 춤추고, 격의 없이 한담을 나누며 웃어주던 과연 그 사람인가 생각했다.

"주석, 안녕하세요."

"오랜만이구나, 너희들 모두 공군의 작은 동지들이네. 너는 작은 걸상, 너는 밭의 바가지, 너는 나의 절반 동향 샤오멍(小孟), 맞지?"

"네, 모두 맞아요, 주석. 기억력 정말 좋으시네요."

......

"우리는 우리 문공단 내 문화대혁명에 대해 말씀드리려고 찾아왔어요."

한 소장 처녀가 대담하게 말문을 열었다.

"오, 문화대혁명에 대해서 이야기하려고 날 찾아왔다. 좋아, 그럼 이야기해 봐."

"우리 문공단 내의 계급투쟁은 너무 복잡합니다. 우리 단 내에 홍기조반단이란 반동 조직이 있는데, 실제론 흑기(黑旗)입니다. 그 안에 적지 않은 지주, 자본가의 자녀들이 있어요."

"그들이 우리 혁명파를 탄압했어요."

"그들은 홍기를 들고, 홍기를 반대하고 있어요."

"그들은 혁명파를 반혁명파로 매도합니다."

......

그녀들의 말은 계속 이어졌고, 갈수록 흥분하고 격정에 사로잡혀 심지어 눈물을 흘리는 소녀(小姐)도 있었다.

마오는 조용히 듣고 있었다. 그리고 담배 한 개비를 집어 들어 불을 붙이며 천천히 말했다.

"사물은 모두 하나에서 둘로 갈라지지 않나. 내가 보기에 너희들 단 안에 나쁜 사람이 그렇게 많은 것 같지는 않다. 그래도 좋은 사람이 더 많은 것 같다."

마오가 잠시 말을 멈췄다가 다시 이어서 말했다.

"너희들 보기에도 그렇지 않나? 다 함께 단결해야 되지 않겠나?"

"우리 단 안에 정말로 나쁜 사람들이 적지 않아요. 그들은 우리를 보황파의 개라고 욕합니다. 우리는 무산계급 혁명 노선을 결사적으로 보위한다고 맹세합니다."

"내가 보기에 자네들 작은 동지들의 혁명 열정이 대단해. 너희들 공군의 일은 예췬 동지를 찾아가서 의논하면 될 거야."

마오쩌둥이 말하면서 차탁자 위 필통 안에서 빨간 연필 한 자루 꺼내 한 장의 백지 위에 다섯 사람의 이름을 쓰고 나서 다시 한번 읽으며 사람 수를 확인하고, 그 이름 밑에 세 글자를 더 쓰더니 연필을 놓았다.

"예췬을 찾아가라(找叶群)."

자신의 이름은 쓰지도 않았다. 그럴 필요가 없다고 여기는 것 같았다.

이 쪽지의 위력은 대단했다. 비서를 통해 쪽지를 전달받은 예췬은 마치 보물을 얻은 것 같아 보였다. 주석의 친필 아닌가? 게다가 구체적인 지시 내용도 범위도 없으니 이 메모를 구실로 주석의 지시를 수행한다면서 할 수 있는 일의 범위는 매우 넓었다. 그야말로 권한을 위임한 백지수표였고, 하늘에서 떨어진 보물 같았다.

예췬은 징시빈관(京西宾馆) 내의 한 회의실에서 다섯 명의 공군 문공단 소장들을 만났다.

"여러분 혁명 소장들도 모두 좌파 아닌가? 우리는 모두 하나의 혁명 목표가 있다. 마오 주석을 보위하고 마오 주석의 혁명 노선을 보위하는 것이다. 공군의 우파셴 사령관은 마오 주석 사령부 사람이다. 여러분은 그를 믿어야 한다. 린뱌오 부주석도 여러분을 지지하고 있다. 린 부주석이 여러분에게 인사를 전해달라고 했다. 또한 여러분을 통해 여러분 문공단 내의 무산계급 혁명파에게 인사를 전한다."

"우리는 꼭 마오 주석의 혁명 노선에 충실할 것이고, 문화혁명을 철저히 전개할 것입니다."

"여러분, 문공단에 돌아가면 혁명 활동을 잘하기 바란다. 대다수 사람들과 단결하여 같이 혁명 활동을 하기 바란다. 누구든 간에 마오쩌동사상에 부합하지 않는 모든 것에 대해 조반해야 한다. 조반에는 도리가 있다(造反有理)."

"우리는 꼭 예 주임의 지도와 기대에 부응하도록 하겠습니다. 예 주임의 격려에 감사드립니다."

"여러분, 이후에 무슨 일이 있으면 직접 나를 찾아오면 된다. 돌아간 후에 누구에게도 여러분이 이곳에 왔었던 일을 이야기해선 안 된다. 이것은 기밀 보안 사항이다. 그렇지 않으면 나쁜 사람들에게 악용될 수 있다. 무슨 말인지 알겠지?"

이어서 예췬은 미리 준비해 둔 마오쩌동 휘장(像章)을 한 사람 한 사람에게 직접 건네주었다. 휘장을 받아 든 소장 처녀들은 매우 기뻐했다. 이때부터 예췬의 영향력이 공군 정치문공단과 공군에 더욱 강하고 직접적으로 미치기 시작했다.

다섯 명의 소장 처녀 중 멍진원은 더욱 단순하고 순진했다. 문공단으로 돌아간 바로 그날 저녁에 자기 오빠에게 동료들과 같이 예췬을 만나고 온 사실을 말했다. 멍진원의 오빠도 공군 정치문공단의 무도 대원이자 안무가였고, 멍진원이 속한 파와 대립하던 '홍기조반단'에서 매우 활발하게 활동하고 있었다. 그들 남매는 비록 파는 달리했지만, 남매 간의 정은 깊었다.

멍진원이 오빠에게 예췬을 만난 사실을 말한 것은 '봐라, 예췬 주임도 이렇게 우리를 지지한다. 그러니 오빠도 생각을 다시 잘 해보고 우리 파로

와라. 계속 홍기조반단에 있으면 위험할 것이다'라 말하고 싶은 나름의 의도가 있었다.

멍진원의 오빠는 여동생의 말을 듣고 나서 상황이 심상치 않다고 판단해 자기 파벌의 동료를 찾아가 이 사실을 전했다. 물론 이 소식을 전달할 때는 "모두 절대 비밀로 하라"라고 이야기하고 다짐도 받았지만, 결국 이는 절대로 비밀이 될 수 없는 비밀이 되어 문공단의 아래와 위, 안과 밖으로 빠르게 전파되었다.

며칠 후 멍진원의 소장 선배들이 그녀를 불러냈다.

"예 주임이 비밀로 하라고 했는데, 너는 왜 네 오빠에게 모든 걸 다 말했지?"

멍진원은 자신의 잘못을 인정했으나 이후 그녀는 자기 파벌인 강골파 내에서 따돌림을 당했다.

한편, 공군 문공단의 주요 간부 중에는 중난하이에 자주 춤추러 가는 여성 단원 몇 명을 불러놓고, 그녀들에게 그곳에서 보고 들은 주석에 관련한 상황을 모두 보고하라고 하는 사람이 있었다. 마오 주석이 무슨 말을 했는지, 좋아하는 노래, 연극이 무엇인지, 건강상태는 어떤지, 어떤 약을 먹는지, 생활 습관은 어떠한지 등을 요구했다. 그렇게 요구하는 이유는 주석의 사상, 생활 습관을 더 잘 파악하여, 주석을 위해 더 좋은 프로그램을 조직하고 혁명 사업을 더욱 잘 추진하기 위해서라고 했다. 그녀들은 마오 주석과 함께 지낸 경험과 듣고 본 이야기를 최대한 기억을 되살려 전달하고 또 기록해 제출했다. 이렇게 제출된 기록들은 공군 참모총장 우파셴을 통해 예천과 린뱌오에게 보고되었다. 이후 밝혀진 바로는, 1973년 9·13 사건 전에 한 소장 처녀가 마오쩌둥의 숙소에서 마오가 먹는 약 두 알을 몰래 훔쳐 린뱌오의 아들 린리궈의 측근인 위신예에게 전달했고, 위신예는 이 약의 성분을 분석해 마오의 건강상태를 파악했다는 것이 밝혀져 그 소장 처녀가 처벌받기도 했다.

멍진원은 비밀을 누설했다는 이유로 강골파 내에서 불신을 사게 되자 더욱 오빠에게 의지했다. 1967년 말 어느 날, 멍진원은 문공단 간부가 중난하이를 드나들던 자신과 동료 여성 단원들에게 마오 주석 거처의 사정에 대해 보고하게 했던 일을 오빠에게 말했다. 멍진원의 오빠는 주석의 신상에 관련된 일을 정탐한 행위는 매우 엄중한 문제임을 기민하게 알아챘고, 필히 상부와 마오 주석에게 알려야 한다고 생각해 행동을 개시했다. 그는 여동생의 말을 정리하여 기록한 자료를 두 부 작성해 한 부는 자신의 방 침대 밑 상자에 넣어 보관하고, 또 한 부는 비밀리에 칭화대학 홍위병 두목 콰이따푸(蒯大富)에게 전했다. 콰이따푸는 이 자료를 다시 장칭에게 전달했다.

멍진원의 오빠는 그 자료를 장칭에게 전달하면 그것이 곧 마오쩌둥에게 전달되리라 생각했다. 그러나 이 자료는 그의 예상과는 정반대로 예췬에게 전달되었다. 그로서는 상상도 못한 일이었다. 문혁 초기에 장칭과 예췬은 일찌감치 전략적으로 결탁했고, 서로 "너의 원수는 바로 나의 원수"라고 말하면서 동맹을 유지하고 있었다. 장칭으로부터 이 자료를 전달받은 예췬이 크게 놀라 시급히 조치를 취했다.

그로부터 약 한 달 후인 1968년 2월 어느 날 밤, 예췬의 지시를 받은 공군 보안 요원들이 멍진원의 오빠 집에 들이닥쳐 집 수색을 했고 침대 밑 상자 안에 감춰둔 그 자료를 찾아냈다. 그다음 날 새벽에 멍진원의 오빠는 군중대회에 끌려가서 '위대한 영수 마오쩌둥에 반대했다'는 죄명을 뒤집어 썼다. 다시 그해 봄 어느 날 저녁, 문공단 여성 간부가 멍진원의 숙소로 와서 엄숙한 표정으로 말했다.

"멍진원, 사령관께서 너를 찾는다. 일단 단부로 가자."

멍진원이 총단부 사무실에 들어서자 뜻밖에도 그곳에 공군 보위부 보위 간사가 있었다. 그는 체포증을 제시하면서 말했다.

"너는 위대한 영수 마오 주석을 반대했으므로 체포한다. 빨리 서명해라."

멍진원이 멍한 상태로 서 있자 멍진원을 데리고 온 여성 간부가 멍진원의 양쪽 귀와 뺨을 혹독하게 수차례 때리고 말했다.

"멍진원, 너의 반동 행위는 최악이다. 마오 주석에게 반대한 너의 죄는 백번 죽어 마땅하다."

잠시 후 멍진원은 지프차에 실려 감옥으로 옮겨져 수감되었다.

멍진원은 감옥살이로 수개월을 보낸 후에야, 외부에서 노동할 수 있게 되었다. 훗날 그녀는 "밭에서 일하고 하늘과 태양을 보며 노동하는 생활이 이렇게 좋을 수 있다는 걸 그때 비로소 실감했다"라고 회고했다.

1년 후에 멍진원은 섬서성 시안(西安)의 한 농장으로 옮겨졌고, 다시 간쑤성 란저우의 군대 공장으로 옮겨 간 후부터 편지를 쓸 수 있게 되었다. 단, 편지는 오직 숙소에서 자신을 끌고 갔던 문공단 혁명위원회의 간부 여성에게만 보낼 수 있었다. 편지에는 반드시 자신의 죄를 인정하는 내용을 쓰고, 조직과 영도 간부에게 자신의 개조 현황을 보고해야 했으며, 발송 전에 그녀가 소속된 지방 공장 책임자의 심사를 거쳐야 했다.

멍진원 문제는 예천 집단에 의해 '1호 문제'로 분류되었고, 문공단 내의 모든 단원들이 이를 알고 있었으므로 누구도 이에 대해 말하거나 물어보지 못했다. 만일 그랬다간 그도 현행 반혁명분자를 비호하는 것으로 간주하겠다는 경고가 전달되었기 때문이다. 당시 문공단 내에서만 체포된 단원이 7~8명이었고, 군중대회에 끌려가 비판을 받은 사람은 30여 명이나 되었다.

수년간 가족과 연락조차 끊긴 채 공장에서 노동하며 지내던 멍진원은 1973년 초 어느 날 자신에 대한 관리 책임을 맡고 있는 그 여성 간부에게서 편지를 받았다.

"엄중한 착오를 범했지만 개조 태도가 비교적 성실한 점을 고려해 처벌 기간을 예정보다 줄여준다."

그로부터 몇 달이 지나서야 린뱌오와 예췬, 그의 아들 린리궈 등이 타고 가던 비행기가 몽골 초원에서 추락한 9·13 사건(1971년)의 발생으로 그런 조치가 가능했다는 것을 알 수 있었다.

며칠 후 검은색 승용차가 와서 멍진원을 태우고 베이징 근교의 줘현(涿縣)으로 갔다. 줘현에 며칠 머무는 동안, 그녀의 오빠 내외만 그녀를 면회할 수 있다고 허가받았다. 그때 멍진원은 자신이 '적과 아군의 모순'이 아닌 '인민 내부의 모순'으로 처분을 받았지만, 베이징으로 돌아가거나 공군 문공단에 복귀할 수는 없는 처지임을 알았다.

며칠 후 그녀는 고향인 후베이 우한으로 돌아갔다. 1973년 봄 25세가 된 그녀는 군적(軍籍)이 회복되어, 우한군구(軍區)의 한 군대 병원에 간호원으로 배치되었다. 1968년 봄부터 시작되었던 5년간의 감옥살이와 노동개조 생활이 이렇게 끝났다. 아름다운 용모를 타고난 멍진원은, 그녀의 정치 문제에도 개의치 않고 청혼한 병원 내 정치공작 업무 담당 간부와 결혼하여 일상생활도 정상 궤도를 회복했다. 그러나 여전히 이해가 안 되는 문제들이 있었다.

'어떻게 나의 문제가 갑자기 해결된 것인가? 그리고 해결되었다면서 왜 베이징의 문공단으로는 돌아갈 수 없다는 건가? 왜 병원장은 내가 겪은 경험을 누구에게도 말해선 안 된다고 강조했을까?'

멍진원은 자신의 당안(檔案)에 아직도 자신을 모함하는 자료가 있을 것이라고 결론 내리고 베이징의 공군 당위원회 담당자를 찾아가 확인해 보기로 했다. 베이징에 온 후, 멍진원은 우연히 문공단 후배 샤오리(小麗)를 만났고, 그녀에게서 이야기를 듣고 나서야 비로소 자신이 풀려나게 된 배경을 짐작할 수 있었다. 샤오리는 당시에 멍진원과 같이 심사받은 후 자유를 회복했고, 그 후 마오 주석을 만난 적이 있다고 했다. 그때 샤오리가 마오에게 멍진원 이야기를 하자, 마오가 멍을 기억하고 있었다고 한다.

"멍진원이 베이징에 돌아올 수 있을까요?"

"당연하지. 이렇게 큰 베이징에 나의 절반 동향 한 사람이 살 자리가 없겠나."

"공군 문공단에 돌아와서 우리와 같이 춤을 출 수도 있을까요?"

"그럼, 안 될 이유가 없잖아."

다음 날 마오가 멍진원을 감옥으로 보냈던 공군 문공단의 여간부를 불러 이렇게 말했다.

"공군이 멍진원을 잡아 가두고 있다고 들었다. 그 애는 린뱌오 집단의 우파셴을 고발했다. 그게 무슨 잘못이란 말인가? 빨리 풀어줘라."

며칠 후에 다시 마오 주석의 부름을 받은 샤오리가 멍진원에게 함께 주석을 만나러 가자고 했다.

"내가 주석을 만날 수 있을까?"

"나랑 같이 가보자."

1975년 5월 늦은 봄 갑자기 더워지기 시작한 어느 날, 중난하이의 붉은 담 바깥 푸여우가(府右街) 우측 보도를 두 명의 젊은 여성이 군복 차림으로 걷고 있었다. 한 사람은 공군 군복을 입은 전형적인 북방 미녀 샤오리이고, 또 한 사람은 육군 군복을 입은 남방 미녀 멍진원이었다. 그녀들은 중난하이 북문 쪽으로 총총히 걸어갔다.

북문에 도착한 샤오리와 멍진원이 근무 중인 위병을 통해 내부의 경호 담당자에게 전화로 뜻을 전했다.

"샤오리와 후베이에서 온 멍진원이 주석을 뵙고 싶다."

마오쩌둥의 생활비서 장위펑(张玉凤)이 경호원에게서 쪽지를 전달받은 후 마오에게 전달하자 마오가 고개를 끄덕여 동의했다.

〈그림 13-1〉 **마오쩌둥과 멍진원**　　　〈그림 13-2〉 **멍진원**(왼쪽 첫 번째)**과 장위펑**(네 번째)

　　샤오리와 멍진원이 철문을 통과해 한참을 걸어 들어가 마오의 거실에 도착했다. 멍진원은 1967년 수감된 이후 8년 만에 이곳에 온 것이다. 당시 마오쩌둥은 백내장을 심하게 앓고 있어서 한쪽 눈은 이미 실명했고, 다른 쪽 눈의 시력도 매우 좋지 않았다.

　　흥분한 멍진원이 마오쩌둥 앞으로 다가가 인사했다.

　　"주석, 저는 후베이에서 온 멍진원입니다."

　　"기억하고 있다. 바로 나의 작은 절반 동향 아니냐?"

　　마오가 멍진원의 손을 잡고 가볍게 더듬었고, 또 그녀의 이마를 손으로 더듬었다.

　　"주석, 저는 주석께 누명을 벗겨달라고 청하러 왔어요."

　　"너는 이렇게 오랜만에 와서 날 보자마자 누명 이야기부터 하는구나!"

　　"제가 어떻게 오고 싶지 않았겠어요. 올 수가 없었어요."

　　멍진원은 감옥, 노동 개조, 고향 우한으로 돌아가 간호사 일을 하게 된 경위 등 자기가 겪은 일을 모두 이야기했다. 멍진원의 손을 잡은 채 듣고 있던 마오의 눈이 촉촉해졌다. 노령으로 심신이 쇠약해진 탓이겠지만, 마오는 본래 고집도 세지만 정도 많은 사람이었다. 수천, 수만 명의 생명이 희생되는 일도 완강하게 밀어붙인 반면, 일단 누군가에게 마음이 기울고 개인적 감정이 생기면 그 또한 거리낌이 없었다.

"더 말할 필요 없다. 네가 왔으니 되었다. 너는 이곳에 남아서 내 곁에서 일해라."

마오의 갑작스러운 말을 들은 멍진원은 놀라면서 반신반의했다. '이 말의 의미가 뭔가?' 잠시 후 멍진원이 적당한 대답을 찾지 못한 상태에서 말했다.

"저는 주석께 누명을 벗겨달라고 청하러 왔어요. 저의 당안(档案) 안에 분명히 흑자료(黑资料)가 있을 겁니다."

"내 곁에서 일하면 누명이건 흑자료이건 그것으로 해소되는 것이다. 너는 나의 딸이고 또한 나의 친구다."

이렇게 되어 멍진원은 1975년 5월 24일부터 중난하이에 남아 다음 해 (1976년) 9월 9일 마오쩌둥이 죽을 때까지, 489일간 마오의 곁에서 간호사 겸 생활비서로 일했다.

마오는 말년에, 국민당군에 희생된 첫째 아내 양카이후이에 대한 회념에 젖는 일이 많았고, 반면에 장칭에 대해서는 혐오감을 숨기지 않았다.

하루는 멍진원이 마오에게 물었다.

"주석, 저와 장위펑 언니랑 머리하러 가려고 하는데 어떤 모습으로 할까요?"

마오가 대답했다.

"짧게. 단발이 보기 좋아."

그러나 베이징호텔(北京饭店) 미용실에 들른 그녀들은 당시 유행하기 시작한 파마머리를 그곳에서 하는 것을 보고, 두 사람 모두 파마머리를 하고 왔다. 마오가 두 사람의 파마머리를 보고 못마땅한 듯이 말했다.

"너희는 내 말을 안 듣는구나."

멍진원은 장위펑에게서 '주석이 이미 수년 전부터 자신이 그런 단발머

〈그림 13-3〉 마오의 첫째 아내 양카이후이

리 모양을 좋아한다고 말했다'고 듣고, 사진으로만 보아온 마오의 전 아내이자 마오 안잉의 생모 양카이후이의 단발머리를 떠올렸다.

양카이후이에 대한 마오의 회념은 장칭에 대한 반감과 염증이 갈수록 심해졌기 때문이기도 했다. 말년에 마오는 장칭이 만나고 싶다고 요청해도 만나주지 않았다. 마오 쩌둥의 방에 자유롭게 수시로 드나들 수 있는 사람은 장위펑과 멍진원 두 사람뿐이었다. 그가 누구이건 용무가 무엇이건 간에 마오쩌둥의 자녀와 친척들조차도 모두 경위병과 장위펑이나 멍진원을 통해 마오에게 보고한 후 만나는 데 동의한다는 통보를 받아야만 마오의 방에 들어갈 수 있었다. 그런데 마오는 매번 아내 장칭의 면담 신청을 거절했다. 그래서 장칭은 매번 장위펑을 만나러 왔다 하고 들어와 틈을 봐서 마오의 방에 들어갔다. 그러므로 장칭은 멍진원이나 장위펑에게 더없이 부드럽게 대했고, 늘 각종 선물을 안겼다. 그러나 마오는 장칭의 존재 자체를 무시했다. 장칭을 보는 순간 눈을 감고 자는 척하거나 그녀가 무슨 말을 해도 못 들은 척하며 한 마디 대꾸도 해주지 않았다.

마오가 기분이 좋아 보이는 어느 날 멍진원이 물었다.

"주석은 어째서 늘 부인을 안 보겠다고 하시나요? 부인이 불쌍해요."

그러자 마오가 이렇게 대답했다.

"너는 그 여자의 불쌍한 모습만 보고, 천박하고 악독한 모습들을 아직 못 봤구나."

마오는 음식을 먹으면서 맛있다고 한 후에도 그것이 장칭이 보내온 것이라 말하면 다시 먹지 않았고, 장위펑이나 멍진원에게 "그 옷, 보기 좋다"

〈참고 13-1〉

양카이후이(楊開慧, 1901~1930년)는 마오가 패잔병을 이끌고 징강산에 들어간 지 2개월여 만
인 1930년 11월에 후난성 창사에서 국민당군에 체포되어 29세 나이에 총살당했다. 당시 여덟
살이던 아들 마오안잉도 어머니와 함께 옥에 갇혔다. 어머니가 처형된 후 외가에서 외할아버지
등의 보살핌을 받다가, 중공 지하조직이 그와 동생 안칭(岸青), 안롱(岸龙) 삼형제를 비밀리에
상하이로 보냈다. 마오안잉보다 한 살 어린 차남 안칭은 어머니가 체포되는 과정에서 머리를
다친 후 평생 그 후유증으로 고생했고, 막내 안롱은 상하이에 도착한 직후에 실종됐다. 이후 중
공의 상하이 당 조직이 붕괴된 후, 안잉과 안칭 두 형제는 5년여 세월을 상하이 거리에서 유랑·
걸식하다가 1936년 중공 당 조직이 이 형제를 찾아내 소련 모스크바로 보냈다. 장남 마오안잉
은 소련에서 교육받고 붉은 군대(赤军) 장교가 된 후 중국 옌안으로 귀국했다. 중화인민공화국
출범 이후에는 베이징 중난하이에서 아버지 마오쩌둥과 함께 생활하다가 1950년 10월에 항미
원조 지원군 사령관 펑더화이의 통역 장교 겸 참모로 한국전쟁에 참전했으나, 참전 한 달여 만
에 미군 폭격기의 소이탄 폭격에 피격되어 사망했다. 차남 안칭은 중공중앙 선전부 마르크스·
레닌 저작 번역실에서 중러 번역 일을 하며 살다가 2007년 3월에 84세의 나이로 베이징에서
죽었다.

라고 칭찬하다가도 장칭이 선물한 옷이라고 말하면 돌연 안색이 변하고
못마땅한 표정을 지으며 "보기 싫으니 벗어버려라"라고 했다.

하루는 마오가 기분이 좋아져서 멍진원과 이런저런 한담을 나누다가
문득 멍진원에게 또는 스스로에게 묻듯이 말했다.

"만일 내가 장칭과 이혼한다는 뉴스가 발표되면 인민들이 어떻게 생각
할까?"

표정이 멍해진 멍진원을 보고, 마오가 다시 말했다.

"대답할 필요 없다. 너에게 물어볼 일이 아니지 ……."

마오쩌둥 생애 최후의 생일은 1975년 12월 26일이었다. 문화대혁명
이후 개인숭배가 극에 달한 때여서, 매년 마오의 생일날 점심 식사 때에는
중국 전역의 모든 인민들, 모든 가정과 직장 단위에서 위대한 영도자의 무
병장수를 축원하면서 '장수면'을 먹는 것이 불문율처럼 행해졌다. 마오의

고향 후난성에서는 국수 면발 길이가 10m나 되는 '장수면'을 타원형으로 상자에 넣어 포장해 축하 폭죽과 함께 보내왔고, 중국과 우호관계에 있는 국가들에서도 축하 인사와 선물을 보내왔다.

특히 한국전쟁 시 마오쩌둥의 구원 덕에 연명하게 된 김일성은 매년 마오의 생일에 특사를 파견해 생일 선물을 보냈다. 그해 생일에는 특등품 사과를 보내왔다. 그 외에 알바니아, 월남, 필리핀 등에서도 바나나, 망과 등의 과일을 포함한 각종 생일 축하 선물을 보내왔다. 선물이 너무 많아 마오에게 실물이 전달되는 것은 특별한 선물로 선정된 것들뿐이었다. 단지 보고만 되는 선물 목록에 포함되는 것도 일부만이었다. 그 외 대부분은 보고조차 불가능했다. 마오에게 보여주거나 보고한 선물 중 특히 과일 같은 식품류는 대부분 마오 신변에서 일하는 직원들에게 분배되었다.

"너희들이 집에 가져가서 나눠 먹어라. 나는 먹지도 못하는데 이렇게 두면 낭비다."

김일성이 보낸 사과는 매우 컸는데, 원형 대나무 바구니에 담겨 있었다. 김일성이 보낸 대나무 바구니의 빨간색 손잡이에는 "마오쩌둥 주석의 장수를 축원합니다"라고 적혀 있었다. 멍진원이 그 대나무 바구니를 들고 마오쩌둥 앞으로 들고 가자 마오가 덮개를 열고 매우 크고 빨간 사과 하나를 꺼내어 손에 쥐고 어루만졌다.

마오는 이 사과가 조선 땅에서 자랐다는 걸 생각하고 있는 것 같았다. 자신 때문에 고난을 당하다 국민당군에게 총살당한 첫째 아내 양카이후이 옆에서 엄마를 부르며 울고 있었다는 자신의 큰아들 마오안잉이 묻혀 있는 조선 땅……. 평소에도 마오는 조선에서 오는 모든 소식을 접할 때마다 매번 감상에 젖는 듯한 모습을 보였다. 잠시 후 이렇게 말했다.

"이 사과는 두 개만 남겨두고, 나머지는 너희들이 나눠서 먹어라."

한편, 이 시기에 4인방이 집요하게 덩샤오핑을 비판하고 공격하는 글을 매체에 발표하거나 마오에게 보고했으나, 덩에 대한 마오의 신임은 흔들리지 않았다.

"솜 속에 침을 감추고 있고(绵里藏针), 부드러우면서도 강하다(有软有硬)."

마오는 덩샤오핑을 이렇게 평했다.

1975년 11월 초 어느 날 오후, 멍진원이 마오에게 신문을 읽어주고 있었다. 마오는 아무 반응이 없었다. 듣고 있는지조차 알 수 없이 누워 있다가 손짓으로 멍진원을 불렀다. 그녀가 다가가자 마오가 말했다.

"그런 재미없는 문장 읽기는 그만하고 간호사로서의 책임을 완수해봐. 내 머리 안마 좀 해줘. 머리가 부풀고 팽팽해지는 느낌이야."

멍진원이 손으로 마오의 이마 부위에서 시작해서 콧등 쪽을 천천히 안마해 주면서 말했다.

"이렇게 하면 되나요?"

"좋아, 네가 바로 안마 의사로군."

"정말 오랜만에 주석의 칭찬을 듣네요."

멍진원이 안마하면서 방금 전 읽던 신문의 내용을 이야기했다.

"요즈음 신문에 실리는 문장은 이름은 거론하지 않지만, 모두 덩샤오핑을 비판하는 글들인 것 같아요. 그러나 제가 보기에 덩샤오핑 동지는 정말 좋은 분 같아요."

이 말에 마오의 반응이 매우 빨랐다.

"덩샤오핑, 응, 능력 있지."

"그럼요. 우리 친척들이 하는 말이 과학원을 정돈한 후에 성과가 매우 많대요. 모두들 인정한대요."

"그래, 너에게 임무를 하나 부여하마. 이후에 집에 가면 외부의 상황을 많이 들어봐라. 어떤 상황이건 모두 들어봐라. 바깥소식이 좋은 소식이 많지. 이곳에서 신문이나 문건만 봐서는 안 돼."

그러나 마오는 장칭과 긴밀히 연결되어 있던 조카 마오위안신이 수차례 "덩이 문혁에 반대하고 있는 게 확실해 보인다"라고 보고하자 흔들리기 시작했다. 마오위안신은 사상적으로 극좌 성향이었으므로 정치적으로 4인방과 뜻이 같았고, 덩샤오핑과는 사사건건 맞지 않았다. 덩샤오핑이 지휘하는 '정돈(整頓)'에 대해서도 매우 못마땅해했다. 이즈음 어느 날, 마오쩌둥이 마오위안신과 대화를 나누다 물었다.

"사회에 문혁을 부정하는 기류가 있느냐?"

마오위안신이 대답했다.

"있습니다. 1972년 극좌 비판 때부터 있었고, 현재는 그때보다 더 심합니다."

"그 같은 바람은 어디서 불어오는가?"

"저는 중앙으로부터 온다고 생각합니다. 제가 덩샤오핑 동지의 말을 매우 주의 깊게 들으면서 한 가지 문제를 느꼈습니다. 그는 문혁의 성과에 대해 거의 말한 적이 없고, 류샤오치의 수정주의 노선에 대해서도 비판한 적이 없습니다."

마오가 생각에 잠겼다. 마오위안신은 기층에서 일하고 있으므로 실제 상황과 군중의 정서를 이해하고 있고, 더구나 덩샤오핑과 여하한 역사적 은혜나 원한 관계, 선입견 같은 것도 없다. 따라서 그의 말이 객관적이며 사실을 반영하고 있다고 생각했다. 이때부터 마오는 덩샤오핑을 의심과 불만의 눈초리로 보기 시작했다. 얼마 후 마오가 덩샤오핑에게 정치국 회의에서 문혁을 긍정하는 발언을 하라고 지시했으나 덩이 완곡히 거절하자, 마오는 다시 4인방을 내세워 전국 범위의 '우경번안풍(右傾翻案风) 반격 운동'을 발동시키면서, 덩샤오핑을 다시 투쟁 대상으로 지목했다. 이에 따라 덩샤오핑은 중앙정치국 회의에 참석하지 못하게 되었다.

1976년 1월 8일 저우언라이가 암 투병 끝에 죽었다. 그해 4월 5일 청명절에는 저우언라이의 죽음을 애도하기 위해 톈안문에 모인 군중이 결국 4인방에 대한 불만을 터뜨리며 대규모 군중성 시위를 벌였다. 4인방과 마오위안신이 마오에게 덩샤오핑이 배후에서 그 시위를 조종했다고 되풀이해서 보고하자, 마오는 다시 덩의 당 내외 모든 직무를 박탈하고 가택연금 시켰다. 단, 당적은 유지해 주었다.

1976년에는 중국 대륙에 유난히 큰 재앙이나 사건이 자주 발생했다. 저우언라이가 죽기 5개월 전인 1975년 8월 4일부터 8일까지, 허난성 주마디엔(駐馬店) 지구에 사상 유례없는 대폭우가 내렸다. 하루 평균 최대 강우량 1631mm를 기록한 이 폭우로 화이허(淮河) 상류에 대홍수가 발생했고, 수십 개의 대형 수원지 내 둑이 만수위까지 차오르며 붕괴되었다. 농경지 1100만 무(畝)가 훼손되었고, 2만 6000명 이상이 사망했다.[4] 수원지 둑 붕괴로 인한 재난 중 역대 최대 규모의 참극이었다. 그다음 해 1월 8일에는 저우언라이가, 7월 6일에는 주더가 죽었다. 주더가 죽기 3개월 전인 1976년 3월 8일에는 지린성에 세계 역사상 보기 드문 운석비(隕石雨)가 내렸다. 당시에 마오가 이 사건에 보인 반응에 대한 멍진원의 회고이다.

1976년 4월 하순 어느 날, 그날도 마오는 평상시처럼 침대 위에서 반은 눕고 반은 기댄 자세로 있었고, 멍진원은 소파에 앉아서 그날 신문을 넘기며 마오가 흥미 있어 할 기사를 찾고 있었다. 마오가 침대 위에서 멍진원을 보며 진한 후난 사투리로 말했다.

"신문에 무슨 기사가 있나? 무슨 대성과니 하는 것 말고 뉴스를 들어 보자."

"그렇지 않아도 주석께 읽어드리려고 표시해 둔 기사가 있어요."

"오, 한 사람은 읽고 싶고 또 한 사람은 듣고 싶으니 잘됐다. 읽어봐라."

---

4 실제 사망자 수는 이보다 수 배가량 될 것으로 추정하고 있다.

"1976년 4월 21일, 신화사 전송. 금년 3월 8일 오후에 우주공간의 한 유성이 지구가 공전하는 방향으로 초당 10여 km의 속도로 지구 대기층으로 진입했고, 대기층과의 마찰로 인해서 연소·발광하는 하나의 큰 불덩어리가 되어 지린 지구 상공을 날다가 8일 15시 1분 59초에 지린시 교외 진주공사(金珠公社) 상공에서 폭발하면서 운석이 사방 땅으로 떨어졌다."

멍진원이 여기까지 읽다가 마오를 보니 그가 일어나서 침대에 앉아 있었다. 이상한 일이었다. 보통은 신문을 읽는 동안, 눕거나 앉은 자세로 동작을 바꾸는 일이 없었다. 멍진원이 신문을 내려놓고 마오 곁으로 가려고 하자 마오가 손짓으로 제지하며 말했다.

"계속 읽어라. 듣고 있다."

멍진원이 계속 읽어 내려갔다.

"운석 중 제일 큰 것 세 덩어리가 원래의 비행 방향인 서남쪽 방향으로 계속 날아갔고, 마지막 한 덩어리가 15시 2분 36초 땅에 떨어질 때, 1.7m 두께의 동토층을 뚫고 지하 6.5m 깊이까지 들어가면서 지면에 깊이 3m, 직경 2m가 넘는 큰 구덩이를 만들었다. 당시 떠오른 흙더미 높이가 수십 m였고 흙덩어리가 100m 이상 날아갔다. 세 덩어리 운석의 무게는 100kg을 넘었고 가장 큰 것의 무게는 1770kg으로 미국이 소장하고 있는 세계 최대 운석(1078kg)보다 훨씬 무겁다. 이 운석비는 수량은 물론이고 떨어진 범위, 각 운석의 무게 등 모두 세계에서도 보기 드문 것이다."

그 기사를 다 읽은 후 이어서 또 다른 기사를 읽으려 하자, 마오가 "됐어. 더 읽을 필요 없어"라고 말하면서 슬리퍼를 신었다. 멍진원이 다가가서 부축하자 천천히 걸어서 창가로 갔다. 멍진원에게 창문 커튼을 열어젖히라고 하고, 창가에 서서 매우 오랫동안 점차 석양이 물드는 하늘을 바라보고 있었다.

마오가 멍진원에게 창문 커튼을 열어젖히라고 말했다. 마오는 창가에

서서 매우 오랫동안 점차 석양이 물드는 하늘을 바라보고 있었다.

"주석, 어떻게 하늘에서 갑자기 그렇게 많은 운석이 떨어질 수 있나요? 다친 사람이 없는 것도 신기해요."

마오가 생각에 잠긴 채 대답했다.

"이 같은 일은 역사상 드문 일이 아니다. 역사에 기록된 것도 적지 않고, 야사(野史)에는 더욱 많다."

마오는 어떤 생각에 매우 골몰하는 표정이었다. 잠시 후에 마오가 멍진원에게 물었다.

"이 방면의 기록을 본 적 있느냐? 너희 집에 있는 사람들은 뭐라고들 하더냐?"

멍진원이 고개를 저으며 대답했다.

"저는 기록을 본 적 없어요. 어릴 적에 우리 엄마가 언젠가 어느 날 밤에 우리 고향 마을에 큰 돌이 떨어졌는데, 그 후, 이 돌이 바람에 날려갔다고 했어요. 그러나 저는 믿지 않아요."

"네, 어머니가 그런 말을 했다? 그런데 넌 믿지 않는다?"

"저는 안 믿어요. 주석은 믿을 수 있으세요?"

잠시 후 마오가 말했다.

"하늘이 흔들리고 땅이 움직이고 하늘에서 큰 돌이 떨어지면 바로 사람이 죽는 거다. 『삼국지』의 제갈량(諸葛亮), 조운(趙云, 子龙)이 죽을 때에도 돌이 떨어지고 깃발이 부러졌다. 큰 인물은 죽을 때도 보통 사람들과 다르지."

이 말을 하는 동안, 마오는 어떤 감회와 흥분을 느끼고 있는 것 같아 보였다.

1976년 7월 초, 주더가 죽은 후 22일 지난 7월 28일 새벽 3시 42분에는 '탕산(唐山) 대지진'이 발생했다. 허베이성 탕산과 펑난(丰南) 일대에서

발생한 진도 7.8도, 진원 심도 12km의 강지진이었다. 신흥 중공업 항구도시 탕산은 폐허로 변했다. 지진 피해 지역 범위가 약 21만여 km²였고, 사망자 24만여 명, 중상자가 16만여 명에 달했다.[5] 잇단 자연재해와 옛 동지들의 죽음이 갈수록 기력이 쇠잔해지던 고령의 마오쩌동을 더욱 우울하고 의기소침하게 했고, 1976년 9월 9일 마침내 마오가 사망했다. 생명의 보편적이고 불가피한 법칙은 역설적이게도 모든 생명체는 반드시 죽는다는 것이다. 마오쩌동도 물론 그 법칙을 피할 수 없었다. 공교롭게도 마오가 죽은 그날은, 그가 49년 전인 1927년 후난성과 장시성 경계 산간 오지인 징강산 지구로 들어갔던 그날, 9월 9일과 같은 날짜였다.

---

5 2008년 5월 12일, 쓰촨성 두장언(都江堰) 원촨(汶川) 일대에서 발생한 지진은 진도가 탕산 대지진(7.8도)보다 큰 8.0의 강진으로, 사망과 실종 약 8만 6000명, 부상자 약 37만 명으로 추산되었다.

제14장

4인방 제압, 진리표준 논쟁[1]

1976년 9월 9일 마오쩌둥의 사망 소식은 중국은 물론이고 전 세계에 한 시대가 종결되었음을 알렸다. 그리고 9일 후인 9월 18일 베이징 톈안문 광장에서 열린 추도 대회에 약 100만 인민이 모였고, 중국 전역의 각 단위, 학교, 거주민위원회 단위 모두에 마오의 영정을 설치한 방이 마련되었다. 미국 뉴욕의 유엔 빌딩에도 조기가 게양되었다. 그러나 수많은 사람들의 실제 관심은 '이제 누가 중공의 권력을 장악할 것인가?'였다. 당시 중공중 앙정치국 상임위원은 예젠잉, 리셴녠, 류보청, 쉬스유 등 혁명 1세대 원로 간부파와 문혁을 주도해 온 4인방파가 대립하는 구도였다. 마오쩌둥에 의해 후계자로 간택되어 중앙 제1 부주석직에 있던 화궈평(华国锋, 1921~2008년)과 마오의 비서실장이자 중앙판공청 주임이던 왕둥싱은 이 두 파벌, 즉 원로 간부파와 문혁파의 중간 위치에 있었다.

화궈평과 왕둥싱은 마오가 죽은 지 한 달이 채 지나지 않은 10월 1일에 리셴녠의 중재로 당시 중앙정치국 상무위원, 중앙군사위원회 부주석 겸 국방부장 직에 있던 예젠잉을 만나 그의 제안을 받고 나서 4인방을 시

---

[1]   유튜브 북연TV, 〈중국현대사〉, 33회 '4인방 제압' 참고.

급히 제압할 결심을 굳혔다. 특히 왕둥싱은 예젠잉이 "4인방을 제거하지 않으면, 우리 당과 국가는 출로가 없다"라는 말에 동의하며, "형세가 급박하다. 더 이상 지체할 수 없다. 결심할 때가 되었다"라고 화답하고, "사안이 중요하고 긴급하니 보안을 위해 범위를 확대하지 말고 신속하게 행동해야 한다"라고 제안했다.

당시 4인방의 일원인 야오원위안이 문화 분야와 함께 언론매체를 장악하고 있었으므로, 만일 통상적으로 당내 모순을 해결하는 방식으로 체포를 시도한다면 4인방 무리가 자신들이 장악·통제하고 있는 언론매체를 이용하여 선전 공세를 펼 수도 있고, 그럴 경우 자칫 극심한 사회적 혼란과 내전 상황으로까지 확대될 수도 있었다. 그러한 점을 감안하여 4인방을 각각 무력으로 제압하고 격리·심사하는 방식을 채택했다.

결정 직후에 왕둥싱은 중앙판공청 부주임 장야오츠(张耀祠)와 베이징 군구 8341부대 정치위원 우젠화(武建华)를 자신의 사무실로 불렀고, 그 자리에서 그들에게 당 중앙이 이미 4인방에 대해 조치를 취하기로 결정했으니 그 행동 방안을 작성하라고 지시했다. 왕둥싱과 우젠화의 회고에 따르면 4인방을 제압하는 과정은 대략 다음과 같다(童青林, 2008: 12~16).

우선 화궈펑, 예젠잉, 리셴녠, 왕둥싱 등이 4인방 체포를 위한 행동 방안에 대해 의논하면서 다음과 같은 요소들을 고려했다. 첫째, 타깃이 된 인물들을 유인해 내기 위한 심리 상태 파악이었다. 당시 장춘차오와 야오원위안이 마오쩌둥 선집 제5권의 출판 작업을 매우 중시하고 관련 자료 수집을 서두르고 있었으므로, 중앙정치국 회의 개최 안건을 '마오쩌둥 선집 출판에 관한 연구'라고 통보하면 이들은 의심하지 않고 회의에 참석하러 올 것이라고 예상했다. 결과적으로 이 예상은 적중했다. 둘째, 당 중앙의 규정과 관례상 마오의 모든 원고와 문건은 중난하이 밖으로 가지고 나갈 수 없었으므로, 마오쩌둥 선집의 출판에 관한 회의나 연구는 통상적으로 중난하이 화이런당에서 개최·진행되었다. 장춘차오나 왕홍원 모두 이러한 규정과 상황을 잘 알고 있어서 이들의 의심을 유발하지 않고 낚을 수 있을 것이라고 판단했다. 또한, 마오쩌둥 기념관 건립에 관한 연구 건을 안건으로 하면 중앙정치국 상무위원은 필히 참석해야 했다. 셋째, 중난하이 화이런당이 행동을 실시하기에 비교적 편리했다. 우선, 화이런당에서 왕홍원과 장춘차오를 제압하는 데 성공하면 그다음에 장칭과 야오원위안을 처리하는 것은 쉽다고 판단했다.

10월 3일, 행동 방안에 대한 보고를 듣고 나서 화궈펑은 "시간을 더 단축해 보라"라고 요구했고, 왕동싱도 이에 동의하면서 "보다 빨리 행동하여 상대방이 선수 칠 가능성을 예방하자"라고 했다.

10월 4일, 왕동싱이 예젠잉에게 행동 방안을 보고했다. 예젠잉은 행동 방안이 주도면밀하게 잘 짜였다고 평가하며 "이대로 하면 필히 성공할 것. 단, 비밀 보안에 특별히 주의하라"라고 당부했다.

10월 5일 화궈펑, 예젠잉, 왕동싱이 행동 계획에 대해 다시 의논했고, 원래 10월 10일 실시 예정이던 행동 시간을 10월 6일로 앞당겼다. 왜 행동 시간을 4일이나 앞당겼는가? 후일 화궈펑은 이렇게 회고했다.

만일, 주석이 돌아가시고 난 후에 그들 4인방 무리가 그토록 심하게 설쳐대지 않았다면, 우리도 그렇게 앞당기지 않았을 것이다. 그러나 그들이 너무 흉폭하게 설쳐댔다. 정치국조차도 안중에 없었고, 공공연하게 권력 탈취 의도를 드러냈다. 우리가 획득한 정보에 의하면, 그들은 10월 10일에 정변을 일으킬 준비를 하고 있었다. 왕홍원은 인물 사진이 첨부된 살생부를 작성해 놓았고, 상하이에서는 민병들에게 총과 대포를 지급했으며, 거사 성공 후 축하 행사를 하기 위한 대량의 붉은색 천과 붉은색 모조지 등도 지급했다. 우리는 사태가 매우 엄중하다고 판단했다.

행동하기로 정한 10월 6일 오후 3시, 중공중앙판공청이 중앙정치국 상무위원들에게 당일 중난하이 화이런당에서 회의를 개최한다는 통지를 전달했다. 회의 안건은 마오쩌둥 선집 제5권 출판 문제 연구와 마오쩌둥 기념당의 위치 선정이었다. 왕동싱은 4개 행동 소조 대원에게 '첫째, 비밀 보호, 둘째, 명령과 지휘에 절대 복종'이라는 두 개 규율을 거듭 강조했다.

4인방 체포 당시의 상황을 당시 수도 경비를 담당하던 8341부대 정치위원으로 중난하이 화이런당 현장에서 화궈펑과 왕동싱의 명령에 따라 무장 경위들을 지휘하여 직접 4인방을 제압·체포한 우젠화의 회고를 근거로 정리해 보면 다음과 같다.

10월 6일 저녁 7시 55분, 중난하이 정문 경위에게서 왕홍원이 정문을 통과했다는 보고를 받은 우젠화는 화이런당 입구 쪽에서 동쪽 휴게실 복도를 따라 남쪽을 주시하며 걸어갔다. 앞쪽에 왕홍원이 막 돌아서 걸어 들어오고 있었다. 우젠화는 신속하게 내실 출입문 안쪽 양측에 잠복 배치된 체포조 대원들에게 신호를 보냈다. 왕홍원은 평상시 옷차림대로 군복 상의와 풀잎 색의 바지를 입었고, 가죽구두는 반짝거릴 정도로 광이 났으며, 왼쪽 손에 서류 가방을 들고 있었다. 그는 아무런 의심이나 거리낌이 없어 보였다. 왕홍원이 내실 작은 문에 들어선 후 앉아 있는 화궈펑과 예젠잉을 바라보는 순간, 좌우 양측에서 행동대원들이 달려들어 그의 좌우 어깨를 잡아 누르고, 팔꿈치를 잡고 비틀어 뒤로 돌려 추켜세워, 머리는 아래로 향하고 허리는 굽힌 상태로 제압했다. 기습을 받은 왕홍원은 당황한 상태에서 "너희들, 지금 뭐하는 짓이냐?"라고 소리를 지르며, 어깨를 뒤틀고 두 발로 바닥을 치고 뛰면서 필사적으로 저항했으나, 무술로 단련된 두 명의 경위가 좌우 양측 어깨를 잡아 누르며 팔꿈치를 뒤로 더욱 높게 들어 올리고, 뒤편에서는 또 다른 무술경위 두 명이 바지 혁대를 단단히 움켜쥐고 끌어당겨 들어 올리자, 허공에서 무력하게 발을 저을 뿐이었다. 왕홍원으

왼쪽부터 장춘차오, 왕훙원, 야오원위안, 장칭이다.

로부터 약 5m 앞에 예젠잉과 함께 앉아 있던 화궈펑이 엄숙한 표정으로 왕훙원을 바라보고 미리 준비해 둔 '격리 심사 결정'을 읽었다.

> 왕훙원, 너는 당 중앙의 경고를 무시하고, 계속 사람들을 끌어들이면서 파벌을 만들고, 불법적 활동을 진행하면서 당의 권력을 찬탈하려는 음모를 꾸미는 등 당과 인민에 대해 용서받지 못할 죄를 저질렀다. 당 중앙은 너에 대해 격리 심사를 실시하기로 결정했다. 즉각 집행한다.

화궈펑이 '결정'을 미처 다 읽기도 전에 왕훙원이 돌연 크게 고함을 지르고 몸부림을 치며 불과 5~6m 앞에 있는 예젠잉을 향해 돌진하려 했으나 무술경위들이 신속하게 제압해 바닥에 쓰러뜨린 상태에서 두 손을 등 뒤로 돌려 수갑을 채웠다. 그리고 좌우에서 그의 한 팔과 어깨를 잡고 목을 누르면서 허리는 굽히고 머리는 숙이게 한 상태로 밖으로 끌고 나가 대기하던 차에 태우고 베이징 군구 내 모처로 이송했다. 왕훙원이 끌려 나가면서 중얼거렸다.

"이렇게 빨리 움직일 줄이야 ……!"

곧이어 도착한 장춘차오는 네 명의 행동대원에게 제압당한 후 화궈펑의 '당 중앙의 결정' 선포를 듣고 별다른 저항 없이 끌려 나갔다.

오후 8시 이전에 왕훙원, 장춘차오 두 사람을 처리한 후에, 우젠화가 장야오츠와 행동대원들을 데리고 장칭의 거처로 갔다. 갑자기 들이닥친 사람들을 보고, 장칭이 "당신들, 뭐하는 거냐?"라고 물었고, 장야오츠가 장칭을 향해 '당 중앙의 결정'을 대독했다. 장칭은 그 자리에서 화궈펑에게 보내는 편지를 쓰고, 자신이 보관하고 있는 문건함의 열쇠와 편지를 화궈펑에게 전달해 달라고 부탁했다. 장칭은 그 편지에 이렇게 썼다.

"궈펑 동지, 사람들이 와서 동지의 명이라며 나를 격리 심사한다고 선포하네요. 당 중앙이 결정한 것인지 모르겠습니다."

마지막으로 야오원위안을 처리했다. 그는 중앙정치국 상무위원이 아니었으므로 그에게는 화이런탕 회의에 참석하라고 통지하지 않았고, 화궈펑이 그에게 전화하여 자신이 현재 왕훙원, 장춘차오와 함께 마오쩌둥 선집 제5권 출판에 관해 상의하고 있으니 당신도 와서 같이 의논하자고 했다. 야오원위안은 화궈펑의 전화를 받자 황급히 화이런탕으로 왔고, 동측 휴게실에 들어선 직후 우젠화와 그의 부하 행동대원들에게 제압·체포되었다. 우젠화가 그에게 '결정'을 대독하고, 격리 심사 장소로 연행했다. 이때가 저녁 8시 30분이었으니 4인방을 제압하는 데 소요된 시간이 총 35분 정도였다.

이제 가장 시급한 일은 중앙인민방송국과 텔레비전 방송국을 장악·통제하는 것이었다. 화궈펑이 당시 중공중앙 대외연락부 부장 겅뱌오(耿飈, 1909~2000년)를 화이런탕으로 불러서 당시 베이징 군구(北京卫戍区) 부사령관 겸 참모장 추웨이가오(邱巍高, 1922~2012년)와 함께 중앙인민방송국과 텔레비전 방송국을 접수하라고 명령했다. 이때 화궈펑이 겅뱌오에게 준 친필 명령 메모의 내용은 다음과 같다.

방송과 텔레비전 방송에 대한 지휘를 강화하기 위하여 중앙은 겅뱌오와 추우웨이가오 동지를 파견하기로 결정했다. 여러분들은 이 두 사람의 지휘를 접수하고, 무슨 일이건 직접 두 사람에게 보고하고 지시받기 바란다. …… 이번 일의 처리 방식도 총체적으로는 린뱌오 사건을 처리한 방법을 채택한다. 즉, 내부에는 이미 변화가 발생했지만, 외부에서는 이상 징후를 알아채지 못하게 하라.

이들은 그날 밤 22시에 방송국에 도착한 후 당시 방송국 책임자 덩강(邓岗)에게 화궈펑의 친필 명령 메모를 주고 신속하게 방송 및 텔레비전 방송국을 장악했다. 다음 날에는 화궈펑의 지시로 베이징 군구 정치위원 츠하오톈(迟浩田)이 병력을 대동하고 인민일보사를 접수한 후 다음과 같은 내용의 '3조 기율'을 선포했다.

이제까지 인민일보사를 관리했던 몇 사람은 지금부터는 다시 ≪인민일보≫를 지도할 수 없다. 우리가 중앙의 위탁을 받고 인민일보사의 업무를 관장한다. 모든 직원은 선전·편집에 대해 우리의 지시를 받아야 한다. 멋대로 주동적으로 행동해선 안 된다. 필히 중앙의 명령에 복종하고 중앙의 지휘에 따라야 하며, 작은 동작(小动作)이나 기밀 누설을 해선 안 된다.

4인방을 제압·체포한 그날 저녁에 화궈펑은 예젠잉의 거처였던 위취안산(玉泉山) 9호동에서 중앙정치국 회의를 개최했다. 22시 30분에 회의가 시작되었고, 화궈펑이 회의에 참석한 천시롄(陈锡联), 쑤전화(苏振华), 지덩쿠이(纪登奎), 우더(吴德), 니즈푸(倪志福), 천용구이(陈永贵), 우구이셴(吴桂贤) 등에게 당일 진행한 4인방 체포와 격리 심사 조치 경과를 보고·설명했다.

회의는 다음 날 새벽 6시까지 진행되었고, 예젠잉의 제의대로 화궈펑을 중공중앙 주석과 중앙군사위원회 주석으로 추대하는 안건을 통과시켰다.

당시에 베이징 시내 모처에 가택연금 상태에 있던 덩샤오핑에게는 사건 다음 날에 그의 사위 허핑(賀平)이 집으로 찾아와 그 소식을 전해주었다. 집 안에 도청기가 설치되었을 것을 걱정하여 전 가족이 모두 화장실에 모여 허핑에게서 '4인방 체포' 소식을 들은 후 덩샤오핑은 혼자말로 말했다.

"이제야 만년(晩年)을 편안하게 보낼 수 있겠군."

진리표준 논쟁과 덩샤오핑의 승리[2]

1978년 5월 10일부터 그달 말까지, 중공중앙당교(中央党校) 내부 간행물인 ≪이론동태(理论动态)≫와 ≪광명일보(光明日报)≫, ≪인민일보(人民日报)≫, ≪해방군보(解放军报)≫ 및 전국의 주요 지방신문에 "실천이 진리를 검증하는 유일한 기준이다(实践是检验真理的唯一标准)"라는 문장이 연이어서 게재되었고, 그 후 약 1년 이상 이 문장의 내용에 대해 후야오방, 덩샤오핑, 예젠잉 등 혁명 1세대 원로 그룹 실천파가 주도한 사상투쟁 논쟁이 진행되었다. 이를 '진리표준(真理标准) 논쟁'이라 한다.

마오쩌둥이 죽고 4인방이 타도되고 나서야 중국의 지도자와 인민들은 10여 년 동안 지속된 문화대혁명의 대동란 상태에서 벗어나, 비로소 국가와 자신의 위치를 차분히 돌아볼 수 있었다. 공산당 정권 출범 30주년을 앞두고 있던 그때까지도 아직 2억 이상의 농민이 춥고 배고픈 상태에 처해 있었다. 당시 중국 경제는 미국과 유럽의 선진국들과는 비교조차 할 수 없

---

2 유튜브 북연TV, 〈중국현대사〉, 34회 '진리표준 논쟁―범시파와 실사구시파' 참고.

었고, 아시아권에서도 '4마리 작은 용(四小龙)'(한국, 홍콩, 타이완, 싱가포르)이라 불리는 신흥공업국들과의 격차가 갈수록 커지고 있었다. 중국의 당과 정부, 사회 각 부문과 분야에는 30년간 진행되고 누적된 집권적 지령성 계획경제체제가 유지되고 있었고 사회주의 개조, 대약진, 인민공사 등을 거치며 형성된 평균주의와 극좌모험주의 사상이 여전히 당정 간부와 인민들의 사상에 지대한 영향을 미치고 있었다.

당시 덩샤오핑을 포함한 중국 지도부는 2차 세계대전 종전 당시까지만 해도, 중국의 내륙지방과 같은 빈곤 상태에 처해 있던 한국이 자본주의 시장경제체제 속에서 성공적으로 경제발전을 추진하는 모습에 매우 강한 충격을 받았다. 선진국의 산업구조 조정과 세계시장 조정의 기회를 포착·활용한 덕분이라고 하더라도 개방된 시장경제체제였기에 그 같은 성과가 가능했다는 것을 인정하지 않을 수 없었다. 문혁 기간 중 대부분 혹독한 고난을 겪은 실용주의 개혁파 중공 간부들은 문혁 상황을 시급히 종결하고, 개혁·개방의 길을 가는 것 외에는 출로가 없다는 공감대를 굳히고 거듭 확인하고 있었다.

개혁파의 공격 대상은, 마오쩌둥의 후계자로서 당시 국가주석과 중앙군사위원회 주석직을 겸하고 있던 화궈펑과 마오의 비서실장 겸 정치국 상무위원이었던 왕둥싱을 중심으로 하는 문혁 수혜자 그룹이었다. 즉, 이들 범시파가 1977년 2월 7일에 ≪인민일보≫, ≪해방군보≫, ≪홍기(红旗)≫ 등의 신문·잡지에 사설로 발표한 "우리는 마오 주석의 모든 결정을 결연히 옹호해야 하고, 마오 주석의 모든 지시를 변함없이 따라야 한다"라는 '두 개의 범시(两个凡是)'[3] 주장이었다. 이들 범시파는 마오쩌둥이 죽은

---

3   중국어 원문인 "凡是毛主席作出決策我们都坚决拥护, 凡是毛主席的指示, 我们都矢志不渝地遵循"에서 양 구절 앞의 '凡是'를 가리키는 명칭이다. '범시(凡是)'란 '모두 그

이후에도 마오의 권위를 이용해 권력투쟁을 도모해야 했으므로, 문화혁명 기간 중 '우파', '반혁명' 등으로 몰려서 탄압받았던 덩샤오핑을 중심으로 하는 혁명 1세대 군부 원로 그룹 인사들의 평반(平反)과 복권에 소극적이었고, 저지하려는 입장이었다. 따라서 이 두 그룹 간의 권력투쟁과 충돌은 피할 수 없었다. '두 개의 범시'를 주장하는 목적은 저우언라이 총리 장례식 기간에 발생한 1976년 청명절 톈안문 사태⁴를 '반혁명' 사건으로 규정한 마오쩌둥의 지시를 계속 따라야 한다고 주장하면서 덩샤오핑에게 '반혁명' 모자를 계속 씌워놓겠다는 의도도 포함되어 있었다.

이에 대해 예젠잉, 후야오방, 덩샤오핑 등 혁명 1세대 원로 그룹은 범시파를 겨냥한 사상투쟁을 치밀하고 주도면밀하게 진행했다. 비록 4인방은 타도되었으나, 마오의 후계자를 자처하는 화궈펑 당시 주석과 추종자들 세력이 여전히 막강한 때였기 때문이다. '두 개의 범시'가 발표된 지 약 두 달 후인 4월 10일, 그때까지 직무 회복이 안 된 덩샤오핑은 당 중앙에 보낸 편지에 다음과 같이 썼다.

> 우리는 필히 후세에까지 대대로 정확하고 완정(完整)한 마오쩌둥사상으로, 우리 당과 군과 인민 전체를 지도해 당과 사회주의 사업, 국제공산주의운동 사업을 승리할 수 있는 방향으로 추진해야 한다.

렇다' 또는 '무릇'이라는 뜻으로, 마오쩌둥의 사후에도 마오가 행했던 모든 결정과 지시는 옳으므로 변함없이 따라야 한다는 뜻이다. 즉, "무릇 마오 주석의 모든 결정을 우리는 결연히 옹호하여야 하고, 무릇 마오 주석의 모든 지시를 우리는 변함없이 존중하고 따라야 한다"라는 말에서 유래되었다.

4 1976년 청명절에 그해 초에 서거한 저우언라이 총리를 애도하고자 톈안문 광장에 모인 군중 중 일부가 광장 한편에서 장칭을 포함한 4인방을 비방·성토한 행위를 반혁명으로 규정해 검거 선풍이 일었던 사건을 가리킨다. 그 후 후야오방 사후 1989년 6월 4일에 다시 톈안문 광장에서 더욱 큰 규모의 대규모 시위가 발생했다.

주목할 점은 덩샤오핑이 마오쩌동사상 앞에 달아놓은 "정확하고 완정한"이라는 조건부 수식어이다. 이는 '마오의 말과 사상도 정확하고 완정하지 않으면 옳다고만 할 수는 없다'고 주장할 수 있는 근거를 남겨둔 것이다. 이후 '두 개의 범시'에 대한 반박과 사상투쟁은 다음과 같이 진행되었다(趙海均(2007: 9~15).

1977년 10월 9일 당 간부 교육기관인 중앙당교 복구 및 개학식에서 화궈펑의 축사 후에, 예젠잉이 사상투쟁을 예고하는 다음과 같은 요지의 발언을 했다.

이론은 실제와 밀접하게 연결되어야 한다. 이와 관련해 두 가지 측면의 기본적인 의미가 있다. 하나는, 필히 이론을 장악해야 한다. 이론이 없다면 한 장의 백지에 불과하다. 무엇에 근거해 실제와 연결할 것인가? 또 하나는, 필히 실제에서 출발해야 한다. 만일 이론이 실제를 지도하지 못하고, 실제 검증을 받지 못한다면 그것이 무슨 이론인가? 절대로 이론을 공담(空谈), 허풍, 심지어 거짓말과 혼동하며 논할 수는 없다.

이 같은 분위기 속에서 '실천이 진리를 검증하는 기준'이라는 평범하면서도 당연한 말이 주요 관심 대상이 된 것은, 1977년 12월 2일, 당시 중앙당교 교육장 펑원빈(冯文彬)이 학교 당위원회에서 중공 당사 교육계획 발표 시에 "당사 연구는 과감하게 실사구시(实事求是)에 입각해야 한다. 실천이 진리를 검증하는 기준이다"라는 요지의 발언을 한 후에, 당시 중앙조직부장과 당교(党校) 부교장을 겸임하고 있던 후야오방이 펑원빈의 발언 중 '실천이 진리를 검증하는 기준'이라는 표현을 중시하여, 철학교연실(哲学教研室) 주임 우장(吳江) 등에게 이를 반영한 새로운 중공 당사 교육 방안을 작성하게 하면서부터였다.

1978년 1월 18일 우장이 자신이 작성한 초고를 후야오방에게 제출했다. 당시 후야오방은 '노선의 정확성 여부는 단순한 이론 문제가 아니고 실천 문제이며, 실천 결과에 의해 증명해야 한다'는 요지의 말을 했다.

1978년 3월, 중앙당교 교육생 800여 명이 참가해 당사 연구 지도 문건에 대한 토론과 논쟁이 진행되었다. 일부 교육생이 여전히 "제9, 10, 11차 당대회의 문건에 의거해 문화대혁명을 평가해야 한다"라고 주장했다. 그 '당대회'의 특징을 간단히 살펴보자. 제9차 당대회(1969.4.1~4.24)는 문화대혁명 시작 후 3년 차, 광란 분위기가 고조되던 시기에 개최되었다. 린뱌오와 장칭의 양대 파벌이 중심이 되어, 극좌 구호와 분위기 속에 류샤오치, 덩샤오핑 등 당내 실용주의파를 비판·숙청하는 결정과 결의를 통과시켰다. 이 회의의 기록영화를 보면 흡사 종교 집회의 광신도들의 모습 같았다. 또한 제10차 당대회(1973.8.24~8.28)는 린뱌오파가 제거된 후에 개최되었고, 제11차 당대회(1977.8.12~8.18)는 마오쩌둥 사망 후 장칭 등 4인방을 제거한 후에 마오의 후계자인 화궈펑파, 즉 범시파가 주도했다. 따라서 앞의 3개 당대회의 문건 운운하는 것은 명백하게 문혁 노선과 마오쩌둥의 유훈통치를 주장하는 범시파에 경도된 주장이었다. 아직까지도 이 같은 주장을 하는 당원과 정부 공무원이 적지 않다는 점을 중시한 우장이 이론연구실의 쑨창장(孙长江)에게 이를 비판하는 문장을 작성해 중앙당교가 발간하는 내부 간행물 ≪이론동태≫에 게재할 글을 작성하게 했다. 쑨창장이 후야오방이 수차례 발언한 내용에 의거해 "실천이 진리를 검증하는 유일한 기준"이라는 글을 작성했다. 그런데 공교롭게도 이 글 제목이 당시 난징대학(南京大学) 철학과 강사 후푸밍(胡福明)이 1977년 9월에 ≪광명일보≫에 보낸 문장 제목과 같았다. 이 사실을 알게 된 당시 ≪광명일보≫ 편집총책 양시광(杨西光)이 쑨창장을 ≪광명일보≫로 초청한 후 두 사람의 문장을 결합해 한 문장으로 작성하게 했다. 이후 후푸밍과 쑨창장이 포함된 ≪광명일보≫ 내 5명의 작업팀이 다시 수차례 수정 작업을 거쳐서, 1978년 4월 27일에 최종 확정된 원고를 후야오방에게 보냈다. ≪광명일보≫에 후푸밍의 원고가 도착한 지 7개월이 지났고 열 차례의 수정을 거친 후였다.

다음 문제는 이렇게 작성한 문장을 어느 지면에 어떻게 발표할 것인가였다. 양시광은 ≪광명일보≫에만 발표해서는 충분히 기류를 조성하기 어렵다고 판단하고, 신화사 및 ≪인민일보≫·≪해방군보≫의 책임자들과 의논해 ≪광명일보≫가 발표한 후에 신화사가 원고를 보내고, 다음 날 ≪인민일보≫와 ≪해방군보≫가 전재(转载)토록 하려 했다. 그러나 당시 중앙의 선전 업무를 범시파가 주관하고 있었으므로 정상적인 심사 절차를 밟아서는 ≪광명일보≫ 게재 동의를 받거나, 신화사를 통해 ≪인민일보≫에 전재하기는 어려웠으므로 우선 ≪이론동태≫에 발표하고, 다음 날 특약평론원 명의로 ≪광명일보≫에 게재하기로 했다. 당시 ≪이론동태≫에 실리는 문장은 모두 당 중앙 조직부장인 후야오방의 심사를 거치도록 되어 있었다. 이미 조직부장 후야오방의 심사를 거쳤으므로, ≪광명일보≫ 게재 시에 거쳐야 하는 유관 부문의 심사 절차를 생략할 수 있었다. 실제 상황은 다음과 같이 진행되었다.

- 5월 10일: 중앙당교 내부 간행물 ≪이론동태≫가 "실천이 진리를 검증하는 유일한 기준이다"라는 문장을 게재하고, "광명일보사 원고 제공"이라고 표기했다. 당시 중공중앙 주석 화궈펑은 북한 방문 중이었다.
- 5월 11일: 이 문장을 ≪광명일보≫ 특약평론원 명의로 ≪광명일보≫ 제1면에 발표하고, 당일 밤에 신화사가 전국 주요 지방신문사에 발송했다.
- 5월 12일: ≪인민일보≫, ≪해방군보≫, 그리고 6개 지방신문에 이 문장이 전재되었다.
- 5월 13일: 15개 지방신문에 전재되었다.

- 5월 말까지 전국 33개 지방신문 중 30개 신문에 전재되었다.

이같이 '진리표준' 문장이 주요 중앙지와 지방지를 통해 발표되고 나서, 당시 중공중앙위원회 부주석 왕둥싱을 비롯한 범시파의 저항 시도가 있었다. 그러나 이들은 4인방 제압에서는 결정적인 역할을 했지만, 또 다른 한편에서는 문혁의 수혜 세력이고 마오쩌둥이 후계자로 지명한 화궈펑을 중심으로 하고 있었으므로, 문혁과 마오쩌둥에 대한 비판을 초래할 수 있는 문제에는 소극적일 수밖에 없는 모순 속에 있었다. 후야오방과 덩샤오핑 등 문혁 피해자 세력은 범시파의 이 같은 약점을 공격했고, 토론이 진행될수록 중앙과 지방의 당 간부들 간에 범시파의 모순과 한계에 대한 공감대가 확산되어 갔다. 당시 지방 당위원회의 간부와 지도자들 중 대다수가 문혁 시기에 비판받거나 숙청되어 수난을 당했고, 린뱌오가 쿠데타와 국외 탈출을 기도하다가 죽은 1971년 9·13 사건 이후에 평반(平反)·복권된 이들이었으므로, '진리표준' 논쟁은 이들에게 문혁과 '두 개의 범시'에 대해 자신들의 불만과 의견을 밝힐 수 있는 멍석을 깔아준 셈이었다. 또 한편으로는 진리표준에 동의를 표시하지 않는다면 결국 범시파 지지자로 비판받을 것이라는 분위기가 대세가 되면서 이를 지지하는 사람들이 갈수록 늘었다.

덩샤오핑은 진리표준에 대한 지지 발언을 계속하면서 화궈펑이나 왕동싱보다 우월한 당내 간부들과의 개인적 '꽌시(关系)'를 통해 지지 여론을 확대해 나갔다. 즉, 5월 19일과 5월 30일 덩샤오핑은 문화부 핵심 간부들을 접견한 자리에서 문장 내용이 마르크스레닌주의에 부합한다고 밝히면서 "현재, 실천이 진리를 검증하는 기준이라는 마르크스 철학의 기본 개념조차 문제가 되니 정말 이상한 일이다"라고 말했다. 사실 그 당시의 중공 내부 분위기는 마오쩌동에 의한 장기간의 1인 독재체제로 인하여 '두 개의 범시' 같은 황당한 주장을 하는 범시파가 당과 정부의 주요 요직을 차지하고 있었고, 그들의 힘과 영향력이 상당히 크고 강했을 정도로 비정상적이었다.

진리표준 문장 발표 후 22일이 지난 6월 2일, 덩샤오핑은 전군 정치공작회의에서 다음과 같은 의견을 발표했다.

> 우리들 중에서도 일부 동지들은 날마다 마오쩌동사상에 대해 말한다. 그런데 마오쩌동사상의 핵심이고, 마르크스레닌주의의 근본 관점이기도 한, 모든 걸 실제에서 출발해야 한다는, 즉 이론과 실천을 상호 결합해야 한다는 근본 원칙인 실사구시(实事求是)를 잊어버리거나 포기하는 사람들이 있다. 심지어 어떤 사람은 실사구시를 견지하고 실제에서 출발해 이론과 실천을 결합하려고 노력하는 사람을 천하 대죄를 짓는 것이라 매도하기도 한다. 그들의 실제 관점은 그저 맹목적으로 모방하고 바꾸고 옮기면 그만이라는 식이다. 이는 마르크스레닌주의와 마오쩌동사상을 위반하는 것이고, 당 중앙의 정신을 위반하는 것이다.

원래 이 같은 어법은 마오쩌동의 전유물이고 그가 즐겨 사용하던 수법이었으나, 이제는 덩샤오핑이 마르크스레닌주의에 마오쩌동사상까지 '당 중앙의 정신'에 대한 위반 여부를 판별하고 규정했으니, 이는 덩샤오핑을 중심으로 하는 원로 그룹이 권력투쟁에서 승세를 굳혔음을 보여주는 것이다.

이어서 같은 해(1978년) 7월 21일 덩샤오핑은 중앙선전부 책임자에게 이제 막 시작한 활발한 정치 국면을 후퇴시킬 수 있으니, 다시는 금지령이나 토론상의 금지구역을 설정하지 말라고 지시했다. 8월 19일에는 문화부 책임자와 이론 문제를 논하는 자리에서 이론 문제를 '4개 현대화'의 관점에서 논하자는 의견을 제출하고, 진리표준 문장에 대해 동의한다는 의견을 밝혔다. 덩샤오핑은 이어서 9월에는 쓰촨(四川), 광동을 순시하고, 북한을 방문하고 오는 길에 만주지구의 장춘, 하얼빈, 선양, 동북 3성의 성회 도시들과 허베이 탕산, 톈진 등지를 순시하며 이 같은 의견을 전파하고 다녔다.

1978년 8월에 중공 헤이룽장성 위원회 제1서기인 양이천(楊易辰)이 지방 지도자 중에서는 처음으로 진리표준을 공개 지지했고, 이후 이 논쟁을 둘러싼 범시파와 실천파 간의 판세가 급속하게 바뀌었다. 범시파의 주장은 논리적으로 모순이고 자가당착이었다. 즉, "마오 주석이 결정하고 지도한 모든 것을 계속 옹호하고 견지해야 한다"라는 이른바 '범시(凡是)'를 주장한다면, 마오쩌둥이 중시한 문혁을 제1선에서 실제로 주도해 온 4인방을 제압한 공로로 권력을 차지한 자신들의 존재를 스스로 부정하는 것이 되기 때문이다. 이 점이 덩샤오핑과 후야오방을 중심으로 하는 실천파의 진리표준 공세를 당해낼 수 없었던 근본적 약점이었다.

진리표준 토론은 3개 단계를 거치면서 진행되었다. 첫 단계는 1978년 5월부터 시작해 12월 중공 11기3중전회에서 이 토론에 대해 긍정적으로 평가했다. 둘째 단계는 1979년 1월 18일부터 4월 초까지 약 3개월간 이론 공작 실무회의를 개최하고, 베이징과 각 성, 직할시 이론 업무 담당자와 선전부 직원 약 500여 명이 이 문제에 관한 토론에 참여토록 했다. 셋째 단계는 1979년 7월부터 진리표준 토론의 보충학습을 실시했다.

〈그림 14-4〉
천용구이 (1914.2~1986.3)

한편, 1980년대에 들어선 후 중공 11기5
중전회(1980.2.23~2.29)에서 범시파의 주요 인
물들이 당정 주요 보직에서 물러나고, 실천파
들로 교체되었다. 먼저 산시성 따자이(大寨)의
농촌 기층 지도자 출신으로 마오쩌동에 의해
발탁되어 중앙정치국 위원과 국무원 부총리
직무를 담당하던 천용구이[5]가 사퇴서를 제출
하고 물러났고, 2월에는 이미 중앙판공청 주
임 직위에서 사퇴한 왕동싱이 다시 중공중앙
부주석 직위에서도 물러났다. 이어서 4월에는 베이징시 제1서기직을 사퇴
한 우더가 전국인민대표대회 상무위원회 부위원장직에서도 물러났고, 국
무원 부총리 지덩쿠이(紀登奎)도 물러났다. 자신의 파벌 내 주요 인물들의
사퇴로 지지 기반을 잃은 화궈펑은 1981년 6월, 11기6중전회(1981.6.27)에
서 중공중앙 주석과 중앙군사위원회 주석 직무에서 사퇴했다. 그 후임자
로 후야오방이 주석에, 덩샤오핑이 중앙군사위원회 주석에 취임했다. 9월
에는 화궈펑이 물러난 국무원 총리직을 자오쯔양(赵紫阳)이 계승했다(彭森·
陈立 等, 2008: 69). 이로써 1976년 10월, 4인방 제압 후 형성된 화궈펑 체제
는 완전히 붕괴되었고, 1981년 초부터 중국 내 공개적인 정치 무대에서 화
궈펑이라는 이름이 사라졌다.

---

5   천용구이의 약력과 일화는 〈참고 14-1〉, 〈참고 14-2〉, 〈참고 14-3〉 참조.

중국공산당 지도자들 대부분이 빈농이나 노동자 집안 출신이고, 이를 혁명이나 장정 참여 경력과 함께 자랑스럽게 내세운다. 그러나 산시성 시양현(昔阳县) 따자이향(大寨乡) 출신 천용구이는 전형적인 빈농 출신이라는 것 외에는 내세울 만한 혁명 경력도 없고, 장정에도 참여하지 않았다. 천용구이가 여섯 살이던 1920년에 아버지 천즈루(陈志如)가 가난 때문에 아내(천용구이의 어머니)와 딸과 어린아이를 팔고, 천용구이만 남기고 사망했다. 천용구이는 일곱 살 때부터 마을 과붓집에서 기식하며 지주 집 소를 방목하며 돌보는 일을 했다. 그렇게 빈농으로 살던 천용구이는 1948년에 34살에 중국공산당에 가입했고, 1949년 10월 중화인민공화국 출범 이후 모범 노동자, 촌지부 서기, 농업합작사 사장 등의 직무를 맡아 일하면서 고급합작사, 인민공사 등 농업집단화 과정에서 걸출한 지도력과 업적을 인정받고, 중공 산시성 위원회와 마오쩌둥의 신임을 얻었다. 1960년 2월, 산시성 위원회가 "모범 당지부 서기 천용구이를 배우자(向模范党支部书记陈永贵学习)"라는 격려문을 발표한 이후 천용구이라는 이름이 중국 내 모든 신문에 자주 실리는 유명 인사가 되었다. 마오쩌둥은 1964년 12월에 "농업은 따자이에서 배우자(农业学大寨)"라는 구호를 발표하고 천용구이를 일거에 국무원 부총리와 중앙정치국 위원으로 임명했다. 그러나 마오쩌둥이 죽은 후 4인방이 제압되고, 화궈펑을 중심으로 하는 범시파가 덩샤오핑을 중심으로 하는 실천파와의 권력투쟁에서 패하면서 천용구이도 1980년 국무원 부총리직에서 물러났고, 1986년 3월, 71세에 폐암으로 베이징의 병원에서 생을 마쳤다.

덩샤오핑의 원 직무를 회복하는 결정을 한 중공중앙 10기3중전회 회의장에서 천용구이가 오랜만에 덩샤오핑을 만나 악수하며 말했다.

"샤오핑 동지, 우리가 다시 같이 일할 수 있게 될 줄은 몰랐습니다. 샤오핑 동지, 이번에 얻은 교훈을 잊어서는 안 될 겁니다. 그렇지 않으면, 또 착오를 범할 수도 있습니다. 동지는 이미 나이가 적지 않은데, 다시 또 혼동해서는 안 됩니다. 마오 주석의 지시를 잘 따라야 합니다."

덩샤오핑이 천용구이를 바라보며 빙그레 웃고, 음색을 드러내지 않은 채 말했다.

"앞으로 많이 가르쳐주십시오, 용구이 동지."

천용구이가 말했다.

"오직 모든 걸 마오 주석의 지시에 따라 일하면 어떠한 곤란도 모두 극복할 수 있습니다. 마오 주석이 우리를 떠났지만, 아직도 그의 찬란한 저작들과 그의 계승자들이 있지 않습니까?"

덩샤오핑이 그를 데리고 휴게실로 가서, 느긋하게 함께 소파에 앉은 후, 중화 담배 한 개비를 건네주고 말을 시작했다.

"용구이 동지, 마오 주석의 저작 공부에 대해서는 아마도 우리 같은 사람들은 당신만 못할 것입니다. 그래서 가르침을 청하고자 합니다. 마오 주석이 창도한 공작 방침 중 가장 근본적인 것

두 개를 든다면 그게 뭔지 말해줄 수 있습니까?"

천용구이는 담배를 피우며 한동안 생각했으나, 마땅히 어떻게 대답해야 할 지 알 수 없었다.

덩샤오핑이 말했다.

"내가 이해하기에는 군중노선과 실사구시라고 생각합니다."

그러자 천용구이가 고개를 끄덕이면서 말했다.

"나도 당신의 의견에 동의합니다."

덩샤오핑이 이어서 말했다.

"그런데, 우리들 중 일부 동지는 마오쩌동사상에 정통하지 못한 것 같습니다. 예를 들면, 4인방이 그랬습니다. 그들은 입으로만 떠들어대서 린뱌오조차도 회의 중에 그들의 말을 끊었습니다. 당신은 그들이 정말로 마르크스레닌주의 사상을 장악했다고 생각합니까? 단지 어록 한두 구절 외우고, 마오 주석의 말 몇 마디 모아서 연설이나 하는 건 마오 주석의 말을 따랐다고 할 수 없습니다. 무슨 말인지 알겠습니까?"

천용구이가 한참 후에 대답했다.

"알겠습니다 ……."

그러나 사실 그는 덩샤오핑이 무슨 의도로 이런 말을 하는지 알 수가 없었다.

〈참고 14-3〉 베이징 인민대회당(1980년 1월 15일 오후)

국무원이 개최한 회의가 끝나갈 무렵에, 당시 국무원 부총리 천용구이가 미리 회의실을 나와서 휴게실 문 앞에 서 있었다. 잠시 후 회의가 끝나고, 덩샤오핑이 미소를 지으며 나올 때에, 천용구이가 앞에서 그를 부르고 몇 가지 물어볼 게 있다며 휴게실로 가자고 했다. 잠깐 머뭇거리던 덩샤오핑이 고개를 끄덕이고 천용구이와 휴게실로 들어갔다.

천용구이가 덩샤오핑이 담뱃불 붙이는 걸 보면서 더 지체할 수 없다는 듯이 말했다.

"샤오핑 동지, 요 며칠간 당신은 날마다 회의를 하고 끊임없이 새로운 요점들을 제출하는데 나는 정말 받아들이기 어렵습니다. 당신에게 묻고 싶은 건, 도대체 마오 주석의 혁명 노선을 집행할 것인가, 아닌가? 또 마오쩌동사상의 위대한 기치를 높이 들 필요가 있다는 것인가 아닌가? 당신은 마오 주석의 '무산계급 독재하의 계속 혁명 이론'을 아직도 고려하고 있는 겁니까?"

덩샤오핑이 듣고 나서 담배를 한 모금 피고 천용구이를 바라보고 미소를 지었다. 후에 천용구이가 사람들에게 말하기를, 덩의 그날 미소가 그를 매우 겁에 질리게 만들었다고 했다. 덩샤오핑이 반 정도 피운 담배를 재떨이에 비벼 끄고 나서, 냉정하게 말했다.

"당신은 아직도 4인방이 무대에 있는 시절이라고 착각하고 있나? 제기하는 문제가 유치하기가 마치 세 살 먹은 아이 같다. 중국공산당 역사상 그런 말을 할 수 있는 자격, 즉 무엇이 마오쩌동사상인가에 대한 발언권에 대해서는 내가 가장 적임자라고 생각한다. 용구이 동지, 공산당에 가입한 지 얼마나 되었나? 나는 당신이 한 사람의 공산당원의 기준에 의거해 우선 자기 자신을 돌아보기 바란다."

천용구이가 불복하는 어조로 말했다.

"당신은 자신이 복권될 때의 신세를 잊어서는 안 된다. 당 중앙에 두 가지 파벌을 요구하지 말아야 한다. 당신은 자신이 현재 도대체 어떤 노선을 집행하려고 하는가에 대한 태도를 밝혀야 한다."

덩샤오핑은 천용구이의 말이 끝나기도 전에 일어나서 서류 가방을 들고 돌아서 나갔다.

〈참고 14-4〉 1981년 6월 26일, 중공 11기6중전회 개최 전날 저녁의 중앙정치국

중공 11기6중전회 개최 전날인 1981년 6월 26일 저녁, 중앙정치국 위원들이 산시성에서 천용구이 반대파들이 보낸, 그의 비리 등을 폭로하는 편지와 자료를 보고 있었다. 그중에는 항일전쟁 시기에 천용구이가 일본군 통치하에 있던 따자이항(大寨乡)에서 일본군 앞잡이 노릇을 했었다는 사실과, 중공 제10기1중전회에서, 따자이 생산대 지부 서기에서 중앙정치국 위원으로 당선되던 1973년에는 따자이현이 속한 산시성 시양(昔阳)현의 양식 생산량을 부풀려 허위 보고했다는 내용 등이 있었다. 자료를 본 몇몇 정치국 위원들이 덩샤오핑에게 천용구이의 직무를 정지시키고 조사하자고 건의했다. 덩샤오핑이 동의하면서 한탄조로 말했다.

"그는 본래 탁월한 농촌 기층 지도자가 될 수 있었다. 그런데 그를 중앙으로 불러와서 국무원 부총리 자리에 앉혀 놓았으니 이것은 그에게 죄를 지으라고 하는 거와 마찬가지 아닌가?"

천용구이가 비서에게 대필해서 국무원 부총리 사직 보고를 쓴 후에, 덩샤오핑이 그를 불러서 말했다.

"당신도 당원의 한 사람으로서 자신의 의견이 있을 수 있고, 자신의 관점을 보유할 수 있다. 그러나 필히 당의 기율에 복종해야 한다. 바로 내가 당의 기율에 복종했던 것과 같다. 만일 조직의 뒤에서 음모를 꾸미면 그것은 공산당원이라고 할 수 없으므로 일체의 문제를 국법과 당 기율에 따라 처리할 수밖에 없다. 예를 들면, 4인방에 대한 처리는 당내 모순 처리 방식이 아니라 적과 아군 관계이고, 형법에 의한 처리이다."

덩샤오핑의 말에 천용구이는 상당한 두려움을 느꼈고, 한참 만에 이렇게 말했다.

"중앙에 의견을 제출하겠다. 단, 당의 기율과 규정에 복종하겠다."

덩샤오핑이 눈을 가늘게 뜨고 다시 담배에 불을 붙이고 말했다.

"공산당원은 올라가기도 하고 내려가기도 한다. 나의 경우에도, 건국 이후 두 번 타도되었고, 두 번 중앙 영도직에서 물러났다. 그러나 나는 결코 어떠한 비조직적 활동도 하지 않았고 엄격하게 자기검열을 했다. 나는 당신에게 꼭 나처럼 하라고 요구하지는 않겠다. 단, 나는 당신이 당원의 기준과 기율에 따라 처신하기를 바란다. 당신은 4인방 패가 아니고, 중앙은 당신이 과거에 좋은 일을 많이 한 것도 알고 있다. 그러나 당신은 반드시 당의 기밀을 지켜야 하고, 다른 사람들과 비조직 활동을 해서는 안 된다."

이 대화 후에, 천용구이는 화궈펑을 찾아가 사표를 제출했다. 화궈펑은 천용구이의 사표를 처리할 수밖에 없었고, 자신도 중공중앙위원회 주석직에서 사퇴했다.

……

1980년대 말, 폐암 투병 끝에 임종을 앞두고 있던 천용구이가 문병하러 온 사람들에게 말했다. "어제 꿈에서 마오 주석을 보았다. 마오 주석은 내가 다른 곳에 가서 계속 일하기를 원했다. …… 내가 죽은 후에 화장하고 뼛가루를 고향 따자이에 묻어달라 ……. 덩샤오핑은 좋은 사람이다. 그는 나를 잡아 가두지도 않았고, 잘 먹고 잘살게 해주었다."

제15장

개혁·개방, 신민주주의 단계로 복귀[1]

개혁·개방은 1978년 12월 18일부터 22일까지 개최된 중공 제11기3중
전회(中国共产党第十一届中央委员会第三次全体会议)에서 공식적으로 선언되었다.
이 회의는 베이징시 서장안가(西长安街)에 위치하고 있는 징시빈관(京西宾
馆)[2] 3층 제1회의실에서 개최되었고 중앙위원 169명, 후보중앙위원 112명,
9인의 참관인이 참석했다. 이 회의를 위한 주요 이슈와 실제 안건 토의를
위해 한 달 전에 개최된 '중앙 공작회의'는 연장에 연장을 거듭하면서 열
띤 토론을 벌여 각종 관점과 주장이 이어지면서 36일간 개최되었다. 중공
역사상 가장 길게 개최된 중앙 공작회의이다.

제14장에서 살펴보았듯이 11기3중전회에서 개혁·개방 선언이 가능했
던 것은, 마오쩌둥이 죽은 이후에 중앙군사위 등 군부 실권을 장악하고 있
던 혁명 1세대 원로 그룹이 우선은 마오쩌둥의 후계 세력인 화궈펑과 왕둥
싱파와 연합하여 4인방을 제압했고, 이어서 진리표준 논쟁을 통한 사상투

---

1   유튜브 북연TV, 〈중국현대사〉, 35회 '개혁개방―덩샤오핑 시대' 참고.
2   1964년에 전형적인 소련식 건축 양식으로 지어진 이 건물은 중국 정치의 중요 회의
     의 개최, 공표의 무대 역할을 해왔다.

쟁을 통해 화궈평과 왕둥싱을 중심으로 하는 이른바 '범시파'와의 권력투쟁에서도 승리했기 때문이다. 이들 혁명 1세대 원로그룹을 '실천파' 또는 '개혁파'라고도 불렀고, 그 중심인물은 예젠잉과 후야오방, 그리고 이들의 지지 덕분에 두 번째 숙청 및 가택연금에서 풀려나 복권·복직된 덩샤오핑이었다. 이후 덩샤오핑과 후야오방이 대내 개혁과 대외 개방을 본격적으로 추진했다.

11기3중전회 폐막식에서 덩샤오핑이 한 총결 보고의 제목은 '사상해방, 실사구시, 일치단결해 앞을 보자(解放思想, 实事求是, 团结一致向前看)'였다. 이 보고 발언 말미에 덩샤오핑이 "현재 당면한 가장 큰 정치는 바로 경제를 끌어올리는 것이다(现在最大的政治就是把经济搞上去!)"라고 선언하자, 회의 참석자 모두가 일어나서 열렬하게 박수를 쳤다. 최고 실력자의 이 말을 듣고, 이제 정말로 정치 동란이 끝나고 정상적인 새로운 시대가 열리고 있음을 실감하는 듯했다. 덩샤오핑의 선언은 중국이 이른바 '문화대혁명'을 끝낸 지금, 어느 방향으로 가야 하느냐라는 중대한 질문에 대해 새 시대, 새 길을 열고 건설하겠다는 의지를 밝힌 것이었다. 앞서 개최된 36일간의 중앙 공작회의에서 이미 충분히 논의하고 준비를 했으므로, 이 회의는 5일간 개최되고 막을 내렸다.

주목할 점은 덩샤오핑을 중심으로 하는 실천파가 중공중앙의 권력을 장악한 후 대약진 및 문화대혁명과 같은 극좌모험주의 노선에서 벗어나기 위한 출구전략으로, 중화인민공화국 출범 초기에 류샤오치가 제안하고 마오쩌둥이 채택했던 소위 '신민주주의 단계' 전략을 '개혁·개방'정책으로 다시 복귀시켰다는 점이다. 즉, 자본주의와 시장경제를 경험해 보지 못한 중국이 직접 사회주의 개조 단계로 진입하기 전에 거쳐야 할 '과도기 단계'로 다시 돌아온 셈이다. 이렇게 복원된 개혁·개방정책은 이후 '사회주의 초급단계', '중국특색의 사회주의', '시장 사회주의' 등으로 불리면서 파탄 상태의 경제 및 정치체제를 회복 및 정비해 나갔다. 중공 내부 문건에서도 "11기3중전회까지 와서야 비로소 1957년 '반우파 투쟁'으로 인해 중단된 과제였던 업무 중점 이전 문제를 해결하고, 당의 정치노선상의 혼란을 근본적으로 바로잡을 수 있었다"라고 평가하고 있다.

3중전회 폐막 다음 날(1978.12.23) 저녁 8시, '회의공보'가 신화사 등 매체를 통해 중국 전국과 세계로 공표되었고 다음과 같이 선언했다.

"1979년부터 당의 공작 중점을 사회주의 현대화 건설로 이전한다."

덩샤오핑은 11기3중전회 폐막 두 달 후에 다음과 같이 말했다.

> 3중전회는 당의 마르크스주의 사상 노선을 확립했다. 실사구시(实事求是), 모든 걸 실제에서 출발하고, 이론은 실제와 연결하고, 실천만이 진리를 검증하는 유일한 표준임을 견지해야 한다. 이것이 바로 우리 당의 사상노선이다(『邓小平文选 2』: 278).

11기3중전회 이전에 개혁·개방 준비 작업을 위해 1978년 7월부터 9월까지 개최된 국무원 이론 회의에서는 건국 이후 30년간의 경제건설 교훈을 기초로, 국외의 성공 경험과 4개 현대화 건설의 속도 문제를 연구하고, 가치 규율의 정확한 운용, 경제체제 개혁, 노동에 따른 분배 등의 문제와 경제관리 체제 개혁 문제를 제출하고 토론했다. 당시 중공중앙위원회 부주석 리셴녠은 회의 결과를 다음과 같이 총결했다(彭森·陈立 等, 2008: 14).

> 과거 20년간 수차례 경제체제 개혁을 시도했으나, 대부분 행정 권력을 이전한다며 이양했다가 거둬들이고, 거둬들였다가 다시 이양하는 식으로만 되풀이했고, 그 결과가 경제발전 기대에 부합하지 못했다. 따라서 이번에 추진하는 개혁은 필히 구태의연한 행정 방식의 틀을 벗어나서 경제 수단과 경제조직이 역

할을 발휘하게 해야 하며 수공업식, 소농 경제식, 심지어는 봉건 아문(封建衙門)식 관리 방법을 바꾸고, 전문화 및 계약제를 시행·발전시키고, 경제 규율에 따르고, 노동에 따른 분배와 현대화된 관리 방식으로 경제를 관리해야 한다.

이어서 1978년 9월 6일부터 11월 3일까지 약 두 달간 '전국계획회의'가 개최되었고, 회의에 참가한 각 성, 직할시, 자치구의 대표들이 경제체제 관리 개혁 문제에 관한 '3개 전변(轉變)'을 시행해야 한다는 서면 의견을 제출했다. 주요 내용은 다음과 같다.

위로부터 아래까지 모두, 모든 주의력을 (정치투쟁이 아닌) 생산 투쟁과 기술 혁명 쪽으로 돌려야 한다.
관료주의적 관리 제도와 관리 방법을 경제 규율에 따라 처리하고, 민주와 집중이 양호하게 결합된 과학관리궤도에 진입시켜야 한다.
외국의 선진기술을 적극 도입하고, 외국 자금을 이용하고, 과감하게 국제시장에 진입토록 해야 한다.

이 '3개 전변' 사상은 중공 11기3중전회에 제출한 '1979년, 1980년 경제계획의 안배'(초안)[3] 내용에 포함되었다. 주목할 점은 중공 11기3중전회의 농업 문제에 관한 문건 중에, 10여 년간 반복하며 강조해 오던 "농업은 따자이에서 배우자"[4]라는 구호를 삭제했다는 점이다. 회의에서 제출된 '농

3　'1979, 1980两年经济计划地安排'(草案).
4　따자이(大寨)는 산시성 시양현(昔阳县)의 농촌으로 인민공사 시절 천용구이가 생산대 대장으로 획기적인 식량 증산 성과를 냈고, 이를 마오쩌둥이 "인민공사식 농촌의 모범사례"라고 칭찬하고, "농업은 따자이에서 배우자(农业学大寨)"라고 장려했다.

업 발전에 관한 주요 시책'은 다음과 같다(彭森·陈立 等, 2008: 15).

- 인민공사 각급 조직은 필히 '노동에 따른 분배'라는 사회주의 원칙을 진지하게 집행하고, 노동의 양과 질을 계산해 보수를 정하고, 평균주의를 극복한다.
- 인민공사 사원(社员)의 자류지(自留地), 가정 무역과 집합시장(集市) 거래는 사회주의경제에 필요한 보충 부분이므로 누구도 함부로 간섭할 수 없다.
- 엄격한 생산 책임제를 건립한다. 조별 도급노동(包工到组)과 생산 연계 보수 계산(联产计酬) 등을 시행할 수 있다.

한편, 전국계획회의에서는 인민공사 생산대, 즉 사대(社队)가 운영하는 '사대기업(社队企业)'이 '공상기업'으로 발전할 수 있도록 인식을 바꿔야 한다는 방침을 정하고, 국가는 세금의 감면이나 면제 등 정책을 실시해 사대기업의 발전을 지원해야 한다는 건의를 제출했다. 이 같은 정책기조가 이후에 진행된 '농민의 호별 도급생산(包产到户)'과 '향진기업(乡镇企业)'의 발전을 추진하기 위한 기초와 조건을 제공했다. 11기3중전회는 개혁의 원칙과 방향을 확정·제시했고, 이후 중국에서 가장 빈번히 등장하는 정치 용어가 되었다.

개혁·개방의 역사적 배경과 의미

1978년 말 중국의 개혁·개방 정책 결정은 지난 세기 사회주의 진영 국가에서 발생한 대표적인 양대 사건 중 하나로 꼽힌다. 또 다른 하나는 그로부터 11년 뒤인 1989년에 발생한 '베를린장벽 붕괴'이다. 소련과 동구권 사회주의 국가들에서 공산당 정권 몰락의 시작을 예고한 베를린장벽 붕괴와 중공의 개혁·개방 결정은, 지령성 계획경제 체제의 문제점을 인식하고 개혁과 개방을 추구한 중국공산당과, 제때에 선택과 결단을 내리지 못하고 파국을 맞은 소련 및 동유럽권 국가 공산당 정권의 대조적인 결과를 상징적으로 보여주었다. 이는 중공이 홍보 차원에서 스스로 자화자찬하는 말이기도 하지만, 실천 과정에서 노출된 사회주의 체제의 문제점을 인식·인정하고, 적시에 개혁과 개방을 추구한 중공과 그렇게 하지 못했던 소공(苏共)과 동유럽권 공산당 정권이 겪은 결과의 차이를 강조한 것이다.

1978년 중공 11기3중전회 이후 중국의 개혁·개방 여정은 크게 3개 단계로 구분할 수 있다.

① 11기3중전회(1978년)부터 1992년 중공 14차 당대회 개최 이전까지는 경제특구 등지에서 상품경제와 시장경제 실천 방안을 실험하고, 정책실험 결과와 영향을 평가하면서 탐색했다. 덩샤오핑은 이 과정을 "(강바닥의) 돌을 더듬어 짚으면서 (개혁의) 강을 건너자(摸着石头过河)"라는 말로 표현했다.[5] 이 기간 중 1980년대 중반까지는 개혁의 중점이 농촌에 있었다. 우선, 인민공사 제도가 폐지되고, 세대별로 농지를 분할해 경작권을 인정해 주는 것을 핵심으로 하는 '가정생산 연계 도급책임제(家庭联产承包责任制)'가 시행·정착되었다. 이어서 1980년대 중기부터 1990년대 초기까지 개혁의 중점이 농촌에서 도시로 이전해 갔으며, 개혁·개방의 실험 지구가 경제특구에서, 연해(沿海) 지구와 내륙수운 교통간선축을 따라 연강(沿江)지구로 확산되었다. 이 시기에 중공은 '덩샤오핑 이론'을 창립하고 개혁 실천의 중요한 이론적 성과라고 선전했다.

② 1992년 중공 14차 당대회 이후에는 사회주의 시장경제의 개혁·개방 목표

5 혁명전쟁과 항일전쟁 당시 국민당 군 또는 일본군에게 쫓겨 퇴각할 때 맞닥뜨린 한 번도 건너보지 않은 강을 건너야 했던 상황에 비유한 말이다.

를 확립했다. 이 시기에는 "큰 것은 움켜쥐고, 작은 것은 푼다(抓大放小)"라는 기조하에 국유기업 개혁을 심화하고, 생산 자료 쌍궤제(双轨制) 취소, 생산요소의 시장화 개혁 추진, 시장체계의 완비, 지령성 계획에서 지도성 계획으로 전환, 시장경제에 적응하는 재세(财税)·금융·외환 및 대외경제체제 개혁, 새로운 거시규제체제의 초보적 구축, 연강(沿江), 연변(沿边) 및 성회 도시 개방, 세계무역기구(WTO) 가입 등을 추진했다.

③ 최근에는 신형도시화와 신상태(新常态: New Normal)를 설정하고 이에 부응하기 위해 개혁의 목표와 과제의 층차(层次)를 다시 한 단계 승급시켜야 한다는 요구에 직면해서 '중국몽(中国梦)'의 실현을 목표로 하는 새로운 '중국 특색의 모델'을 탐색 중이다. 이는, 이제까지처럼 사유냐 국유냐, 시장이냐 계획이냐, 중체서용(中体西用)이냐 전반적인 서방화냐, 개혁이냐 보수냐와 같은 이분법적 관점으로는 현실을 파악하고 미래를 전망하기가 갈수록 어려워졌기 때문이라 할 수 있겠다.[6]

개혁·개방 선언 이후 40여 년간 추진한 주요 개혁 내용은 다음과 같이 요약·정리할 수 있다(彭森·陈立 等, 2008: 3~6).

- 고도의 집중 계획경제체제에서 사회주의 시장경제체제로 전환
- 단일 공유제에서 공유제 경제를 주체로 하는 다종(多种) 소유제 경제로 공동 발전 추진
- '일대이공(一大二公)'[7]의 인민공사에서 가정생산 연계 도급, 쌍층(双层) 경

---

6   신상태와 신형도시화 등에 대해서는 16장 참고.

7   일대이공(一大二公)은 '첫째, (규모를) 크게, 둘째, 공유'라는 뜻으로 농촌에서 생산합작사와 인민공사를 추진하면서 내건 구호이다. 개혁·개방 이후에는 상반되는, 즉

영을 허용하는 농촌 기본 경제제도 추진

• 국유·국영 체제에서 현대 기업 제도로 전환

• 국가에 의한 가격 결정, 집중 관리 가격 체제에서 통일·개방·경쟁·질서가 있는 현대 시장 체계 건립 추진

• 지령성 계획 체제에서 예측성 및 규제성 지표를 기초로 하는 국가 거시규제 체제로 전환

• 평균주의 분배 방식에서 노동에 따른 분배를 주체로 하는 다종 분배 방식과 생산요소 및 노동 참여 정도에 따라 차등 분배하는 제도가 병존하는 방식으로 전환

• 봉쇄·반봉쇄 체제에서 전방위 개방체제로 전환

개혁·개방 30년간 10대 유행어

2008년 12월 13일, 중국 전국의 15개 지방신문과 인터넷 주류 매체들[8]이 연합해, 2008년 10월에 각자 자기 소재 지방에서 독자와 인터넷 투표를 통해 선정한 '개혁·개방 30주년 10대 유행어'는 다음과 같다(≪钱江晚报≫, 2008.12.14).

• **샤하이**(下海): 바다에 뛰어들다. 개혁·개방이 심화되고 시장경제가 발전하면서, 수많은 정부 기관, 국유기업 및 사업 단위, 즉 이른바 '철밥통'이라 불

'일소이사(一小二私)' 방향으로 전환했다.

8   ≪钱江晚报≫, ≪北京晚报≫, ≪今晚报≫, ≪羊城晚报≫, ≪齐鲁晚报≫, ≪华西都市报≫, ≪新闻晚报≫, ≪楚天都市报≫, ≪新安晚报≫, ≪大河报≫, ≪辽沈晚报≫, ≪山西晚报≫, ≪新文化报≫ 등이 있다.

리는 직장의 직원들이 보다 좋은 조건과 기회를 찾아 상업의 바다(商海)에 뛰어들어, 창업을 하거나 외국 기업 등으로 자리를 옮기면서 유행한 말이다. 한때 친구를 만나면 "샤하이(下海) 했냐?"라는 질문이 인사말이 될 정도였다.

- **샤강**(下岗): 정리해고, 재취업. 국유기업 개혁과 산업구조조정 과정 중에 샤강(下岗), 즉 정리해고 된 인원수가 각 분야, 부문에 걸쳐 약 3000만 명에 달하면서 유행한 말이다.

- **농민공**(农民工): 농민(农民)과 노동자(工人)가 결합된 용어이다. 1978년 농촌개혁 이후 농촌에 잉여노동력이 발생해 농민이 향진기업에 유입하기 시작했고, 1984년 이후에는 농민이 도시에 가서 일하고 도시에 거주하는 것이 국무원 문건에 의해 허용되었다. 이들은 도시 고용 노동자 중 조건이 가장 열악하고, 노동은 고되고 수입은 가장 낮은 집단이다. 따라서 이들의 실상과 동향 관련 보도와 문제 제기가 빈발하고, 중국정부도 이 문제를 매우 중시하고 있다.

- **흑묘백묘**(黑猫白猫): "검은 고양이건 흰 고양이건 쥐를 잘 잡으면 좋은 고양이다"라는 뜻으로 덩샤오핑의 실용주의 노선을 나타내는 대표적인 말이다. 이 말과 함께 "성이 자본주의 자(资)씨인지 사회주의 사(社)씨인지 따지지 마라"(인민을 잘살게 할 수 있다면 좋은 정책이다)라는 의미의 '성사성자(姓社姓资)'라는 말도 유행했다.

- **샹왕**(上网): 인터넷 접속. 약 10여 년의 기간 중에 수많은 사람들의 일상생활에 인터넷 이용이 필수적이 되었다. 인터넷을 통한 이메일, 채팅과 정보검색, 비행기표, 기차표, 호텔 예매 및 예약, 온라인 쇼핑 등으로 이용 범위가 갈수록 확대되면서 '샹왕', 즉 인터넷 접속은 더욱 중요한 유행어가 되었다.

- **개혁·개방**(改革开放): 새로운 사고, 새로운 시도를 상징하는 말로 '개혁·

개방'이라는 말 자체가 유행했다.

- **베이징올림픽**(北京奧运): 1993년 올림픽경기 유치 경쟁에서 베이징이 시드니에 진 이후 올림픽 개최는 전 중국 인민의 관심사가 되었고, 2001년에 다시 신청하여 2008년 올림픽 개최지로 선정된 이후 준비 기간과 2008년 올림픽경기 개막식부터 폐막식 그리고 그 이후까지 '베이징올림픽'이 주요 화두가 되었다.

- **차오구**(炒股): 주식투자. 주식(股份)이라는 게 무엇인지조차 모르던 상태에서 주식투자는 중국인들의 재산과 부의 개념 변화에 직간접적으로 매우 큰 영향을 미쳤다. 시장(市場)이 무엇이고, 수익과 투자위험이 무엇인지를 체험하게 해주면서 '차오구(炒股)', 즉 주식투자가 유행어가 되었다.

- **중국특색**(中国特色): 덩샤오핑의 "자신의 방식대로 추진해, 중국특색의 사회주의를 건설하라"라는 말에서 시작된 말이지만, 이후 중국 사회에서 자기 방식대로 일을 추진한다는 뜻을 나타내기 위한 농담조의 상징적 표현으로 쓰이고 있다.

- **슝치**(雄起): 격려하고 용기를 북돋아 줄 때 쓰는 말로, 원래는 충칭과 쓰촨성 청두 사람들이 축구 경기 관람 시 응원할 때 쓰던 말이었으나 전국 광범위한 영역으로 확산되었고, 특히 2008년 5월, 쓰촨성 원촨(汶川) 대지진 시에 피해 지구 주민들을 위로 및 응원하기 위해 사용되면서 다시 한번 크게 유행했다.

이 외에도 개혁·개방 이후 중국 경제의 성장을 상징하는 말로 '라오싼젠(老三件: 옛 세 가지)'과 '신싼젠(新三件: 새 세 가지)'이 있다. 인민들이 가장 갖고 싶어 하는 물건 세 가지가 1980년대에는 재봉틀, 자전거, 손목시계였는데, 이것이 1990년대에는 TV, 세탁기, 냉장고가 되었고, 2000년대 이후에는 3M인 내 차(My Car), 내 집(My Home), 내 휴대폰(My Phone)으로 바뀌었다는 것이다. 이후에는 또 어떻게 변할까? 아마도 문화나 민주화 같은 소프트웨어적인 욕구 아닐까? 한편, '탕평족(躺平族)'이라는 말도 등장했다. '탕평(躺平)'이란 편안하게 누워 있다는 말이다. 열심히 일해 봐야 희망(내 집, 결혼, 가정)을 가질 수 없으니 차라리 편하게 소비라도 줄이며 살겠다는 젊은 세대를 가리킨다. 한국 사회의 '삼포세대'와 비슷한 말이라 하겠다.

농업, 농촌개혁의 시작[9]

개혁·개방 이후 중국에서 농업과 농촌개혁의 시작은 '호별 도급생산 (包产到户)' 시행이었다. 중국 전국에서 최초의 호별도급생산 시도로 정부의 비준을 받고 공식적 사례로 인정받은 것이 안후이성 펑양현(凤阳县) 샤오강 생산대(小岗生产队)[10] 농민들의 '생사협약'이다.[11] 베이징 톈안문 광장 동편, 중국 국가역사박물관에는 샤오강촌 농민들이 1978년 비밀리에 '호별 도급생산'을 위해 맺은 '생사협약서' 원본이 소장되어 있다. 또한, 2005년 6월 15일에는 안후이성 펑양현 샤오강촌(小岗村)에도 기념관이 건립되었다.

중공이 주도한 토지개혁으로 토지를 분배받은 중국 농민들의 감격과

---

9   유튜브 북연TV, 〈중국현대사〉, 36~37회 '농촌개혁 1, 2' 참고.

10 당시 인민공사 체제하에서 행정단위인 촌(村)은 인민공사의 생산대(生产队)에 통합된 '정사합일체제(政社合一体制)'였고, 샤오강촌은 샤오강 생산대로 편제되어 있었다.

11 덩샤오핑은 중국의 개혁·개방 경험을 다음과 같이 총결했다. "중국의 개혁은 농촌에서 시작되었으며, 농촌개혁은 안후이성(安徽省)에서 시작되었다. …… 우리는 농촌개혁 경험을 도시에 적용, 운용했고, 도시를 중점으로 하는 전면적인 경제체제 개혁을 추진했다"(赵海均, 2008: 33).

〈그림 15-1〉 안후이성 샤오강촌과 기념관

저자 촬영(2009.3.23).

기쁨은 1949년 중화인민공화국 출범 후 불과 3년여 만에 끝났다. 1953년 부터 '사회주의 개조'와 집체화가 진행되면서 농민들은 분배받은 자기 소유 토지의 소유권을 소유권 등기 잉크 냄새가 채 가시기도 전에 강압적 방식으로 진행된 '사회주의 개조' 합작화 과정에서 다시 국가와 집체에 몰수당했다. 그리고 '초급 및 고급 생산합작사'를 거쳐서 '인민공사'의 사원(社員)이 되어 획일적 통제하에 집체노동을 해야 했다. 농민들은 합작화, 집체화에 대한 반항으로 처음에는 합작사나 인민공사에서 퇴사(退社)를 시도했고, 이 같은 행동을 기층 당과 정부가 제지하자, 태업 등의 행동으로 대응했다. 다음은 당시 '사회주의 신중국' 농민들 간에 유행했던 말들이다.

"열심히 일해서 노동 점수 몇 점 더 따는 것보다 닭장 안 암탉 앞에 쪼그리고 앉아서 달걀 하나 얻는 것이 더 낫다."
"첫 번째 작업 개시 호각 소리는 못 들은 척하고, 두 번째 호각 소리에는 두리번거리며, 세 번째 호각 소리에 천천히 걸어가 논두렁 앞에 도착한 후에 '아, 깜박 잊고 쟁기를 안 갖고 왔다' 하고 다시 집에 갔다 온다."

제15장 개혁·개방, 신민주주의 단계로 복귀   353

"집체 작업 시간에는 남자는 카드놀이, 여자는 신발 꿰매기 등으로 시간 때우다가, 퇴근 시간이 되면 집으로 달려가서 내 텃밭을 가꾼다"(彭森·陈立 等, 2008: 22).

덩샤오핑을 중심으로 하는 실용주의 개혁파가 정권을 장악한 후에 허용한 '호별 도급생산'이 공식적으로 진행된 것은 덩샤오핑의 혁명 동지이자 개혁파인 완리(万里)가 안후이성 위원회 제1서기로 부임하면서부터였다. 당시 완리의 행적에 관한 기록을 통해 개혁 전야의 중국 농촌의 한 장면을 살펴보자(赵海均, 2008: 33~46; 彭森·陈立 等, 2008: 22~23).

안후이성 제1서기 완리

1977년 6월 21일, 철도부 부장(部长: 우리의 장관에 해당)에서 중공 안후이성 위원회 제1서기로 부임한 완리는 부임 후 3개월 넘게 안후이성 대부분의 지방을 돌아다니며 기층 주민의 상황을 파악했다. 하루는 안후이성 북서부에 있는 푸양(阜阳) 지구에서 허름한 초가 농가들이 늘어선 마을을 방문했다. 대부분의 농민 가정에 쌀과 밀가루는 고사하고, 기근을 면하기 위한 고구마마저도 부족했고, 적지 않은 농가들의 문이 잠기거나 비어 있었다. 그 이유가 초근목피 등 먹을 것을 구하러 마을 밖으로 나갔기 때문이었다.

성 정부 농업 담당자의 보고에 의하면, 당시 성내 28만여 개의 생산대 중 10% 정도가 겨우 춥고 배고픈 상태를 면하고 있었다. 나머지 90%는 정부 방출미와 구제에 의지하고 있는 형편이었고, 이 중 10%는 최악의 기아 선상에 있었다(彭森·陈立 等, 2008: 21).

같은 해 11월 상순에 완리가 옛 혁명 근거지인 후베이성, 허난성, 안후이성 3개 성의 경계에 위치한 따비에산(大別山) 진자이현(金寨县)에 도착했다. 당시는 혹독한 엄동설한 시기였다. 산촌 지구인 옌즈허(燕子河)촌에서 한 허름한 초가집 문을 열고 들어서니, 컴컴한 방안 부뚜막 부근에 짚이 쌓여 있었고, 한 노인과 두 명의 처녀가 앉아 있었다. 완리가 노인에게 인사말을 건네고 악수하려고 손을 내밀었다. 그러나 노인과 그 곁에 있는 두 처녀는 별 반응 없이 완리를 바라보고만 있었다. 완리는 노인의 청각에 문제가 있을 것이라고 생각했다. 동행한 현지 촌 간부가 노인에게, "이분은 새로 부임한 성 위원회 제1서기이시다"라고 말하자, 그제야 노인이 목례를 하고 하반신을 덮고 있던 누더기를 한 손으로 들추고 일어났다. 순간 완리는 경악했다. 노인의 하반신은 맨살이었다. 옆의 촌 간부가 두 처녀를 가리키며 말했다.

"이 처녀들도 그런 상태일 겁니다. 각자 입을 바지는 없고, 날씨는 추우니 이렇게 아궁이 앞에 누더기 이불을 같이 덮고 앉아 있는 겁니다."

완리가 다시 몇 집 건너 또 다른 농가에 들어서니, 집 안에 누더기 옷을 걸친 중년 부녀자가 혼자 있었다. 완리가 그녀에게 집안 상황을 물었다.

"가족이 몇 명입니까?"

"부부하고 아이 둘 해서 네 명입니다."

"애들은 어디에 있나요?"

"놀러 나갔습니다."

"아이들을 보고 싶으니 불러주시오."

…….

그러자 이 중년 부녀자가 당황해했다. 완리가 다시 말하자, 그녀가 어쩔 수 없다는 듯이 부뚜막으로 가서 솥뚜껑을 들어 올렸다. 아궁이 안에 두 명의 벌거벗은 여자아이가 보였다. 아이들을 추위로부터 보호하기 위해, 밥을 짓고 나서 아직 온기가 남아 있는 아궁이 안에 무쇠 솥을 들어내고 어린애들을 그 안에 넣고 솥뚜껑으로 덮어두었던 것이다. 완리의 눈이 시려지고 참고 있었던 눈물이 만면에 흘렀다. 잠시 후 완리가 침통한 어조로 말했다.

"혁명전쟁 당시, 이 지구의 인민들이 혁명을 위해 얼마나 많은 뜨거운 피를 바쳤는가? 그런데 우리 당이 집권한 후 30년이 다 된 오늘까지도 백성들이 배를 채울 만큼 먹지도 못하고, 17~18세 처녀들이 몸을 가릴 옷조차 없는 정도라니, 아, 무슨 낯으로 강동의 어른(江東父老)들을 대할 수 있단 말인가!"

당시에 완리는 1958년부터 20여 년간 시행된 인민공사와 '큰솥밥(大锅饭)' 제도가 농민들의 생산 의욕과 적극성을 떨어뜨리고 있다는 걸 잘 알고 있었고, 농민들의 고통을 현장에서 거듭 확인하면서 인민공사식 농촌 관리체제를 돌파하기 위한 방안을 찾고 있던 중이었다.

1978년 여름에서 가을로 넘어가는 시기에 안후이성에 백 년에 한 번 정도 오는 대가뭄이 들었고, 그렇지 않아도 어려웠던 농촌 상황은 더욱 어려워졌다. 완리는 이 같은 상황을 극복하고자 농민들에게 토지를 임대해 경작하게 하고, 통일적으로 징수하던 양식 징수도 면제해 주기로 결정했다. 이 같은 시책의 시행을 통해 농민들의 생산 적극성을 촉발시켜 대가뭄을 극복할 수 있었고, 일부 농민들은 비밀리에 '호별 도급생산'을 시도하기 시작했다. 이 중 중공중앙이 공식적으로 인정한 것이 안후이성 사례다.

안후이성 펑양현은 명(明)을 창건한 황제 주웬장(朱元璋)의 고향이다. 그런데 이 고장 민요에는 다음과 같은 각설이 타령조의 구절이 있다.

"펑양은 본디 좋은 지방이지만, 주 황제가 나온 후에는 10년 중 9년이 기근이라네."

이 가사 내용처럼 안후이 펑양현은 수백 년 이래 춘궁기에 기근을 피해 다른 지방으로 구걸을 다니는 것이 마치 전래의 풍습처럼 되어 있었다.

이 평양현 내의 촌 단위 생산대인 샤오강촌 농민들이 작당하여 비밀리에 '호별 경지 분할(分田到戶)' 도급 경작을 실행했고, 이것이 중국 농촌개혁의 서막을 열었다. 이와 관련된 주요 장면을 보자.

1978년 추수를 끝낸 이후 샤오강 생산대는 2개조, 4개조 등의 작업조로 나누고, '조별 도급제(包干到組)'를 실행했으나, 각 작업조 내부에서 작업량 산정 기준, 출근 및 작업 태도 등에 대한 평가를 둘러싸고 분규가 끊이지 않았다. 결국 '차라리 해산하고 말자'고 말하는 상황이 되어버렸다. 샤오강 생산대 부대장으로 적극적이고 대담한 성격이었던 옌훙창(嚴宏昌)은 계속 이런 식으로 가서는 희망이 없다고 판단하고, 고민하다가 촌의 어른인 관팅주(关庭珠)의 집에 찾아가 어떻게 해야 될지 여쭈었다. 관팅주는 다음과 같이 대답했다.

"1962년에 시행한 책임전(责任田)이 매우 좋았다. 서로 다투고 싸우지 않으려면 오직 한 집씩 분리해서 경작해야 할 것이다. 그러나 정부가 허가를 안 해줄 것이다. 너희 생산대 간부들도 감히 시도를 못 할 것이고 ……."

다음 날, 옌훙창은 그의 형이자 생산 대장인 옌쥔창(嚴俊昌)에게 동의를 구하면서 제안했다.

"쥔창 형, 형은 식구가 많으니 내가 앞장설게, 우리 생산대 사원 회의를 열고 모두가 동의하면 각 가정 단위로 경지를 나눕시다."

이리하여 1978년 11월 24일 밤에 생산대 대장 옌쥔창과 부대장 옌훙창 형제의 주도하에 촌 전체 18호 농가 호주들이 촌민 옌리화(嚴立华)의 집에 모였다.

이들 농민들이 자유 토론을 거쳐서 작성한 '생사협약' 초고를 옌훙창이 낭독했다. 문화 수준이 낮은 농민들의 투박한 언어로, 그러나 솔직하고 절실하게 표현된 '생사협약'의 주요 내용은 다음과 같다(赵海均, 2007: 38~39).

〈그림 15-2〉 기념관으로 보존된 샤오강촌 엔리화의 집

〈그림 15-2〉 기념관으로 보존된 샤오강촌 엔리화의 집

필자 촬영(2009.3.23).

- 각 호(戶) 단위로 농지를 나누고, 각 호 호주가 서명·날인한다.
- 이후 각 가정마다 정부와 집체에 납부하는 공량(公糧) 외에는 어떤 돈도 양
  식도 다시 요구하지 않는다.
- 상부와 외부에 비밀을 유지한다. 발설하는 자는 전 촌민의 적이고 인간도
  아니다.
- 만일, 우리 간부들이 감옥에 가게 되면, 그들의 아이들을 남은 사람들
  이 18세 될 때까지 양육해 준다.

그 아래에 주동자인 생산대 부대장 엔홍창, 그리고 각 호의 대표인
20인(외부 출타 중인 호주 포함)이 서명했다. 남루한 의복을 걸친 18인의 농민
들이 비장한 표정으로 이 '생사협약서'에 엄지손가락 지장 또는 정방형 도
장을 찍었다. 당시 이들은 자신들의 이 같은 행동이 이후에 중국 전국의
농촌에서 구(舊) 경제체제를 타파하고, 생산력을 해방시킨 개혁의 시작과
상징이 될 것이라곤 상상조차 하지 못했다.

비밀 협약을 체결하고 각 가정 단위로 농지를 분할한 이후부터 이 마을,

〈그림 15-3〉 샤오강촌 생산대 농민들의 생사협약서　〈그림 15-4〉 호별 도급생산 생사협약 관련
　　　　　　　　　　　　　　　　　　　　　　　　　　　　전시 자료

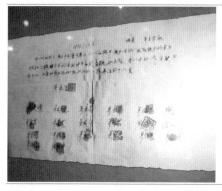

샤오강촌 기념관에서 필자 촬영(2009.3.23).

즉 샤오강 생산대 농민들의 태도가 근본적으로 달라졌다. 그 이전에는 춘절
(春节)이면 촌민 거의 모두가 식량을 구걸하기 위해 외부로 나가 떠돌아다녔
었다. 그러나 이해 춘절에는 주민 대부분이 마을 안에서 비료용 쇠똥 등을
수집했다. '자본주의의 꼬리', '반혁명'으로 비판·매도당하던 '세대별 경지
분할'이 농민들의 생산 적극성을 촉발하고, 해방시킨 것이다. 비밀 생사협
약을 맺은 첫해에 샤오강 생산대 농민들이 이룩한 성과는 놀라웠다. 그해
양식 총생산량이 그 이전 해에 비해서 두 배도 넘게 늘었다. 더구나 그 이전
20년간 샤오강촌은 국가에 한 톨의 곡식도 납부하지 못했었는데, 그해에는
양식 총생산량 6만 6000여 kg 중 1만 2500kg을 정부에 공출했다.

　한편, 완리는 제5기 인민대표대회 2차 회의 기간 중에 당시 중공중앙
부주석이었던 천원을 찾아가 '호별 도급생산' 실시에 대해 '적극 지지' 약속
을 받아냈고, 이어서 1979년 7월에 안후이성을 방문한 덩샤오핑과 황산(黃
山)을 함께 등반하면서 '호별 도급생산' 시행 관련 경과를 덩샤오핑에게 보
고했다. 덩샤오핑은 다음과 같이 대답했다.

　"바로 그렇게 추진하라, 실사구시적으로 추진하라, 형식에 구애받지

〈그림 15-5〉 1979년 11월, 덩샤오핑을 수행하고 황산에 오른 완리

말고, 농민들을 잘살 수 있게 할 수 있다면 모든 방법을 동원하라."

다음은, 중국중앙TV가 방영한 다큐멘터리 연속극 중 덩샤오핑이 황산 등반 전에 완리를 베이징으로 불러서 안후이성 가뭄 현황 관련 보고를 받으며 대화하는 장면이다.[12]

(덩샤오핑의 사무실, 비서가 완리를 안내하고 들어온다)

덩　완리 동지, 자네 정말 보기 힘들구나. 만일에 보고할 일 없으면 베이징에 오지도 않겠군. 자, 우선 앉게. 가뭄 상황이 궁금하네.

완리　(자리에 앉은 후에 심각한 어조로) 샤오핑 동지! 안후이성 대부분 지구에 8~9개월째 비가 안 왔습니다. 가뭄 피해를 당한 농지가 6000만여 무(畝)이고, 400만여 인구가 사는 지구의 사람과 가축이 물 부족으로 곤

12　덩샤오핑 탄생 100주년 기념으로 중국중앙TV가 방영한 20회분 다큐멘터리 연속극 중 18회분 극본의 앞부분이다(王朝柱, 2009: 329~330).

란을 겪고 있습니다. 일부 농민들은 가뭄을 피해 부득불 가축을 끌고 외지로 나가고 있습니다.

덩   음, 그렇다면 올해 가을에는 수확이 거의 없겠군.

완리   더욱 심각한 것은 가을 파종입니다. 특히 겨울 보리 등 농작물 파종도 어렵습니다.

덩   그렇다면 이는 내년 여름 수확에만 영향을 주고 말 문제가 아니지 않은가?

완리   그렇습니다. 그래서 우리 성 위원회는 가을 파종을 성공적으로 하고, 내년에 수확을 거둘 수 있도록 모든 방안과 역량을 동원하고 있습니다.

덩   구체적인 실행 방안이 있는가?

완리   (일어나면서) 있지요. 성 위원회는 성 내에 방치된 황무지 토지를 임대해 보리를 경작하기로 결정했습니다. 집체가 경작할 수 없는 모든 토지를 (인민공사) 농민 사원 개인에게 임대해 주고, 보리와 야채를 심게 하고, 농민 사원 개인들의 황무지 개간을 장려하고, 경작한 자가 수확을 거두고, 국가는 통합 양식 구매 등의 임무를 면제해 주기로 했습니다.

덩   농민들이 환영하겠군?

완리   대환영입니다! 가뭄을 피해 외지로 나가 있던 농민들도, '토지 임대 보리 경작' 소식을 들은 후에는 다시 가축을 몰고 돌아왔습니다. 농민들이 이렇게 말합니다. "올가을에 생명 보존 보리(保命麦)를 많이 심으면, 내년엔 양식이 생긴다 ……."

덩   얼마나 좋은가! 농민들에게 토지를 많이 임대해 주고, 모두가 생명 보존 보리를 심게 하게.

완리   어려움이 많습니다! 어떤 사람은 "저 완리가 모양새만 바꾸어서 자본주의 '경지 분할, 개별 경작(分田单干)'을 한다, '방향성 착오'를 범했다"라고 욕하고 비난합니다.

덩   완리 동지, 다른 사람에게 모자 씌우고 딱지 붙일 줄밖에 모르는 사람
　　　들에게 이렇게 전하게. 나, 덩 모라는 사람이 말하기를, "인민을 굶겨
　　　죽이는 게 바로 가장 큰 범죄다"라고 하더라고. (책상 위의 신화사 내부
　　　참고 자료 간행물을 들어 올리면서) 방금 전에 보니, 여기 당신들 안후이
　　　성에서 쓴 문장에 "보수 계산은 생산과 연계, 책임은 각자에게(联产计
　　　酬, 责任到人)"라는 말이 있는데 이 8자에 뭔가 숨겨놓은 뜻이 있는 것
　　　같은데 ……, 카드 뒤를 보여주게.

완리   (웃으면서) 동지는 속일 수가 없군요. '호별 도급생산(包产到户)'이 4글
　　　자는 범죄시되고 금기시되어 있지 않습니까? 어떡합니까? 그래서 제가
　　　'도급생산(包产)'을 '생산과 연계한 보수 계산(联产计酬)'으로 바꾸고,
　　　'호별(到户)'을 '책임은 각자에게(责任到人)'로 바꾼 겁니다.

덩   그렇다면, 이건 완리 동지의 대발명이라고 할 수 있겠군. 아무튼 모든
　　　걸 실제에서 출발해 일을 추진하면, 중앙은 동지를 지지할 것이다.

완리   동지가 그렇게 말씀해 주시니 이제 그 무엇도 두렵지 않습니다. 이제
　　　가봐야겠습니다.

덩   잠깐, 뭐가 그리 급한가?

완리   (놀란 표정으로) 안후이성으로 돌아가야지요. 뭐 다른 지시가 더 있
　　　습니까?

덩   바쁘더라도, 베이징에 왔으니 집에 들러서 아내와 아이들은 보고 가게
　　　나 …….

완리   그럴 수가 없습니다. 안후이성 백성들 목숨이 달려 있습니다(황급히 나
　　　간다).

……

1979년 7월, 완리의 안내로 덩샤오핑이 안후이성과 황산을 다녀간 지

약 6개월 후인 1980년 1월에, 중공 안후이성 위원회가 개최한 새해 첫 회의에서 제1서기 완리가 처음으로 '호별 도급생산(包产到户)'이라는 명칭을 사용하고, 이를 허용·실시하겠다는 의사를 밝혔다. 이것이 중공 최초의 공식적 '호별 도급생산' 허용이다.

회의가 끝난 후 완리는 펑양현 샤오강(小岗) 생산대로 갔다. 집집마다 양식이 가득 쌓여 있는 것을 보고, 그 생산대 간부에게 말했다.

"이렇게 하면, 형세는 자연히 크게 좋아질 것이다. 나도 바로 이렇게 하려고 한다. 내가 여러분을 지지해 주겠다."

다음은 당시 샤오강 생산대 부대장이었던 옌홍창의 회고이다(中共中央文献研究室编写组, 2009: 33).

성 정부에서 새해 첫 회의가 열리고, 회의가 끝난 후에 완리 서기가 우리 샤오강촌에 왔고, 집집마다 둘러보고 매우 만족해했다. 그러나 나는 여전히 불안한 마음으로 우리 집에서 완 서기에게 보고했다. 완 서기의 뒤에는 성과 현의 각급 간부들이 앉아 있었다. 나는 긴장된 마음으로 그간의 진행 과정을 보고했다. 다 듣고 난 완 서기가 말했다.

"이 농촌의 초가집에 진정한 마르크스·레닌주의자가 살고 있는 줄 모르고 있었다. 사실 이 같은 방법을 나도 예전부터 생각하고 있었다. 그러나 감히 시도하지 못했는데 여러분이 했다."

이 말을 듣고 나서야 나는 비로소 안심이 되었고, 두 눈에서 눈물이 나오는 걸 참지 못했다. 그동안의 설움이 복받쳐 올랐다. 내가 다시 완 서기에게 말했다.

"우리는 여러 영도(领导)들이 우리가 계속 이렇게 할 수 있도록 허락해 주기를 바랍니다."

완 서기가 대답했다.

"여러분 안심하시오. 나는 한편에서는 여러분의 방식을 지원하고, 또 한편으로는 중앙에 보고해 허락을 받아낼 것이오……."

사실은 안후이성뿐만 아니라 쓰촨성, 저장성, 네이멍구자치구, 허난성, 구이저우성 등지의 수많은 촌 단위 지방에서, 거의 같은 시기에 또는 더 이른 시기에 농민들이 호별 도급생산을 시도했다는 사실이 곳곳에서 확인되었다. 그러나 중공이 공식적으로 확인·인정한 것은 안후이성 샤오강 생산대 사례이다.

1980년 봄에 완리는 덩샤오핑에게 안후이성이 시행하고 있는 '호별 도급생산'의 현황을 수차례 보고했다. 덩은 처음에는 명확한 태도 표시를 하지 않고 지켜보았고 성과가 나타나자 지지하기 시작했다. 그해 4월 2일에 덩샤오핑이 후야오방, 완리, 야오이린(姚依林), 덩리췬 등 간부들과의 담화 시에 다음과 같이 말했다(彭森·陈立 等, 2008: 68).

농촌은 땅은 넓고 사람은 희소하고, 경제가 낙후하고 생활이 빈궁한 지구이다. 구이저우성, 윈난성 그리고 서북 지방의 간쑤성 등에 대해 정책을 완화하고 풀어주는 데 나는 찬성한다. 그들이 진정으로 지방 특성에 맞게 자신의 특성을 발전시키도록 해야 한다. 정책은 넓고 느슨하게 해서, 각 호마다 모두 자신이 방법을 생각하게 하고, 다양한 시도를 하게 하라. 소조별로, 또는 개인별로 분할 도급해 줄 수 있다. 이것이 우리 사회주의 제도 성격에 영향을 줄 수 없다. 두려워할 필요 없다. 총괄적으로 말하면, 현재 농촌관리업무 중의 중요 문제는 아직도 사상이 충분히 해방되지 못한 점이다. 현지의 구체적 조건과 군중의 바람에서 출발해야 한다.

여기서 흥미로운 말은 "사상 해방"이라는 말이다. 마오쩌둥의 주도하에 '반우파 투쟁'이니 '문화대혁명'이니 해가면서 극좌 노선을 추진했으나,

이제는 바로 그 극좌사상이 '해방'의 대상이 된 것이다. 아무튼, 덩샤오핑의 이 담화 이후에 중국의 농촌에서는 '호별 도급생산'을 중심으로 하는 개혁이 더욱 본격적으로 진행되었고, 전국으로 확대되었다.

한편, 이처럼 호별 분할 도급생산이 광대한 농민의 절실한 요구를 반영하면서 중국 전국의 농촌으로 확산되고 있었지만, 다수의 간부들은 여전히 진부한 관성적 관념에서 벗어나지 못하고, 호별 도급생산의 성(姓)이 사회주의 사(社) 씨냐 자본주의 자(资) 씨냐를 따지는 '성사성자(姓社姓资)' 논쟁을 계속하고 있었다. 1980년 9월 14일~22일 기간 중에 대폭 교체된 중앙 고위직 간부들과 각 성, 직할시, 자치구 제1서기들 간에 좌담회가 열렸고, 이 자리에서 농업생산 책임제를 주제로 토론이 진행되었다. 이들 성급 지방 서기 중에서 호별 도급생산 실행에 지지 태도를 취한 자는 랴오닝성의 런중디(任仲弟), 네이멍구자치구의 저우후이(周惠), 구이저우성의 츠비칭(池必卿)뿐으로 여전히 소수였다. 대부분의 지방 서기들은 침묵을 지키고 있었다. 츠비칭이 구이저우성에서 호별 도급생산 책임제를 전면적으로 시행하기 위한 준비를 하고 있다고 발언하자, 당시 헤이룽장성 서기 양이천이 "우리는 그 물건을 받아들일 수 없다"라고 대꾸했다. 츠비칭이 그 말에 "당신은 당신의 탄탄대로로 가시오, 나는 나의 외나무다리로 가겠오"라고 받아쳤다. 양이천은 진리표준 논쟁 당시 성급 위원회 서기 중 가장 먼저 실천파의 주장에 공개적으로 지지의사를 표명한 사람이었으나 호별 도급생산에는 반대했던 것이다. 아무튼 이 두 사람 간의 언쟁 내용이 ≪회의간보(会议简报)≫에 실린 후 "탄탄대로(阳关道)와 외나무다리(独木桥) 언쟁"이라 회자되며 전국적인 유행어가 되었다.

개혁·개방 초기 중공의 최우선 과제는 사회주의 제도의 틀을 유지하면서 시장경제를 유기적으로 결합하기 위한 실험이었다. 그러나 그 시절 대부분의 중국 인민들에게는 문화대혁명 10년 대동란기에 극좌모험주의 정치투쟁을 겪어내면서 체득한 경험 교훈으로, 정치적 바람과 격랑 속에서 살아남기 위해 책임 회피용 수식어를 붙이는 풍조가 만연했다. 대표적인 수식어 중 하나가 '계획경제 위주'라는 말이었다. 마오쩌둥 통치 시절에 '백화제방'이니 '백가쟁명'이니 하는 말을 믿고 마음속 의견을 밝혔다가 '우파'나 '반혁명', 심지어는 '소련이나 미국 첩자'로 몰려서 처형당하거나 곤욕을 치른 직간접 경험과 기억이 생생했고, 그런 상황이 언제든지 재연될 수도 있다고 생각했기 때문이다. 이에 대해 덩샤오핑이 최고 권력자로서 확실한 지침을 제시해 주었다. 1987년 2월, 덩샤오핑은 중앙 간부들과의 회의에서 다음과 같이 말했다.

"앞으로는 '계획경제 위주'라는 말을 하지 마라. 계획과 시장 모두 수단 아닌가. 단지 생산력 발전에 유리하다면 이용할 수 있는 것이다."

심지어 다음과 같은 말도 했다.

"우리가 사회주의를 하려는 것은 인민을 잘살게 하고 국가를 부강하게 하기 위해서이다. 우리에게는 잘사는 사회주의가 필요하다. 가난한 사회주의는 필요 없다"(『邓小平文选 3』: 31).

당시 중공중앙 조직부장 후야오방은 다음과 같이 말했다.

"인민의 굶주림도 해결하지 못한다면, 그러고도 뭘 또 더 할 수 있다는 건가?"

그 후에 알려진 사실은 안후이성 샤오강 생산대보다 20여 년 이전, 즉 개혁·개방 선언 이전인 1950년대 후반부터 저장성 원저우(溫州) 용지아현(永嘉县)의 적지 않은 생산대에서 이미 호별 도급생산을 시행해 비약적인 생산성 증대 성과를 거둔 바 있었다는 것이다(胡宏伟·吳晓波, 2002: 17~22). 또한, 그 시절 안후이성 쑤현에서 70대 노인이 이루어냈다는 전설 같은 이야기가 있다. 즉, 이 노인은 1960~1962년 3년간 자연재해와 이로 인한 심각한 기근 상황에서 중병에 걸린 아들을 돌봐야 해서 생산대의 집체노동에 참여할 수 없었다. 이로 인해 집체생산대에서 식량을 배분받기도 어려워진 노인이 자신의 생산대가 소속된 인민공사 간부의 허락을 구한 후 병든 아들을 데리고 산으로 가서 혼자 노동을 해 16무(약 3200평)의 황무지를 개간해 양식 문제를 해결했을 뿐만 아니라 인민공사에 1800근의 양식을 납부했고, 그 외에도 닭을 길러 60위안의 소득도 올렸다. 이 노인이 개체노동을 통해 달성한 이 같은 성과는 당시 집체노동 체제 안에서 농민들이 보편적으로 처해 있던 기근 상황과 명백하게 대조되었고, 농촌과 농민들에게 경지를 분할해 경작하게 하면 훨씬 많은 양식을 생산할 수 있으며, 기근 상황을 극복할 수 있음을 확인시켜 주었다(徐玮·吴志菲, 2008: 52~53).

당시 중국 내 다른 지방에서도 농민과 지방정부 간부들은 물론이고, 당 중앙의 류샤오치, 덩샤오핑, 천윈 등으로 대표되는 실용주의 노선을 주장하던 간부들은 농민들의 생산 적극성을 높이려면 호별·개인별로 도급 책임 생산하는 방향으로 가야 한다는 주장을 지지하는 입장이었다. 가령 류샤오치는 "하는 게 안 하는 것보다 좋다"라고 말했고, 천윈은 "성급하게 반대할 필요가 있는가? 우선 수년간 시험해 보게 하고, 다시 보면 된다"라고 했다. 덩샤오핑은 자신의 고향인 쓰촨성의 속담을 인용해 "누런 고양이(黃猫)든 흰 고양이(白猫)든 쥐를 잘 잡으면 좋은 고양이다"라고 말했는데, 이 말이 중국 농민들 사이에 '흑묘백묘론(黑猫白猫论)'으로 전파되었고 전국적인 대유행어가 되었다. 그러나 마오쩌둥의 태도는 달랐다. 마오는 처음 호별 도급생산 시행에 대해 보고받은 자리에서는 '두고 보자'는 식으로 말했으나, 곧 반대 입장을 분명히 밝혔다. 즉, 1962년 9월에 개최된 중공 8기 10중전회에서 호별 도급생산 확대 실시를 주장하던 중앙농촌공작부 주임 덩즈후이(邓子恢)를 공개적으로 비판하고, 그의 직무를 박탈했다. 동시에 류샤오치, 덩샤오핑, 천윈 등이 호별 도급 생산을 지지하는 것에 대해 다음과 같이 말했다.

"농지를 나누고 개별 경작하는 것(分田单干)은 농촌 집체경제를 와해시키고, 인민공사를 해산시키는 중국식 수정주의이고 기회주의이다. 그런 바람이 분 지 불과 반년 만에 농촌의 계급분화가 매우 심한 것으로 드러나고 있다."

　그리고 자문자답했다.

　"이 바람은 어디서 불어오는 건가? 당 내부로부터이다. 이는 방향성 문제이다"(彭森·陈立 等, 2008: 20~21; 林蕰晖, 2008: 286).

　이후 '반우파 투쟁'과 '문화대혁명'이 발동되었고, 1960년대의 호별 도급생산 바람도 저지·중단되었다.

　저장성 원저우 용지아현에서 호별 도급생산을 적극적으로 주도한 현 농업 담당 부서기 리윈허(李云河)와 서기 등 관계자들은 우파분자로 판정받아 당적이 박탈되고 직위해제를 당한 뒤 농촌으로 하방되었다. 그러나 용지아현 농민들은 그 후에도 은밀하고 지속적으로 호별 도급생산을 실행했다. 극좌 이념과 선동에 휩쓸리던 문화대혁명 10년 대동란 기간 중에도 용지아현 농민들은 은밀하게 호별 도급생산을 계속해, 문혁 말기인 1976년에도 현 전체 생산대 중 77%가 호별 도급생산을 시행하고 있었다(胡宏伟·吳晓波, 2002: 20).

제16장

도시개혁, 하향식과 상향식 모델[1]

개혁·개방 정책을 도시 분야로 확대할 수 있는 물적 기초의 확보는, 농촌·농업 부문에서 착수·추진한 개혁 정책이 성공적으로 진행되면서 농업 잉여가 확보되었기 때문에 가능했다. 단, 개혁을 농촌과 농업 분야에서 도시와 상공업 분야로 확대하려면, 먼저 특정 도시나 지역에서 국지적으로 새로운 정책과 제도를 우선 실험적으로 운영해 보고(先行先试), 그 결과를 평가·반영하면서 점진적으로 여타 지역으로 확산해 나가는 방식으로 해야 했다. 1980년대에 주강삼각주 광동성의 경제특구에서 시작된 도시와 상공업 분야의 개혁·개방은 당과 정부 부문이 위에서 아래 방향, 즉 하향식(top down)으로 시행했다. 이 같은 하향식 발전모델이 1990년대부터는 상하이 푸동신구(浦东新区)로, 그리고 2000년대 이후에는 톈진 빈하이신구(濒海新区)와 허베이성의 슘안신구(雄安新区) 계획 건설에도 적용되었다. 이 모델의 특징은, 주요 추동 역량이 위에서 아래 방향으로 작동하는 국가정책 지원과 외국자본 투자·유치였다는 점이다.

이와 대조되는 것이 상향식 발전모델이다. 즉, 지역 내부의 자생적 민간 활력을 기초로 아래에서 위로(bottom up) 도시개혁 및 발전이 진행되는

---

1   유튜브 북연TV, 〈중국현대사〉, 38회 '경제특구—도시개혁' 참고.

발전모델이다. 대표적 사례가 집체 단위의 향진기업 중심으로 발전한 장쑤성 남부의 '쑤난(苏南) 모델', 저장성 동남부의 원저우와 타이저우(台州)를 중심으로 가족 단위 개체 공장 생산과 경영을 기초로 발전한 '원저우 모델', 그리고 상업 발전을 통해 도시 발전을 추진한 저장성 중부 이우(义乌)의 '흥상건시(兴商建市) 모델'이다.

경제특구, 하향식 도시 건설 모델

국토가 광활하고 인구가 많은 중국에서 한꺼번에 모든 걸 풀고 바꾸는 방식으로 추진한다면 '천하대란'이 일어날 수도 있을 것이다. 그래서 개혁정책을 우선 실험해 보기 위한 실험장으로 설치된 것이 '경제특구(经济特区)'이고, 그 위치와 범위는 홍콩, 마카오와 인접한 광동성의 선전(深圳)과 주하이(珠海), 산터우(汕头), 그리고 타이완과 마주 보고 있는 푸젠성의 샤먼(厦门)으로 선정했다.

경제특구 구상의 주요 계기는, 1978년 중국 정부가 홍콩에 설립한 기업유치국(招商局)에 홍콩에 소재한 한 기업이 업무 범위를 중국 본토로까지 확장해 달라는 건의를 한 것이었다. 즉, 홍콩과 인접한 중국 내 일단의 지구 내에 일종의 '수출산품 생산기지'를 조성해 달라는 것이었다. 이 '기지'의 성격은 당시 중국 내에 있었던 수출산품 기지와는 달랐으며, 동남아시아 국가들에 건립된 '수출가공구'와 유사했다. 그해(1978년) 말에 개최된 중공 11기3중전회 직후 이 건의는 매우 빠르게 현실화되었다.

1979년 1월, 중공 광동성 위원회 제1서기 시중쉰(习仲勋)이 중공 11기3중전회의 정신을 전달하고자 산터우시로 가면서 자신이 해온 구상을 광동성 당위원회에 제출했다. 주요 내용은, 우선 산터우에 타이완이 운영하고 있는 수출가공구 같은 것을 설치하자는 것이었다. 그 대상 도시로 산터우를 선택한 이유는, 이 도시가 역사적으로 개방의 전통이 있는 항구도시이며, 지리적 위치가 외진 편이어서, 만일 개혁 실험 과정에서 예상치 못한 부작용이 발생하더라도 그 위험을 최소화할 수 있다는 것이었다.

중공 광동성 위원회는 토론을 거쳐, 중공중앙위원회와 국무원에 우선 바오안현(宝安县: 선전시의 전신)과 주하이현(珠海县)에 '수출특구'를 설치하자고 건의했다. 그해(1979년) 2월에 중국 국무원은 광동성 바오안현과 주하이현에 공업과 농업이 결합된 수출산품 생산기지, 홍콩과 마카오의 관광객을 유치하기 위한 관광지구 등, 새로운 형태의 국경도시, 즉 '특구'를 건설한다는 방안을 작성했다. 이어서 같은 해 3월에 국무원과 광동성 계획위원회는 바오안현은 선전시(深圳市)로, 주하이현은 주하이시(市)로 승격·개명하고 광동성 정부의 감독을 받도록 한다고 결정했다.

1979년 4월 5일부터 28일까지 베이징에서 개최된 국무원 중앙공작회의에서 중공 광동성 위원회 제1서기 시중쉰 등이 당 중앙의 지도자들에게 보고하면서 다음과 같이 발언했다.

만일 광동성에 연방정부하의 지방정부와 같은 자율성을 부여해 준다면 이 지역경제를 10년 내에 홍콩에 상당하는 수준으로 발전시킬 수 있다. 그러나 현재와 같은 틀 안에서는 어렵다.

에둘러 표현한 이 말은, 현 체제하에서는 경제를 발전시킬 수 없으니, 현 체제를 벗어나서 일을 할 수 있는 재량권을 달라는 것이었고, 그렇게만 해주면 단기간에 경제를 성장시킬 자신이 있다는 뜻이었다. 시중쉰은 이어서 중앙정부의 권리 하방, 홍콩과 마카오에 인접한 선전과 주하이 그리고 '화교의 고향'이라 불리는 산터우시에 수출가공구를 설립하고, 동시에 광동성에 대외경제무역 활동상의 자율권을 부여해 달라고 요청했다.

　베이징에서 회의 기간 중 시중쉰은, 광동성 출신인 당시 국방부 부장 예젠잉의 주선으로 덩샤오핑의 자택을 방문하고, 덩에게 이 같은 의견을 보고했다. 덩은 이 구상에 대해 지대한 관심과 지지를 표시했다. 광동성 위원회가 보고할 때는 "해외의 수출가공구 같은 것"이라고 말했으나, 덩이 '특구'라는 명칭을 제시했다. 중공 선전시 위원회 선전부가 편찬한 자료 내용을 근거로 당시의 주요 장면 하나를 보자(彭森·陈立 等, 2008: 54).

　베이징 중난하이, 조용한 정원 길을 3인이 걷고 있다. 그중 가운데 노인이 덩샤오핑이고, 양쪽의 두 사람은 중공 광동성 위원회 제1서기 시중쉰과 광동성 정부의 고급 간부이다.

　"샤오핑 동지, 우리가 처음 만났던 곳을 기억합니까?"

　"기억하지, 옌안이었지. 마오 주석의 움막집 거처 안이었지."

　"그날 주더 사령관이 요리를 했지요 ……."

　"그래, 그의 쓰촨 요리 솜씨가 좋았지."

　"그곳에 가본 지 정말 오래되었습니다 ……."

　"그래, 그때는 그 조그만 변경 지구에서 이렇게 큰 강산을 만들어낼 줄은 정말 상상도 못했지 ……."

　잠시 후 덩샤오핑의 어투가 무겁게 바뀌었다.

　"그러나, 그곳 변방 혁명기지 인민들은 아직도 여전히 가난해 ……."

　돌연, 덩샤오핑이 걸음을 멈추고 말했다.

　"당신들이 오전에 보고한 내용 아주 좋았어 ……. 광동에서 일부 지방을 정해서 '특구'를 운영하면 어떨까?"

　"특구 ……."

　"그래, 특구를 운영하는 거야, 과거에 산간닝[2]의 해방구와 혁명 근거지들이 바로 특구 아닌가 ……. 중앙은 돈이 없으니, 당신들이 스스로 혈로를 개척해 나가게."

중공중앙위원회와 국무원은 작업팀을 광동성과 푸젠성에 파견해 현지조사를 시행하고, 두 성의 고위 간부들과 공동으로 특구 설립에 관한 문제를 연구·검토한 후, 1979년 7월에 광동성 정부가 선전을 수출특구로 지정해 "특수정책과 융통성 있는 정책을 시행하겠다"라고 국무원에 신청했다. 이에 대해 중공중앙위원회는 "광동성과 푸젠성이 대외경제활동에 있어서 선도적인 역할을 하고, 특수정책과 융통성 있는 정책을 시행하게 한다"라는 방침을 확정하고, 동시에 광동성의 선전·주하이·산터우와 푸젠성의 샤먼에 수출특구를 시험적으로 설치한다고 결정했다. 또 경제특구의 실험장 역할을 충분히 발휘하게 하기 위해 보다 큰 융통성을 부여하고 다음과 같이 규정했다.

특구는 국내의 현행 체제를 벗어날 수 있으며, 사회주의 제도하에 국가의 거시적 통제와 시장 조절이 상호 결합된 모델의 운행 기제를 적극적으로 시행·관철하며, 중국특색 사회주의를 건설하기 위한 정책과 시책들에 대한 실험을 진행하고 시범을 보일 수 있다(중공, 1979년 50호 문건).

당시 중공중앙과 국무원은 특구가 (정치특구가 아닌) 경제특구라는 점을 강조했다. 즉, 특구의 목적은 특수하고 융통성 있는 경제정책 시행을 통해 지역의 입지적 우위를 발휘하게 하고, 외자 유치와 다양한 대외 경제 합작 추진을 통해 선진기술을 도입하고, 대외 교류를 통해 국제경제와 기술의

---

2 산간닝(陝甘宁) 지구는 산시(陝西), 간쑤(甘肅), 닝샤(宁夏) 지구를 말한다.

⟨참고 16-1⟩ 선전과 홍콩의 뤄팡촌(罗芳村)

개혁·개방 이전에 중국의 일반 인민들이 선전이라는 지명을 접하게 된 것은, 1960년대에 제작·방영된 〈비밀 통로〉라는 영화를 통해서였다. 즉, '경제특구' 지정 이전의 선전은 홍콩에서 대륙으로 잠입하는 간첩이 경유하는 비밀 통로 정도로만 알려져 있었다. 그러나 이곳 주민들이 홍콩으로 집단 탈출하는 사건이 갈수록 빈발하면서 심각한 정치문제가 되었다. 1977년 겨울에 덩샤오핑이 광동성을 시찰했을 때, 광동성 위원회는 이렇게 보고했다.

"군부대가 경비를 계속 강화하고 있지만 막기가 어렵다."

덩샤오핑은 "이는 정책의 문제이지, 군대가 관여할 수 있는 문제가 아니다"라고 하며 그 원인을 다시 조사해 보라고 지시했다.

광동성 위원회가 현장 조사를 실시한 결과, 강을 사이에 두고 선전과 홍콩으로 나뉘어 마주 보고 있는 뤄팡촌의 사례가 두드러졌다. 선전 쪽 뤄팡촌 주민의 월평균 소득은 134위안인데, 강 건너 홍콩 뤄팡촌 주민은 거의 100배에 달하는 월평균 1만 3000위안이었다. 더구나, 홍콩 뤄팡촌 주민 대부분이 선전 뤄팡촌에서 강을 건너 탈출해서 홍콩 쪽에 정착한 사람들이었다.

발전 추세 관찰 연구, 국제시장의 각종 정보 수집, 간부 훈련과 인재 양성 추진이라는 점을 강조했다. 그러나 중국정부가 (정치특구가 아닌) 경제특구라고 되풀이해서 강조한 것도 사실은 정치적 고민의 결과였다. 1970년대 말 경제특구 정책 채택의 배경에는, 반환 귀속을 앞두고 있던 홍콩(1997년 귀속)과 마카오(1999년 귀속)의 경제성장 엔진을 지속적으로 가동해야 하고, 또한 타이완과의 통일 정책 추진을 고려한 '1국가 2체제(一国两制)' 정책 실험을 해야 한다는 속사정도 있었다.

선전 경제특구의 비교우위는 우선 개방 효과와 화교 투자를 꼽을 수 있다. 서방 국가들과 수교를 시작한 1970년대 이후에도 중국의 제도와 기제(机制)는 폐쇄적으로 유지·작동되고 있었다. 사회주의권 국가인 소련, 동유럽 등 국가와의 교류 외에는 홍콩을 통해 간접적으로 교류하는 처지였다. 그러나 개혁·개방 이후 적극적으로 외국의 선진 문물을 받아들이기 시작했다. 세계 주요 국가들이 중국 시장에서의 이윤 창출 기회를 잡으려고 적극적으로 접근해 왔고, 중국정부도 이러한 점을 파악하고 전략적으로 대처했다. 개혁과 개방의 효과는 기대 이상이었다. 이는 1988년 6월에 덩샤오핑이 중국 내에서 개최된 한 국제회의에 참석한 국내외 대표들과의 담화에서 한 말[3]을 통해서도 알 수 있다.

우리는 내지(內地)에 몇 개의 홍콩을 더 건설해야 한다. 즉 우리의 발전 전략 목표를 실현하기 위해서 더욱 개방해야 한다(中共中央党史研究室第三研究部, 2007: 30).

그리고 1992년에 선전과 상하이 등 남부 지방을 둘러본 후에는 "만일 선전과 함께 상하이도 개방했더라면 발전을 더욱 앞당길 수 있었다"라고 말하며 아쉬워하기도 했다.

선전 경제특구는 계획경제에서 시장경제로 전환하는 과정에서 비약적으로 발전했다. 즉, 경제특구 지정 이후 불과 40여 년 만에 인구 30만 명 정도의 변경 소도시에서 1000만이 넘는 대도시가 되었고, 이제는 상하이, 베이징과 함께 중국 경제를 선도하는 3개 '1선 도시'의 반열에 올라섰다. 이 같은 발전속도를 '선전 속도(ShenZhen Speed)'라고도 부른다.

선전을 경제특구로 선정한 가장 중요한 이유는 홍콩과 접하고 있다는 지리적 이점을 활용하기 위해서였다. 당시에는 오로지 홍콩을 통해서만

---

3   이른바 '남순강화(南巡讲话)'이다. 즉, 1989년 6월 톈안문 사건 이후 약 2년여의 '치리정돈(治理整顿)' 기간을 거친 후 1992년 춘절 휴가 기간에 덩샤오핑이 선전을 비롯한 광동성 일대와 상하이를 순방하면서 "발전은 당연한 도리이다(发展是硬道理)", "개혁·개방 정책은 향후 100년간 흔들려선 안 된다"라는 요지의 발언을 했다. 이 연설을 통해 최고지도자가 더욱 과감한 개혁·개방 추진을 독려한 이후 1989년 6·4 톈안문 사건으로 주춤했던 중국의 개혁개방정책이 다시 추진 동력을 얻어 더욱 적극적으로 진행되었다.

해외 화교의 대(对)중국 투자가 가능했기 때문이다. 특히 홍콩이 보유한 국제무역·운수·금융·정보 및 관광 중심 기능이 인접한 선전 경제특구에 매우 큰 도움을 주었다. 구체적으로 보면 첫째, 1980년대 초 선전 경제특구의 설립에 따른 홍콩과 선전의 역할 분담은 '앞은 영업점 홍콩, 뒤는 제조공장 선전(前店后厂)'이었다. 이 두 지역은 산업 발전과 산업구조 방면에서 상호 보완적 합작을 이뤄나갔다. 홍콩은 선전의 가장 중요한 외자 도입원이자 최대의 수출입 무역 파트너였고, 선전 또한 홍콩 기업의 주요 생산기지였다. 둘째, 홍콩이 보유한 국제무역, 국제금융, 국제운수 방면의 선진 기술과 경험은 선전이 국제 기준에 대응할 수 있는 시장운영체계를 수립하는 데 중요한 도움이 되었다.

특구가 수행한 '선행선시(先行先试)' 정책 실험 중 핵심 과제는 토지사용제도 개혁과 국유기업 개혁이었다. 선전 특구에서는 외국 기업이 점용하는 토지에 대해 최초로 토지사용권 유상 출양(出让, 양도)과 거래를 시행했고, 이에 따라 토지사용권 시장이 형성·발전하기 시작했다. 또한, 국유기업 관련해서는 주식제 기업과 자본시장 제도, 공개 초빙에 의한 인재 채용, 경쟁에 의한 승진, 노동계약 제도의 개혁 등을 추진했다. 동시에 외자 도입, 혼합소유제 경제의 발전을 선도적으로 이끌어 자금·기술·관리 경험의 부족이라는 문제를 해결했고, 기업이 주체적으로 시장수요에 적응하는 기술혁신 체계를 수립했다.

경제체제 개혁 외에도, 행정체제 개혁을 통해 정부와 기업의 분리, 정부기구의 정예화, 정부심사비준제도의 개혁, 조달제도의 개혁, 법치행정, 정부 행위의 규범화 등을 추진했다. 경제 및 행정 체제 개혁 목표에 포함된 주요 내용은 다음과 같다.

• 고도로 집중된 계획경제체제를 단계적으로 개혁해 자본을 축으로 하는 국

유자산 감독 관리와 운영체계 등의 사회주의 시장경제체제 기본 골격 형성

- 시장 위주의 가격체제 형성
- 상품시장을 중심으로 하고 요소(要素) 시장을 버팀대로 하는 시장체제 형성
- 사회공제(社會共濟)와 개인 부담의 상호 조화, 결합된 사회보장체제 수립
- 사회 중개 조직을 위주로 하는 사회서비스 감독 체제 수립
- 노동에 따른 분배, 효율 우선, 공평한 분배체제 수립
- 간접 수단을 위주로 하는 경제관리조정체제 수립
- 사회주의 시장경제체제에 필요한 법체제 수립

한편, 선전 경제특구의 대외 개방은 다음과 같이 크게 3단계로 추진되었다.

- **특구 설치 초기**: 1980년대 중반까지로, '3래1보(三來一補)'[4]와 중개무역 단계이다. 특구 설치 초기에는 자금, 기술, 항목, 인재가 부족했기 때문에 우선 특구의 지리적 이점을 충분히 이용할 수 있는 전략을 채택해 '3래1보' 기업의 유치를 촉진하고 대외 개방을 확대했다. 이러한 전략으로 노동 수입 증가, 수출 확대, 외환 축적 등을 이룩할 수 있었고, 이를 통해 특구 발전에 필요한 원시축적 문제를 해결할 수 있었다. 또한 농촌 잉여노동력의 유입을

---

4   3래1보(三來一補)는 3개의 '來'와 하나의 '補'를 뜻한다. 3개의 '來'는, 상품의 디자인 등을 위탁자인 외국 기업의 요구에 맞추어 생산·수출하는 방식(來樣加工), 외국 기업이 원재료와 부재료의 일부 혹은 전부를 제공하고, 중국 기업은 이를 이용하여 위탁자가 요구하는 제품을 생산·수출하는 위탁가공 방식(來料加工), 외국 기업이 제공하는 부분품을 조립하여 완제품은 전량 위탁자에게 인도하고 중국 기업은 조립 비용만을 받는 방식(來件裝配)이다. 하나의 '補'는, 외국 기업으로부터 기계설비, 기술, 특정 원료 등 생산 자료를 공급받아서 생산한 제품을 위탁자에게 다시 수출하되 생산자료 대금을 완제품으로 변제하는 방식(補償貿易)이다.

통해 저렴한 노동력을 활용할 수 있었고, 특구 발전을 위한 인재·기술·관리 등 필요조건들을 충족할 수 있었다. 이같이 저렴한 노동비용, 토지 가격, 우대 정책 실시를 통해서 생산원가 절감과 국제경쟁력을 확보할 수 있었다.

- **1980년대 중엽에서 1990년대 초까지**: '삼자기업(三资企业)'과 자체 생산품 무역 단계이다. '3래1보' 산업은 노동집약형 산업으로 설비가 단순하고 기술 수준이 높지 않을 뿐만 아니라 자원 소비와 환경오염이 심하다. 또 기업의 제품설계, 원료 공급, 상품 마케팅, 기업관리 등이 모두 외국 투자자에 의해 이뤄지므로 이러한 산업을 특구의 주도산업으로 삼을 수는 없었다. 1980년대 중엽부터 중공 광동성 선전시 위원회와 시정부는 정책을 수정해 '3래1보' 위주에서 '삼자'(合资, 合作, 合营) 위주의 산업으로 구조조정 했다. 삼자기업이 국외의 선진과학기술과 관리기법의 학습, 외국 기업의 기존 판매망 이용을 통한 수출 확대, 공업 위주의 자체 생산 품목의 수출 비중 확대 등에 유리하다고 판단한 것이다.
- **1990년대 이후**: 높은 수준의 대외 개방 시기. 이 시기에는 고급 신기술 산업과 제품의 수출이 비약적으로 발전했다. 1990년대 초부터 선전에 유입되는 외자의 규모와 기술 수준이 지속적으로 향상되었고, 선전시 정부는 고급 신기술 산업을 대폭적으로 지원하면서 이를 제1 성장점으로 삼았다. 또한 고급 신기술 산업에 대한 우대 정책을 실시했고 국외의 고급 신기술 기업과 중국 내의 유명 대학 분교, 고등교육기관 분원, 과학연구기구들의 생산기지를 선전에 설치하도록 적극적으로 장려했다. 이와 동시에 선전의 기업들도 해외 진출을 시작했다.

이 같은 정책이 추진되면서 선전시의 상주인구는 특구 설치 당시 30만 명에서 1990년 200만 명, 2021년 말 약 1768만 명으로 증가했다. 단, 이 중 호적 인구는 31.5%인 556만 4000명에 불과하다. 중국 전국 각 지역에서 선전으로 인구가 유출되었으며, 이들과 함께 중국 국내외 각지의 개방적 사고와 혁신, 개척 정신, 경험, 기술, 성실, 창조력이 선전으로 함께 유입되었다. 물론, 이 같은 인구 급증에 따라 주택·의료·상하수도·교통망 등 시정기반시설 건설 수요와 압력도 함께 급증했다.

선전시 지역내총생산(GRDP)은 2011년 1조 위안 대에 진입한 후 증가 추세를 유지하며 2021년에는 3조 665억 위안으로 광둥성 수도인 광저우시의 2조 8232억 위안보다도 높다. 2012년에는 영국 매체 ≪이코노미스트≫가 선전시를 글로벌 도시경쟁력 순위 2위 도시로 발표했고, 2019년에는 선전시가 중국 도시창의지수 명단(中国城市创意指数榜) 제3위, 중국 내 도시 중 도시 브랜드(中国城市品牌) 10강에 진입했다. 코로나 대유행 직전인 2019년 선전시의 지역내총생산은 2조 6927억 위안으로 2018년 대비 6.7% 성장했다. 산업별 전년 대비 증가율은 1차 산업 5.2%, 2차 산업 4.9%, 3차산업 8.1%이고, 생산총액 대비 산업별 점유 비중(산업구조)은 각각 1차 산업 0.1%, 2차 산업 41.3%, 3차 산업 58.6%이다. 또한, 1인당 지역내총생산은 2007년에 중국 내 도시 중 가장 먼저 1만 달러 선을 돌파했고, 2019년에는 2만 9498달러(20만 3000위안)로 광둥성 수도 광저우를 제치고 전국 도시 중 베이징, 상하이에 이어서 3위를 차지했다.[5]

---

5   2019년 US 달러 대 인민폐 환율(1달러=6.981위안)을 적용했다. 4위 도시는 광저우, 5위는 충칭, 6위 쑤저우(苏州), 7위 청두, 8위 우한, 9위 항저우, 10위 톈진, 11위 난징 순서이다.

상향식 도시 발전모델[6]

쑤난 모델

이른바 '쑤난(苏南) 모델'은 개혁·개방 이전인 1970년대부터 장쑤성 남부 농촌지역에서 인민공사 체제하의 생산대가 운영한 '사대기업(社队企业)'에서 시작되었다. 당시에는 이 같은 집체경제, 비농업 기업 형태는 '자본주의' 또는 '우파'로 매도되어서 핍박을 받았지만, 개혁·개방 이후에는 그렇게 축적해 온 경험이 우세 자원이 되었고, 이를 바탕으로 '향진기업(乡镇企业)'이 발전할 수 있었다. '쑤난 모델'이라는 명칭과 용어는 저명한 사회학자 페이샤오통(费孝通)이 1983년에 출간한 『소도시 재탐색(小城镇再探索)』이라는 책에서 "장쑤성 남부, 즉 쑤난 지방에서 농촌 경제발전의 특이한 방법을 창출해 냈다"라는 견해를 서술한 이후부터 널리 사용되기 시작했다. 쑤난(苏南)지구는 장강 하류 유역 삼각주 지구의 중부에 위치하며, 중국 최대의 경제 중심인 상하이시와 접하고 있다. 이 지구 내에 난징, 쑤저우(苏州), 우시(无锡), 창저우(常州), 전장(镇江) 등의 중대형 공업도시들이 있고, 농민과 산업노동자들이 밀접하게 연계된 경제 및 기술 효과 흡수 능력이 매우 강하다.

문화적 배경을 보면, 이 지구는 오(吴) 문화에 속하며, 격물치지(格物致知)를 중시하고, 균형과 집체 그리고 "실업을 주로 하고, 상업과 무역을 보로 한다(实业为主, 商贸为辅)"라는 사상으로 대표되는 실용주의 정신이 강했다. 또한, 실천 측면에서는 근대 중국 민족자본주의 공업 및 상업의 발상지였고, 계획경제 시기부터 집체경제체제인 인민공사 사대기업을 운영해 온 전통이 개혁·개방 이후 향진기업 발전을 위한 기초가 되었다.

6   유튜브 북연TV, 〈중국현대사〉, 39회 '쑤난, 원저우, 집체 민영경제' 참고.

쑤난 모델의 주요 특징은, 첫째, 농민이 자신의 역량에 의지해 향진기업을 발전시켰고, 둘째, 향진기업의 소유제 구조가 집체경제 위주라는 점, 셋째, 향·진 정부가 향진기업의 발전을 주도했다는 점이다(踪家峰, 2008: 177~179). 쑤난지구가 중국에서 향진기업의 시작과 발전이 가장 빠른 지구가 될 수 있었던 요인은 장쑤성 남부의 우월한 입지 조건과 풍부한 사회 축적을 보유하고 있었고, (향진기업 포함) 경제활동 관련 재산권 관계가 비교적 명확했으며, 강력하고 효과적인 지방정부의 개입이 있었다는 점 등이다. 쑤난 모델은 1980년대와 1990년대 초기까지 집체경제 비농업 발전 동력을 창출해 내면서 중국 농촌 경제발전에 지대한 공헌을 했다. 1985년 장쑤성 공업생산액 중 향진공업 생산액의 점유율이 37%, 1992년에는 53.9%에 달했다.

그러나 2000년 말에는 쑤난지구의 8만 5000여 개 향진기업 중 93.2%가 집체경제에서 벗어나 개인기업 또는 재산권 관계가 분명한 주식제 기업이 되면서 '신쑤난(新苏南) 모델' 단계에 진입했다. 이 같은 추세는 1990년대 초부터 향진기업들이 외향형 발전을 중시하고, 2차 창업을 위한 돌파구를 만들기 시작하면서 개발구, 향진공업소구와 교통시설 건설에 중점을 두고 외국 기업 투자를 적극 유치하면서 시작되었다. 1990년대 중기 이후에는 경제 및 제도 환경이 변화하면서 재산권 개념이 모호한 집체 기업의 폐단이 갈수록 돌출되었고, 성장 속도도 떨어졌다. 적자가 발생하게 되자, 대다수 기업이 순자산 양도 방식을 통해 주식제 합작기업과 사영기업(私营企业)으로 전환하면서 구조조정과 제도 개혁을 추진했고, 일부 규모가 크고 수익 구조가 좋은 기업은 촌 위원회가 주도하는 집체가 주식 지분 참여 또는 지배주주 형태로 경영에 참여하는 주식회사로 바뀌었다. 따라서 향진기업을 핵심으로 하는 전통적 '쑤난 모델' 시기는 대략 1990년대 초반까지였고 그 이후에는 '신쑤난 모델' 단계로 진입한다.

신쑤난 모델

두 차례에 걸친 제도 개혁 이후 쑤난지구 경제에 자본, 민간 경영, 단지(園区), 외향형 경제 개념을 중심으로 하는 새로운 추세, 즉 '신쑤난 모델'이 나타났다. 제도 개혁의 방향은 정부와 기업의 분리와 지방정부의 지방 재산권 제도 혁파를 통해 생산자와 소비자의 시장에서의 자주적 지위와 개인 독립 재산권을 확립하는 것이었다. 또한, 시장이 일정한 역할을 발휘할 수 있도록 시장의 내생 역량을 강화해 주는 것이었다. 이후 쑤난지구의 발전 경로는 저장성의 '원저우(溫州) 모델'과 비슷한 추세로 진행되었다. 단, 제도 개혁은 여전히 정부 주도로 하향식으로 강력하고 빠르게 추진되었고 지방정부, 사구(社区) 주민, 기업 경영자와 직공들의 각자 입장과 생각이 달랐다.

1990년대 중기 이후에는 원래의 향진기업 제도 개혁 이외에 대량 진입한 외자기업이 지역경제의 새로운 동력을 형성하면서 쑤난지구의 경제 구조를 매우 크게 변화시켰다. 중앙 및 해당 지방정부들은 강력하고 유효한 정부 정책을 기초로 국유 토지를 자본화하고, 외국 기업과 자본을 유치하는 방식으로 발전을 추진했다. 대표적 사례가 상하이와 연접한 장쑤성 쿤산(昆山)시이다. 쿤산시는 1980년대 중기부터 중앙으로부터 정식으로 권한을 위임받지 않은 상태에서 자체 예산으로 '경제기술개발구'를 건립하고, 경제특구와 14개 연해경제기술개발구의 운영 방법을 모방하면서 운영했다. 즉, 쿤산시 정부는 상하이와 인접한 유리한 입지를 이용해 성 경계를 넘는 경제협력 및 합작에 대한 상급 정부의 통제를 우회하고, '꽌시'를 동원해 상하이의 기업들을 쿤산에 유치했다. 이렇게 조성한 경제 연합체가 일정 규모에 도달하자 다시 (중앙의 정책 및 자금 지원 없이) 자비개발구(自費开发区)를 조직·건립했다. 자금 조달을 위해 우선 국유토지사용권을 유상 양도하고, 외자를 유치하기 위해 쿤산 개발구에 장쑤성 최초로 외국 독자기업을 유치했다. 그러나 외자기업의 투자가 쑤난지구의 사회구조와 양극화 틀을 변화시키지는 못했다. 외자기업은 현지에서 벌어들인 이윤을 세금 납부와 임금 외에는 모두 자기 나라로 가져가 버렸기 때문이다. 그 결과 '번영해도 실제로는 별로 부유하지 않다'는 것이 쑤난지구 경제의 특성이 되었다.

첫째, 토지는 떠나되 농촌은 떠나지 않고(离土不离乡), 공장에 들어가나 도시에는 들어가지 않는다(进厂不进城). 즉, 향진기업들은 농촌에서 태동했고 농촌에서 발전했으므로, 농민들이 도시에 갈 필요 없이 당지 농촌의 향진기업에서 비농업 분야 생산에 종사할 수 있었다.

둘째, 집체경제가 지배적인 지위를 점하고 개체 경제 비중은 극히 적었다. 향진기업의 소유권이 촌진 집체(村镇集体)에 속했다. 예를 들면, 1986년에 쑤난 지역 향진기업 중 98%가 향진 또는 촌 집체의 소유였다.

셋째, 도농(城乡) 일체화와 내외 결합이다. 쑤난지구 농촌 도시화의 동력은 상하이·쑤저우·우시·창저우 등과 같은 주변 대도시의 외래 파급 역량과 향진기업 내부 역량이 상호 결합했다. 지역경제도 국내시장과 국제시장 모두를 타깃으로 한다. 초기에는 쑤난지구 향진기업이 외자기업을 배우며 따라갔으나, 이후에는 외자기업을 유치했고 현재는 외자기업에 도전·경쟁하고 있다.

넷째, 쑤난지구 농촌 도시화의 근거지는 소성진(小城镇)이며, 소성진 발전의 동력은 향진기업이 추동하는 비(非)농업, 즉 제조업 경제활동이다. 쑤난지구의 소성진 증가 추세를 보면, 1983년 건제진(建制镇)과 집진(集镇) 내에 (소성진이) 34개였으나, 1992년에는 건제진 내에만 229개였고, 그 안에 1만 개에 달하는 향진기업과 240만 명에 달하는 농촌 잉여노동력이 있었다. 또한 1980년대 초에 쑤난지구 향진기업 중 90% 이상이 소성진에 건립되었다(高峰, 2004: 22~24).

원저우 모델

'원저우(溫州) 모델'이란, 저장성 남부 항구도시인 원저우에서, 가정 수공업과 가정 경영을 기초로 하고, 광대한 구매자·판매자를 주축으로 하여 전문 시장을 선두로 발전한 상향식 도시발전모델을 가리킨다.

저장성 남부에 위치한 원저우는 삼면이 강으로 둘러싸이고, 나머지 한 면은 바다에 면하고 있으며, 대·중 도시와 전국을 대상으로 하는 시장과 거리도 매우 멀었다. 또한 인구는 많고 토지자원은 부족해서, 1인당 경지 면적은 반 무(半亩: 약 333.3㎡)에도 못 미쳤다. 게다가 기반시설 조건도 열악했고, 특히 교통이 매우 불편했다. 이같이 열악한 생존 조건으로 인해 원저우 사람들은 전통적으로 외지로 나가서 주로 상업에 종사하며 생업을 도모하는 전통을 형성해 왔다.

역사적으로 원저우는 수공업이 발달한 상업, 무역도시였고, 상업과 이익을 중시하는 중상(重商) 전통을 계승해 왔다. 남송 시기에 발전한 원저우 영가학파(永嘉学派)는 경세치용(经世致用)을 강조하고, "의(义)와 이익(利)을 동시에 고려하고(义利并举), 상업을 통해서 공업을 돕는다(通商惠工)"라고 주장한 영가학파가 태동한 곳이었다.

단, 중화인민공화국 정권 출범 이후 개혁·개방 이전 시기에 원저우 경제는 지령성 계획경제체제하에서 침체될 수밖에 없었다. 그러나 1980년대 개혁기에 들어선 이후에는 원저우인들 특유의 상업문화전통이 지역경제발전을 추동하는 원동력이 되었다. 즉, 중국 내의 여타 지구와 비교할 때 원저우 사람들은 상업활동 측면에서 고난을 참는 인내와 대담한 도전정신 등이 남달랐다. 원저우 사람들의 이 같은 관습과 행태는 이미 원저우 특색의 지방문화 전통을 형성했고, '원저우 정신(溫州精神)'이라 불렀다. 따라서 개혁·개방이 시작되자, 전국 각지를 주유하고 있던 '원저우인'들이 가장 먼저 계획경제의 속박을 돌파하고 시장을 주도하게 된다. 원저우를

〈그림 16-1〉 원저우시 서북쪽 샹위진 주택가 골목 안의 소형 공장

필자 촬영(2009.7.4).

〈그림 16-2〉 원저우역 앞 광장

필자 촬영(2009.7.4).

포함한 저장성 지역상인(浙商)들을 가리켜 '네 개의 천(千) 정신'이라는 말
이 전해 내려온다. 즉, '천 개의 산과 만 개의 강을 건너고(千山万水), 천 번,
만 마디를 말하고(千言万语), 천신만고(千辛万苦)하고, 천 가지 방향에서 백
가지 계획을 짠다(千方百计)'는 의미이다.

　　이 같은 배경과 조건을 기초로 개혁기에 형성된 '원저우 모델'의 특징
은 다음과 같다(刘玉·冯健, 2008: 120).

첫째, 상업 경영을 중시하는 전통과 수많은 소규모 경영의 개체기업을 기초로 하는 생산협력작업체계를 형성했다. 원저우 모델이 집체경제인 쑤난 모델과 다른 점은 주로 개체 사영경제인 가정과 '가정연합기업(联户企业)'이 주도했다는 점이다. 따라서 각 개체경제기업의 경영 규모는 비교적 작으나, 시장 개척에 적극적이어서 원저우 생산품의 시장 점유율이 매우 높다. 이 같은 원저우의 특징은 4개의 큰 것과 4개의 작은 것(四小四大)의 조화, 즉 '소상품 대시장(小商品大市场), 소규모 대협작(小规模大协作), 소기기 대동력(小机器大动力), 그리고 작은 재능 대기백(小能人大气魄)'으로 표현된다.

둘째, 전통적인 상업활동을 통해 구축한, 전국 대·중 도시에 산재한 십만여 명에 달하는 대규모 구매인과 판매인으로 엮인 '원저우인' 네트워크의 존재와 역할이다. 이 같은 구매인 및 판매인 집단 네트워크를 통해서 원료 구입, 산품 판매, 시장정보 교류가 진행된다. 이들 원저우인들이 소상품 생산을 위주로 하는 가정공업의 원거리 구매와 판매를 가능하게 해주고, 더욱 강한 경쟁력을 구비하게 해준다. 또한 지리적으로 중국의 남부 저장성에서도 다시 남쪽 끝 외진 곳에 위치한 원저우에 복잡하고 수시로 변하는 전국 시장의 상황과 정보를 적시에 제공해 주었다.

셋째, 대량의 전문시장이 생산기지를 기초로 형성되었다. 일찍이 중국 전국 대·중 도시의 국영 상점에 공급 및 판매 인원으로 진출한 원저우인들이 자신들의 우세 조건을 이용해 원저우 지구의 전문시장과 전국 대·중 도시의 국유상점들과 연합경영 방식으로 전국적인 판매망을 구축했다.

한편, 원저우 모델의 발전과정에서 드러난 문제 중 대표적인 것은, 생산품의 품질 불량, 공공기관 납품이나 대량 구매자에 대한 뇌물 수수(回扣, 리베이트), 위조(짝퉁) 생산품 문제 등이었다. 이 외에도 가정 단위 기업에서 출발한 사영 개체기업의 기업규모가 작고 기술 수준이 낮고, 현대적 기업 관리 개념과 기업 기술개발 능력이 부족 또는 결여된 경우도 많았다. 그러나 1990년대부터는 다음과 같은 변화가 시작되었다.

첫째, 원래 가정공업에서 현대식 주식기업으로 전환하면서 일정 정도의 자본 규모를 갖추었고, 한 걸음 더 나아가 대규모 자본축적을 바탕으로 투자 능력이 급속히 강화되었다.

둘째, 전문시장이 더욱 확대되어 대규모 산업군집을 형성했다. 두드러진 형태는 한 개 촌 또는 인접한 몇 개의 촌이 모두 어느 한 유형의 산품의 생산 및 판매 기지가 되는 형태이다. 예를 들면, 원저우시 서북쪽의 샹위진(双屿镇)에는 구두 공장들이 모여 있고, 예칭시(乐清市) 류스진(柳市镇)은 전국 최대의 저압 전기기기 생산·판매 기지가 되었으며, 루이안시(瑞安市) 탕샤진(塘下镇)에는 전국을 대상으로 하는 자동차 및 오토바이 부속품 생산·판매 기지가 형성되었다. 또한, 구두·의류·라이터·안경·면도날 등 경공업 제품도 이미 상당한 규모의 생산·판매 기지를 형성했다.

셋째, 기술혁신 투자를 늘리고, 강한 산품 생산과 대시장 형성, 업종 내에서 규모 우위 선점, 전문화 생산 및 사회화 협력, 집약화 경영 구조를 형성했다.

이우 모델

'이우(义乌) 모델'은 저장성 중부 내륙 이우 지역에서 개혁·개방 이후 정책 환경 변화와 함께 그간 억눌려 왔던 이 지역 인민들의 상인 정신이 발휘되었고, 이에 부응한 당지 지방정부의 정책개혁과 지원을 통해 형성된 '상업을 발흥시켜 도시를 건설한다'는 '흥상건시(兴商建市)' 도시발전모델을 가리킨다.

이우시는 저장성 중부 내륙 지역에 위치하고 있는 진화시(金华市) 관할 '현급시(县级市)'이고, 저장성 중부(浙中)의 진화(金华)·이우, 북부(浙北)의 항저우, 동부(浙东)의 닝보, 남부(浙南)의 원저우와 함께 저장성 4대 지역중심

도시에 속한다. 2020년 행정구역 면적 1105km², 상주인구 186만 명이고, 지역생산총액(GRDP)은 1485억 6000위안이다.

이우시는 역사가 유구해 기원전 222년에 현(縣)이 설치되었고, 1988년에 현급시(縣級市)로 승격되었다. 2017년 말에 이우 소상품 도매시장은 10여 개 전문시장과 30여 개 거리시장을 축으로 하고, 운수·재산권·노동력 등 요소시장과 서로 연계된 거대한 시장 네트워크 체계를 형성했다. 시장 경영 면적이 260만 m²에 달하고, 일일 평균 고객 유동량이 20만 명을 초과하고 있으며, 시 전체 시장의 총거래액이 460억 1000위안이고, 이 중 '중국 소상품성(中国小商品城)'의 거래액이 최근 20여 년간 중국 전국의 동일 유형 시장 중 1위를 차지하고 있다.

이우는 현급시로서는 중국 최초로, 그리고 유일하게 국가급 '종합개혁 시험지구(综合改革试点)'로 지정되었다. 이우 국제상업무역성은 중국 국가 관광국(国家旅游局)으로부터 중국에서 최초로 AAAA급 쇼핑 관광지(购物旅游区)로 지정되었다. 또한 세계 최대의 소상품 집산 중심(集散中心)이고, 유엔과 세계은행 등에 의해 '세계 제1시장'으로 확정받았으며, 중국정부가 지정한 제1기 '국가 신형도시화 종합시험지구(国家新型城镇化综合试点地区)' 이기도 하다. 개혁·개방 이후, 이우 '소상품시장'은 맹아 단계, 안정·발전 단계, 전면 확대·발전 단계, 국제화 단계를 거치며 발전 중이다(陆立军·王祖强 等, 2008: 32~35; ≪浙江日报≫, 2011.3.10: 5).

1) 맹아 단계(1978~1985년)

개혁·개방 이전, 계획경제체제하에서 개인의 자유노동과 자유교환은 금지되어 있었고, 노동자는 특정한 소유제와 단위 체제의 틀 안에서 엄격하게 통제받고 있었다. 농촌의 집합시장은 모두 '자본주의 성격'으로 규정되었고, 농한기에 농민들이 시도하는 상업활동도 '자본주의의 꼬리'로 간주되어 엄격히 금지되었다. '투기타격판공실(打击投机倒把办公室: 이하 따반(打办)'에서 각 교통 요충 가로변 주요 지점에 감시대를 설치했고, 이들 '따반'이 심지어는 정기 시장에서 거래되는 물건들까지도 수시로 압류했다. 그러나 '자본주의의 꼬리'는 자를수록 더욱 길어졌고, 이 같은 고양이 쥐 잡기식 놀이를 장기간 계속하는 것은 결코 해결 방법이 될 수 없다는 것을 깨닫는 데 그리 오랜 시간이 걸리지 않았다. 결국, 현(县) 시장 주관 부문이 "'소백화시장(小百货市场)'을 강제적인 방법으로 폐쇄해서는 안 되며, 한 걸음씩 진행시키면서 정확하게 인도하고 관리·강화한다"라는 방침을 결정했다. 이리하여 제1기 시장(市场)인 후칭문(湖清门) 시장이 허용되었고, 그 이후에 현 위원회와 정부 간부들이 현장에서 상업의 박동과 흐름, 그리고 그 밑에 잠재된 거대한 경제적 동력을 더욱 명확하게 감지하게 되었다.

1982년 11월에 당시 중공 이우 현 위원회와 정부가, 농촌의 전업호(专业户)와 중점호(重点户), 즉 이른바 '양호(两户)' 대표 회의를 개최하고 "농민 상업, 장거리 판매운송, 도시 농촌 시장 개방, 다방면 경쟁 등 4가지를 허가한다"라고 발표했다. 소상품시장의 맹아를 위한 기초정책환경이 된 '4가지 허가'의 주요 내용은 다음과 같다.

- 자신이 원한다면, 생산대 동의하에 도급 경작하는 식량논(口粮田)과 책임전(责任田)을 노동 능력이 있는 호(户)에 재도급(转包)할 수 있다.
- 생산에 필요하다면, 허가 절차를 거쳐 3~5명까지 견습공(学徒)이나 조수(帮手)를 고용할 수 있다.
- 국가의 징수 구매(征购), 계약 구매(派购)를 완성하고, 계약에 정한 바대로 충분히 집체(集体)에 납부한 후에, 자신이 생산한 농부산품을 시장에 내다 팔 수 있다.
- 국가계획 지도하에 국가 징수 구매와 계약 구매 임무를 완성한 후, 자신이

생산한 산품을 장거리 운송 판매할 수 있다(식량은 제외).

한편, 상업 분야에서 소상품시장의 맹아 단계는 크게 두 개의 단계를 거친다. 제1기는 1982년에 개방한 후칭문(湖淸门)과 녠싼리(廿三里) 소상품시장이다. 이들은 소상품시장의 초기 형태로, 도로변에 연이어 점포가 개설된 가로시장(马路市场), 가설시장(草帽市场) 형태였고, 점포 수가 705개였다. 거래 품목은 많지 않았다. 1984년 12월, 초우청진(稠城镇) 신마로(新马路)에 제2기 소상품시장이 완공되면서, 가로시장에서 장소시장으로 전환했고, 상품종류가 2740여 종으로 증가했고, 유통범위도 점차 이우현 주변과 저장성 내 현, 시 지구를 넘어서서 다른 성 지역으로까지 확대되었다. 1985년에는 점포 수가 2874개로 증가했고, 연간 거래액이 6190만 위안이었다.

2) 안정적 발전 단계(1986~1991년)

1988년 5월에 국무원·민정부·저장성 인민정부의 비준을 거쳐 이우현이 현급시로 승격했다. 이 기간 중에는, 시장의 면적과 점포 수, 상품 종류, 연간 거래량 등이 지속적으로 증가했다. 1986년, 제3기 소상품시장이 완공된 후, 영업장소와 상품종류가 갈수록 구비되었고, 질적 수준도 부단히 높아졌다. 원저우·타이저우(台州)·샤오싱(绍兴) 저장성 내 기타 도시지구와 푸젠성(福建省), 장쑤성 등 인접한 타 성의 상인들과 수많은 향진·집체 기업과 나아가 국유기업들도 이우 시장에 들어와서 점포를 차리고 직접 상품을 팔았다. 이에 따라 시장 주체도 다양하게 변했고, 시장 내 입체형 관리서비스체계가 초보적으로 형성되었다. 1991년에는 시장거래 성사액이 10억 3000위안으로 10억 위안대를 돌파하면서 동일 유형 시장 중 전국 최고치를 기록했고, 중국 제1의 소상품시장이 되었다. 시장 영향권의 반경이 부근 성뿐만 아니라 동북·서북·화북 지구 등으로 확대되었고, 막대한 영향력을 행사해 '3북시장(三北市場)'이라고도 불렸다.

한편 제3기 시장은 수차례 증축과 시설 확장을 했고, 이 같은 과정이 이우시 도시계획 및 개발에도 반영되어 시장과 유통업 그리고 연계산업 및 서비스 시설의 이전 및 재배치가 진행되면서 이우시 상업 중심과 시가화 지역이 원래의 중심 가로축인 청중로(城中路)를 넘어선 동쪽으로 이전·확장되었다.

3) 전면 확대 단계(1992~2001년)

1992년 5월에 제4기 시장인 황위안(篁園) 소상품시장 1단계 공정이 완공되어, 점포 7100여 개가 신설되면서 장소시장에서 실내시장으로 전환했다. 같은 해 8월에 국가공상총국(國家工商總局)의 비준을 얻어 이우 소상품시장의 명칭을 저장성 이우시 중국소상품성으로 바꾸었고, 이어서 다음 해(1993년)에는 점포 7000개의 제4기 2단계 시장을 완공·신설하고, '저장 이우 중국소상품성 주식유한회사(浙江义乌中国小商品城股份有限公司)'를 설립했다. 1995년에는 이우시가 국가체제개혁위원회의 비준을 받아 '전국 현급 종합개혁시험구(全国县级综合改革试点)'가 되었다. 또한, 황위안루 제4기 소상품시장과 같은 등급의 빈왕(賓王) 시장을 완공했다. 총 42억 위안을 투자했고, 건축면적 28만 m², 점포 수 8900개였다. 이로써 이우시 전체 시장 면적이 약 46만 m²가 되었고(1985년에는 1만 3600 m²), 연간 거래 성사액이 1985년 6190만 위안에서 152억 위안이 되었다. 이 시기에는 시장의 총체적 기능이 점진적으로 완비되었고, 시장 주체가 갈수록 다원화되었다. '전국 범위의 물건을 사고파는' 틀을 형성했고 갈수록 시장 규모가 확대되었으며 상품 종류도 증가했다. 이 시기에 황위안, 빈왕 양대 시장군이 형성되었다.

1990년대 중반기 이후 중국정부가 전반적으로 긴축 경제정책을 시행하고, 1997년 아시아 금융위기의 영향이 더해져 이우 시장도 조정·정체 단계에 진입하면서 연간 거래 성사액이 소폭 감소했다. 그러나 그 후 시장과 연계된 산업의 구조조정과 산업 군집 분포 범위가 확대되면서, 또 다시 발전하기 시작했다. 2001년 이우 시장의 연간 거래 성사액은 212억 위안에 달해 중국 민영기업의 발상지인 원저우의 183억 6000위안을 추월했다.

4) 국제화 단계(2002년 이후)[7]

2002년 5월에는 이우 소상품 도매시장 경영기업인 '저장 중국소상품성 집단주식유한회사(浙江中国小商品城集团股份有限公司)' 주식을 정식 상장하고 공시경매(挂牌) 거래를 시작했다. 이 기간에는 경제와 무역의 세계화 추세가 진행되면서, 중국에 상품구입기지를 건립하는 외국인 무역상이 갈수록 증가했다. 이우에도 1998년부터 외국 기업과 무역상들이 구매 사무소를 설립했다. 2002년, 이우시는 국제화 상업무역도시 건설을 총체 목표로 정하고, 동년 9월에 국제상업무역성(国际商业贸易城) 제1기 시장을 완공했다. 이 시장은 토지면적 420무(약 28만 m^2), 건축면적 34만 m^2 규모에 생산기업 직판센터, 상품구매중심, 창고중심, 식음료중심이 설치된 5대 경영구(经营区)로 구성되었고, 총 9000여 개의 점포가 설치되었다. 또한, 공예·장식품·완구·화훼류 4대 업종 상품을 취급하고, 전 세계 200여 개 국가와 지역으로 판매했다. 점포의 90% 이상이 외국무역 업무를 취급하고, 대외무역 수출 거래가 60% 이상을 차지했다. 같은 해(2002년) 10월에는 '이우시 국제물류중심(义乌市国际物流中心)'이 완공되었고, 해관(海关) 감독관리실, 검사·검역 기구가 동시에 입주했다.

---

7   陆立军·王祖强 等(2008: 34~35)의 내용을 바탕으로 기술했다.

〈그림 16-3〉 이우시 소상품시장 맞은편에 형성된 가로변 시장

필자 촬영(2009.7.5).

2006년 12월에는 국무원 비준을 거쳐서, 장쑤성 쿤산과 광동성 순더(順德)와 함께 '외사심사비준권 시험지구(外事審批权试点)' 현급시로 지정되었다. 이로써 이우는 현급시로서는 전국 최초로 외사심사비준권을 갖게 되었다.

2007년 말에 이우 시장의 상품 수출 국가와 지역은 215개로 늘었다. 상주 외국인 무역상이 1만 명을 넘어섰고, 허가를 받고 설립한 외국기업 대표처가 1340개소로 저장성 내 총수의 1/3 이상을 점했다. 전 세계 20대 해운 기업 중 12개 기업이 사무소를 설치했으며, 유엔 난민구호처, 까르푸 등이 이우 시장에 구매센터를 설립했고, 미국의 WalMart(沃尔玛), 영국의 TESCO(구 Hymall: 乐购), 독일의 METRO(麦德龙), 프랑스의 Auchan(欧尚) 등 20여 개 다국적 소매 유통 기업이 이우 소상품시장에서 고정적으로 상품을 구매하고 있다. 국제상업무역성은 국제관을 설립하고 한국·미국·태국·일본·인도네시아·브라질·홍콩·타이완 등에 전문적인 전시 판매 공간을 제공하고 있다. 한편, 2007년 10월 1일부터 12월 31일까지 이우-홍콩 간 직항 노선이 임시 개통되었다. 중국 내 현급 시 중 최초로 국제항공노선을 개통한 것이다.

〈그림 16-4〉 1992년 완공된 이우 황위안 시장

대부분 신축한 국제상업무역성으로 이전했으나, 아직 남아 있는 원자재·기계 시장 입구이다. 필자 촬영 (2009. 7.5).

〈그림 16-5〉 이우 국제상업무역성 제4기 건물

필자 촬영(2009.7.5).

〈그림 16-6〉 이우 소상품시장 외부와 내부

필자 촬영(2009.7.5).

〈그림 16-7〉 이우 국제상업무역성 제4기 건물 내부

필자 촬영(2009.7.5).

2008년에 이우시는 '도농통합발전 종합연계개혁시험구(统筹城乡发展综合配套试点区)'로 지정되었고, 이어서 2009년 7월에는 중국 해관총서(海关总署)가 소상품 수출시장 발전을 지원하기 위해 이우시에 해관을 설립했다. 이 또한 현급시로는 유일하다.

2011년 3월에는 중국 국무원이 '저장성 이우시 국제무역종합개혁시험 총체방안(浙江省义乌市国际贸易综合改革试点总体方案)'을 정식 비준했다. 이로써 이우시는 전국 현급시 중 최초로 국무원 비준을 받은 국가급 종합개혁시험구가 되었다.

2012년 말, 이우 소상품 도매시장의 상품은 이미 212개 국가와 지역으로 수출되고 있다. 이우시의 수출 대상 국가 상위 10개국은 미국·아랍에미리트·러시아·우크라이나·스페인·독일·한국·일본·브라질·파나마 순서이다.

이후에도 이우 소상품 도매시장은 국제 비즈니스 중심, 외국 상인 접대 중심, 명품·특색·우수(名特优) 신상품 발표 중심, 시장금융 결산 중심 등을 설치하고, 광역 인터넷망은 물론 디지털화 중심, 온라인 교역 중심, 전자쇼핑 안내 등 상응한 기능을 설치했다. 또한, 소상품 수출을 위한 물류정보 서비스, 물류창고 서비스, 그리고 포장 가공과 해관 등 물류 서비스 체계를 구축했다.

한편, 우리 입장에서는 중국이 도시화 과정에서 축적한 이러한 경험과 교훈이 북한의 도시화와 관련 정책에도 유익한 함의를 제공해 줄 것이라는 점에 주목하게 된다. 단, 북한 노동당 정권은 아직까지도 중공이 1978년 11기3중전회에서 한 바와 같은, 개혁개방정책 채택과 실시 의지를 대내외에 공식 발표한 적이 없다. 즉, 개성과 금강산, 나선 지구 등에 중국의 경제특구와 비슷한 성격의 특구를 설치·운영하고는 있으나, 그 목적은 당면한 경제난을 타개하기 위한 외화벌이일 뿐, 중국 특구와 같이 개혁개방

정책 확대를 위한 정책실험 결정까지는 하지 못하고 있는 것으로 보인다. 그렇다 해도, 현재 북한의 상황은 개혁·개방 직전 문혁 말기 시기의 중국 상황과 유사해 보이는 부분이 많다. 즉, 군부 파시즘 체제인 '선군정치' 체제를 견지하면서 장마당 경제 확산 등 아래에서 위로 분출되고 있는 변화 요구와 생산력을 억압하고 있다. 단, 북한 정권도 결국에는 중국식 개혁·개방 모델을 어떤 형태로든 수용할 수밖에 없을 것이고, 이 경우 중공이 개혁·개방 전후에 당면했던 문제와 그에 대응해 추진한 관련 정책과 제도 개혁 경험들이 거울처럼 작용하면서 매우 유용한 함의를 제공해 줄 수 있을 것이다.

제17장

신특구, 신형도시화, 신상태, 일대일로[1]

 중공의 목표와 과제가 2000년대 이후에는 그 이전보다 복잡해졌다. 사유냐 국유냐, 시장이냐 계획이냐, 전반적인 서방화냐 중체서용(中体西用)이냐는 질문으로 표현되던 이분법적 사고로는 현실 파악도 미래 전망도 갈수록 어려워졌다. 중공은 덩샤오핑 시대 이래, 개혁·개방과 이른바 중국특색의 모델을 "강바닥 돌부리를 더듬고 나가면서 강을 건너자(摸着石头过河)"라는 방식으로 탐색·실천해 왔고, 비교적 순조롭게 추진해 왔다. 덩샤오핑 이후 장쩌민(江泽民) 시기에는 당이 기업과 자본가까지도 대표로 포용해야 한다는 '3개 대표론(三个代表论)'[2]을 발표했고, 이어서 후진타오(胡锦涛) 시대에는 '과학적 발전'과 '조화사회(和谐社会)', '신형도시화(新型城镇化)'의 길을 가자는 비전과 목표를 제시했다. 그리고 2012년 제19대 당대표회의에서 중공중앙 총서기에 취임하고, 2022년 제21대 당대표회의에서는 3연임 한

---

1   유튜브 북연TV, 〈중국현대사〉, 40회 '신상태, 신형도시화, 일대일로' 참고.
2   '3개 대표(三个代表)'란 중국공산당이 ① 중국의 선진 생산력 발전 요구, ② 중국 선진 문화의 전진 방향, ③ 최대 광대 인민의 근본 이익을 대표한다는 것으로, 세 번째 '광대인민'에 기업과 자본가까지 포함시켰다.

시진핑은 '두 개의 백 년'[3]을 통해 새로운 중국 모델과 '중국몽'을 실현하고, 미국과 상호 대등한 '신형대국관계(新型大国关系)'를 정립하겠다고 선언했다.[4] 이런 움직임들을 큰 흐름으로 보면 '중국특색의 길'을 찾고 정립하기 위한 노력이라고 할 수 있겠다.

이 같은 중국정부의 노력을 중국 밖에서 주시하고 있는 주요 시각 중 하나가, 전 ≪타임(Time)≫ 편집장이자 베이징 주재원이던 조슈아 쿠퍼 라모(Joshua Cooper Ramo)의 관점이다. 라모는 2004년 5월에 런던에서 열린 한 포럼에서 서구 사회가 중국의 발전을 바라보는 시각과 관련한 문제를 다음과 같이 지적했다.

중국이 맹목적으로 기존의 워싱턴 컨센서스(Washington Cosensus)를 추종하지 않았다는 사실을 높이 평가한다. 즉, 워싱턴 컨센서스를 충실하게 추종한 인도네시아와 아르헨티나는 막대한 사회적·경제적 대가를 치르고 있으나, 그와 대조적으로 그것을 무시한 인도와 중국은 괄목할 만한 성과를 이뤄냈다.

그 후 '워싱턴 컨센서스'와 대조되는 용어로 '베이징 컨센서스(北京共识)'라는 말이 출현했다. 이 장에서는 이 같은 맥락과 흐름 속에서 최근 중

---

3   첫 번째 백 년(第一个一百年)에는 중국공산당 창립 100주년이 되는 2021년까지 전
     면적 소강사회(小康社会) 건설을 완성하고, 두 번째 백 년에는 신중국 출범 100주년
     이 되는 2049년까지 부강·민주·문명·조화를 이룬 아름다운 사회주의 현대화 강국
     건립을 완성한다는 목표를 제시했다.

4   장쩌민 집권 시기 이래 현재까지 중공중앙에 이 같은 이론을 제공해 온 사람은 푸단
     대학(夏旦大学) 교수 출신 왕후닝(王护宁)으로, 그는 2017년 제19차 중공 전국대표
     대회에서 정치국 상무위원으로 선출되었고, 2023년 3월에 제14기 전국정협(全国政
     协) 주석, 중앙전면심화개혁위원회(中央全面深化改革委员会) 판공실 주임으로 선
     출·임명되었다.

공과 중국정부가 중점적으로 추진하고 있는 종합연계개혁시험구, 신상태
(新常态: New Normal), 신형도시화, 일대일로(一帶一路) 정책의 배경과 추진
동향을 정리했다.

경제특구에서 종합연계개혁시험구로

종합연계개혁시험구(综合配套改革试验区)는 '제2기 경제특구' 또는 '신
(新)특구'라고도 불린다. 즉, 제1기 경제특구의 선행선시(先行先试) 임무와
역할을 성공적으로 완수했다고 판단한 중국 정부가 새로운 단계에 진입한
경제사회발전 조건하에 특구별로 새로운 경제사회발전 방안을 탐색하기
위해 시도하는 제2단계 특구 정책이라고 할 수 있다.

2005년 6월 21일, 중국 국무원 원자바오(温家宝) 총리가 주재한 국무원
상무회의에서, 상하이 푸동 신구를 종합연계개혁시험구로 비준했다. 종합
연계개혁시험구와 1980년대 초에 설치한 경제특구의 차이점은 무엇인가?
경제특구는 경제성장에 중점을 두었지만, 종합연계개혁시험구는 경제만
이 아닌 사회·민생·복지·환경·제도 개혁 등을 포함하는 종합연계개혁(综
合配套改革)을 목표로 한다. 즉, 개혁·개방 40년간 양적 경제성장이라는 상
대적으로 단순한 과제는 기본적으로 완수했으나, 체제 전환에 수반되는
경제사회구조의 변화, 공업과 농업 간의 문제, 도시와 농촌 간의 문제, 경
제발전과 환경보호 같은 장기적인 지속가능 발전 간의 문제 등 각종 모순
이 집중적으로 누적·분출되었다. 또한 새로운 문제들도 부단히 생성되고,
서로 연결되고 뒤얽히고 있는 상황이므로, 이에 대응하는 개혁 정책의 종
합성과 체계성에 대한 요구가 갈수록 높아졌다. 종합연계개혁시험구는 이
같은 문제에 대응하기 위해 설치한 특구이며, 제2단계 특구로서 종합적이

상하이 푸동 신구(2005.6)

2005년 6월에 최초로 국가종합연계개혁시험구로 비준받은 '상하이 푸동신구 종합연계개혁시험구(上海浦东新区综合配套改革试点)'의 주요 목표와 임무는, 정부 직능과 경제운영방식의 전환과 변화(转变)를 중점적으로 탐색하고, 기타 방면의 개혁을 결합하여 이원 경제와 사회구조를 개혁하고, 완비된 사회주의 시장경제체제 건립을 선도해 나가는 것이다.

톈진 빈하이신구(2006.5)

'톈진 빈하이신구(天津滨海新区) 종합연계개혁시험구'의 주요 목표와 임무는 '신형공업화'의 길을 가면서 자주 창신 능력을 중심 연결고리로 하여 고급 신기술산업과 현대 서비스산업을 적극 발전시키고, 지역경제에 대한 대동(带动) 작용을 강화하는 것이다. 또한 북방지구의 시험구로서 금융·토지 관리·대외개방·제세 등의 체제개혁을 선도하는 것이다.

청두시와 충칭시 도농통합(统筹城乡) **종합연계개혁구**(2007.6)

충칭시와 청두시의 전국 도농통합 종합연계개혁시험구의 임무는 도농(城乡) 이원경제구조 개변(改变) 방안을 탐색하고, 도농통합 체제 및 기제 건립과 도농경제사회 협조 발전을 촉진하고, 최종적으로 농촌주민, 도시 진입 농민공과 그 가족들이 도시주민과 같은 평등한 권리, 균등화된 공공서비스와 동질화된 생활 조건을 향유할 수 있게 하는 것이다.

2007년 6월 7일에는 서부지구의 청두시와 충칭시가 도농통합 종합연계개혁구로 비준되었다. 상하이 푸동과 톈진 빈하이신구가 연해지구 대외무역의 틀 안에서 사회경제체제 개혁과 기타 지구의 발전을 견인·대동하는 데에 중점을 두고 있다면, 서부지구의 충칭시와 청두시는 사회체제와 공공 업무의 개혁에 중점을 두고, 도농통합과 도농균형발전모델의 탐색에 중점을 두고 있다. 따라서 (경제특구가 아닌) '사회특구' 또는 '제도특구'라고도 부른다.

우한 도시권과 창주탄(长株潭) **도시군: 자원절약형 및 환경친화형 사회 건설 종합연계개혁시험구**(2007.12)

우한도시권과 창샤(长沙)·주저우(株洲)·샹탄(湘潭) 도시군(长株潭城市群)은 전국 자원절약형 및 환경친화형 사회건설 종합연계개혁시험구이다. 이 시험구의 임무는 양형사회(两型社会)를 포괄하고, 경제의 양호하고 빠른 발전을 추진하고, 경제사회발전과 인구·자원·환경 간의 상호협조를 촉진하고, 자원·환경과 경제발전 간의 모순 문제 해결 방안을 탐색하는 것이다. 동시에 '선발전, 후정비'의 낡은 노선을 피해가고, 전통모델과 구별되는 공업화·도시화 발전의 새로운 길로 나아가고, 과학적 발전과 사회조화(社会和谐)에 시범 및 대동 작용 발휘를 실현하는 것이다.

2007년 12월 14일에는, 중부지구의 후베이성 우한 도시권(城市圈)과 후난성 창샤·주저우·샹탄 도시군을 '자원절약형 및 환경친화형 사회 건설 종합연계개혁시험구'로 비준했다. 주요 임무는 자원절약형 및 환경친화형 사회 건설을 촉진하기 위한 기제 건립이다.

선전시: 경제특구에서 사회특구로(2009.5)

선전시(深圳市) 종합연계개혁시험구의 임무는 과학발전시범경쟁구, 개혁·개방선행구(先行区), 자주혁신 선도구(领先区), 현대산업집적구, 광동·홍콩·마카오(粤港澳) 합작선도구, 법제건설 모범구, 그리고 전국 경제 중심 도시와 국가 혁신형 도시 지위를 강화하고, 국제화 도시와 중국 특색 사회주의 시범 건설 가속화를 목표로, 특색 있는 신특구(新特区)의 역할을 담당하는 것이다. 즉, 경제에 집중한 개혁·개방 실험 단계가 일정 정도 마무리되었다고 보고, 다음 단계로 개혁 심화 단계에 진입한다는 목표하에 '경제특구'의 범위를 전 시역으로 확대하고, 개혁·개방 실험을 경제 측면만이 아닌 사회·복지·민생·환경 분야까지 포함시켜 선행선시(先行先试)에 의한 정책실험을 추진하는 것이다.

션양경제구: 국가신형공업화 종합연계개혁시험구(2010.4)

션양 국가신형공업화 종합연계개혁시험구의 주요 임무는 지역발전, 기업 재편, 과학기술 연구개발, 금융혁신 등 4개 방면 체제·기제 혁신을 중점으로 하고, 솔선하여 신형공업화의 길을 돌파해 나가는 것이다. 이와 동시에, 이와 연계하여 자원절약, 환경보호, 도농통합, 대외개방, 행정관리 등 체제·기제 혁신을 추진하고, 신형공업화 노선 추진을 위한 플랫폼과 연계 조치를 제공하는 것이다.

산시성 국가자원형 경제 전형(转型) 종합연계개혁시험구(2010.12)

'산시성 국가자원형 경제종합연계개혁시험구'는, 종합연계개혁시험구로는 아홉 번째이고, 성급 행정구역 전역을 국가급 종합연계개혁실험구로 비준한 것으로는 충칭직할시 다음이며, 종합연계개혁실험구 중 면적이 가장 크다. 주요 임무는 개혁 심화를 통해 산업구조의 특화와 승급, 경제구조의 전략적 조정, 그리고 과학기술 진보와 혁신을 가속화하고, 자원절약형 및 환경친화형 사회를 건설하며, 도농통합 발전, 민생의 보장과 개선을 추진하는 것이다.

이우시 국제무역종합개혁시험구(2011.3)

2011년 3월 4일, 중국 국무원이 '저장성 이우시 국제무역종합개혁시험구 총체방안'을 비준했다. 당시에 설정한 이우 시험구의 목표를 보면, 2015년까지 과학 발전에 유리한 신형무역체제를 기본적으로 형성하고, 2020년까지 무역발전방식 전환과 변화를 솔선 실현하고, 국제무역 중 전략적 지위를 승급시키고, 대외무역 발전방식 전변시범구, 산업전형승급을 대동하는 중요 기지, 국제 소상품 무역의 세계적 선두와 상업·거주·관광에 쾌적한 국제상무(国际商贸) 명품도시로 만든다는 것이었다. 2022년 말 현재, 이 같은 목표들을 기본적으로 달성했다고 할 수 있다.

고 체계적인 임무 수행을 목적으로 한다.

종합연계개혁시험구의 핵심은 '종합연계(综合配套)'에 있다. 즉, 양적 경제성장만 강조해 온 발전관을 경제발전, 사회발전, 도농(城乡)관계, 토지 개발과 환경보호 등 다양한 영역에서 상호 연계된 관리 체제와 운영 기제를 형성하기 위한 '종합연계' 개혁으로 전환·변화시키겠다는 것이다. 이는 중공과 중앙정부가 개혁·개방 이후 추진해 온 체제전환과 경제성장의 연착륙에는 성공했다고 평가하고, 이를 기초로 개혁·개방을 한 단계 더 심화하겠다는 것이다.

이같이 종합연계개혁시험구는 각자 서로 다른 발전 단계에 처한 각 지구별 개혁 요구를 고려한 것이며, 각 시험지구는 현재 그리고 향후 일정 기간 동안 중국의 개혁 과정에서 해결해야 할 중대한 체제 개혁상의 문제에 대한 정책 실험과 대안 모색을 주요 임무로 설정하고 있다. 종합연계개혁시험구에 준 특혜는 먼저 시험하고 먼저 시행할 수 있는 '선시선행권(先试先行权)'이다. 가령 상하이 푸동 종합연계개혁시험구의 경우, 중앙정부는 푸동에 대해 자금, 프로젝트, 세제상의 혜택 등을 전혀 제공하지 않는다.

국가가 푸동에 제공하는 최대의 특혜는 제도 혁신 방면에서 우선 시험하고 시행할 수 있는 권리이다. 이는 개혁이 제2단계인 심화 단계에 들어서면서 갈수록 복잡한 양상으로 돌출·확산·심화되는 재정·금융·토지·호적 제도 등 다양한 분야와 층차(層次)의 개혁 과제들을 종합적으로 진단하고, 새로운 중국특색의 대응 모델을 탐색하기 위한 시도라 할 수 있다.

신형도시화

'신형도시화(新型城鎮化)'라는 용어가 중국의 학계와 사회에 중요 화두로 등장한 것은 중국 전국의 인구 도시화율이 50% 선에 근접했던 2000년대 후반이었다. 이와 함께 '중국특색의 도시화', '신형공업화', '농업현대화', '도농일체화(城乡一体化)' 등의 용어도 함께 거론되었다. 이는 중공중앙과 국무원이 개혁·개방 선언 30주년을 맞아 '소강사회(小康社会)'의 전면적 실현을 추진해야 할 단계에 진입했다고 발표한 것과도 연관된다. 즉, 인민 모두에게 '소강사회'의 실현을 느끼게 하려면 양적 성장 외에 도농 간, 계층 간, 지역 간 격차를 뛰어넘는 공평한 분배와 거주 및 생활환경, 환경보호와 에너지 절약 등의 측면에서 질적 발전이 요구되었던바, '신형도시화'는 이 같은 수요와 희망 속에서 설정한 정책목표이자 수단이라고 할 수 있다.

중공 정권 출범 이후 개혁·개방 시기까지는 중국의 도시화 속도가 매우 느렸고, 심지어 총인구 중 도시인구 비중이 감소하는 역도시화 현상도 출현했다. 1949년 10월, 중공 정권 출범 당시에 중국 대륙의 도시화율은 10.6%였다. 즉, 당시에는 중국 인구 중 90%에 달하는 인구가 농촌 거주 농민이었다. 이후 개혁·개방이 선언된 1978년 말에는 도시화율이 17.9%였으니 29년간 전국 인구 중 도시인구 점유 비중이 7.3% 증가한 셈이다. 그러나 개혁·개방 이후에는 도시화 진행이 가속화되었고, 2022년 말에는 도시화율이 65.2%에 달했다(〈그림 17-1〉 참고). 도시화율의 연평균 증가율

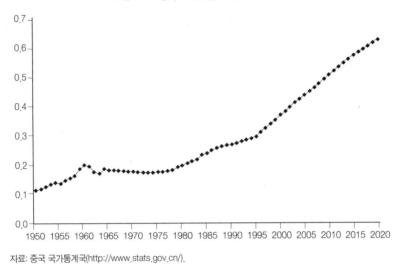

〈그림 17-1〉 중국 도시화율 추이(1949~2020년)

자료: 중국 국가통계국(http://www.stats.gov.cn/).

을 비교해 보면 개혁 이전 29년간은 0.25이고, 개혁 이후 44년간은 1.08로 개혁·개방 이전 시기보다 4배도 넘는다. 개혁·개방 이전 시기에 도시화가 이처럼 정체되었던 이유는 앞에서 살펴본 대약진운동과 문화대혁명 시기에 중국 도시들이 정치운동에 휩쓸렸기 때문이다.

한편, 새로운 중국 모델 구축을 위한 중요한 과제 중 하나가 농촌과 농업사회를 어떻게 도시와 상공업 사회로 바꿀 것인가였다. 중국과 같은 대륙형 경제와 사회가 영국과 같은 작은 규모의 민족국가의 국민경제 틀 속에서 산업혁명 후에 형성된 공업화와 도시화의 길을 따라가는 것이 과연 타당한가? 더구나 유럽과 북미가 걸어온 그 길은 대규모로, 조직적으로 자연으로부터 이탈하고 생태환경 파괴를 초래할 수밖에 없는 길 아닌가?

1979년 개혁·개방 정책을 추진하기 시작한 후 40여 년이 지난 현재까지, 중국은 괄목할 만한 성과를 거두면서 세계의 주목을 받았고, 이에 따라 중국의 국가전략과 목표 그리고 관심 대상이 양적 측면에서 질적 측면의 문제로, 국내에서 국외로 전환·확장되고 있다. 이 같은 추세 전환과 흐름을 담은 정책이 후진타오 정부가 제기한 과학적 발전관과 조화사회, 신형도시화 등이다.

개혁·개방 추진 이래 30여 년간은 정책기조의 목표와 방향이 비교적 단순·명확했기에 큰 어려움이나 혼란 없이 추진할 수 있었다. 즉, 경제 영역에서는 농촌·농업 분야에 '가정생산 연계 도급책임제(家庭联产承包责任制)' 도입, 그리고 도시 내 기업과 토지 분야에서는 민영화, 사유화를 접목·추진하면서 소유권과 경영권 양권(两权) 분리를 시행하는 것, 정치와 법률 영역에서는 사회주의적 민주법제 건설, 사상·문화 영역에서는 사상해방운동을 통해 극좌 사조를 바로잡는 것이었다.

이와 동시에 경제 효율과 시장 기능이 중시되고 지방의 재량권이 커지면서 경제발전과 함께 도시화가 본격적·가속적으로 진행되었고, 중공중앙과 중국정부도 연이어 도시화 관련 정책을 제출했다. 1984년 농촌 중심지인 '소성진(小城镇)' 발전을 요구하는 의견을 제출한 이래 15차 당대회(1997년) 및 16차 당대회(2002년)에서 거듭 소성진 발전 요구를 제출했고, 17차 당대회(2007년)에서는 "중국특색의 도시화 길을 가야 하고, 도농통합, 합리적 배치, 토지 절약, 큰 것이 작은 것을 대동한다는 원칙에 따라 대·중·소 도시와 소성진의 협조 발전을 촉진하자"라는 요구를 제출했다. 이어서 2012년 말에 개최된 중공 18차 당대회와 2015년 3월에 개최된 양회(两会) 기간까지 "신형도시화", "중국특색의 도시화", "인간 위주의 도시화" 등의 정책 구호가 빈번하게 제기되었고, 2014년에는 "국가 신형도시화계획"(2014~2020년)이 제출·공표되었다.

그러나 도시화라는 용어 앞에 붙은 '신형(新型)'의 의미를 어떻게 해석할 것인가라는 질문에 대한 답을 놓고 광범위하고 다양한 토론이 진행되었다. 핵심 쟁점은 신형도시화의 방향과 내용을 에너지 절약, 친환경, 건강, 귀농·귀촌, 농업현대화 등 이른바 후도시화(Post Urbanization) 방향으로 추진하자는 것인데, 그러기 위해서는 선결 과제로서, 호적제도와 농촌 집체소유 토지에 대한 농민의 토지 소유와 사용에 관한 권한 관계를 명확히 해야 하기 때문이었다. 그중에서도 특히 농촌 집체소유 토지에 대한 사용권 양도 및 이전, 즉 유전(流转) 문제에 대한 대응이 관건이었다.

한편, 중국정부는 신형도시화 정책의 목적을 '도시화 과정 관리를 통한 내수 확대와 신성장동력을 만들어내기 위한 것'으로 밝힌 바 있다. 이는 수출과 외자 유치에 기반을 두고 고속 성장을 유지해 온 총량 경제성장이 세계 금융위기의 충격과 위협을 받고 있는 문제에 대한 대응책으로서 도시화 과정 관리와 내수 확대를 통해 신성장동력을 만들어내겠다는 정책 의지를 반영한 것이다. 그러나 그 배후에는 이제까지의 양적 성장과 급속한 도시화의 그늘에서 갈수록 심각하게 누적·돌출되어 온 삼농(三农: 농업, 농촌, 농민) 문제와 민생(民生) 문제, 그리고 계층 간, 도농 간, 지역 간 격차와 에너지 및 환경문제에 대한 종합적이고 본질적인 대책을 모색해야 한다는 사회적 요구와 압력이 있었다.

'13차 5개년 계획(2016~2020년) 강요'에 포함된 신형도시화 관련 내용은 다음과 같다.

- 인간 위주의 '신형도시화'를 추진한다. 호적제도 개혁을 추진하고, 안정적 취업과 생활 능력을 갖춘 전이(转移) 농업 인구의 전 가족 도시 전입 및 정착을 촉진하고, 도시 주민과 동등한 권리와 의무를 부여한다. '거주증' 제도를 실시하고, 상주인구 모두 기본 공공서비스 혜택을 향유할 수 있도록 한다.
- 도시에 진입·정착한 농민의 농촌 토지에 대한 도급권, 택지사용권, 집체 수익분배권을 보호하고, 법에 의거해 유상양도(有偿转让)할 수 있게 허용한다.
- 주택제도 개혁을 심화한다. 도시 내 불량주택지구와 도시 및 농촌 지구 위

험주택 갱신(更新) 추진을 강화한다.

- 농촌 토지 도급관계를 안정시키고, 토지소유권, 도급권(承包权), 경영권 분할 방법을 완비하고, 법에 의거해 농촌 토지 경영권(경작권)의 소유권과 사용권의 합법적 양도 이전(流转)을 추진하고, 신형 농업경영주체와 신형 직업농민 양성체계를 구축한다.

2장에서 설명했듯이, 중공은 농촌을 근거지로 삼고 혁명전쟁을 하던 시기에는 도시를 매국노, 매판자본가, 부패 관료의 활동무대, 그리고 부패와 타락의 상징으로 간주했다. 반면에 농촌은 그러한 도시를 타도하기 위해 전쟁 및 혁명을 수행하는 근거지, 사회주의 신중국의 희망이라고 홍보했다. 이는 중공 지도부의 주요 인물 대부분이 농촌 출신이고 그들의 근거지와 주요 활동 무대가 농촌지구였다는 점과도 연관된다. 그러나 일제 패망 이후 시작된 제2차 국공내전(解放战争) 기간 중에는 국민당과 대등한 조건에서 대륙의 정권을 놓고 쟁패하는 국면이 되었으므로, 무기 및 군수 생산, 가공, 운수 등 전선 지원을 위한 보급 병참기지로서 도시의 역할이 갈수록 중요해졌고, 도시의 지원 없이는 운동전이 불가능한 상황으로 바뀌었다. 즉, 농촌지구에 근거지를 두고 유격전 위주로 전개하던 중공의 전통적 전략 전술이 근본적으로 변했다. 또한 혁명전쟁의 승세가 굳어질 무렵부터는 도시접관 공작이 진행되면서 중공중앙 지휘 본부와 각 야전군 사령부가 농촌 근거지에서 도시지역으로 이전했다.

이처럼 농촌 근거지에서 투쟁하고 생활하던 중공의 간부들이 거주지와 일터가 수도 베이징 또는 각 지구의 중심 거점 대도시로 바뀌면서 이들의 도시에 대한 인식이 근본적으로 바뀌게 된다. 이후 중공 통치하에 실시된 중화학공업 육성과 생산성 증대 전략도 국방 우선과 균형발전 전략 추진의 영향을 받기는 했으나, 기본적으로 도시 중심으로 추진되었다.

대다수의 중국의 보통 인민들에게도 혁명의 열정과 공산풍(共产风)의 영향 속에 농촌에 대한 인상이 낭만적 색채로 치장된 기간이 있기는 했다. 그러나 오래가지는 못했다. 즉, 대부분의 '사회주의 신중국' 인민들에게 도시·농촌 이원구조 안에서 지속적으로 수천만 명이 도시에서 농촌으로 하방되었고, 다시 도시로 복귀(回城)하는 경험과 기억이 누적되면서, '사회주의 신중국'의 도시생활과 도시인, 그리고 농촌생활과 농민에 대한 구분된 인식과 기억이 선명하게 각인되었다. 즉, 도시는 여전히 '상등 인민'의 신분과 기본적인 생존과 생활을 보장해 주는 곳이고, 반면에 농촌과 농민은 그와 대조되는 '하등 인민'이 굶주리고 착취당하며 사는 장소라는 이미지가 형성되고 새겨졌다.

도시와 농촌에 대한 이 같은 인상은, 농민 희생과 농업 잉여를 기초로 추진된 도시 공업화 건설, '사회주의 신농촌' 건설 구호와 도시 청년의 실업문제가 연관된 '상산하향(上山下乡)' 운동, 그리고 도농이원(城乡二元) 사회구조 속에 도시호구(城市户口)를 가진 시민에게만 제공된 배급경제하의 각종 생활 및 복지 혜택과 그에 따라 형성된 시민 자격과 신분에 대한 심층 의식 형태를 기초로 했다. 농촌호구와 도시호구를 구분하는 호적제도는 농촌과 도시 간의 인구 유동을 제한하는 것 외에 도시에 각종 혜택을 편향적으로 제공했으며, 도시 주민에게만 주택·식량·부식·교육·의료·취업·보험·노동 등 각 방면의 복지 제공을 보장하는 제도적 근거가 되었다. 반면에, 농촌 농민들은 농가별로 경작권만 도급받은 (집체소유) 농지에 의존해서 생활상의 모든 수요를 해결해야 했다. 이 같은 도농이원구조(城乡二元结构)는 식량 생산과 공업화 추진을 위한 농업 잉여 확보를 위해 농민을 농촌에 잡아두고 수탈하기 위한 제도 기제이기도 했다.

개혁기 이전, 중공은 '농민 속으로' 등의 구호를 내걸고 도시의 지식청년(知青) 등 젊은 노동력을 농촌과 산촌, 변방 지구로 하방했다. 그러나 실제 이유는 도시 내 청년 실업문제 해결과 농촌 노동력 확보를 위해서였다. 상하이의 예를 보면, 이 시기에 약 100만 명의 지식청년이 하방되었고, 이 중 약 70만 명이 헤이룽장, 지린, 랴오닝, 네이멍구 등 동북지구와 신장, 윈난, 구이저우, 안후이 등지의 농산촌 지구로 하방되었다. 개혁·개방 분위기가 시작되던 1978년 11월부터 이들 지식청년들이 상하이로 돌아가게 해달라고 청원하기 시작했고, 다음 해(1979년) 춘절을 쇠기 위해 상하이에 온 청년들과 함께 '행동위원회'를 조직하고, 춘절 9일 후인 2월 5일 오후 5시부터 다음 날 새벽 4시 반까지 12시간 동안 조직적으로 상하이역과 철로를 점거했다. 이들이 내건 구호 중의 하나는 "우리는 상하이로 돌아와서 4개 현대화 건설에 참여하기를 원한다"였다. 결국 상하이시 위원회의 보고를 받은 국무원의 지시에 의해 그다음 날 공안이 투입되어 이들을 진압·해산했다. 이것이 '상하이시 2·5 철로점거사건(上海市二五臥軌事件)'이다. 이 사건은 그 이전인 1979년 1월 8일부터 14일까지 베이징에서 발생한 실업 여공 푸웨화(傅月华)가 주도한 기아 농민 시위 사건과 함께 개혁 초기에 발생한 대표적인 청원 운동 사례로 꼽힌다.[5]

지식청년 하방과 같은 정책의 제도적 기초는 농촌과 도시의 호구를 구

---

5   푸웨화(傅月华)는 원래 베이징 기층건설대(北京基建队)에서 여성 노동자로 일하다 1972년 해고되고, 단위 당지부에서 당적을 박탈당했다. 문혁 기간 중에는 억울함을 참고 있다가 '4인방'이 타도된 후, 1978년 11월부터 부단히 정부 관련 부서에 상방(上访) 탄원하여 공안부의 요주의 인물이 되었다. 그녀는 1979년 1월 8일, 저우언라이 서거일 기념일에 베이징의 톈안문 광장 인민영웅 기념탑 앞에 모인 군중 앞에 나서서 연설하고, 일주일 후인 1월 14일에는 수백 명의 굶주린 농민을 이끌고 '반기아(反饥饿), 폭압 중지, 인권 민주' 요구 구호를 내걸고 시위하면서 톈안문에서 중난하이 신화문까지 가서 화궈펑(华国峰)에게 청원하는 편지 전달을 시도하다 체포되었다. 2020년 8월 23일 현재 ≪BaiDu(百度)≫ 등 중국 내 온라인 포털에서 이 사건 관련 내용은 검색 금지로 차단되어 있다. 안치영(2013: 239~240) 참고.

분하고 인민공사 생산대 등 소속 단위별로 배급제를 시행한 호적제도였다. 호적제도의 배경에는 공업화 추진 소요 자금을 농업 잉여로부터 축적하기 위해 농업 노동력이 농촌으로부터 이탈하지 못하게 통제해야 할 필요성도 있었다.

한편, '도농이원구조'가 유지된 채 개혁·개방 정책 추진이 농촌에서 도시로, 농업에서 공업으로 확대되면서, 원래 존재하고 있던 도농 간 격차가 새로운 양상으로 더욱 급속하게 확대되었다. 이 중 가장 두드러지게 돌출된 문제가 농민공과 삼농 문제이다.

'농민공(農民工)'의 중국어 문자 뜻은 농민(農民)과 노동자(工人)의 합성어로 '농민노동자'라는 의미이다. 즉, 도시로 진입하여 주로 건설 현장의 잡부나 보모, 유흥업소 종업원 등 도시 내 비공식 부문의 비정규직이나 계절성 노동에 종사하면서 도시 내 그늘 지대에 거주하며 떠돌고 있는 농민 무리(群体)를 가리킨다.[6]

현재까지도 중국에서 호적제도는 농민과 시민(市民)의 신분을 구분, 고정화하고, 나아가 그 신분을 후대로까지 세습시키고 있다. '농민공'이 장기간 도시에 거주한다 해도 도시호구를 획득하기는 매우 어렵다. 도시에서 태어나고 성장한 '농민공' 자녀들까지도 '신생대(新生代) 농민공'이라 불리며 농민공 신분을 이어받고 그 신분에서 벗어나기도 쉽지 않다. 이른바

6 2021년 말 중국 전국 농민공 수는 2억 9251만 명으로 전년 대비 691만 명, 2.4% 증가했다. 2019년 통계에 의하면, 전국의 전체 농민공 중 농촌을 떠나 다른 성의 대도시로 간 농민공 수가 약 1억 7425만 명으로 전년 대비 0.9% 증가했고, 본성(本省) 내 도시로 간 농민공 수가 약 1억 1652만 명으로 전년 대비 0.7% 증가했다. 지구별로는 중부지구와 서부지구는 각각 9.4%, 3.3% 증가했으나, 동부 연해지구는 0.2% 감소했다. 특히 주목되는 점은 농민공 중 1980년 이후에 출생한 이른바 '신생대(新生代) 농민공' 비중이 49.7%(전년 대비 1.2% 증가)로 증가 추세를 지속하며 점유율이 절반에 근접했다는 점이다.

'신생대 농민공'은 농촌에서 중학교(初中)나 고등학교(高中) 졸업 후 농촌을 떠나온 경우와 1세대 농민공인 부모의 자녀들로서 도시에서 태어나고 자란 경우를 포함한다. 이들은 부모 세대인 전통 농민공과 달리 농업에 종사한 경험이 없고, 농촌생활보다 도시생활에 익숙하다. 또 한편으로는, 노동 및 생활환경과 미래에 대한 요구와 기대 수준도 높다.

농민공은 같은 일을 해도 도시호구를 가진 시민 노동자보다 보수가 적고, 사회보장 대상자 범위에서도 제외되는 차별을 받고 있다. 오히려 농민공이기 때문에 깔보는 시선과 차별 대우까지 감수해야 하고, 도시민 앞에서 스스로 움츠러들고, 자신이 도시민보다 비천한 신분임을 스스로 자각하고 인정하게 된다. 이들은 스스로 도시호구를 가진 사람들을 '그들 도시 사람(他们城里人)'이라 부르고, 자신은 '우리 외지 농민(我们外地农民)'이라 부르며 자신을 낮춘다. 자신을 도시의 국외자로 여기고 의사 표현이나 행동에도 소극적이다. 노동계약조차 체결하지 않거나 못 하는 게 보통이고, 스스로 형식적인 노동계약은 필요 없다고 말하는 이도 적지 않다.

농민공들의 실제 노동시간은 노동법이 규정한 시간을 많이 초과한다. 상하이의 4개 건설 공사장에서 노동하고 있는 농민공을 대상으로 조사한 결과에 의하면 1년 365일 휴일 없이 일하고, 하루 노동시간이 10시간을 넘으며, 야간작업도 자주 있다. 이 외에도 작업장 안전보장, 임금체불, 의료보험은 물론이고 공상보험 등의 조건 측면에서도 부족한 점이 많다.

한편, 도시정부 입장에서는 저임 노동력 확보를 위해 농민의 도시 진입에 대한 규제 위반을 눈감아 주고, 심지어 뒷구멍을 열어두기도 한다. 농촌정부도 농민들이 도시로 가서 벌어오는 돈이 지역경제에 도움이 되므로, 농민의 도시로의 유출을 적극적으로 규제할 동기도 이유도 없다.

물론 공업화와 도시화 과정에서 돌출·심화되는 삼농 문제가 중국만의 문제는 아니다. 단, 중국특색 농민공 문제의 핵심은 시민과 농민을 구분하고 있는 호적제도와 집체소유인 농민의 토지사용권, 즉 집체소유 농지와 자류지(自留地)의 경작권(耕作权)에 대한 재산권 행사상의 제한과 차별이다. 따라서 이른바 '도농통합 발전' 또는 '중국특색의 도시화의 길' 추진을 위한 우선 과제는 삼농 문제 안에 내재된 호적제도와 농민의 토지사용권을 어떻게 재산권으로 인정해 줄 것인가라는 질문으로 표현될 것이다.

중공은 농민을 기초로 혁명에 성공하여 대륙의 권력을 잡았으나, 혁명 이후 치국(治国) 단계와 국가 현대화를 추진하는 과정에서는 농민과 농촌의 희생을 요구해 왔다. 당면한 농민공과 삼농 문제의 근원은 중공이 채택, 고수하고 있는 공업화와 부국강병 정책 기조하에서 농민에 대한 수탈과 희생을 방치하고 있는 도농이원 구조에 있다.

농민은 도시주민이 누리고 있는 복지제도나 사회보장제도와 무관할 뿐만 아니라, 수시로 도시의 공업 발전을 지원하기 위해 굶주림 속에서도 더 허리띠를 조이고 국가와 집체(集体)에 더 많이 상납하라는 독촉을 받으며 강압적으로 수탈당하며 굶주려야 했다. 상징적인 사례가 대약진운동과 농업을 희생하며 공업을 발전시키는 정책을 추진하던 이른바 '3년 곤란시기'(1959~1961년)에 발생한 대규모 아사자 등 비정상적 사망자의 대부분이 양식을 직접 생산하는 농촌의 농민들이었고, 도시주민들 중에는 아사자가 거의 없었다는 사실이다.[7]

그러나 개혁·개방 이후에는 삼농 문제를 매우 중시하고 있다. 어느 정도로 중시하고 있는지를 상징적으로 보여주는 것이 개혁·개방 정책 추진 이래 중공중앙이 매년 1월 초에 처음 발표하는 제1호 공문, 즉 '중공중앙

---

7 당시에 호적제도가 농민들이 농촌을 떠나지 못하게 막는 장치로 작동했고, 그 결과 농민들은 속수무책 상태에서 굶주리며 죽었다. 중국 내 관방 자료 통계에 근거해도 대약진 시기에만 최소한 3000만 명 이상의 농민이 굶어 죽었다.

1호 문건'의 주제와 내용이 수십 년간 '삼농' 문제와 연관되어 있다는 것이다. 즉, 개혁·개방 초기인 1982년부터 1986년까지 연속 5년간은 주로 개혁·개방 초기에 실시한 '가정연산승포책임제(家庭联产承包责任制)'와 관련한 사상적 돌파와 이론적 근거를 확보하는 데에 중점을 두었고, 2000년대 진입 이후 2004년부터 2023년 현재까지는 삼농 문제 관련 도농 간 격차 문제 등에 대한 해결 방안 제시에 중점을 두고 있다. 즉, '사회주의 신농촌' 건설과 도농통합 발전, 농업과학기술 혁신과 농촌집체소유 토지의 도급사용권(경작권)의 양도·이전(流转) 허용을 통한 전문적 대(大)농가 및 농업합작사 육성, '농업현대화'와 '신상태' 등과 연관된 방안이다.

이 같은 '중공중앙 1호 문건'의 주제를 간략히 정리해 보면 다음과 같다. 1982년~1984년까지는 '농가별로 경지를 구분하여 경작하는 방식(包干到户 또는 大包干)'을 통한 농촌개혁 추진을 강조했다. 이는 당시에 막 시작한 농촌개혁 추진을 독려하고, '보수 좌파'의 정치적 공세를 차단하기 위한 것이었다. 1983년 1월에는 '당면한 농촌 경제정책의 약간의 문제'라는 제목 하에 농가별 생산 연계 도급책임제인 '가정연산도급책임제(家庭联产承包责任制)'를 승인하고 실천 방안을 제시했다. 1984년 1월에는 가정연산도급책임제의 지속적인 안정과 완비를 강조하면서, 토지도급 계약기간을 15년 이상으로 하고, 생산 주기가 길거나 개발성격 항목은 보다 길게 할 수 있다는 내용 등을 포함했다. 1985년에는, 30년간 실시해 오던 농부산품에 대한 통일적 일괄 구매(统购派购) 제도를 취소하고, 양식과 면화 등 중요 농산품에 대해 국가가 계획적으로 합동 구매하겠다고 예고했다. 이어서 1986년에는, 국유경제와 집체경제뿐만 아니라 개체경제(个体经济)가 사회주의경제의 필요 및 보충 요소라는 점을 승인했다.

이후 2004년부터는 '중앙1호 문건'의 주요 내용이 새로운 양상으로 돌출되는 삼농 문제에 대한 대응 대책으로 바뀌었다. 2004년 1월에는 '농민

수입 증가 촉진에 관한 약간의 정책적 의견(关于促进农民增加收入若干政策的意见)'이라는 제목하에 주요 양식 생산 지구와 양식 재배 농민을 대상으로 한 농민의 1인당 평균수입 증가 촉진 정책조치들을 발표했다. 2005년에는 각 항 농업지원정책의 안정과 완비 관련 내용을 포함했고, 2006년에는 도농 경제사회의 통합 발전, 현대화 농업 건설 추진, 농민소득 중대 촉진, 농촌 기초시설 건설 강화, 농촌사회사업 발전 가속화, 농촌개혁 심화 등 8개 방면에서 32개조의 농업 지원 및 우대 조치를 제시하고, 동시에 '사회주의 신농촌' 건설 추진에 대한 지침을 제시했다.

2010년에는 ① 농업, 농촌, 농민 우대 정책 체계를 견실하게 세우고, 농촌을 향한 자원 배치 추진, ② 현대농업 장비 수준 제고와 농업발전방식 전변(转变) 촉진, ③ 농촌 민생 개선 가속화와 도농 간 공공사업 발전 격차 축소, ④ 도농 개혁 협조 추진과 농업·농촌 발전 활력 증강, ⑤ 농촌 기층 조직 건설 강화 관련 등의 내용이 포함되었다.

2012년에는 농업 과학기술혁신 배치를 강조하고, 농업 과학기술혁신 추진을 삼농 업무의 중점으로 지정했다. 2013년에는, 도급 토지 경작권을 전문적 대농가(专业大户), 가정 농장, 농민 합작사로 양도 이전(流转)하는 것을 장려 및 지원한다는 방침을 제출했다. 주목할 점은 '가정 농장' 개념이 '중앙 1호 문건'을 통해서 최초로 출현한 점이다.

2014년에는 사상 해방 진일보, 안정 속의 전진 모색, 체제 및 기제(机制)의 폐단을 결연히 타파, 농업의 기초 지위 견지, 농업 현대화 가속 추진 방침을 확정했다. 2015년에는 경제발전이 '신상태'에 진입하면서, 새로운 도전에 직면하고 있는 농업과 농촌의 발전 과제를 제시했다. 2022년에는 '향촌 진흥 중점 업무에 관한 의견'이라는 제목으로 양식 생산과 현대농업 발전, 향촌 진흥에 대한 지침을 하달했다.

도농이원제 호적제도에 대한 비판과 반발이 갈수록 빈번해지고 사회,

정치적 문제로 확대되면서 중국정부는 각급 지방정부와 도시정부가 도농 이원제 호적제도를 자주적으로 취소 또는 변경할 수 있도록 허용하고 있다. 최근에는 허베이·랴오닝·산동·광시·충칭 등 12개 성(자치구, 직할시)급 지방정부가 농업호구와 비농업호구 이원제 호구 성격 구분을 취소하고, 도시와 농촌의 호구등기 제도를 통일한 후 '거민호구(居民户口)'라 통칭하고 있다. 이 외에 베이징과 상하이는 농업인구를 비농업 인구로 전환하는 정책을 실시한다는 의견을 하달하고 제한조건을 완화했고, 광동성의 포산(佛山)·선전·중산 등지에서는 도시화 수준이 비교적 높은 농촌지구의 주민을 비농업 호구로 전환해 주었다.

주목해야 할 점은, 중공이 '사회주의 개조'를 통해 자본주의의 질곡인 사유제와 시장기제를 소멸시키고 구축한 국공유제와 지령성 계획경제체제를 근간으로 하는 이른바 '사회주의 생산관계'가 이제 오히려 개혁의 대상이 된 것이다. 즉, 개혁·개방이 그 이전 시기의 지령성 계획경제체제하에서 통제되고 억눌려온 기층 단위와 인민의 생산 적극성을 해방시켰고, 이같이 해방된 생산력이 개혁·개방 동력을 분출·확산시키고 있다.

신상태

소위 '신상태(新常态)'의 핵심 내용은, 경제발전의 속도와 질(质) 간의 평형상태를 추구하면서, 투자 구조와 성장 동력을 다원화하고, 그 과정에서 출현 가능한 각종 위협요인에 안정적으로 대응할 수 있는 체제를 구축하겠다는 것이다. 이는 개혁·개방 이래 30여 년간 줄곧 두 자릿수를 유지해 오던 중국의 GDP 성장율이 2013년에는 7.7%로 떨어졌고, 코로나의 영향이 반영되기 직전인 2019년까지 6.1%로 감소한 현실을 반영한 정책 대응이라 할 수 있다(코로나 영향으로 2022년 2.6%). 즉, 개혁·개방 이후 30여 년간 지속해 온 두 자릿수 고속 성장을 더 이상 지속할 수 없게 된 현실을 수용한 새로운 전략 모색을 위한 틀을 제시한 것이다. 또한 저임 노동력을 제공해 온 인구 혜택이 갈수록 고갈되고 있는 상황에 대응하면서, 경제정책 기조를 이제까지의 고속성장 상태에서 중저속의 '신상태'로 전환하겠다는 의도도 포함하고 있다.

또 한편으로 '신상태'란 이제까지의 양적 성장 추구에서 혁신을 통한 질적 발전 추구로의 방향 전환 의지의 표현이라 할 수 있다. 즉, 성장률 중심의 양적 성장 전략에서 벗어나, 산업구조 고도화, 친환경 에너지산업과 문화·여가 산업의 육성을 통한 환경오염 절감과 개인의 삶의 질 제고, 복지제도와 도시·농촌 호적제도 개혁을 통한 개인 간 경제격차 완화 등 질적 측면의 개혁 의지를 밝힌 것이라고 하겠다. 이와 함께 산업 및 무역정책을, 이제까지 주력했던 가공무역에서 고부가가치제품 수출로 전환하겠다는 것이다. 이 같은 중국의 무역전략 변화는 대(對)중국 수출 물량의 절반 이상이 가공무역 관련 원·부자재인 우리나라의 산업과 경제에도 중대한 영향을 미칠 것이다.

'신상태'라는 용어가 공식적으로 등장한 때는 2014년 5월, 중공 총서기 시진핑이 허난성 시찰 시 "신상태에 적응해야 하고, 전략상의 평상 심리 상태(平常心态)를 견지해야 한다"라고 발언한 때부터이다. 이때 시진핑이 한 말에 근거해 '신상태' 특징을 요약하면, 성장 속도는 고속에서 중저속으로 전환하고, 경제구조는 부단히 특화·승급시키고, 발전동력기반을 혁신(創新) 위주로 전환한다는 것이다. 중국정부는 그해(2014년) 12월에 '중앙경제공작회의'를 개최하고 '신상태'에 진입한다고 공식 선언했다.

'신상태'의 주요 내용에는, 2000년대에 들어선 이후 중국정부가 추진해 온 '과학적 발전관', '조화(和解) 사회', '신형공업화', '신형도시화', '농업현대화', '포용성 발전' 등이 포함되었다. 중공 17차 당대회(2007.11)에서 '과학적 발전관'과 '조화 사회' 목표를 확정하면서, 경제체제와 정치체제 개혁, 사회 영역과 문화영역의 개혁은 종합성·연계성·협조성을 확보하면서 동시에 추진해야 한다는 점과 구역협조발전, 도농통합발전, 자연과의 조화 등 경제성장 방식의 전환과 질적 발전을 강조했다. 중국정부는 이 같은 방향과 목표를 다음과 같이 구체적 하위 정책목표로 설정했다.

- '성장'의 양보다 질을 중시하면서 신형공업화, 정보화, 도시화, 농업 현대화를 중점 추진하고, 에너지 및 자원 절약과 환경보호 시책을 강화한다.
- 양로보험 개혁을 통해 소득대체율을 제고하고, 복지 개념의 '보장성 주택' 건설공급량을 확대하고, 주택보조금 제도 수혜 범위를 확장한다.
- 경제구조를 질은 더 좋게, 구조는 더 우수하게 전환·승급·특화시키고, 경제성장에 대한 소비 공헌율을 계속 높여나간다. 또한 서비스산업의 GDP 점유율을 2차산업보다 높이고, 장비 제조업과 고급 신기술산업 발전 강도를 높이고, GDP 단위당 에너지 소모는 감소시킨다.
- 첨단기술산업 중심으로 외자 유치 및 해외투자를 추진하고, 품질 중심의 시장경쟁체제를 강화한다.
- 내수시장 소비수요 동력에의 의존 폭을 점진적으로 증대시키면서, 수출 의존에 따른 외부 위협을 줄여나간다.

한편, 지방정부 차원에서 '신상태' 추진 전략은 구조개혁과 혁신역량 제고, 전략산업 육성 측면에서의 IT, 환경, 신에너지 개발 및 활용, 그리고 이를 위한 고급서비스산업의 전문적 육성과 관광산업의 활성화 등 정책을 구체적으로 추진하는 데에 중점을 두고 있다. 성, 직할시급 층차의 지방정부 차원에서의 경쟁 모델은 상급 설계가 아닌 위아래 층층마다의 층차에서 시행착오를 거쳐서 나오기 때문이다.

개혁·개방 이래 고속성장과정에서 지방정부의 사업 중점은 지방정부

간 경쟁이었다. 계획경제에서 시장경제로 향하는 궤도 전환과정에서, 정부는 자원배치권을 점진적으로 시장에 양보했고, 정부 내에서는 상급 정부가 하급 정부에 권한을 이임했다. 따라서 개혁·개방 이후에는 지방정부의 지배 가능한 보유자원의 재고가 대폭 감소했고, 동시에 개혁 심화와 법치(法治)가 진행되면서 자원 지배에 대한 제한도 대폭 강화되었다. 지방정부 지도자들이 기업의 CEO와 같이 경제업무를 다루면서 지방정부 간 경쟁에 주력했고, 이것이 경제발전의 주요 동력이 되었다. 지방정부 간의 구체적 경쟁 행위는 다음과 같다.

첫째, 투자 유치를 위해 뛰었다. 어느 시(市)가 기업과 투자 유치를 위해서 토지 사용료와 보조금 등 특혜 조건을 발표하면, 또 다른 어느 시는 그보다 더 좋은 조건과 특혜를 발표했다. 또, 어느 시에서 컬러TV나 자동차 생산시설을 도입·건설하면 따라 했다. 이는 '밑바닥 경쟁' 또는 '중복 도입'이란 지적을 받기도 했다.

둘째, 상급 정부가 주는 자원과 특혜 정책을 쟁취하기 위해 상호 경쟁했다. 이 과정에서 상급 정부와 하급 정부 간에 진행된 게임의 틀은 다음과 같다. 본래 1만 위안 예산 항목을 지방정부는 2만 위안으로 부풀려 신청한다. 상급 정부는 하급의 허위보고를 대강 알고 있으므로 그것을 삭감·조정하면 결과적으로 합리적인 액수에 가깝게 된다. 단, 주요 공정의 공사비 조달 곤란으로 인한 미완성 중단 상황도 종종 발생했다.

셋째, 상호 간 모방과 학습이다. 한 지방이 새로운 방식을 발굴해 내면, 다른 지방정부들이 매우 빠르게 모방했다. 모방 대상은, 토지의 비축과 정리, 연관 기초시설 건설, 투자환경 개선, 투자자에 대한 지원 확대, 토지사용권 출양가격 및 건물가격 인상, 융자 및 투자 방식 등이다.

지방정부 간 상호 모방 방식에도 변화가 발생했다. 구체적 산업과 건설 항목을 그대로 베껴 쓰는 방식에서 산업의 전형(轉型)과 승급 모델을 지방정부가 직접 추동하면서 상호 교훈을 주고받는 방식으로 진행되었다. 각 지방이 더욱 넓은 기술과 산업 계보 내에서 경쟁하게 되면서, 이것이 차별화와 전형승급(转型升级)의 주요 동력이 되고 있다. 이와 관련한 사례들은 다음과 같다. 선전시 소재 기업 '광치(光启)'는 이미 세계적으로 선두 기술을 보유하고 있다. 선전시 정부는 당초에는, 일정한 위험을 감수해야 하는 '광치'를 지원해야 할 것인가 여부를 두고 많은 고민을 했으나, 최종적으로 지원하기로 결정했다. 기술 맹아 단계에서 정부의 지원이 성공한 사례이다. 이와 비교되는 것이, 기술 맹아의 싹이 튼 후에 정부가 개입해 원조하는 방식을 채택한 베이징 중관촌 관리위원회(中关村管委会) 사례이다. 즉, 우선은 혁신형 프로젝트 창업자가 시장에서 치고받으며 경쟁하게 하고, 생존력을 보이면 중관촌 관리위원회가 주동적으로 다양한 사항을 지원·협조하는 방식이다. 선전을 비롯한 중국 내 수많은 도시들도 이와 비슷한 유형의 방식을 채택·시행했다. 충칭시 정부가 시행한 노트북 컴퓨터 산업체를 조성한 사례도 성숙한 기술에 초점을 맞추고 기업과 자본의 산업 체인을 유치한 사례이다.

한편, 중국정부는 인사고과에 경제성장 지표 가중치는 낮추고, 생태환경보호와 민생 등 질적 지표의 가중치를 늘리는 방향으로 제도 개혁을 진행하고 있다.

일대일로와 해외 진출

'일대일로(一带一路)'란 유라시아와 아프리카 대륙의 각 국가 주요 도시들과 교역로를 건설하면서, 기반 시설 건설, 교역 및 금융 협력 활성화, 과학기술 교류 및 문화 교류를 강화해 나가겠다는 거시적 구상이다. 이 중

'일대(一帶)'는 베이징-시안-우루무치-중앙아시아-유럽을 잇는 내륙의 교통로와 그 연선에 형성될 경제지대를 가리키며 '육상 실크로드'라고도 부른다. '일로(一路)'는 취안저우(泉州)-푸저우-광저우-하이커우(海口)-베이하이에서 동남아시아의 베트남, 말레이시아 그리고 인도와 아프리카 나이로비를 거쳐 지중해로 이어지는 해상 교역로를 가리키며 '해상 실크로드'라고도 부른다. 이는 한나라 시기 개척된 이래 당나라 때 번성했던 실크로드, 즉 중국과 고대 서역을 잇던 내륙 교역로와 명나라 정화(鄭和)가 남해 원정을 통해 개척한 바닷길 실크로드를 상기시킨다.

2013년 9월 및 10월 중앙아시아와 동남아시아를 순방 중이던 중국 국가주석 시진핑이 카자흐스탄 나자르예프 대학의 강연에서 이른바 '일대일로(一帶一路)', 즉 육상 실크로드(一帶)와 해상 실크로드(一路)를 공동 건설하자고 제안했다. 이어서 '2013년 아세안 박람회'에 참여한 국무원 총리 리커창(李克强)이 아세안 국가들에 해상 실크로드, 즉 '일로(一路)' 건설에 참여를 요청했다.

2014년 10월 24일에는 이 사업 추진 지원을 위해 '아시아 인프라투자은행(AIIB)'이 출범했다. 이 은행에는 독일, 영국 등 유럽 국가들이 참여했고, 2015년 4월 11일에는 한국도 오스트리아, 스페인 등 가입 신청 국가들과 함께 창립 회원국으로 참여를 확정했다.

2015년 3월에는 중국 국가발전개혁위원회, 외교부, 상무부가 공동으로 추진 방향을 좀 더 구체적으로 제시한 '육상 및 해상 실크로드 공동건설 추진의 희망과 행동'을 발표했다. 이후 국무원 각 부서와 지방정부 차원에서 구체적인 정책 및 추진 방안을 작성·제시하고 있다. 이어서 같은 해(2015년) 3월 28일, 중국 하이난(海南)에서 열린 '보아오 포럼'에서 시진핑이 상호존중과 평등 대우 원칙을 중심으로 '아시아 운명공동체'의 개념을 설명하면서 '일대일로' 전략에 대한 실행 의지를 다시 강조했다.

〈그림 17-2〉 중국의 일대일로 노선

　　'일대일로'의 목적은 중국정부와 기업들이 이미 10여 년간 축적해 온
해외진출(走出去) 경험을 기초로 중국 국내의 발전축을 해외로 연장하고,
육상 및 해상의 신실크로드 교역로를 따라서 경제 거점과 발전축을 형성하
겠다는 것이다. 즉, 이미 수년 전부터 중국이 축적해 온 해외진출 경험을
바탕으로, 성장률과 내수 성장 정체로 인해 마땅한 투자 대상을 찾지 못하
고 있는 중국 기업들에게 나라 밖에 새로운 투자 대상을 만들어주기 위한
의도도 있다. 단 이제까지의 해외 진출 방식과 다른 점은 중국 국내의 발전
축과 인접 국가의 주요 도시를 연결하면서 중국과 연선국가의 경제 거점도
시들을 연결하는 경제지대 형성을 목표로 하고 있다는 점이다. 즉, 육상으
로는 중국 국내 발전축상의 거점도시들과 중앙아시아 및 유럽의 거점도시
들을 연결하고, 해상으로는 중국 동부 연해지구의 거점 항구도시들과 동남
아-인도-아프리카를 거쳐 유럽의 주요 항구도시들을 연결하는 해상 교역로

를 개척하고, 그 연선의 주요 항구도시들을 연계 거점으로 개발하는 것을 목표로 하고 있다. 또 한편으로는 중국 국내에서 이제까지 개발에서 소외되었던 중서부 내륙지구를 중앙아시아 및 동남아시아 각국과 연결하면서 신성장동력을 만들어내겠다는 것이다. 중국정부가 구상 중인 일대일로 노선은 북방 A·B 노선, 중앙노선, 남방노선, 중심노선의 5개이다.

북방 A 노선	북미-북태평양-일본-한국-블라디보스토크-훈춘-옌지(延吉)-지린-창춘-몽골-러시아-유럽
북방 B 노선	베이징-러시아-독일-북유럽
중앙 노선	베이징-시안-우루무치-아프가니스탄-카자흐스탄-헝가리-파리
중심 노선	렌윈강(连云港)-정저우(郑州)-시안-란저우-신장-중앙아시아-유럽
남방 노선	취안저우-푸저우-광저우-하이커우-베이하이-하노이-쿠알라룸푸르-자카르타-콜롬보-콜카타-나이로비-아테네-베네치아를 바닷길로 연결(해상 노선)

한편, 중국의 주요 국토 발전축은 3종2횡(三纵二橫)의 5개 경제회랑 발전축으로, 남북 방향 3개 축과 동서 방향 2개 축이 국토개발의 기본 골격을 이루고 있다(〈그림 17-3〉 참고). 남북 방향 3개 축은 ① 동부 연해축, ② 하얼빈-베이징-광저우 간을 연결하는 하얼빈-베이징과 징광(京广) 철도 연결축, ③ 네이멍구자치구 바오터우(包头)와 윈난성 쿤밍(昆明) 간을 연결하는 바오쿤(包昆) 철도축이다. 동서 방향의 2개 축은 ① 연장강축(沿长江轴), ② 중국횡단철도(TCR), 즉 렌윈강에서 쉬저우(徐州)-정저우-시안-란저우-우루무치를 동서로 연결하고 중앙아시아에서 시베리아횡단철도와 연결되는 대

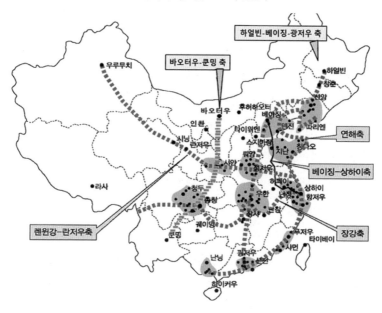

류교(大陆桥, land bridge) 철도축이다. 거시적 차원의 국토 발전축과 베이징과 상하이 같은 대도시 내부공간 및 외곽 주변 지역의 공간구조 모두 그 발전방향은 주요 교통간선과 교통망 구조를 축으로 형성·발전 중이다. 그리고 중국정부가 해외 진출과 일대일로 건설을 추진하면서 지역발전 정책의 거시적 틀도 기존의 '4개 대구역(四大区域: 동부, 중부, 서부, 동북 지구)'에 '3개 지지구(支撑区)'를 추가했다. 3개 지지구는 '장강 유역 경제지대', '징진지(京津冀: 베이징-톈진-허베이) 수도권 지구', 일대일로이다.

'일대일로' 전략의 주요 내용은 중국과 연선 국가들 간에 정책·도로·무역·화폐·민심을 통하게 하겠다는 이른바 '5통(通) 전략'이고, 이는 다시 ① 고속철도, 고속도로, 송유관, 광케이블, 항구 등의 기초시설 건설, ② 환전, 송금, 전자상거래 시스템 구축 등의 금융서비스 확충과 관세, 통관 시스템의 개선을 통한 무역 및 투자 환경 개선, ③ 유학생 규모 확대 및 공동 학교 설립, 상호 여행 규모 확대 등 적극적 문화교류 활동 등의 3개 부분으로 구분된다.

이는 중국이 개혁·개방 이후의 경제적 성취를 바탕으로 철도와 은행을 통해서 주변국으로 연결하는 교역로를 개발하면서 자국의 경제영토를 넓히려는 의도라고 할 수 있다. 이는 아편전쟁 시기에 자신이 당했던 경험이기도 하다. '일대일로'의 추진 주체는 중국 국무원과 해당 지방정부 각 부문이 될 것이다.

한편, '일대일로' 건설에 따른 육상과 해상 교통망 구축은 중국 내의 남부와 서부를 연결하는 교통축을 강화하고, 다시 중국 내 각 대지구와 유럽 시장, 그리고 중앙아시아의 에너지를 연결시켜 줄 것이다. 이는 경제영토를 확대하고, 미국 주도의 환태평양경제동반자협정(TPP)에 대응하기 위한 전략과도 연결될 것이다. 즉, 중앙아시아·동남아시아 등 아시아 신흥시장 진출을 통해 경제성장의 동력을 확보하고, 자국 내 과잉생산 문제에서 초래된 공급 측 개혁과제를 해소하기 위해서 아시아·유럽·아프리카 지역 26개 국가와 직접 연결을 추진하고 있다. 이 지역은 총인구 약 44억 명으로 세계 인구의 63%, 경제규모는 세계경제의 약 29%를 점유한다. 중국정부는 '일대일로' 공동건설을 위한 주변국과의 5대 중점 합작 분야를 정책 교류, 인프라 연결, 무역 원활화, 자금 융통, 민심 상통으로 정했다.

중국정부의 '일대일로' 전략은, 고속 성장이 한계에 달한 '신상태'에서 중국 국내 기업의 해외진출을 통해 제조업 부문의 과잉 및 중복투자 해소 방안을 모색하고, 또 한편으로는 아시아 인프라투자은행의 설립, 브릭스(BRICS: 브라질, 러시아, 인도, 중국) 개발은행의 설립, 중국과 아세안 각국 은행과의 협력 등 중국 주도의 국제금융 체제 구축을 통해 미국이 주도하는 세계은행과 국제통화기금(IMF) 체제에 도전하면서 '신형대국관계'를 구축해 나가기 위한 포석이기도 하다.

제18장

노(老)홍위병의 반성과 사과[1]

현재 중국의 젊은 세대는 이른바 '문화대혁명' 시기(1966~1976년)의 야만성과 참혹함에 대해 잘 모르고 별 관심도 없다. 그 시절의 적나라한 피해 기록들이 있는지도 모르고, 가해자가 처벌받는 경우를 본 적도 없기 때문이다. 그런데 2003년 8월경부터, 인터넷상에 또는 매체를 통해서 문화혁명 시절에 자신이 홍위병 놀음에 휩쓸려 다니면서 저지른 악행을 고백·사과하는 노홍위병들이 연이어서 나타났다. 이들 중에 그 사연이 극적이고 기구한 안후이성 홍위병 출신 장훙빙(张红兵)과 중공 10대 장군에 속하는 천이(陈毅)의 아들이자 쑤위(粟裕)의 사위여서 그 파급 영향이 가장 컸던 천샤오루(陈小鲁), 그리고 문혁 시절의 홍위병 사례 중 전형적 사례라 할 수 있는 산둥성 출신 류보친(刘伯勤)의 사연을 소개한다.

---

1   유튜브 북연TV, 〈중국현대사〉, 41회 '노홍위병의 반성과 사과', 42회 '홍위병' 참고.

친엄마를 고발한 중학생 홍위병

문화대혁명 홍위병 출신 장홍빙이 언론매체 ≪신민주간(新民周刊)≫과의 인터뷰를 통해서 '문혁' 기간 중 자신이 한 행위를 고백한 때는 2012년 8월 하순, 그의 나이 60세 때였다. 안후이성 구전현(固镇县) 인민의원 외래부 부주임으로 근무 중이었던 장홍빙의 어머니 팡종모(方忠谋)는 자신의 아들 장홍빙의 고발에 의해 1970년 4월 11일에 '반혁명' 죄로 사형선고를 받고 판결 즉시 총살당했고, 그 후 10년 뒤 개혁·개방 이후인 1980년 8월 14일에 안후이성 쑤현 지구 중급 인민법원 재조사를 거쳐서 누명을 벗었다. 장홍빙은 1953년 9월생으로 당시 17세였다. 장홍빙의 원이름은 장톄푸(张铁夫)였으나, 13세 때인 1966년 문혁 발동 후에 스스로 홍위병을 뜻하는 홍빙(红兵)으로 바꿨다.

악몽 같은 그 일은 문혁의 열기가 가열되고 있던 1970년 2월 13일, 겨울밤에 시작되었다. 장홍빙의 어머니 팡종모가 저녁 식사 후 설거지하고 있는 큰아들 홍빙에게 말했다.

"나는 하루 살며 하루 노동한다. 고담준론이나 떠들고 몰려다니면서 실제 일은 안 하는 너희들과는 다르다. 너희들 매일 마오 주석 초상 앞에서 보고하고 문안드리는데, 그런 것 가짜다."

그러자 장홍빙이 반박하며 말했다.

"엄마, 너는 반동이야."

팡종모가 말을 받아서 대꾸했다.

"그래 나는 반동이다. 나는 류샤오치, 덩샤오핑, 그들이 맞다고 본다. 그리고 마오 주석은 왜 개인숭배를 조장하는가. 도처에 모두 그의 동상이다."

그 순간, '마오 주석의 충실한 홍위병'이라 자처하던 장홍빙에게는 엄마 얼굴이 갑자기 악마와 '계급의 적'으로 보였다.

장홍빙이 씻고 있던 그릇을 들어 엄마에게 던질 듯한 자세를 취하며 말했다.

"감히 마오 주석이 비판한 반동들을 옹호하다니, 이 그릇으로 너, 반동의 대갈통을 부숴버리겠다."

이때 내실에서 신문을 보고 있던 장홍빙의 아버지이자 팡종모의 남편인 장웨성(张月升)이 나오면서 소리쳤다.

"현행 반혁명분자를 쳐라!"

장홍빙이 혁대를 빼들고 아버지와 함께 어머니 팡종모와 밀치며 싸우던 와중에 벽에 걸려 있던 마오쩌둥 초상이 찢어졌다. 장웨성은 팡종모가 고의로 마오 주석의 초상화를 찢었다고 몰아세웠다.

"감히 마오 주석의 초상을 찢다니, 만 번 죽어 마땅한 죄다."

장웨성이 이어서 말했다.

"우리는, 반동 발언을 계속하고 있는 현행 반혁명분자 너 팡종모와 경계선을 긋겠다. 지금부터 너는 우리의 계급의 적이고, 우리는 너와 투쟁한다."

그리고 백지 한 장을 들고 와서 자기 아내 팡종모에게 내밀면서 말했다.

"너는 방금 전 너의 입으로 방출한 독을 모두 여기에 적어라."

팡종모가 남편과 아들이 요구하는 대로 쓰기를 마치자, 장웨성이 그 종이를 들고 집 밖으로 나갔다. 당시에 장웨성은 어디로 간다고 말하지 않았으나, 홍빙은 아버지가 현(縣) 유관 부문에 고발하러 갈 것으로 짐작했다. 홍빙이 회상하며 말했다.

당시에 나는 매우 놀랐다. 엄마가 이런 말들을 내뱉을 수 있다니! 나의 엄마가 아니고 계급의 적 악마다! 그것은 일종의 조건반사였다. 그 당시의 나는 뇌해(腦海)와 혈액 속에까지 홍가(紅歌)의 가사가 녹아서 융화되어 있었다. 즉, '아버지의 정, 어머니의 정도 마오 주석의 정만 못하네, 마오쩌둥사상은 혁명의 보배, 누구건 그것을 반대하면 그는 우리의 적 ……'.

장홍빙은 아버지가 밖으로 나가긴 했지만, 어쩌면 아버지가 엄마를 고발하지 않을 수도 있다는 생각이 들었고, 불안해졌다. 그래서 자신이 직접 고발장을 써서, 자기 집과 한 단지에 거주하는 이웃인 현의 군(軍) 대표 주택의 출입문 틈새로 그 고발장 편지를 자신의 홍위병 흉장과 함께 밀어 넣었다. 그날 밤은 매우 추웠다. 집 밖은 모두 얼음과 눈으로 덮여 있었다. 당시 17세였던 홍빙은 홍분과 두려움, 추위 때문에 아랫니가 윗니를 딱딱 때릴 정도로 온몸을 떨었다.

장홍빙이 당시에 쓴 고발 자료의 제목은 '죄악이 하늘에 닿을 현행 반혁명분자 팡종모의 죄행 고발'이었다. 그는 그 글의 말미에 이렇게 적었다.

"타도 현행 반혁명분자 팡종모! 총살 팡종모!"

철부지 나이였다 하더라도 자신의 친엄마를 이 정도로까지 적극적으로 고발하고, 고발장 말미에 그토록 극렬한 구호까지 덧붙인 것을 보면, 그의 정신 상태는 정상이 아니었다. 장홍빙이 회고하며 털어놓은 말이다.

"그 같은 행위는 사상교육 세뇌에 의한 것이기도 했다. 그 당시 나는 정서적·정신적으로 미숙한 상태였고, 이제 다시 생각해 보니 본능적 공포감 속에 스스로 자신을 보호해야 한다는 자기방어 심리도 있었다."

그의 아버지 장웨성도 아들인 홍빙의 그런 면을 잘 알고 있었기에, 당시 정신적 불안 상태에서 위험수위를 넘는 발언의 빈도가 갈수록 증가하고 있는 자신의 아내로부터 자기 자신과 다른 가족들이라도 보호해야겠다고 판단했을 것이다.

홍빙이 이웃 군부대 대표 집에 가서 직접 작성한 고발장을 문틈으로 밀어 넣고 집에 돌아오니, 그의 어머니 팡종모는 마오쩌동 초상화 액자 안에서 마오쩌동의 안위안(安源) 방문 사진이 포함된 기념우표를 꺼내어 성냥불로 태우고 있었다. 그녀는 성장 과정에 자신의 집이 지주 가정으로 분류되어 당한 수난과 고통의 트라우마가 있었는데, 문혁 발생 후 다시 수십 차례 심사와 자아비판, 노동개조 처분을 받으면서 심신이 매우 지치고 예민해져 있는 상태였다. 따라서 당시에 그녀에게 필요한 조치는, 고발과 비난, 처벌 같은 것이 아닌 정신병적 치료 조치였어야 했다. 그러나 그 '미친 시대'에 그 같은 주장이나 건의를 할 수는 없었다.

잠시 후 그의 아버지와 현(县) 공안, 검찰, 법원, 군 합동관리소조 책임자와 병사들이 들이닥쳤고, 방바닥에 떨어져 있는 찢어지고 불에 타다 남은 마오쩌동 초상화를 보았다. 그중 한 사람이 팡종모의 다리를 걸어찼다. 그녀는 풀썩 바닥에 쓰러지며 무릎을 꿇었다. 그들은 가지고 온 포승줄을 그녀의 목에 감아 걸치고 팔을 뒤로 돌린 후 단단하게 꽁꽁 묶었다. 홍빙은 이때 처음으로 사람을 묶는 것을 보았다. 엄마의 어깨 관절에서 "우두둑" 소리가 났고, 그 순간 공포감에 머릿속이 멍해졌다.

그렇게 어머니가 짐승처럼 묶여서 끌려간 후에 홍빙은 마치 온몸이 자신의 몸이 아닌 것 같았다. 이제까지 느껴본 적 없는 극도로 기괴하고, 아프고, 견디기 힘든 감각, 그 같은 고통이 한 달 이상 계속되었다. 어디론가 나가서 죽어버리고 싶다는 충동도 자주 느꼈다.

그 후 약 두 달이 지난 4월 11일에 공개심판대회(公判大会)가 열렸고, 홍빙도 그 현장에 갔다. 대회장 무대 위에 그의 엄마 팡종모가 무릎을 꿇고 있었고, 한 청년 군인이 실탄이 장전된 총을 메고 팡종모의 머리카락을 움켜쥔 채 아래로 강하게 누르고 있었다. 수많은 군중 앞에 머리를 숙이고 죄를 인정한다는 자세를 취하게 강제하는 것이었다. 그러나 그의 엄마는 자신의 머리를 누르고 있는 그 군인의 손이 느슨해지는 순간마다 즉시 목을 뒤틀며 머리를 쳐들었다.

홍빙의 엄마는 '반혁명죄'로 총살 판결을 받았고, 즉시 집행되었다. 심판이 끝난 후, 그의 엄마가 사람들에 의해 주석대 부근에 세워진 해방표 트럭 짐칸으로 올려질 때에 그녀가 신고 있던 검은색 평굽을 동여 꿰맨 가죽구두 한 켤레가 벗겨져 트럭 밑으로 떨어졌다. 홍빙은 아직도 그 장면을 생생하게 기억하고 있다. 홍빙은 당시 총살 현장까지 따라갔으나 차마 군중 앞쪽으로까지 가서 엄마가 총살당하는 장면을 직접 보지는 못했다. 잠시 후 총소리를 듣고 공포에 떨었고 정신이 아득해졌다.

어머니가 총살당한 지 약 석 달 후에, 구전중학(固鎮中学) 2학년 교실에서 수업 중에 담임선생님이 그를 불러서 학교혁명위원회 옆의 빈방으로 데리고 갔다. 그곳에는 중년 남자 한 명이 앉아 있었다. 그가 홍빙에게 구전현 교육혁명전람회 준비를 위해 선전 포스터를 그려야 하니 그 그림의 모델로 포즈를 취해달라고 했다.

그는 나에게 왼손엔 빨간색 표지의 『마오쩌둥 선집』을 들고, 오른손 손가락으로 엄마를 가리키듯이 앞을 가리키는 모습의 포즈를 취하라고 했다. 당시에 나는 그런 행동을 한다는 게 너무나 고통스럽고 하고 싶지 않았지만, '반혁명'

으로 몰릴 수도 있다는 두려움 때문에 시키는 대로 했다.

그 그림이 완성된 후에 '대의를 위해 부모를 멸한 구전중학 중학생 장홍빙이 반혁명 모친과 견결하게 투쟁하는 모습'이라는 제목과 해설이 달려서 학교 내 한 교실에 꾸며진 '구전현 교육혁명 전람실'에 전시되었다.

인터뷰하던 기자가 장홍빙에게 가족 간에는 감춰준다는 '친친상은(亲亲相隐)'이라는 옛사람의 교훈을 들어봤는지 물었다. 또 그의 아버지가 아내인 그의 엄마를 고발한 것에 대해 어떻게 생각하느냐고도 물었다.

'친친상은'은 『논어』에 나오는 말로, 공자가 "아비는 아들을 숨겨주고, 아들은 아비를 숨겨주는 것이 옳다(父为子隐, 子为父隐, 直在其中矣)"라고 말했고, 이것이 중국 고대 형률(刑律)의 원칙으로 지켜져 왔다. '친족 간에는 죄가 있어도 물어서는 안 되고, 응당 서로 숨겨주고, 고발하지 않고 증언하지 않는다. 오히려 이에 반할 경우에 죄를 논해야 한다'라는 것이었다. 이 친친상은 원칙은 삼국(三国), 양진(两晋), 남북조(南北朝) 시기에 제도로 정착되었고, 당률(唐律)에서는 더욱 구체적으로 규정되었다. 그 후 각 왕조의 규정도 대체로 당(唐)과 같았으나, 다음 두 가지 경우 즉 모반, 대역모 중죄와 친족 간에 서로 침해한 죄에는 배제하고 필히 "대의멸친(大义灭亲)"해야 한다고 했다.

중공 통치하의 '사회주의 신중국'에서 친친상은 제도는 봉건적 찌꺼기로 규정되고 폐지되었다. 단, 1998년 10월 5일, 중국이 연합국 '공민 권리와 정치 권리 국제공약'에 서명했다. 이 공약 제23조 제1항은 "가정은 천연적 그리고 기본적인 사회단원(社会单元)이고, 응당 사회와 국가의 보호를 받는다"라고 규정했다. 또한, 2011년 중국 학술지 ≪인민논단(人民论坛)≫ 제17기에 게재된 '친친상은과 현대 법치 정신'이라는 문장에는 "친친상은 제도를 다시 보면 거기에 존재하는 합리성이 현대 법치 정신에 위배되지 않는다"라는 논지의 주장도 있다. 그리고 "당대 친친상은의 친족 범위 경계 설정은 응당 남편(夫), 아내(妻), 부모, 자녀, 형제자매, (외)조부모 및 (외)손 자녀, 그리고 주요 부양 의무를 다한 배우자를 잃은 며느리와 배우자를 잃은 사위까지로 한정한다"라고 되어 있다. 즉, "친친상은의 친족 범위를 과도하게 확대하지 말아야 하고, 동시에 중대 범죄의 경우에는 두둔해선 안된다"라고 규정했다. 중대 범죄의 예를 들면, 국가 안전에 위해를 끼친 죄, 그리고 친족관계를 이용한 직무범죄와 친족 간의 상호 피해를 입힌 죄이다. 이에 관한 장홍빙의 대답을 들어보자.

> 그날 밤, 만일 아버지가 고발하지 않았다면 나는 아버지까지 함께 고발했을 것이다. 그랬다면 나의 아버지도 '현행 반혁명분자'를 비호한 죄로 함께 심판을 받았을 것이다. 그때 나는 스스로 투철한 혁명정신으로 그렇게 행동한다고 믿었지만, 마음 한구석에는 두려움 때문에 자기 보호를 하려는 마음도 있었다. ……
> 나는 아버지에게도 사과해야 한다. 나의 고발 때문에 아내를 잃었기 때문이다. 문혁 기간 중 나는 아버지를 비판하는 대자보를 붙이기도 했었다. 아들로서는 결코 하지 말았어야 할 짓이었다.

왕조시대였다면, 장홍빙은 '친친상은'을 위배한 죄로 처벌받았을 수도 있었다. 그러나 중공 통치하의 '사회주의 신중국'에서 장홍빙은 '대의멸친을 행동으로 보여준 마오 주석의 충성스러운 홍위병'이 되었다.

어머니가 총살당한 후, 장홍빙은 동생과 같이 안후이성 내 농촌에 하방되어 노동개조 생활을 했다.

> 당시 출신이 좋은 사람은 공장에 가거나 진학하거나 혹은 부대에 가서 군인이 되었으나, 우리는 '흑5류(黑五类) 자녀, 단 교육이 가능한 자녀'로 분류되어서

오직 농촌으로 갈 수밖에 없었다. 아버지 장웨성은 그 사건 발생 후에 과장급에서 부과장급으로 강등되었고, 구전현 위생과를 떠나 우허현(五河县) 상업국에 재배치되었다. 작은이모와 외삼촌도 모두 농촌에 하방되어서 노동개조 생활을 했다.

개혁·개방 이후 장훙빙은 '변호사 통신교육중심 법률전공 학습과정'에서 공부 한 후에 우허현 사법국과 법률고문처 등 안후이성과 광저우 그리고 베이징의 법률사무소에서 변호사로 근무했고, 현재는 베이징에 자신의 변호사 사무소를 개업하고 대표 변호사로 일하고 있다. 그러나 아직까지도 시한이 없는 듯한 후유증과 우울증으로 고통받고 있다. 우울증 증세가 심해져도 찾아갈 의사나 복용할 약조차 없어 혼자 감당했다. 마오쩌둥 사망 직후에 4인방이 검거·타도되었다는 소식을 들었을 때에도 공포감에 빠졌다.

방송과 신문에서 선전하듯이 '4인방'이 반혁명 음모 집단이라는 게 사실이란 말인가? 이는 예젠잉과 화궈펑, 왕둥싱 등이 주도한 군사쿠데타이고, 마오 주석이 말한 바 있던 '자본주의의 복귀' 아닌가? 그렇다면 이제 반전된 상황에서 (엄마가 아니라) 내가 '반혁명'으로 고발·처벌받게 되는 건가?

당시에 그는 아버지나 동생들과 대화하기 전에 마음속으로 말해야 할 모든 구절을 세심하게 점검하며 정확하게 말할 수 있는지를 곱씹어보는 버릇이 생겼고, 갈수록 심해졌다. 어떤 때는 도저히 정확한 말로 표현할 방법을 찾을 수 없었다. 장훙빙은 타인과 접촉 시 발생할 수 있는 공포를 피하기 위해 스스로를 완전하게 봉쇄하고 싶었다. 우울증이 극심했던 때는 자살 충동을 자주 느꼈다.

　　그로부터 약 3년 후인 1979년 11월에 장즈신(張志新), 그리고 연이어서 1980년에 린자오(林昭) 등 문혁 시기에 '반혁명'으로 총살당한 사람들이 재조사·재심의를 통해서 무죄, 명예회복(平反昭雪) 판결을 받았다는 기사를 접하면서 정치 형세가 확실히 변했음을 알았다. 이 대목에서 문혁 시기에 마오쩌둥의 음모를 간파하고 죽음까지도 감수하면서 결연하고 용감하게 맞선 장즈신과 린자오 두 여성 열사에 대해 간단히 살펴보자.

　　우선 장즈신은 1930년 톈진시 출생으로, 중국인민대학 러시아어과 졸업 후, 중공 랴오닝성 당위원회 선전부에 근무하던 중에 문화혁명과 린뱌오와 4인방이 주도한 중앙문혁소조의 행위를 시대 역행이라고 비판·반대하다가 1969년 9월에 '현행 반혁명'으로 체포·투옥되었다. 그러나 그녀는 투옥 후에도 자기 의견을 굽히지 않았다. 오히려 비판의 표적을 마오쩌둥에게로까지 확대했고, 45세 때인 1975년 4월 4일에 사형 판결을 받고 총살되었다. 개혁·개방 이후인 1979년 3월 21일에 랴오닝성 당위원회에 의해서 진행된 재심에서 무죄 및 명예회복 되었고, 2019년 9월 25일에는 '가장 아름다운 투사'라는 칭호까지 받았다.

　　또 한 사람은 린자오이다. 1932년 12월 장쑤성 쑤저우 출생으로, 본명은 펑링자오(彭令昭)이다(林昭는 필명). 1954년 대입 시험에서 장쑤성 수석으로 베이징대학 중문과에 입학했고, 1958년에 베이징대 교내 출간물에 발표한 글 내용으로 인해 '우파'로 분류되었으나 "진실을 말하는 것은 무죄"라는 입장을 견지하며 저항했고, 문혁 시기에는 투옥된 후에도 옥중에서 마오쩌둥에 대한 개인숭배 미신과 극좌 노선에 대한 비판을 자신의 피로 침상 시트에 쓰면서 결연하게 저항했다. 결국 1968년 4월 29일, 36세 나이로 상하이에서 총살당했다. 그러나 개혁·개방 이후 1980년 상하이 고급법원의 재조사를 통해 무죄 및 명예회복 되었다.

장훙빙이 공개적으로 반성과 사과를 한 후, 중국 도처에서 수많은 이들이 연이어 공개적으로 문혁 시절 자신의 악행을 털어놓으면서 반성과 사과를 했다. 그러나 그렇게 사과한 모든 이가 양해를 얻지는 못했다. 그중에서도 장훙빙에게 가장 많은 비난과 질문이 집중되었다. 문혁을 겪은 같은 세대 연령의 사람들도 "장훙빙은 양해해 주기 어렵다"라고 말했다. 그는 인간 심성의 바닥을 건드렸다는 것이었다. 어떤 사람은 그에게 어머니 무덤 앞에 가서 사죄하고 할복자살하라고까지 했다. 또 장훙빙을 '교활한 시대의 투기자'라고 부르기도 했다.

장훙빙은 수많은 매체의 인터뷰 요청에 응했다. 그러나 다른 사과자들 대부분은 공개 참회 후에 신중하게 자제했다. 장훙빙에 이어 자신의 홍위병 시절 악행을 공개 고백하고 사과한 류보친 등은 그 이후 언론매체의 인터뷰 요청을 모두 완강히 거절했다. 또한 자신이 범한 잘못과 장훙빙의 죄를 혼동해서 논하지 말라고 요구했다. 그리고 다음과 같은 말도 했다.

문혁 기간에 중국 대륙은 군중의 온갖 행동을 드러내 보여준 커다란 전시장이었다. 수억 인구에 속하는 각 개인의 본성을 노골적으로 드러내고 폭로시켰다. 사람을 때리고, 집 수색을 하고 파괴한 사람도 있지만, 문투(文斗)만 하고 무투는 자제해야 한다고 주장한 사람도 많았다. 심지어 장즈신이나 린자오와 같이 용감하게 정면으로 문혁에 저항한 사람들도 있다. …… 그런데 요즈음 일부 반성하고 사과했다는 자들이 거듭 매체에 나타나고, 대중에게 마치 무슨 영웅이라도 되는 듯이 행동하고 있는 것을 보면 우습다. 영웅은 무슨 영웅인가? 단지, 반성하고 사과한 자는 그나마 최악은 아니라고 선의로 양해해 준 것일 뿐이다.

이러한 비판에 대해 장홍빙이 대답했다.

나는 응당 욕먹을 짓을 했고, 나 스스로 주동적으로 욕을 구하고 있다. 내가 진상을 고백하는 목적은 바로 대중이 이에 대해 논쟁·반박하고, 나를 거울로 삼으라는 것이다. …… 죄와 잘못이 크든 작든, 관건은 사과하는 자가 진상 전부를 성실하게 고백했는가 아닌가이다. 나의 사과가 사람들의 용서를 얻을 수 있는가는 내가 말한다고 되는 것이 아니고, 오직 역사가 증명하게 해야 한다. …… 나는 나의 어머니가 독립적 사고와 정신을 가진 분이셨다는 게 매우 자랑스럽다. 나는 광장에 모인 군중 앞에서 나 자신의 비천한 영혼을 해부하고, 내가 고발하고 억울하게 죽게 만든 나의 어머니에 대해 공개적으로 참회하고 싶다. 사회여론의 주목을 받고, 토론과 논쟁이 진행되어 사람들의 사고를 촉진할 수 있기를 바란다. 중국 대륙에서 어떻게, 왜, 아들이 엄마를 고발하고, 사형장으로 보내는 비극이 출현할 수 있었는지, 이런 비극이 되풀이되는 것을 피하려면 어떻게 해야 하는지를 …….

장홍빙의 사촌동생 중 한 사람이 장홍빙에게 물었다.
"나는 정말 모르겠다. 40여 년 전의 일, 집안의 불미스러운 일을 이제 굳이 수많은 신문과 인터넷상에 공개할 필요가 있는가? 사람들이 우리를 조롱할 수도 있다."

장흥빙의 아내도 이렇게 말했다.

"과거의 그런 이야기를 굳이 해서 뭐하나? 현재 우리 가족은 잘살고 있지 않나?"

장흥빙이 대답했다.

"도망가고 싶어도 갈 곳이 없었다. 필히 대면해야 한다고 생각했다."

장흥빙은 그 무렵부터 꿈에 엄마 팡종모가 자주 나타났다고 했다.

꿈속에서 엄마가 집에 왔어요. 엄마는 총살형을 당하기 전처럼 젊었어요. 나는 땅에 무릎을 꿇고 어머니의 두 손을 꼭 붙잡고, 하고 싶은 말, 뱃속 가득 찬 말들을 하고 싶지만, 어머니가 곧 사라져 버릴까 봐 무서워서, 오직 가장 긴급한 몇 구절 말만 큰소리로 말했어요.

"엄마, 정말 죄송해요, 못난 불효자식이 무릎 꿇고 용서를 빕니다. 엄마 가지 말아요, 우리 집은 정말로 엄마가 없으면 안 돼요."

그러나 엄마는 나에게 대답을 안 해요. 엄마와 만난 수많은 꿈속에서 단 한 번도 엄마는 나에게 말을 안 했어요. 나는 이것이 엄마가 나에게 주는 벌이라고 믿어요. 그러다 어느 순간에 엄마가 사라져 버립니다. 내가 할 수 있는 건 고립무원 절망 상태에서 몸부림치며 울부짖는 것밖에 없어요. 이때쯤 나는 잠에서 깨어 비로소 내가 침대에 누워 있고 목이 메어 있고, 만면에 눈물이 흘러 있고 온몸이 땀에 젖어 있다는 걸 깨닫게 됩니다…….

천샤오루의 반성과 사과문 발표

장흥빙이 자신의 사연을 공개한 이후, 전국 각지에서 노홍위병들이 과거 문혁 시절에 홍위병 완장을 차고 한 악행에 대해 연이어서 또 동시다발

적으로 고백하고 공개 사과했다. 이 중 천샤오루(陈小鲁)에게 대중과 매체의 관심이 집중되었다. 그 이유는 그의 아버지인 천이(陈毅)와 장인 쑤위(粟裕)가 모두 중공 10대 장군 반열에 있는 유명인이었기 때문이다. 천샤오루가 2013년 8월 20일 "양심에 부끄럽지 않은 삶을 위해 마음속의 짐을 스스로 털어버리고 싶다"라는 말과 함께 다음과 같은 내용의 편지를 인터넷에 게시했다. 당시 그의 나이 67세였다.

> 나는 문혁 시기에 베이징 8중학(北京八中) 학생 지도자(领袖)와 학교 혁명위원
> 회 주임 역할을 한 자로서 당시에 비판대회(批斗)에 끌려 나가고, 노동개조를
> 당한 학교 당위원회 서기와 교장선생님, 동학(同学), 그리고 상처받은 모든 분
> 들에게 직접적 책임이 있음을 인정하고, 정중하게 사과드립니다.

이어서 그해 10월 7일, 국경절 연휴 마지막 날에는 다시 작성한 사과문을 지니고 자신의 모교인 베이징 8중학에 가서 문화혁명 당시에 수모당하고 상처받은 피해자들, 이제 70, 80대 나이가 된 백발의 선생님들 8명과

동기, 후배 졸업생들 15명 앞에서 다시 정중하게 사과했다.

…… 하고 싶은 말이 있지만 자제하겠습니다. 너무 늦었습니다. …… 문혁이 끝난 후에 선생님들은 무례하고 방자했던 우리들에게 관용을 베풀어주셨습니다. 나는 상처를 준 교우들을 대표하여 당시 베이징 8중학의 당정 영도와 선생님들에게 정중하게 사죄드립니다.

이어서 이런 말도 했다.

당시의 대환경 속에서 우리가 문혁의 모든 착오를 떠안을 수는 없지만, 그렇다 해도 스스로 자신을 용서할 수 없습니다. …… 자신의 착오에 대한 태도는 인정하지 않거나, 잊어버리거나, 회피하거나, 그리고 반성하는 것 중 하나일 겁니다. 나는 반성하고 사죄합니다.

천샤오루는 자신이 사과하게 된 배경과 원인을 다음과 같이 밝혔다.

현재, 사회에 문혁에 대한 평가를 뒤집기 위한 사조가 출현했다. 문혁을 어떻게 이해하는가는 각 개인의 자유라 할 수 있다. 그러나 헌법을 위반하고, 인권을 침해한 비인도주의적인 행위가 다시 재연되어선 안 된다. …… 나의 사과가 너무 늦었지만, 문혁은 사람들을 공포에 떨게 한 시대였기에 필히 사과해야 한다고 생각했다. 반성하지 않고 무슨 진보를 논할 수 있겠는가?

천샤오루의 베이징 8중학 동학들은 다음과 같이 증언했다.

그는 아버지인 천이가 당과 국가의 영도자였으므로 학우들이 그를 지도자로 추대했고, 그래서 학생 대표로서 중앙문혁소조의 지시와 정치 강령대로 행할 수밖에 없었다. 그러나 그는 스스로 폭력을 행사한 적이 없다. 오히려 폭력을 제지하기 위해 노력했다.

사실 제일 먼저 나와서 사과해야 할 사람은 응당 폭행을 즐긴 일부 흉폭한 고급 간부의 자제들이다. 그 대표적인 사례가 베이징 사범대학부속여중에서 선생과 교장을 때려서 사망하게까지 한 여중생 홍위병류이다. 1966년 8월 한 달간 베이징에서만 홍위병들이 2000여 명의 시민을 채찍질, 구타 등 폭행으로 때려죽였다. 이런 짓을 한 자들은 설사 그들이 나와서 사과를 한다 해도 피해자들로부터 양해를 얻기는 쉽지 않을 것이다.

중공은 1978년 12월, 개혁·개방을 결정·선언한 중공 11기3중전회에서 "문화대혁명을 필히 철저히 부정해야 한다"라고 결의한 바 있다. 당시에는 위아래를 막론하고 문혁으로 인해 죄를 뒤집어쓰고 고난을 당한 경험을 간직하고 있는 사람들이 매우 많아서 사회 곳곳에 문혁을 고발하고 규탄하는 열기가 충만해 있었다. 따라서 문혁 당시 권력자 또는 기득권자나 수혜자 입장에 있던 자들은 문혁이 끝난 후 모두 불안한 마음으로 침묵하고 있었다. 마오쩌동이 죽고 문혁이 실질적으로 끝난 후에 개혁·개방을 주도한 당시 총서기 후야오방은 "역사는 섞여서 흐를 수 없다. 그들의 악행을 역사의 기둥에 명확하게 기록해 두어야 한다"라고 말했다.

그러나 시간이 가면서 문혁을 직접 체험한 경험자 수가 갈수록 줄었고, 문혁에 대한 태도도 점차 모호해지면서 일종의 금지구역이 되었다. 교과서상에서도 진상을 접할 수 없었고, 매체들도 모두 일률적으로 아예 다루지 않았다. 그 결과 현재 중국의 젊은이들은 문혁의 진상에 대해 잘 모른다.

또 다른 한편에서는, 문혁이 끝나고 시작된 개혁기에 경제발전이 급속하게 진행됨에 따라 사회 불공평, 그리고 그에 연관된 수많은 문제가 돌출되면서 "사회를 어떻게 공정하게 변화시킬 것인가?"라는 질문이 대두되었다.

이 같은 상황에서 "당면한 각종 사회 병폐를 치료할 수 있는 처방을 위해 '문혁 정신'의 복구가 필요하다"라는 주장도 나오기 시작했고 그 목소리가 갈수록 커졌다. 심지어, "간부들을 타도하고, 부유 계층 재산을 모두 수색해서 공공에 귀속시키고, 지식분자는 모두 계속 재교육을 받게 하자" 또는 "전국 산하를 하나의 붉은색으로(全国山河一片红)" 따위의 유치하면서도 섬뜩한 구호까지 다시 등장했고, 신구 홍위병들이 단결 분투해야 한다고 주장하는 세력이 공감대와 활동 공간을 넓혀가고 있었다. 특히 중국 서남(西南) 지구에서는 문혁 당시 권세가와 수혜자 출신들이 실제로 '문혁시험지구(文革试验田)'까지 조성하고 문혁 복구 운동을 주도했다. 이들은 문혁 시기에 멋대로 사람을 때리고 집을 수색했으나, 그 미친 시기가 끝난 후에는 숨죽이고 눈치 보고 있던 자들이었다. 그러던 그들이 이제는 자신들의 '찬란한 과거'를 기념하는 집회까지 열고 있는 것이다.

이들이 감히 이 같은 행동까지 하게 된 배경과 의도는, 이제 바야흐로 문혁이 재평가될 가능성이 보이니, 사회에 자신들의 과거 '공적(功绩)'을 알려둬야겠다는 계산도 있을 것이다. 스스로 속아본 경험을 통해서 군중이란 속이고 선동하기가 매우 쉽다고 믿고 있는 것이다. 또는 자신의 출세와 이익에 유리하기만 하다면 '진실' 같은 건 언제든지 얼마든지 뒤집어 버릴 수 있다고 여기는 자들도 적지 않을 것이다. 이 운동이 전국으로 확산되어 가자 당시 국무원 총리 원자바오(溫家宝)는 각계에 "문혁의 권토중래를 경계하라"라고 특별히 지시하기도 했다.

류보친의 반성과 사과

2013년 6월 17일, 산동성 지난시(济南市) 문화국 문물처 처장이었던 류보친(刘伯勤)이 지방매체 ≪남방도시보(南方都市报)≫와 인터뷰하면서 다음과 같이 말했다.

나는 문화대혁명 시절에 비판대회(批斗)에서 '우파'로 몰린 선생님의 따귀를 때리고 얼굴에 침을 뱉고, 「소귀신과 뱀귀신 노래(牛鬼蛇神之歌)」를 부르게 강요했고, 같은 반 급우들의 집 수색에 참여해서 그의 부모를 '반혁명'으로 몰고 폭행까지 했다. …… 이런 짓을, '마오 주석과 사회주의 조국을 위해서'라면서 적극적으로 설치고 다니면서 했다. 정말로 한심하고 어리석은 철부지였다. 선생님은 물론, 어느 누구에 대해서도 인간을 능욕하는 그런 행동을 해선 안 되는 것이었다. 한참 후에야 나는 이 도리를 깨닫고 매우 부끄럽고 괴로웠다. …… '문화대혁명', 그 미친 시대에 나의 인성(人性)의 사악한 면이 전격적으로 노출되었다는 걸 깨달은 것이다. 문혁뿐만이 아니다. 어떤 사회에서도 그런 행동은 옳지 않다. 옳지 않은 일이라면 응당 사과해야 한다.

이같이 고백한 후 매체에 사과 광고를 게재했다.

문혁이 시작됐을 당시 류보친은 14세였고, 지난 1중학(济南一中) 1학년 학생이었다. 1966년 6월 1일, 지역신문 ≪지난만보(济南晚报)≫가 ≪인민일보≫의 사설인 '일체의 소귀신 뱀귀신을 소탕하자(横扫一切牛鬼蛇神)'는 제목의 문장을 전재했다. 이후 일주일도 안 된 6월 7일에는 지난 시내 전체 중등학교가 계속 학생들에게 문화대혁명 동원 보고를 했고, 학교 수업은 중단되었다. 지난 1중학 당지부(党支部)는 가장 먼저 교내 교직원 중 6인을 '소귀신 뱀귀신(牛鬼蛇神)'으로 지적했다. 그중 교도주임 리창이(李昌义) 선

道歉广告

郑 重 道 歉

本人刘伯勤，"文革"初为山东省
济南一中初二十四级三班学生，家住
山东省政协大院。时因年幼无知，受
人蛊惑，又个性愚顽，善恶不辨，参与
批斗学校师长毕德质老师、李昌义主
任、胡熹和老师、朱琳副校长等，参与
到同班张念泉同学、韩桂英同学家中
抄家，在宿舍院内对周志俊先生、宋文
田先生、杜大中先生等家庭进行过骚
扰，对他们及其亲属造成极大伤害。
垂老之年沉痛反思，虽有"文革"大环
境裹挟之因，个人作恶之责，亦不可
泯。特向以上师长、同学、先生以及其
他受我伤害过的师长、同学、先生并家
属诚恳道歉！冀恕前愆。

생과 고학년을 가르치는 교사 비더즈(毕德质) 선생도 포함되어 있었다.

류보친은 문혁 초기에는 다른 사람들을 비판투쟁(批斗)할 자격이 있는 '홍5류(红五类)'에 속했다. 어느 날, 비판투쟁 대회에서 '소귀신 뱀귀신'으로 몰린 선생님들이 홍위병들에게 교무실에서 끌려 나와서 대오를 지어 줄을 서서 고개를 숙이고 무대 앞 계단으로 걸어오고 있었다. 계단 양편에는 비판대회에 참가한 홍위병과 학생들이 서 있었다. 선생님들이 지나갈 때 학생들이 교대로 손으로 선생님들의 머리를 때리고 뺨을 때리고, 욕을 하며 모욕했다. 류보친은 자기 앞으로 지나가는 리창이 주임교사의 머리를 주먹으로 때리고 얼굴에 침을 뱉었다고 고백했다.

류보친은 다음과 같이 말했다.

당시 사람을 때리는 것은 일종의 맛보기 정도였다. 나는 리 주임과 직접 접촉한 적도 없었고, 무슨 계급적 원한이라 할 만한 것도 없었다. 따라서 당시 내가 리 주임에게 한 행동은 그 미친 시대에 나의 내면에 내재되어 있던 악한 인성(人性)이 드러난 것이었다.

류보친은 그날 비디즈 선생님에게 「소귀신 뱀귀신 노래」를 강제로 부르게 했다. 그 노랫말은 이랬다.

나는 소귀신 뱀귀신, 나는 인민의 죄인, 나는 마땅히 죽어야 한다. 나는 유죄다. 인민은 마땅히 나를 짓이기고 찢어야 한다.

또 후시허(胡熹和) 선생은 당시 60세였고 삽화를 가르쳤다. 학교 혁명위원회가 전교생에게 후시허의 만화 안에서 '반동 표어'를 찾아내라고 지침을 하달했다. 학생들이 어떤 선의 모양이 어떤 글자 같다고 말하면 그 선이 바로 '어떤 글자'가 되고 다시 반동 표어가 되는 것이었다. 류보친은 한 폭의 그림 안에서 '반동 표어' 36개를 '적발'해 냈다. 류보친은 당시에 자신은 그런 짓의 결과가 해당 선생님에게 실제로 어떤 고통을 주게 될 것이라는 것을 제대로 헤아리지도 못한 어리석은 철부지였다고 고백했다.

지난 1중학 부교장이었던 주린(朱琳) 선생도 '소귀신 뱀귀신'으로 몰려서 가슴 앞에 낡은 신발 한 켤레를 달고 있어야 했다. 이는 음란한 여자를 가리키는 "헌 신발(破鞋)"이라고 모욕하는 것이었다. 주린 선생님이 '반혁명' 행위를 인정하라고 다그치는 자신의 제자, 홍위병 학생들에게 조리 있게 설명했다.

"너희는 아직 세상 이치를 잘 모른다. 좀 더 자라고 공부하면 알 수 있을 것이다 ……."

장홍빙 등 홍위병들은 조리 있게 대답·설명하는 선생님의 말에 반박하지 못했고, 단지 "너는 반혁명이다"라고 손가락질하고 소리치며, 그녀에게 종이로 만든 높은 고깔모자를 씌우고, 그 모자 위에 "반혁명 수정주의

맨 뒷줄 우측 세 번째가 류보친이다.

분자 주린"이라 쓰고, 그 이름에 크게 빨간색 × 자를 그어놓고 끌고 다니
며 조리돌렸다.

1966년 10월 말 산동성에는 2만 6286명의 홍위병이 있었고, 이는 교
사와 학생 총수의 39.1%를 차지했다. 홍위병들은 떼를 지어 몰려다니면서
마오쩌둥이 조종하는 중앙혁명소조가 '4개의 낡은 것(四旧)'이라고 규정한
것들을 파괴하고, 불태우고, 사람을 폭행하고, 감금하고, 비판대회에 끌고
가고, 집 수색을 했다. ≪산동성지(山東省志)≫ 기록에 의하면, 1966년 10월
13일까지 지난시에서 집 수색을 당한 가정이 2만 75호로 지난시 총호수의
13.1%를 점했다. 류보친은 같은 반 동학인 한구이잉(韓桂英)과 장녠췐(张念
泉)의 집 수색에도 참여했다.

'사회주의 신중국' 성립 이전에, 한구이잉의 아버지는 지난에서 사진관
을 운영하면서 몇 명의 직공도 고용했다는 이유로 그녀의 집은 문혁 기간
중 '자본가 가정'으로 분류되었다.

집 수색 당할 때 한구이잉은 집에 없었고, 홍위병들은 처음엔 별다른
물건을 찾아내지 못했다. 마무리할 무렵에 동급생 한 명이 부주의해서 거

실 중간에 걸린 마오쩌둥의 초상화 액자를 건드려 바닥에 떨어뜨려 깨뜨렸다. 그 동학은 공황 상태가 되었다. 그 시절에 마오 주석의 초상과 『마오선집(毛选)』은 성스러운 물건이어서 훼손하면 사형까지도 각오해야 했다.

겁에 질린 그 동학이 깨진 액자에서 마오 주석의 초상을 조심스럽게 꺼내는데, 초상 뒷면에서 여러 장의 장제스 사진이 나왔다. 그러자 일체의 상황이 돌변했다. 한구이잉 가족은 '반혁명'이 되었고, 그 죄는 너무도 컸다. 동급생 홍위병 중 누군가가 그 자리에 있던 한구이잉 어머니의 따귀를 때렸다. 그 후 류보친은 한구이잉을 보지 못했다.

"나는 줄곧 그녀를 수소문했다. 직접 만나서 사과하고 싶었다. 그러나 그녀가 이미 죽었다는 말을 들었다."

그런데 그 후에 류보친의 가족도 그의 아버지가 '역사 문제가 있는 반역자'로 몰려서 '흑5류' 가족이 되었고, 집 수색을 당하는 처지가 되었다. 1966년 11월, 지난의 학생들이 전국 각지와 연계 결합(串联)하기 위해 베이징에 갈 때 류보친도 그 대열에 참여했다. 그러나 다시 산동성 정협단지(政协大院) 내 그의 집으로 돌아오니, 단지 내 곳곳에 그의 아버지를 타도하자는 대자보와 표어 등이 붙어 있었다. 그렇게 자신의 처지가 '흑5류'로 바뀌고 집 수색까지 당한 후에야 류보친은 다른 각도에서 생각하고 반성하기 시작했다.

문혁 기간 중 류보친은 농촌으로 하방되어 노동개조 생활을 한 후 지난으로 돌아와서 철도 계통에서 8년간 일하고, 1978년에 산동대학 역사학과에 진학했다. 1979년 개혁·개방 이후 명예 회복(平反)되었고, 그 후 지난시 문화국 문물처 공무원으로 근무했다. 지난시 공무원에서 정년퇴직한 후에 자신이 문혁 시절에 행한 과오와 악행에 대해 공개적으로 반성하고 사과한 것이다.

K. 포퍼(Karl Popper, 1902~1994년)는 마르크스의 '역사 발전론'이나 플라

〈참고 18-1〉 "나의 고문(古文) 실력은 마오쩌둥 덕분이다!"

필자가 중국 인민대학에서 박사학위논문 답변을 마쳤을 때가 1997년 5월이었다. 답변을 마친 후 교수님께서 그 주 주말에 중국인 동기생 두 명과 함께 당신의 집에서 저녁 식사를 같이 하자고 초청해 주셨다. 감사하고 영광이었다. 중국인 동기생들과 함께 교수님이 거주하시는 학교 안의 구(老)아파트 부근 마트(超市)에서 과일을 사 들고, '징위안(静园)' 12동 3층 교수님 댁에 들어서니, 사모님과 함께 두 분이 한창 요리 중이셨다. 직접 팬에서 볶아낸 따뜻한 가정식 요리(家常菜) 네다섯 가지를 완성되는 대로 접시에 담아 식탁에 놓으셨다. 잠시 후 교수님께서 우리 모두에게 손수 만든 따끈한 요리를 조금씩 덜어주신 후, 흐뭇한 표정으로 "우리 오늘은 바이주(白酒)도 한 잔 마시자"라고 말씀하시며 이미 식탁에 놓아둔 술병을 들고 한 잔씩 따라 주셨다. 우리는 교수님께 경배(敬杯)도 드리고 음식과 술을 들면서 감사 인사와 덕담과 대화를 나누었다.

그러던 중, 중국인 동기생 한 사람이 교수님께 말했다.

"교수님은 고문(古文)과 성어(成语)에 참 해박하십니다."

사실 그랬다. 교수님의 고문과 성어에 대한 해박한 지식은 우리들 모두 잘 알고 있었다. 그러자 교수님께서 씁쓸한 웃음을 지으며 말씀하셨다.

"나의 고문 실력은 마오쩌둥 덕분이다."

무슨 말씀이신가? 우리는 조용히 다음 말씀을 기다렸다.

"문혁 발발 직전 1960년대 중반, 그 시절에 나는 30대 초반에 인민대학 경제학부에서 경제지리 전공 최연소 정교수가 되었으니 전도양양한 젊은 학자였다고 할 수 있었다. 그런데 어느 날 학교 당위원회의 호출을 받았다. 어느 학생이 내가 강의실에서 수업 중에 한 말 내용 중 한 구절을 '우파' 입장이라고 고발했다는 것이었다. 당시에 나는 그것이 문젯거리조차 될 수 없다고 생각했기에 학교 당위원회 담당자의 질문 내용에 담담하게 대답했다. 그런데 며칠 후 당위원회가 나를 '우파분자'라고 규정했다. 그 후 나는 '우파분자'로 낙인이 찍혔고 자아비판을 해야 했다. 그리고 곧이어 문혁이 발발한 후에는 비판대회에 끌려 나가서 군중 앞에서 홍위병 학생들에게 심한 모욕과 폭행, 학대를 당하고, 서북부 변경 지구인 신장 위구르자치구 수도인 우루무치에서 다시 북쪽으로 자동차로 하루를 더 가야 하는 커라마이(克拉玛依)라는 석유 생산도시의 변두리에 있는 한 폐유 처리 공장으로 하방되어서 노동개조 생활을 했다. 그때부터 마오쩌둥이 죽고 문혁이 끝나서 인민대학에 다시 복직될 때까지 10여 년간을 그곳에서 그렇게 지냈다 ……. 그 당시의 나는 늘 '나는 죄인입니다' 하는 반성 자세를 취하고 다녀야 했으므로, 길을 갈 때도 고개를 숙이고 길옆으로 붙어서 다녀야 했다. 인도라면 카스트제도의 최하층 천민 신분만도 못한 처지였다."

우리는 안타까움 속에 귀 기울여 듣고만 있었다. 그때 곁에 앉아 계시던 사모님께서 말씀하셨다.

"그 당시 라오궈(老郭)가 공장에서 일 마치고 집에 오면 머리끝부터 발끝까지 폐유를 뒤집어쓴 새까만 상태였어 ……. 따뜻한 물을 쓸 수 있는 환경이 안 되었으니 대충 씻고 쉬고, 그다음 날

아침에 다시 일하러 갔었어 ……."

그곳에서 그렇게 일 년쯤 지나니 저녁이나 새벽 시간에라도 책을 보고 싶다는 생각이 갈수록 간절해졌다. 그래서 수소문 끝에 인근 중학교 교장이 인민대학 교우라는 걸 알게 되어 어느 날 하루 시간을 내서 자전거를 빌려 타고 수십 리 길인 그 학교로 찾아가서 친구를 만났고, 그의 배려로 그 학교 도서관 책을 빌려 볼 수 있게 되었다. 그런데 그 당시 변경 지구인 신장에서도 벽지에 있는 그 학교의 도서관에서 볼만한 책이라곤 고문(古文) 책 몇 권밖에 없었다. 그 책들을 거의 수십 차례씩 되풀이해 읽어서 지금까지도 책 내용을 줄줄 외울 정도라고 하셨다. 그래서 당신의 고문 실력은 전적으로 마오쩌동 덕분이라는 말씀이셨다.

그때는 책을 보는 사실을 이웃집에서 알게라도 되면 '아직도 자산계급 지식분자의 습관을 못 버렸다'는 비판을 받게 될 것이라, 방의 불빛이 새 나가지 않도록 창문과 문 틈새를 이불과 수건 등으로 촘촘하게 둘러서 봉하고 읽으셨다고 한다 …….

전도유망한 소장 학자로 왕성하게 활동할 30대 나이에 10여 년 세월을 그렇게 보내셨다는 이야기를 듣고 나니 너무도 안타깝다는 생각과 함께 새삼스럽게 다시 떠오르는 의문이 있었다. 잠시 망설이다가 조심스럽게 여쭤보았다.

"선생님께선 마오쩌동의 공(功)과 과(过)에 대해 어떻게 생각하시나요?"

지금도 그렇지만, 당시 중국에서 마오에 대한 평가는 매우 민감하고 조심스러운 질문이었다. 더구나 외국인 유학생이 중국인 지도교수께 여쭙기에는 더 그랬다.

선생님께서 잠깐 생각하시더니 이렇게 말씀하셨다.

"세 구절로 말하겠다(我说三句话)."

그리고 한 구절씩 말씀하셨다.

"건국엔 공이 있다(建国有功)."

"치국에는 방책이 없었다(治国无方)."

그리고 잠시 말을 끊으셨다.

……

우리 모두는 집중하고 마지막 구절을 기다렸다. 세 구절(三句话)이니 세 번째가 핵심 아닌가?

"문혁 유죄(文革有罪)!"

몇 잔 마신 바이주 탓에 약간 불콰해진 상태에서 귀에 꽂히듯 들리던 선생님의 음성,

"젠궈유공(建国有功)."

"즈궈우팡(治国无方)."

"원거유쮀이(文革有罪)."

뜻글자인 중국어 구절이 한 글자씩 뇌세포 속으로 쏙쏙 박히는 것 같았다. 그렇다. 마오쩌동의 문혁은 유죄이고, 매우 큰 죄다.

그 후 약 한 달 후에 나는 귀국해서 국토연구원에 복직했고, 그 후에 선생님을 국내에서 개최되는 지역 정책 관련 국제 세미나에 초청하여 회의 참석과 현장 답사를 위해 서울과 전주, 군산,

톤의 '이데아론'과 같이 반증 가능성이 봉쇄된 종교적 어법의 언설들은 과학이 아니라고 했다. 포퍼는 사회를 개선하기 위해서는 "최대의 궁극적 선"을 추구하며 투쟁하는 것보다는 우선 "사회 최대의 악 또는 가장 시급하게 대항해야 할 악"을 가려내고 투쟁해야 한다고 주장했다(포퍼, 2006: 265; 박인석, 2022: 385). 그렇다면 문혁 중국에서 가장 시급하게 대항해야 할 '악'은 무엇이었을까? 마오쩌둥식 표현으로 '중요 모순'은 무엇이었을까? 앞에서 소개한 자신의 친엄마를 '반혁명'으로 고발해서 총살당해 죽게 만든 홍위병 출신 장훙빙이 회한에 잠겨서 한 말을 되새기면서 이 책의 마지막 장을 마무리하겠다.

…… '이상사회', '천당' 같은 환상적 모습과 감동적인 설교, 인간이 조작한 우상, 신성한 제단 등등은 대부분 다른 사람들을 우롱하고 속이는 것이고, 자기 자신까지도 속이게 되는 요설이고, 청소년과 아동에게 독을 주는 정신적 아편이고, 출혈 없이 살인을 하는 예리한 칼입니다 …….

맺음말[1]

1921년 창당 후 초기에는 중공중앙의 업무 지휘권을 코민테른과 소련 유학파들이 장악하고, 혁명 전략의 중점을 도시 중심의 노동자 운동에 두었었다. 그러나 마오쩌둥은 징강산에 들어가 근거지를 구축하면서 토비들의 싸움 방법과 군중노선과 실사구시 전략을 결합한 이른바 '16자 전술'을 고안하고 실천해서 상당한 재미를 보았다. 마오는 장정 초기에 준이회의에서 당 중앙의 권력을 장악한 후, 이 전술을 더욱 강화 및 확대시켜 나갔다. 핵심은 농촌과 산간 오지에 혁명 근거지를 구축하고, 유격전으로 국민당 군대에 맞선 것이었고, 결정적 동력 발원지는 농촌 인구 구성원 중 대다수를 점하는 고농과 빈농의 지지 획득을 겨냥한 토지 이슈였다.

1949년, '사회주의 신중국' 출범 후에는 토지개혁을 전국으로 확대했다. 이 과정에서 200만 명이 넘는 지주와 그 가족들이 토지를 강탈당한 후 처형되거나 '오악(五惡)분자' 등으로 분류되어 연좌제까지 적용된 차별과 학대를 당했다. 단, 그 같은 폭력을 농민 중 대다수를 점하는 고농과 빈농들이 보다 잘살 수 있는 사회를 건설하고 공고히 하기 위한 '혁명투쟁 과정의 불가피한 조치'라고 합리화하고 선전하면서 당당하게 진행했다. 농민들은 지주와 부농 몫을 빼앗아 토지를 분배받으면 자기 몫이 더 커질 것을

---

1   유튜브 북연TV, 〈중국현대사〉, 47회 '중국공산당사 총결 및 함의' 참고.

알았기에 중공이 지주와 부농들에게 가한 잔인한 조치들에도 동조 또는 묵인했다.

그러나 무상분배 받은 토지의 소유권 등기를 하고 난 지 채 3년도 지나지 않아서, 합작화와 인민공사 체제로 전환이 추진되었고, 토지를 포함한 모든 생산수단이 국공유로 되었다. 즉, 도시 토지는 전인민소유(全民所有), 농촌 토지는 촌민 집체소유로 되었다. 결국 중국 농민들은 분배받은 후 가슴에 품고 있던 토지소유권(사유권) 등기 대장의 잉크 냄새와 온기가 채 가시기도 전에 다시 국가권력에 '무상몰수' 당했다. 그 토지의 명칭과 형식만 '집체소유'로 바뀐 채로 …….

곧 이어서 '사회주의 신중국'의 농민들은 초급 및 고급 합작사, 인민공사류의 '운동'의 물결 속에서 매일 호각 소리를 듣고 집합했다가 해산하고, 집단으로 노동한 후 배급받고, 매일 매 끼니마저 공동 식당에서 정해진 시간에 단체로 먹는 일상생활을 해야 했다. 봉건지주제하의 소작농, 농노 처지에서 '해방'된 줄 알았으나, 통치 주체가 공산당으로 바뀌었을 뿐, 생산대 촌락을 사회 및 공간의 기본단위로 하는 수용소 죄수나 국가 노예와 다를 바 없는 처지가 된 것이다.

마오쩌동이 영도한 중공은 좌경 모험주의 노선인 '대약진'을 거칠게 추진하다가 대실패와 대파탄을 초래했다. 적게 추산해도 3000만 명 이상의 농민들이 기아 상태에서 굶어 죽었고, 아사를 면한 인민들도 농촌이고 도시고 가릴 것 없이 춥고 배고픈 문제(温饱问题)조차 해결 못 하고 헐벗고 굶주렸다. 봉건왕조 시절이라 해도 이 정도 상황이 되면 재난이었다. 중공 내부에서도 "이러려고 우리가 지주와 부농들을 그렇게까지 모질고 잔인하게 학대하고 죽였단 말인가?"라는 자조와 탄식이 나왔다. 그러나 마오쩌동은 자신의 권력 기반을 흔드는 이 같은 국면을 벗어나기 위해 스스로 '문화대혁명'이라 명명한 대동란을 발동했고, 그 결과 '문화'와 '혁명' 모두를 능멸하고 파괴하면서 당을 사당화했다. 이 책의 집필 동기이자 목적이, 이 같은 좌경 모험주의 신념과 권력의 작동 방식과 그로 인한 영향과 결과를 어떻게 이해하고 어떤 교훈을 도출해야 할 것인가이다.

1959년 여름, 루산에서 펑더화이가 직언으로 지적했고, 그 직후에 발생한 실제 상황과 경험을 통해서 이미 역사적으로 검증되었듯이, '좌'의 문제는 폐쇄적 자기 확신과 확증편향 속에 추진하는 맹동주의에 있다. '좌'는 결국 자기와 생각이 다른 타인의 자유와 인권을 억압하고 탄압하는 전체주의를 추구하면서도, 오히려 당당하게 '궁극적 선'이나 '역사적 사명'을 추구하기 위해서라고 떠벌이게 되니, 그에 따른 문제와 폐단이 '우'보다 훨씬 더 크고 위험하다. 따라서 '좌'는 그 역할을 문제 진단 그리고 방향과 비전 탐색에 국한해야 하고, 그 처방이나 실천은 실제 문제와 상황의 복합, 복잡성을 진단하면서 점진적으로 신중하게 추진해야 할 것이다.

문득, 러시아 로마노프 왕조(1613~1917년)의 마지막 황제 니콜라이 2세의 첫째 딸, 올가 니콜라예브나가 22세에 볼셰비키에게 총살당하기 전날에 썼다는 기도문의 한 구절이 떠오른다.

주여, 비바람이 몰아치는 험난한 시절에
사람들의 분노를 견디고,
저희를 미워하는 이들의 고문을 참을 수 있도록
저희를 보살펴 주소서 …….

22세 올가는 이렇게 기도한 후 부모인 니콜라이 2세 황제 부부와 어린 동생들과 함께 총살당했다. 그녀는 도대체 무슨 죄를 어떻게 지었던 것인가? 282년간 이어온 러시아 로마노프왕조에서 왕비에게 잉태되어 공주로 태어났고, 그 후 건강하고 아름답고 총명하게 자랐을 뿐이다. 그런 그녀가 자신에게 씌운 그 '죄'라는 것이 뭔지 알 수라도 있었을까?

그러나 혁명 성공 후에 도래할 유토피아 청사진에 취해 있던 볼셰비키들에게는 그녀의 출신성분과 계급, 그 자체만으로도 총살이 마땅하다고 판단하는 데 추호의 고민이나 망설임도 없었을 것이다. 혁명의 성공을 위협할 가능성이 0.1%라도 있다면 총살도 대량학살도 주저할 필요 없고, '혁명의 적'이나 '계급의 적'에게는 일말의 관용도 필요 없다고 굳게 믿었을 것이다.

올가가 죽은 후, 새로이 러시아에서 권력을 잡은 볼셰비키 세력에게 '무상몰수 무상분배'라는 이름으로 토지와 재산을 강탈당한 수많은 지주와 부농들도 학살당했고, 살아남은 자들은 '반동계급'으로 분류되어 계속 학대와 모욕을 당했다. 그리고 레닌 사후에 소련공산당 내 파벌 간 권력투쟁에서 승리한 스탈린에 의해 보다 잔혹한 압제가 시작되었다.

그러나 소련 밖에서는 '러시아 10월혁명' 성공 소식이 인류 사회 구원을 위한 복음으로 포장되어 전파되었다. 1921년 7월, 소련공산당 조직인 코민테른이 상하이 시내 프랑스 조계지 안의 사립 여학교 건물 안과 저장성 자싱(嘉兴)에 있는 난후(南湖)호수의 배 안에서 창당대회인 중국공산당 제1차 당 대표대회를 개최하도록 지원·조종한 때도 그 무렵이었다. 그렇게 출발한 중공이 창당 28년 만에 국민당 세력을 제압했고, 1949년 10월 1일에는 마오쩌둥이 베이징의 역대 왕조의 궁궐 정문 누각 위에 서서 아래에서 환호하는 광장의 군중을 내려다보면서 진한 후난 지방 사투리 억양으로 '사회주의 신중국'의 출범을 선포했다.

그러나 이같이 공고해진 중공과 마오쩌둥의 권위는 전체주의와 독재체제의 강화를 예고하고 있었다. 이후 개혁·개방 이전까지 '사회주의 신중국'에서 '진보'의 전제 조건이라 할 수 있는 개인의 자유와 인권에 대한 제한과 통제 기제가 지속적으로 강화되었다.

역사적 전환기와 격동기에 진보적 사상과 이론, 혁명과 이념, 신념을 위해 희생한 이들의 열정과 헌신이 인류 역사 발전에 기여한 바가 있다는 점을 부정하거나 그 의미를 깎아내리고 싶지는 않다. 그러나 혁명 성공과 권력 쟁취 후에, 혁명 과정에서 내걸었던 이상과 신념에 기초한 (단, 실제는 선동적 목표로서 더 유용했던) 구호를 실천하지 못하고, 결국 자신의 권력과 이익을 위해 위선과 오만, 심지어는 배신과 패악을 행한 이들도 적지 않았다.

　　철부지 중학생으로 홍위병 시절에 자신의 친엄마를 '반혁명'이라 고발해서 총살당해 죽게 만든 중국 산동성 출신 노홍위병이 회한에 잠겨서 한 말을 다시 옮긴다.

> 이상사회, 천당 같은 환상적 모습과 감동적인 설교, 인간이 조작한 우상, 신성한 제단 등등은 대부분 다른 사람들을 우롱하고 속이는 것이고, 자기 자신까지도 속이게 되는 요설이고, 청소년과 아동에게 독을 주는 정신적 아편이고, 출혈 없이 살인을 하는 예리한 칼입니다.

　　이 책이 설익은 혁명 사상과 이념 등 당시의 역사적 조건과 소용돌이에 말려들어 희생된 분들의 영혼을 조금이라도 위로해 주고 그들이 하고 싶었던 말의 한 부분만이라도 대변해 주었기를 바란다. ……!

2023년 5월

제기동 동북아도시부동산연구원에서

박인성

부록: 주요 인물

덩샤오핑(邓小平, 1904~1997년)

쓰촨성 광안(广安) 출생. 젊은 시절 프랑스 유학(勤工俭学), 귀국 후 토지혁명, 항일전쟁에서 해방전쟁(2차 국공내전)까지 중공 당과 군대에서 주요 영도 역할을 수행했다. 특히 개혁·개방(改革开放)과 일국양제(一国两制) 정책 이념을 주도하여 중국과 세계에 큰 영향을 미쳤다.

량수밍(梁漱溟, 1893~1988년)

베이징 출생, 몽골족. 저명한 사상가·철학자·교육자·사회활동가, 중국 현대 신유가(新儒家)의 대표 인물 중 1인으로서 '중국 최후의 대유학자'라 불린다. 타이저우(泰州) 학파의 영향을 받고 향촌 건설 운동을 발기했다. 주요 저서로 『중국문화요의(中国文化要义)』, 『동서문화와 그 철학(东西文化及其哲学)』, 『유식술의(唯识述义)』, 『중국인』, 『독서와 인간도리(读书与做人)』, 『인심과 인생(人心与人生)』 등이 있다.

류보청(刘伯承, 1892~1986년)

충칭시(重庆市) 카이저우(开州) 출생. 중국 인민해방군 창건자 중 1인이며 신해혁명 시기 종군, 1926년 중국공산당에 가입했다. 북벌전쟁, 8·1 난창봉기(八一南昌起义), 토지혁명전쟁, 장정, 항일전쟁, 해방전쟁 등에 참가했고, 타이항산 팔로군, 인민해방군 화이하이 전투에서 사령관으로 정치위원 덩샤오핑과 함께 군대를 지휘했다. 신중국 출범 후, 중공중앙 서남국(西南局) 제2서기, 서남군정위원회(西南军政委员会) 주석, 중국 인민해방군 군사학원 원장 등을 역임했다.

류즈단(刘志丹, 1903~1936년)

섬서 바오안현(保安县, 현 志丹县) 출생. 중공 인민해방군의 탁월한 36위 군사가 중 1인이고, 서북홍군(西北红军)과 서북혁명 근거지를 창건했다. 1936년 4월 14일, 중양현(中阳县) 산자오진(三交镇, 현재는 柳林县 관할)에서 전투 중 33세로 사망했다.

류샤오치(刘少奇, 1898~1969년)

후난성(湖南省) 닝샹현(宁乡县) 출생. 1921년 모스크바 유학 중 공산당에 입당 후 1925년 귀국 후 도시노동자 지하운동에 투신했다. 마오쩌둥의 후계자, 당내 2인자, 국가주석직에 있었으나 문화대혁명 발발 후 1966년 마오가 조종하는 4인방과 홍위병의 폭력과 학대에 의해 비참하게 생을 마쳤다.

린뱌오(林彪, 1907~1971년)

후베이성 황강(黄冈) 출생. 1923년 6월, 중국사회주의 청년단 가입, 황푸군관학교 4기 졸업 후 1925년 중국공산당 입당했다. 홍군, 팔로군, 인민해방군의 걸출한 지휘관으로 1955년 인민해방군 원수에 임명되었다. 1971년 9월 8일, 마오쩌둥 살해 제거 쿠데타 기도 실패 후, 9월 13일 비행기로 국외 도피 시도 중 타고 가던 비행기가 몽골 운드르한 초원에 추락하여 사망했다. 1973년 8월 20일에는 중공중앙에 의해 당적이 박탈되었다.

마오위안신(毛远新, 1941년~)

후난(湖南) 샹탄(湘潭) 출신, 출생은 신장(新疆) 우르무치. 마오쩌둥의 동생 마오쩌민(毛泽民)과 중공지하당원 주단화(朱旦华)의 아들, 즉 마오쩌둥의 조카. 원래 랴오닝성 당위원회에 근무했으나, 1975년 9월부터 마오의 지시에 따라 마오와 중앙정치국 간의 연락원 역할을 맡게 되고, 4인방과 뜻을 같이하면서 마오의 말년 중국 정치에 중요한 영향을 미쳤다.

보이보(薄一波, 1908~2007년)

산시(山西) 딩샹현(定襄县) 출생. 1925년 중공 입당 후 산시, 톈진 등지에서 운동 및 공작에 종사, 세 차례 투옥. 1946년부터 군대 지휘. 중화인민공화국 출범 후 화북국(华北局) 제1서기 및 화북군구 정치위원, 재정부 부장, 국가건설위원회 주임, 국가경제위원회 주임 등을 역임했다.

쑤위(粟裕, 1907~1984년)

후난성 회이퉁(会同) 출생, 동족(侗族). 1927년 중국공산당에 가입. 난창봉기 참여 후, 징강산으로 와서 마오쩌둥과 주더 부대와 합류했고, 다섯 차례에 걸친 국민당 군대와의 전쟁을 치렀다. '장정' 기간에는 남방 지구에서 유격전을 조직·전개했다. 항일전쟁 시기에는 신사군(新四郡) 제2지대 부사령관, 강남지휘부와 쑤베이(苏北)지휘부 부지휘, 신사군 사단장 역임했다. 제2차 국공내전(해방전쟁) 시기에는 화중야전군(华中野战军) 사령관, 화동야전군 부사령관, 정치위원 등을 역임하면서 지난 전투(济南战役), 화이하이 전투(淮海战役), 도강 전투(渡江战役), 상하이 전투(上海战役) 지휘관으로 중공 승리에 결정적 공을 세웠다. 중화인민공화국 출범 후에 인민해방군 총참모장, 중공중앙 군사위원회 상무위원 등을 역임했다.

시중쉰(习仲勋, 1913~2002년)

섬서성 푸핑현(富平县) 출생. 시진핑(习近平) 현 총서기의 아버지이다. 문혁 시기에 아들 시진핑과 함께 섬서성 농촌으로 하방되었으나 개혁·개방 이후 복권, 광동성 제1서기로 경제특구 정책 등을 주도했고, 그 후 국무원 부총리 등을 역임했다.

예젠잉(叶剑英, 1897~1986년)

광동성 매현(梅县) 출생. 중국인민해방군 창설자 중 1인, 중화인민공화국의 개국 원훈(开国元勋) 및 10대 원수 중 1인. 마오쩌둥 사후, 1976년 10월, 화궈펑과 왕동싱과 함께 장청을 중심으로 하는 4인방을 제압하고, 덩샤오핑을 중심으로 하는 중공 제2기 집행부에서 주요 역할을 했다.

완리(万里, 1916~2015년)

산동성 동핑현(东平县) 출생, 1936년 5월 중국공산당 입당. 철도부 부장, 국무원 부총리를 역임했다. 개혁·개방 초기에 안후이성 제1서기로서 호별 도급생산제 실시를 통해 농촌, 농업 개혁을 주도했다.

장위펑(张玉峰, 1977년~)

헤이룽장 무단장(牡丹江) 출생. 1960년대 무단장 철로국 식당열차 복무원, 방송원으로 근무하다가 마오쩌둥에 의해 마오의 전용 열차 복무원으로 근무를 시작했다. 1970년 7월 이후 중난하이에서 마오의 기요비서(机要秘书) 겸 생활비서로 근무했고, 마오의 절대적 신임을 받으면서 1976년 9월 9일 마오가 죽을 때까지 신변을 지켰다.

저우샤오저우(周小舟, 1912.11.11~1966.12.26)

후난 샹탄(湘潭) 출생. 1959년 루산회의(庐山会议)에 후난성 위원회 서기로 참석하여 펑더화이의 주장에 동의·지지했다는 이유로, 마오쩌둥에 의해 주자파, 펑더화이 반당집단분자로 몰려서 직무를 박탈당하고 류양현(浏阳县) 인민공사인 따야오공사(大瑶公社) 당위원회 부서기로 강등되었다. 문혁 발발 후에 비판대회에 끌려가 홍위병들에게 모욕과 폭행을 당한 후, 구금된 상태에서 1966년 마오쩌둥의 생일인 12월 26일에 자살했다. 개혁·개방 이후 1979년 2월 15일에 재심을 통해 명예회복 되었다.

저우언라이(周恩来, 1898~1976년)

저장 샤오싱(绍兴)이 원적이고, 1898년 장쑤(江苏) 화이안(淮安)에서 출생. 1921년 중국공산당에 가입했고, 원래는 마오보다 당내 서열이 위였으나, 장정 초기 구이저우성 준이회의(遵义会议, 1935.1) 이후 생을 마칠 때까지 마오쩌둥의 충실한 2인자로서 생을 살면서 주로 정보와 외교 관련 업무를 담당했다.

주더(朱德, 1886~1976년)

쓰촨성(四川省) 이롱현(仪陇县) 출생, 군인, 정치인이자 중국 인민해방군과 중화인민공화국의 창설의 주요 지도자, 중화인민공화국 10대 원수 중 서열 제1위이다. 난창 봉기군을 이끌고 징강산으로 와서 마오쩌둥과 합류한 후, "주-마오" 합작을 통해서 중공의 혁명 승리에 지대한 역할과 공헌을 했다. 주-마오 합작 기간 동안 홍군, 팔로군, 인민해방군 총사령으로 군권을 장악하고 있었으나, 당과 정치위원으로 군을 통제한 마오쩌둥이 최고 권력을 장악했다.

줘첸(左权, 1905~1942년)

후난성 리링(醴陵) 출생. 황푸군관학교 1기생, 1925년 중국공산당 입당. 중공 공농홍군과 팔로군 고급 장성으로 장정 기간 중 따두하(大渡河) 전투, 라즈커우(腊子口) 전투, 장정 후 섬서 북부에 도달한 후에는 즈뤄진(直罗镇) 전투와 홍군 동정(东征)에 참여했고, 1936년에는 홍1군 단장으로 서정(西征)을 지휘하고 산성보(山城堡) 전투를 지휘했다. 항일전쟁 시기에는 화북항일전선에서 팔로군을 지휘하며 펑더화이와 함께 백단대전(百团大战)을 지휘, 승리를 획득했으나 1942년 5월, 일본군의 백단대전에 대한 보복 소탕 공세로 발발한 허베이성 랴오현(辽县) 십자령(十字岭) 전투에서 37세 나이로 전사했다. 그 후 중공이 그를 기념하여 랴오현(辽县)의 명칭을 줘첸현(左权县)으로 바꾸었다.

천이(陈毅, 1901~1972년)

쓰촨(四川) 러즈(乐至) 출생. 마오쩌둥이 징강산 입산 직후 주더와 함께 난창봉기 참여 부대를 이끌고 징강산에 입산하여 마오와 합류했고, 제2차 국공내전(해방전쟁)에서 상하이 전투 승리, 접관 후 초대 상하이시 서기와 시장을 역임했다. 정치인, 군인, 외교관, 시인이자 중국 인민해방군 창건자 중 1인으로, 중공중앙 군사위원회 부주석이었으나 문혁 기간 중에는 허베이성 스자좡으로 하방되어 고초를 겪었다.

첸쉐썬(钱学森, 1911~2009년)

상하이 출생. 원적(祖籍)은 저장성 항저우시(杭州市) 린안(临安)이다. 1934년 국립교통대학(国立交通大学) 기계 및 동력공정학원(机械与动力工程学院) 졸업 후 미국 MIT 대학 이공학원과 캘리포니아 이공대학 교수 재직 중, 1955년 중공이 적극 유치 활동을 벌여 중국으로 귀국했고, 1959년 중국공산당에 입당했다. 중국의 유인우주선, 미사일, 원자폭탄과 수소폭탄 양탄 개발에 공헌했고, 중국의 원자폭탄 개발 소요 시간을 최소 20년 단축했다고 인정받고 있다.

캉셩(康生, 1898~1975년)

상동성 주청(诸城)현 출생, 1925년 중국공산당에 가입. 당 중앙에서 비밀 전선 업무인 정보·사찰 관련 업무를 수행했고, 정치국 상무위원, 부주석, 전국인민대표대회 상무위원회 부위원장, 전국정치협상회의 부주석 등을 역임했다. 1966년 이후에는 린뱌오, 장칭 등과 함께 문화혁명을 주도했으며, 1975년 12월에 베이징에서 병으로 죽었다. 죽은 지 5년 후인 1980년에 중공 중앙이 린뱌오·장칭 반혁명 집단의 일원으로 규정하고, 그의 생전의 행위들을 재평가하고 당 적을 박탈하고, 장례식 추도사를 취소하고, 그의 유해를 덮었던 중공 당기를 회수하고, 유해를 바바오산 혁명공원묘지에서 축출했다.

커칭스(柯庆施, 1902~1965년)

안후이 서현(歙县) 출생, 1922년 중국공산당 가입. 항일전쟁 시기에 중앙당교 부교장, 통일전선 공작부 부부장을, 해방전쟁 시기에는 산시·차하얼·허베이 변구 민정처(民政处) 처장, 스자좡시(石家庄市) 시장을 역임했다. 중공정권 출범 후 난징시(南京市) 시장, 장쑤성(江苏省) 위원회 서기, 상하이시 위원회 제1서기 겸 난징군구(南京军区) 정치위원, 화동국(华东局) 제1서기, 국무원 부총리를 역임했다.

펑전(彭真, 1902~1997년)

산시성(山西省) 취워현(曲沃县) 허우마진(侯马镇, 현 侯马市) 출생. 1922년 타이위안(太原) 소재 선시성립 제1중학(山西省立第一中学) 입학, 진보 청년학회 참가, 마르크스주의 사상 접수. 1923년 중국사회주의청년단과 중국공산당 가입. 중국공산당 산시성(山西省) 조직 창건자 중 1인. 베이징시 시장, 중앙정치국 위원, 제6기 전국인민대표대회 상무위원회 위원장을 역임했다.

후야오방(胡耀邦, 1915~1989년)

후난성(湖南省) 류양현(浏阳县) 출생, 청소년시기부터 토지혁명 투쟁 대열에 합류. 14세 되던 1929년 겨울, 공산주의 청년단에 가입. 현성(县城) 소재 중학에서 공부하던 1930년 5월 중공 중앙 홍군(红军)이 류양현을 접수하자, 15세의 나이에 고향인 향(乡)의 공산주의 청년단 위원회 서기로 파견 근무를 시작했고, 그해 9월에 중국공산당에 입당했다. 1934년 10월 중앙홍군과 함께 2만 5천리 장정(长征)에 참여했고, 항일전쟁 시기에는 중앙군사위원회 총정치부 조직부장으로, 해방전쟁 시기에는 허베이 및 랴오닝 군구 정치부 주임 등을 역임하면서 따퉁(大同), 장자커우(张家口), 스자좡(石家庄), 타이위엔(太原), 바오지(宝鸡) 전투에 참가했다. 1949년 중화인민공화국 출범 후에는 공산주의 청년단 서기, 후난성, 섬서성(陕西省)위원회 제1서기, 서북국(西北局) 제2서기 등을 역임했다. 문혁 기간에는 박해를 받았으나, 4인방 집단이 분쇄되고 난 후, 중공 중앙당교 부교장, 중공 중앙 조직부 부장, 중앙정치국 상무위원, 중앙위원회 총서기 등을 역임했다.

참고문헌

곤차로프, 세르게이(Sergei N. Goncharov)·존 루이스(John W. Lewis)·쉐리타이(薛理泰).
  2011. 『흔들리는 동맹』. 성균관대 한국현대사연구반 옮김. 일조각.

공기두 외. 1990. 『중국공산당사』. 첨성대.

김경일. 2005. 『중국의 한국전쟁 참전 기원』. 논형.

김명호. 2012. 『중국인 이야기 1』. 한길사.

_____. 2022. 『중국인 이야기 9』. 한길사.

김삼웅. 2008. 『약산 김원봉 평전』. 시대의창.

김정계. 2021. 『중국공산당 100년사 1921~2021』. 역락.

김준엽. 1961. 『중국공산당사(中国共产党史)』. 사상계출판부.

디쾨터, 프랑크(Frank Dikotter). 2016. 『마오의 대기근: 중국 참극의 역사 1958~1962』. 고기
  탁·최파일 옮김. 열린책들.

_____. 2016. 『해방의 비극, 중국혁명의 역사 1945~57』. 고기탁 옮김. 열린책들.

_____. 2017. 『문화대혁명, 중국 인민의 역사 1962~76』. 고기탁 옮김. 열린책들.

롼밍(阮铭). 2016. 『덩샤오핑 제국 30년』. 이용빈 옮김. 한울아카데미.

마이스너, 모리스(Maurice Meisner). 2004. 『마오의 중국과 그 이후 1』. 김수영 옮김. 이산.

_____. 2004. 『마오의 중국과 그 이후 2』. 김수영 옮김. 이산.

맥그레거, 리처드(Richard Mcgregor). 2012. 『중국공산당의 비밀』. 김규진 옮김. 파이카.

박민희. 2021. 『중국 딜레마』. 한겨레출판.

박인석. 2021. 『건축 생산 역사 3』. 마티.

박인성. 2009. 『중국의 도시화와 발전축』. 한울아카데미.

박인성 외. 2021. 『중국경제지리론(전면개정판)』. 한울아카데미.

박인성·조성찬. 2018. 『중국의 토지정책과 북한』. 한울아카데미.

번스타인, 리처드(Richard Bernstein). 2016. 『1945 중국, 미국의 치명적 선택』. 이재황 옮김.
  책과함께.

베르제르, 마리-클레르(Marie-Claire Bergere). 2009. 『중국 현대사』. 박상수 옮김. 심산.

베버, 막스(Maximilian Weber). 2011. 『막스 베버 소명으로서의 정치』. 최장집 엮음. 박상훈

옮김. 폴리테이아.

백승욱. 2012. 『중국 문화대혁명과 정치의 아포리아』. 그린비.

보걸, 에즈라(Ezra Feivel Vogel). 2014. 『덩샤오핑 평전』. 심규호, 유소영 옮김. 민음사.

서진영. 1992. 『중국혁명사』. 한울아카데미.

설문원. 2021. 『기록학의 지평』. 조은글터.

세르주, 빅토르(Victor Serge). 1996. 『러시아 혁명의 진실』. 김주한·황동화 옮김. 풀무질.

세춘타오(謝春濤). 2012. 『중국공산당은 어떻게 성공했는가?』. 이정림 옮김. 한얼미디어.

솔즈베리, 헤리슨(Harrison E. Salisbury). 2009. 『대장정』. 정성호 옮김. 범우사.

_____. 2013. 『새로운 황제들』. 박월라·박병덕 옮김. 다섯수레.

송재윤. 2020. 『슬픈 중국: 인민민주독재 1948~1964』. 까치.

_____. 2022. 『슬픈 중국: 문화대반란 1964~1976』. 까치.

쇼트, 필립(Phlip Short). 2019. 『마오쩌둥 1』. 양현수 옮김. 교양인.

_____. 2019. 『마오쩌둥 2』. 양현수 옮김. 교양인.

아마코 사토시(天兒慧). 2016. 『중화인민공화국사』. 임상범 옮김. 일조각.

안문석. 2019. 『무정평전』. 일조각.

안치영. 2013. 『덩샤오핑 시대의 탄생』. 창비.

연광석, 이홍규 엮음. 2014. 『전리군(钱理群)과의 대화』. 연광석 옮김. 한울아카데미.

염인호. 1992. 『김원봉 연구: 의열단, 민족혁명당 40년사』. 창작과 비평사.

예브게니 옙투셴코(Евгéний Алексáндрович Евтушéнко). 1997. 『죽을 때까지 죽지 않으
리』. 김용주 옮김. 영림카디널.

왕단(王丹). 2013. 『왕단의 중국현대사』. 송인재 옮김. 동아시아.

왕후이(汪晖). 2014. 『탈정치 시대의 정치』. 성근제 외 옮김. 돌베개.

우노 시게아키(宇野 重昭). 1984. 『中国共产党史』. 김정화 옮김. 일월서각.

원톄쥔(溫铁军). 2013. 『백년의 급진』. 김진공 옮김. 돌베개.

윤태옥. 2018. 『중국에서 만나는 한국독립운동사』. 섬앤섬.

이동기. 2018. 『현대사 몽타주: 발전과 전복의 역사』. 돌베개.

이원규. 2019. 『민족혁명가 김원봉』. 한길사.

이희옥·백승욱 엮음. 2021. 『중국공산당 100년의 변천』. 책과함께.

장세윤. 2021. 『중국 동북지역 독립운동사』. 선인.

저우징원(周鯨文). 1963. 『사상문고 35, 공산정권하의 중국(上, 下)』. 김준엽 옮김. 사상계출판부.

정수인. 2008. 『모택동 vs 구새통』. 새움.

조관희. 2013. 『중국현대사 강의』. 궁리.

중국근현대사학회 엮음. 2019. 『중국 근현대사』. 한울아카데미.

차이청원·차오용티안(柴成文·赵勇田). 1991. 『중국인이 본 한국전쟁』. 윤영무 옮김. 한백사.

첸리췬(钱理群). 2012. 『모택동시대와 포스트 모택동 시대(상, 하)』, 연광석 옮김. 한울아
    카데미.

최기영. 2015. 『중국관내 한국독립운동가의 삶과 투쟁』. 일조각.

추이 즈위안(崔之元). 2014. 『푸티부르즈아 사회주의 선언』. 김진공 옮김. 돌베개.

판, 필립(Philip P. Pan). 2010. 『마오의 제국』. 김춘수 옮김. 말·글빛냄.

판초프·레빈(Alexander V. Pantsov and Steven I. Levine). 2017. 『마오쩌둥 평전』. 심규호
    옮김. 민음사.

_____. 2018. 『설계자 덩샤오핑』. 유희복 옮김. 알마출판사.

포퍼, 칼(Karl Popper). 2006. 『열린사회와 그 적들』. 이한구 옮김. 민음사.

한광수. 2019. 『미중 패권전쟁은 없다』. 한겨레출판.

한상도. 2004. 『중국혁명 속의 한국독립운동』. 집문당.

허시먼, 앨버트(Albert O. Hirschman). 2020. 『정념과 이해관계』. 노정태 옮김. 후마니타스.

현이섭. 2012. 『중국지(상, 하)』. 인카운터.

황핑(黄平)·레이모(Joshua Cooper Ramo)·윌리엄슨(John Williamson) 외. 2016. 『베이징 컨
    센서스』. 김진공·류준필 옮김. 소명출판.

홍호펑(Hung Ho-fung). 2022. 『제국의 충돌』. 하남석 옮김. 글항아리.

≪河北新闻≫. 2015.1.28. "新常态下河北经济发展呈现新特点".

刘培林. 2015.6.30. "新常态下地方政府需要新的自我启蒙". 中国经济新闻网.

≪中国海洋报≫. 2015.1.29. "山东推进'两区一圈一带'发展战略".

≪济鲁周刊≫. 2014.12.23. "新常态下的山东区域经济".

少华·大立. 2013. 『毛泽东与彭德怀』. 湖南人民出版社.

胡哲峰·于化民. 2013. 『毛泽东与林彪』. 新世界出版社.

孙频捷. 2013. 『市民化还是属地化: 失地农民身份认同的建构』. 上海社会科学院出版社.

陈映芳. 2012. 『城市中国的逻辑』. 三联书店.

张聿温. 2012. 『真相"九一三"』. 中国青年出版社.

贾章旺. 2012. 『毛泽东从韶山到中南海(下)』. 中国文史出版社.

中共中央党史研究室. 2011. 『中国共产党历史第一卷(1921-1949)上册』. 中共党史出版社.

李新. 2011. 『中华民国史第8卷下册』. 中华书局.

中共中央党史研究室. 2010. 『中国共产党简史』. 中共党史出版社.

庞松著. 2010. 『中华人民共和国史(1949-1956)』. 人民出版社.

张浩. 2010. 「新中国成立前后中共接管城市旧政权的政策与实践-以北京市为个案」. 『经济与
    社会发展』. 2010年 第2期.

刘峥. 2010. 『朝鲜1950』, 人民出版社庞松著. 2010. 『中华人民共和国史(1949-1956)』. 人民出版社.

孙久文·彭薇. 2010. 「我国城市化进程的特点及其与工业化的关系研究」. 『区域与城市经济』
2010年 第4期. 北京: 中国人民大学书报资料中心.

杨德才. 2009. 『中国经济史新论 (下)』. 经济科学出版社.

杨凤安·王天成. 2009. 『彭德怀与朝鲜战争』. 中央文献出版社.

郭金荣. 2009. 『走进毛泽东的最后岁月』. 中共党史出版社.

唐洲雁. 2009. 『毛泽东的美国观』. 陕西人民出版社.

中国文史出版社. 2009. 『城市接管亲历记』.

彭德怀. 2009. 『彭德怀自述』. 国际文化出版公司.

Ross Terrill. 2009. 『Mao: A Biography毛泽东传』. 胡为雄 外 译. 中国人民大学出版社.

踪家峰. 2008. 『城市与区域治理』. 经济科学出版社.

刘玉·冯健. 2008. 『中国经济地理』. 首都经济贸易大学出版社.

徐玮·吴志菲. 2008. 『邓小平的最后二十年』. 新华出版社.

陆立军·王祖强 等(2008), 『浙江模式』, 人民出版社.

童林青编 著. 2008. 『回首1978—历史在这里转折』. 人民出版社.

林蕴晖. 2008. 『国史礼记-事件篇』. 东方出版中心.

王梦初. 2008. 『大跃进亲历记』. 人民出版社.

申伯纯. 2008. 『西安事变纪实』. 人民出版社.

杨奎松. 2008. 『国民党的联共与反共』. 社会科学文献出版社.

彭森·陈立 等. 2008. 『中国经济体制改革重大事件 (上)』. 中国人民大学出版社.

胡彬. 2008. 『区域城市化的演进机制与组织模式』. 上海财经大学出版社.

赵海均 著. 2007. 『30年』. 世界知识出版社.

武立金. 2006. 『毛岸英在朝鲜战场』. 作家出版社.

罗平汉. 2006. 『当代历史问题礼记二集』. 世界知识出版社.

滕叙兖. 2006. 『风雨彭门』. 文化艺术出版社.

郑博·肖思科. 2005. 『黄克诚大将』. 解放军文艺出版社

高峰. 2004.10. "苏南城镇化的进程特色启示". ≪江南论坛≫.

柯延主 编. 2004. 『毛泽东生平全记录(上)』. 中央文献出版社.

陈桂棣·春桃. 2004. 『中国农民调查』. 人民文学出版社.

马于强. 2004. 『打开山门迎大军—论袁文才·王佐对井冈山革命根据地的军事贡献』. 井冈山师
范学院学报.

胡宏伟·吴晓波. 2002. 『温州悬念』. 浙江人民出版社.

山西省史志研究院 编. 2001. 『山西通史 第9卷』. 山西人民出版社.

纪希晨. 2001. 『史无前例的年代: 一位人民日报老记者的笔记(上·下卷)』. 人民日报出版社

叶子龙. 2000. 『叶子龙回忆录』. 中央文献出版社.

张涛之. 1998. 『中华人民共和国演义(上·中·下卷)』. 作家出版社.

李锐. 1998. 『直言：李锐六十年的忧与思』. 今日中国出版社.

毛毛. 1997. 『我的父亲邓小平』. 中央文献出版社.

中共中央文献研究室. 1996. 『毛泽东传(上)』. 中央文献出版社.

『邓小平文选』第1卷~第3卷. 1994. 人民出版社.

薄一波. 1993. 『若干重大决策与事件的回顾：上下卷』. 中共中央党校出版社.

陈志平主编. 1993. 『中国革命史』. 中国政法大学出版社.

解力夫. 1993. 『朝鲜战争实录(上·下卷)』. 世界知识出版社.

中共中央党史研究室. 1991. 『中国共产党历史(上卷)』. 人民出版社.

毛泽东著. 1991. 『毛泽东选集第一卷』. 人民出版社.

何沁主编. 1990. 『中国革命史』. 武汉大学出版社.

井冈山革命博物馆等编. 1987. 『井冈山革命根据地』. 中共党史出版社.

찾아보기

인명

용어

지은이

박인성

현재 동북아도시부동산연구원(북연) 원장으로 활동하고
있다. 중국인민대학 박사과정 유학생과 초빙교수로 베
이징에서 5년, 항저우시 소재 저장(浙江)대학 토지관리학
과와 도시관리학과에서 10여 년간 교수로 근무했다. 그
이전에 국토연구원에서 20여 년간 중국·동북아 지역 연
구를 담당하면서 중국과학원 지리연구소, 상하이시 도
시계획설계연구원(上海市城市規划设计研究院), 통지(同济)
대학 방문학자·초빙교수로 파견 근무했다.
서울시립대학교에서 건축공학, 서울대학교 환경대학원
에서 도시계획 및 설계, 중국인민대학에서 지역경제(경
제학 박사)를 공부했다.
주요 저서로 『중국경제지리론(전면개정판)』(공저, 2021),
『중국 부동산 이해』(공저, 2020), 『중국의 토지정책과 북
한』(공저, 2018), 『중국의 도시화와 발전축』(2009), 『중국
건설산업의 현황과 진출전략』(공저, 2007) 등이 있다.

email: ispark57@daum.net

박인성의 중국 현대사

ⓒ 박인성, 2023

지은이 | **박인성**
펴낸이 | **김종수**
펴낸곳 | **한울엠플러스(주)**
편집책임 | **최진희**

초판 1쇄 인쇄 | 2023년 5월 15일
초판 1쇄 발행 | 2023년 5월 25일

주소 | 10881 경기도 파주시 광인사길 153 한울시소빌딩 3층
전화 | 031-955-0655
팩스 | 031-955-0656
홈페이지 | www.hanulmplus.kr
등록 | 제406-2015-000143호

Printed in Korea.
ISBN 978-89-460-8260-1 03910

* 책값은 겉표지에 표시되어 있습니다.